제주특별자치도 푸드테크산업 육성 기본계획 수립

제주특별자치도
제주산학융합원

Jinhan M&B

CONTENTS

표목차

그림목차

제 1 장

서론

1. 기본계획 수립 목적 및 필요성
2. 기본계획 수립 내용 및 방법
3. 기대효과

01 기본계획 수립 목적 및 필요성

1.1. 기본계획 수립 목적

- 본 연구는 제주의 농식품 산업을 지역 여건에 맞는 푸드테크 기술과 결합시켜 고부가가치의 새로운 산업으로 성장시키는 전략을 제시하고 새로운 동력을 마련하는 제주지역 푸드테크산업 육성 기본계획을 수립하는데 있음
- 본 용역의 기본계획을 통해 2025~2029년까지 제주 푸드테크산업 발전을 위한 5개년 계획을 마련하고자 함

1.2. 필요성

- 푸드테크는 식품(food)과 기술(technology)의 합성어로 식품생산·유통·소비 전 과정에서 IT·BT·로봇 등 첨단기술이 결합된 신산업임
- 코로나19 이후 최근 식품 소비트렌드가 환경 및 건강중시, 개인맞춤형 소비 등으로 변화하면서 푸드테크 산업의 발전을 견인하고 있음
- 또한 소비자들은 탄소배출 절감 등 사회적 가치 실천, 혁신적 제품을 통한 만족도 제고 등을 목적으로 푸드테크 관련 제품의 소비를 확대하고 있음
- 2024년 10월 민텔[1)]이 발표한 2025년 글로벌 식음료 트렌드에서는 ①영양의 중요성 ②규칙을 깨는 브랜드를 갈망하는 소비자 ③식품공급에 대한 소비자의 신뢰 ④기술과 농업의 협력에 대해 강조하였음

1) 민텔 : 민텔은 영국 런던에 본사를 둔 글로벌 시장조사 및 컨설팅 서비스를 제공하는 선도적인 시장 조사 회사이며, 주로 소비자 행동, 시장동향, 산업분석에 대한 인사이트를 제공함

- 이와 더불어 2024년 11월 유로모니터[2)]가 선정한 2025년 글로벌 소비자 트렌드는 ①기대수명보다 건강수명(건강지향 소비) ②현명한 소비(계획소비) ③환경에 관심을 갖음(지속가능제품 소비) ④ 큐레이션쇼핑(맞춤형 소비) 5) AI(정보활용 소비) 이며, 이제는 소비 자체에 신중을 기하는 소비자가 늘고 있는 만큼 합리적이고 자신에게 꼭 맞는 오랫동안 가치제공이 가능한 제품과 서비스를 찾고 있음
- 이러한 트렌드를 바탕으로 푸드테크는 국내 뿐만 아니라 전 세계적으로 고성장이 전망되며, 우리나라에서도 농식품산업 성장의 새로운 활로가 될 것으로 기대됨
- 농림축산식품부는 2022년 12월 「농식품산업의 혁신성장을 위한 푸드테크 산업 발전방안」을 마련하여 국내 농식품 산업의 혁신 성장을 도모하고 있으며, 2024년 12월 20일 「푸드테크산업 육성에 관한 법률」이 제정되었음
- 푸드테크산업 육성에 관한 법률 제 5조 1항에는 푸드테크산업 육성을 위하여 5년마다 푸드테크산업육성 기본계획을 수립·시행하여야 한다고 명시하고 있음
- 또한 제주특별자치도는 2025년 3월 19일 「제주특별자치도 푸드테크산업 육성 및 지원에 관한 조례」를 제정한바 있으며, 제5조 1항에 제주특별자치도 푸드테크산업 육성 및 지원에 관한 기본계획을 5년마다 수립·시행하여야 한다고 명시하고 있음
- 제주는 청정환경과 더불어 관광서비스(3차 산업)에 강점을 보유하고 있고 국내 월동채소의 주산지이나, 지리적 여건으로 식품 제조업 기반이 열약함에 따라 식품산업의 부가가치 창출이 미흡한 여건을 갖고 있음
- 또한, 농업인의 고령화 및 농업인구 감소, 농산물 과잉생산과 소비감소와 같은 문제는 가격불안 요인으로 작용함에 따라 농업위기 대응과 지속가능한 농업을 위한 신성장 동력이 필요한 상황임
- 제주특별자치도는 제주 식품산업을 지역 양대 산업(농업·관광서비스)과 식품소비 트렌드인 푸드테크 산업을 접목하여 앞으로 제주 경제성장을 이끄는 지속가능 산업으로 구축해 나갈 필요가 있음
- 이에 제주특별자치도는 우수한 농산물 원료의 강점을 활용한 푸드테크 산업과 연계 적용하여 수급관리와 가공, 유통 및 소비의 농식품산업 분야 성장동력 마련을 위한 푸드테크산업 발전전략에 따른 5개년 기본계획(2025~2029)을 마련하여 추진할 예정임

---

2) 유로모니터 : 영국 런던에 본사를 둔 글로벌 시장조사 및 전략 컨설팅회사이며, 주로 소비재 및 서비스 산업분야에서 심층적인 데이터와 인사이트를 제공함

02 기본계획 수립 내용 및 방법

2.1. 기본계획 수립 연구용역의 범위

- 과업의 공간적 범위
  - 산업육성 : 제주특별자치도 일원
  - 시장검토 : 제주도를 포함하는 국내외 시장
- 과업의 시간적 범위
  - 기준연도 : 2024년
  - 5개년 계획수립 : 2025년 ~ 2029년
- 과업의 내용적 범위

1) 제주 농식품·외식 및 4차 첨단산업 현황 및 진단

2) 제주지역 푸드테크 산업 생태계 조성 여건 및 경쟁력 분석

   - 청정 1차, 3차 산업 강점 연계 N차 산업간 융합 모델 제시

3) 도내 식품업체, 푸드테크 연관 업체 현황 및 정책 수요조사

4) 푸드테크연구지원센터 기본구상 및 계획 수립 / 타당성 분석

   - 국가공모사업 대응, 시설·프로그램·관리 및 운영 계획 등 제시
   - 센터 운영에 따른 비용/편익 산출 및 분석

5) 정부 10대 핵심과제 중 우리 도에 적용가능한 기술 분석

6) 제주 푸드테크 산업 발전전략 이행 5개년 기본계획 수립

   - 기본구상, 비전과 목표, 현장 수요형 핵심과제 및 세부 이행과제 발굴, 연차별 목표/성

과 지표 및 성과 관리체계

- 푸드테크 기업 성장 단계별 지원 로드맵 마련 등

7) 주요 시책추진을 위한 재원 확보(조달) 방안, 투자계획 등

2.1. 기본계획 수립 방법

- 선행 논문, 연구자료 및 보고서 등 문헌 연구
  - 4차산업혁명과 탄소중립시대의 신산업 파악
- 국내외 사례 분석을 통한 시사점 도출
  - 산업생태계 강화 사례 조사
- 관련 전문가 인터뷰 및 자문회의
  - 산업별 인프라 및 인력 등의 이슈 도출
  - 산업혁신 및 소득향상을 위한 핵심과제 도출
- 제주특별자치도 푸드테크산업 육성 기본계획 수립을 위한 본 연구의 추진체계(Flow Chart)는 다음의 [표 1-1]에서 보는 바와 같음

[표 1-1] 연구의 추진체계

단계	연구방법	연구내용
1단계	과업수행계획	과업 필요성, 목적, 범위
2단계	문헌고찰	연구자료, 보고서 등 문헌연구
3단계	사례 연구	타시도 사례 조사 및 벤치마킹
4단계	전문가회의	공모사업 대응 계획 수립
5단계	세부전략수립	5개년 수립 구체화

03 기대효과

- 푸드테크 산업은 소비자 맞춤형 먹거리의 생산 및 소비를 통해 제주지역 먹거리산업의 효율성을 향상시키고, 고부가가치 산업으로의 전환을 촉진할 것으로 기대됨
- 지역여건에 맞는 푸드테크 산업관련 R&D 강화 및 및 산업체를 육성할 수 있으며, 또한 푸드테크에 대한 과감한 정책적 지원을 통해 고부가가치 기술개발 및 지역 인재들을 확보하는 등 지역산업의 새로운 동력원을 확보할 수 있음
- 국내·외 기술동향 분석 및 산·학·연 전문가의 의견수렴 등을 통해 제주지역의 푸드테크 핵심기술 분야를 선정하고, 관련 산업 성장을 위한 제도적 기반을 마련할 수 있음에 따라 지속가능한 미래 신산업으로 기반을 구축해 나갈 수 있음
- 또한 푸드테크 산업이 미래의 고부가가치 산업 가운데 하나로 대두될 것이라는 전망이 확대되면서 국내·외적으로 푸드테크 기업에 대한 투자금 유입이 급증할 것으로 기대됨
- 식품성분 및 건강기능성 개선, 개인 맞춤형 식품제조, ICT 활용 안전관리 강화 등은 소비자의 건강증진 및 식품 안전욕구 등을 충족시킬 수 있음에 따라 소비자 만족도 증대시킬 것으로 기대됨
- 이외에도 식품공급 방안 다양화로 식량안보 강화, 식품 폐기물 감소 및 친환경 포장재 전환 등으로 기후변화 대응 등 탄소배출 저감을 기대할 수 있음

MEMO

제 2 장

제주 농식품·외식 및 4차 첨단산업 현황

1. 제주 농식품 및 외식산업 현황분석
2. 제주 4차산업 현황분석
3. 제주 융복합 산업 현황분석
4. 시사점 및 N차 산업간 융합모델 제시

01

제주 농식품 및 외식산업 현황분석

1.1. 제주지역 사업체 현황분석

- **(사업체수)** 2022년 기준 제주지역의 전체 사업체 수는 96,334개임
  - 제주시는 71,455개(전체의 74.2%), 서귀포시는 24,879개(전체의 25.8%)임
- **(종사자수)** 제주지역 사업체 전체 종사자수는 320,419명임
  - 제주시 240,699명(전체의 75.1%), 서귀포시는 79,720명(전체의 24.9%)임
- **(매출액)** 2022년기준 제주지역 사업체 전체 매출액은 63,727,132 백만원임
  - 이중 도소매업이 25.5%를 차지하고 있으며, 제조업은 5.1%를 차지함
- **(산업별)** 음식·숙박업(23,671개, 24.6%), 도소매업(21,342개, 22.2%) 순으로 높은 비중을 차지하고 있으며, 광업 및 제조업은 3,706개로 3.8%를 차지함
- **(조직규모별)** 5인미만 사업체수가 84,880개(88.1%)로 가장 큰 비중 차지하고 있으며, 5~99인 규모가 11,253개(11.7%), 100인이상 사업체수는 201개(0.2%)로 나타남

<그림 2-1> 제주특별자치도 전체 사업체수 현황(2022년)

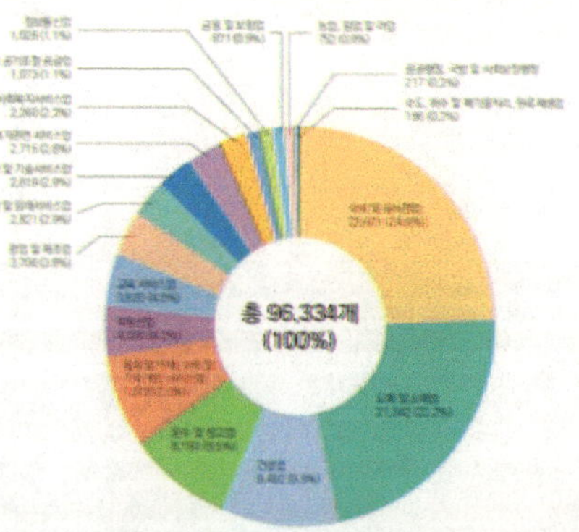

자료 : 제주특별자치도 정책기획관 사업체조사(2023.12.29.발표), 제10차 한국표준산업분류 기준

[표 2-1] 제주특별자치도 전체 사업체수, 종사자수 및 매출액 현황(2022년)

구분	산업분류	사업체		종사자		매출액	
		사업체수(명)	비율(%)	종사자수(명)	비율(%)	매출액(백만원)	비율(%)
T	전체산업	96,334	100	320,419	100	63,727,132	100
A	농업, 임업 및 어업	752	0.8	3,504	1.1	850,645	1.3
B	광업	11	0.01	164	0.1	53,769	0.1
C	제조업	3,695	3.8	13561	4.2	3,244,345	5.1
D	전기,가스, 증기 및 공기조절 공급업	1,073	1.1	2,377	0.7	4,563,651	7.2
E	수도, 하수 및 폐기물 처리, 원료 재생업	196	0.2	1,493	0.5	333,676	0.5
F	건설업	9,492	9.9	29,865	9.3	5,380,462	8.4
G	도매 및 소매업	21,342	22.2	49,569	15.5	16,239,252	25.5
H	운수 및 창고업	8,193	8.5	17,114	5.3	2,427,652	3.8
I	숙박 및 음식점업	23,671	24.6	60,073	18.7	5,211,619	8.2
J	정보통신업	1,028	1.1	5,622	1.8	1,624,909	2.5
K	금융 및 보험업	871	0.9	8,830	2.8	8,274,723	13.0
L	부동산업	4,039	4.2	7,117	2.2	1,684,626	2.6
M	전문, 과학 및 기술 서비스업	2,819	2.9	10,095	3.2	1,231,323	1.9
N	사업시설관리, 사업지원 및 임대서비스업	2,821	2.9	14,043	4.4	1,828,495	2.9
O	공공행정, 국방 및 사회보장 행정	217	0.2	18,125	5.7	4,060,113	6.4
P	교육 서비스업	3,820	4.0	22,845	7.1	1,843,706	2.9
Q	보건업 및 사회복지 서비스업	2,260	2.3	29,177	9.1	2,255,506	3.5
R	예술, 스포츠 및 여가관련 서비스업	2,715	2.8	12,417	3.9	1,663,492	2.6
S	협회 및 단체, 수리 및 기타 개인 서비스업	7,319	7.6	14,428	4.5	955,168	1.5

자료 : 제주특별자치도 정책기획관 사업체조사(2023.12.29.발표), 제10차 한국표준산업분류 기준, KOSIS

[표 2-2] 제주특별자치도 조직규모별 전체 사업체수 및 종사자수 현황(2022년)

구분	산업분류	사업체		종사자	
		사업체수(명)	비율(%)	종사자수(명)	비율(%)
T	전체산업	96,334	100	320,419	100
인원별	1~4명	84,880	88.1	127,374	39.8
	5~9명	7,051	7.3	44,791	14.0
	10~19명	2,571	2.7	33,782	10.5
	20~49명	1,280	1.3	37,996	11.9
	50~99명	351	0.4	23,724	7.4
	100~299명	162	0.2	26,547	8.3
	300~499명	25	0.03	9,232	2.9
	500~999명	8	0.01	5,394	1.7
	1000명 이상	6	0.01	11,579	3.6

자료 : 제주특별자치도 정책기획관 사업체조사(2023.12.29.발표), 제10차 한국표준산업분류 기준

1.2. 제주지역 농식품 산업 현황분석

- **(사업체수)** 2022년 기준 제주지역의 농식품관련 산업체 수는 1,908개이며, 전체 사업체 수 비율의 약 2.0%를 차지함
  - 세부적으로는 농업(축산업포함) 497개, 임업 33개, 어업 222개, 식료품 제조업 1,098개 및 음료 제조업 58개로 나타남
  - 이중 식료품 제조업이 농식품 관련 산업체에서 가장 많은 57.6%를 차지하고 있으며, 그 다음으로 농업이 26.1%의 비율을 차지하고 있음
- **(종사자수)** 농식품관련 산업체에 근무하는 종사자수는 9,439명으로, 전체 종사자수 비율의 약 2.9%를 차지함
  - 세부적으로는 농업(축산업포함) 2,355명, 임업 209명, 어업 940명, 식료품 제조업 4,890명 및 음료 제조업 1,045명으로 나타났으며, 식료품 제조업(51.8%)에 가장 많은 종사자가 근무하고 있음

[표 2-3] 제주특별자치도 농식품 관련 사업체수 및 종사자수 현황(2022년)

구분	산업분류	사업체		종사자	
		사업체수(명)	비율(%)	종사자수(명)	비율(%)
-	농식품 관련 산업(01~03, 10, 11)	1,908	100	9,439	100%
A	농업(01)_축산업 포함	497	26.1	2,355	24.9
	임업(02)	33	1.7	209	2.2
	어업(03)	222	11.6	940	10.0
C	식료품 제조업(10)	1,098	57.6	4,890	51.8
	음료 제조업(11)	58	3.0	1,045	11.1

자료 : 제주특별자치도 정책기획관 사업체조사(2023.12.29.발표), 제10차 한국표준산업분류 기준

- **(조직규모별)** 농식품관련 산업체는 농업, 임업 및 어업 관련 산업체와 식료품 및 음료 제조업으로 구분하여 분석하였음
  - 농식품 관련 사업체에서 농업, 임업 및 어업 관련 5인 미만 사업체수가 528개(70.2%)로 가장 큰 비중 차지하고 있으나, 종업원수는 1,113명으로 31.8%만을 차지함
  - 식료품 및 음료제조업의 경우 5인 미만 사업체수가 902명(78.0%)으로 가장 큰 비중을 차지하고 있으나, 종업원 수는 1,609명으로 27.1%를 차지함
  - 이는 제주지역의 경우 5인 미만의 소규모 사업체가 대부분을 차지하기 때문에 사업체수 대비 종업원 수의 비율이 낮게 분석된 것으로 보이며, 이러한 제주지역의 구조적인 산업 현황분석을 바탕으로 전략을 수립하는 것이 바람직할 것으로 판단됨

[표 2-4] 제주특별자치도 조직규모별 농식품 관련 사업체수 및 종사자수 현황(2022년)

구분	산업분류	사업체		종사자	
		사업체수(명)	비율(%)	종사자수(명)	비율(%)
-	농식품 관련 산업(01~03, 10, 11)	1,908	-	9,439	-
(A) 인원별	A. 농업, 임업 및 어업(01~03)	752	100	3,504	100
	1~4명	528	70.2	1,113	31.8
	5~9명	161	21.4	1,065	30.4
	10~19명	43	5.7	542	15.5
	20~49명	15	2.0	414	11.8
	50~99명	4	0.5	270	7.7
	100~299명	1	0.1	100	2.9
	300~499명	0	0	0	0
	500~999명	0	0	0	0
	1000명 이상	0	0	0	0
(C) 인원별	C. 식료품(10) 및 음료(11)제조업	1,156	100	5,935	100
	1~4명	902	78.0	1,609	27.1
	5~9명	131	11.3	865	14.6
	10~19명	71	6.1	959	16.2
	20~49명	41	3.5	1,180	19.9
	50~99명	10	0.9	706	11.9
	100~299명	0	0	0	0
	300~499명	0	0	0	0
	500~999명	1	0.1	616	10.4
	1000명 이상	0	0	0	0

자료 : 제주특별자치도 정책기획관 사업체조사(2023.12.20.발표), 제10차 한국표준산업분류 기준

1.3. 제주지역 외식산업 현황분석

- **(사업체수)** 2022년 기준 제주지역의 외식관련 산업체 수는 음식점 및 주점업을 기준으로 17,799개이며, 전체 사업체 수(96,334개) 비율의 약 18.5%를 차지함
  - 음식점 및 주점업은 한국표준산업분류 체계에 숙박 및 음식점업에 포함되며, 숙박업을 제외하면 비율은 75.2%에 달함
- **(종사자수)** 제주지역에서 외식관련 산업체에 근무하는 종사자수는 2022년기준 44,413명으로, 전체 종사자수(320,419명) 비율의 약 13.9%를 차지하고 있음

[표 2-5] 제주특별자치도 외식산업 관련 사업체수 및 종자자수 현황(2022년)

구분	산업분류	사업체		종사자	
		사업체수 (명)	비율 (%)	종사자수 (명)	비율 (%)
-	숙박 및 음식점업(55, 56)	23,671	100	60,073	100%
I	숙박업(55)	5,872	24.8	15,660	26.0
	음식점 및 주점업(56)	17,799	75.2	44,413	74.0
	- 음식점업(561)	12,152	-	33,015	-
	- 주점 및 비알코올 음료점업(562)	5,647	-	11,398	-

자료 : 제주특별자치도 정책기획관 사업체조사(2023.12.29.발표), 제10차 한국표준산업분류 기준

- **(조직규모별)** 외식 산업체는 숙박 및 음식점업에서 숙박업을 제외한 나머지 산업인 음식점 및 주점업으로 분류하여 분석하였음
  - 외식 관련 사업체 중 5인 미만 사업체수는 15,721개(88.3%)로 가장 큰 비중 차지하고 있으며, 종업원수는 28,505명으로 64.2%를 차지하였고 10인 미만 종업원수 10,806명을 포함할 경우 88.5%에 달할 정도로 소규모에 집중되어 있음

[표 2-6] 제주특별자치도 조직규모별 외식 관련 사업체수 및 종사자수 현황(2022년)

구분	산업분류	사업체		종사자	
		사업체수 (명)	비율 (%)	종사자수 (명)	비율 (%)
I	숙박 및 음식점업(55~56)	23,671	-	60,073	-
(I) 인원별	음식점 및 주점업(56)	17,799	100	44,413	100
	1~4명	15,721	88.3	28,505	64.2
	5~9명	1,762	9.9	10,806	24.3
	10~19명	266	1.5	3,414	7.7
	20~49명	43	0.2	1,247	2.8
	50~99명	7	0.04	441	1.0
	100~299명	0	0	0	0
	300~499명	0	0	0	0
	500~999명	0	0	0	0
	1000명 이상	0	0	0	0

자료 : 제주특별자치도 정책기획관 사업체조사(2023.12.29.발표), 제10차 한국표준산업분류 기준

02 제주 4차산업 현황분석

2.1. 국내·외 디지털전환(DX) 현황

- **(디지털 전환의 정의)** 디지털 전환(Digital Transformation, DX)은 기업이 4차산업의 핵심기술인 빅데이터와 인공지능(AI)나 사물인터넷(IoT)을 비롯한 디지털 기술을 활용해 업무 프로세스를 개선하면서 제품과 서비스, 비즈니스 모델 자체를 전환하고 동시에 조직, 기업 문화, 풍토도 개혁해 경쟁우위를 확보하는 것임

- **(DX의 범위)** 디지털 전환(Digital Transformation, DX)은 디지털 기술로 기존 비즈니스의 프로세스 및 인프라를 전환하고 새로운 비즈니스 모델을 창출하며 사회 과제를 해결해 새롭게 패러다임 전환을 실현

- **(지역산업 DX 정책현황)** 지역산업 DX은 국가별로 정책 우선순위가 높지만, 중소기업의 이질성과 기업생태계의 다양성 등으로 국가별 접근법은 다양함

  - 일부 국가는 정책 의제에서 지역산업 및 중소기업 정책을 강화하거나 특정 지역과 산업에 맞춤형으로 정책수단을 사용함

  - 각국은 기술 지원 프로그램, 기술 개발 지원, 재무 및 핀테크 등 대체 금융수단 마련, 데이터와 지재권 관리역량 강화 등 다양한 정책을 시행 중임

- **(국내 DX 정책현황)** 우리나라의 디지털 정책은 '전산화 →정보화→지능정보화' 단계를 거쳐 디지털 심화 단계의 디지털 전략으로 발전 중임

  - 전산화 단계 : 행정 전산화 정책으로 「행정전산화추진위원회규정」대통령령, 1975.8.)에 근거한 1978년 행정 전산화 기본계획이 있으며, 1970년대 중반부터 1980년대 중반까지 정부 부처에 컴퓨터와 네트워크 설비를 구축함

  - 정보화 단계 : 1990년대 중반~2010년대 후반에 걸쳐 정보통신부의 신설, 「정보화촉진기본법」1995.8.)의 제정, 국가정보화 정책의 최고 심의기구인 '정보화추진위원회'의 설치, 정보화촉진기금 조성, 「정보화촉진 기본법」의 「국가정보화기본법」2009.5.)으로 전면 개정 등이 추진됨

- 지능정보화 단계 : 2018년 이후 제4차 산업혁명 패러다임 전환에 대응한 범부처 차원의 「지능정보사회 중장기 종합대책」2016. 12.), 「제6차 국가정보화 기본계획」2018. 12.) 수립과 「지능정보화기본법」2020. 12.) 시행, '한국판 뉴딜 종합계획' 등이 추진됨

- 디지털전략 : 2022년도에 들어 정부는 '디지털 전략', '디지털플랫폼정부' 등을 수립·추진하여 국가 디지털 전환을 가속화 추진하는 것임

- 디지털 전략의 비전은 "다시 도약하고, 함께 잘 사는, 디지털 경제·사회" 구현이며, 목표는 "국민과 함께 세계 모범이 되는 디지털 강국 대한민국" 실현이다. 이를 달성하기 위해 디지털 역량, 디지털 경제, 디지털 사회, 디지털플랫폼정부, 디지털 문화 등의 5대 추진전략에 19개 세부과제를 제시함

- 지역 산업 및 제조업의 지능화 전환은 필수적이라는 인식이 보편화되면서 지역산업과 AI 융합의 거점화(광주 AI 집적단지 조성 등), AI 스타트업 육성, AI 기반 스마트공장, 바이오, 도시, 농업 등 데이터·AI 기술의 활용은 전 분야로 확산함

- 구체적으로 AI 기반 스마트공장 보급(2030년, 2,000개) 등 제조·중소기업에서부터 AI를 활용한 혁신 주도, 바이오·의료(AI 신약개발 플랫폼·AI 의료기기 검증·심사), 도시(스마트시 티 데이터 허브), 농업(스마트팜) 등이 진행 중임

- **(해외 DX 정책현황)** 유럽과 미국의 경우 Horizon 2020, 연방정부 차원 대응 등으로 빅데이터와 AI 기술을 접목시킨 신규 제조혁신 프로그램을 활용하는 등 급변하는 환경에 대한 신속 대응체계를 구축함

  - 일본은 2018년 경제산업성에서 작성한 'DX 보고서'에서 기존 시스템의 문제를 해결하지 않으면 DX를 실현할 수 없을 뿐만 아니라 2025년 이후 매년 최대 12조 엔씩 경제적 손실이 발생할 가능성이 있다는 '2025 절벽'에 대한 경종을 울리면서 본격적으로 국가 정책으로서 DX에 대한 각종 사업 개발과 예산을 집중하고 있음

2.2. 제주의 디지털전환(DX) 추진방향

- 제주 지역특화산업 디지털전환 타겟범위을 도출하기 위해 기존 연구들과 제주지역현황을 조사하고, SWOT 기법을 활용하여 디지털 전환 정책과 산업 생태계를 파악하였음

[표 2-7] 제주특별자치도 디지털전환 정책진단

제주 디지털전환 정책 진단

강점(S)	약점(W)
• 극심한 경기침체 극복 및 산업 구조적 전환 대응을 위한 '제주형 뉴딜' 정책 발표 • 제주만의 특성을 이용한 디지털 뉴딜 추진 • 디지털 경제 전환을 위한 중요 기반 시설과 사업추진 • 관광하기에 적합하고 접근성 뛰어남	• 인근 도시 대비 열악한 교통 요건으로, 높은 물류 비용과 제조업 취약 • 경쟁력 있는 디지털 기업 및 인력 부족 • 제주지역 기업체의 연구개발 기반 취약
기회(O)	**위협(T)**
• 기존 제주 관광을 대상으로 디지털과 그린뉴딜용 복합 추진 • 주요 AI 기업의 입주 등 관련 기업 집적 시작 • AI, IoT, VR/AR 등 비대면·자동화를 위한 데이터 활용 디지털 기술 확산 • 기존 산업·기술과 연계한 개방형 서비스, 혁신 인프라 확대	• 코로나19로 인한 경제 위기 • 급격한 산업구조 변화로 우리 기업의 적응력 문제 발생 • 전국적인 IT, BT, ET 산업 활성화 • 전국적으로 문화산업 특성화 경쟁 심화

[제주도 디지털전환 정책 기반의 중요 키워드]
"청정자원, 1·3차 산업, 바이오, 고비용 생산 → "1·2·3차 산업 연계의 융복합"

자료 : 지역 특화산업 디지털전환(DX) 확산 전략수립(2023.11), 제주테크노파크

- **(제주 디지털전환 정책 강점요인)** 제주 자원은 삶의 질에 대한 욕구 증대와 관련된 청정환경, 무공해 상품, 웰빙 푸드 등의 자원으로 활용되어 신산업 육성에 긍정적임

  - UNESCO 자연환경 분야 3관왕 획득으로 제주의 가치가 세계적으로 인정받고, 신화 및 설화 등 다양한 문화 원형과 풍부한 해양관광자원을 보유하고 있음

- **(제주 디지털전환 정책 약점요인)** 섬이라는 지리적 한계로 인해 접근성이 취약하고 지리적 고립성으로 타지역에 비해 물류비용이 높다는 점임

- 3차 산업 편중으로 인해 제조업 기반이 약하고 서비스산업 대비 제조산업의 성장세가 더딘 상황임
- 2차 산업 사업체 중 영세기업체 비중이 93.0% 수준, 입지 여건상 팬데믹 등 외부 환경 변화에 영향을 많이 받는 산업구조를 보유하고 있어 1·3차 중심의 약한 기존 인프라를 보유하고 있음

● **(제주 디지털전환 정책 기회요인)** 제주형 뉴딜 종합계획 핵심과제로 관광·바이오·에너지 등이 선정됨에 따라 관련 산업 육성에 필요한 특례로 인정됨

- 삶의 질 관심도 및 건강 등에 대한 수요 증대로 청정 농수축산물 선호도 증가가 예상되어 1차 산업 육성의 기회요인으로 작용될 가능성이 있음

● **(제주 디지털전환 정책 위협요인)** 수도권 중심의 문화산업화로 지방은 전반적으로 위축되어있고 중국, 동남아 등 저렴한 대체 관광지 등 장과 전국적으로 문화산업 특성화로 경쟁이 심화되고 있음

● **(결론)** 제주 지역은 COVID-19로 인한 팬데믹 현상 이후에도 경제·사회적, 개인적 활동 변화 등 이전 사회와 다른 패러다임 대전환이 도래할 것으로 전망됨

- 생산부터 유통·소비까지 환경변화 예상으로 새로운 농업시대의 요구를 앞당기고 있으며, 기후변화 대응으로 지속 가능한 미래농업으로의 새로운 도전이 요구됨
- 기후환경의 빠른 변화와 사람·식물·동물을 대상으로 하는 글로벌 전염병의 확산, 저출산 및 고령화 사회 구조, 온라인 및 가상 세계의 신비즈니스 창출, 탄소 중립 등 미래사회 현안 대응을 위해 기존의 환경·산업구조의 디지털화(Digital Transformation)를 통해 효율성을 높이고, 농민과 소비자가 중심이 되는(Human Drive) 융합혁신 방향으로 경제 구조가 발전되어야 함

03 제주 융복합 산업 현황분석

3.1. 제주 융복합바이오 분야의 디지털전환 특징(1·2·3차산업 연계)

- 복잡한 이해관계의 융복합바이오 환경

  - 농산업의 발전 형태는 생산(시설농업, 노지, 축사, 수산 등), 유통(도매시장, 기업시장, 가공시장 등), 지역특화(로컬푸드, 지역관광, 6차산업) 등 수직구조 중심의 개별 산업으로 분야별 소재, 부품, 시스템, 서비스 등이 각자 발전하는 형태로 다양화·복잡화 되고 있음

  - 지속적으로 생산-유통-가공-소비가 수평으로 연결되는 형태의 기술 및 서비스로 발전할 것으로 예상되며, 그 중심에는 데이터를 중심으로 하는 연결과 공유 기능을 갖는 디지털 전환이 핵심요소로 부각됨

  - 현재 스마트팜은 ICT 기술을 활용해 시설 온실, 축사, 노지, 양식 등의 분야에 접목하여 원격 및 자동으로 작물, 가축, 어류 사육환경의 제어 및 관리를 통해 생산 효율을 높일 수 있는 농장시스템을 의미함

  - 보다 넓은 의미로는 농축산 전 분야의 생산, 유통, 소비의 전 주기직 과정에 지능정보 ICT 융합 기술을 적용하여 농촌·농민의 삶의 질 향상을 도모하는 첨단 농업 형태를 의미하는 등 1·2·3차 산업 간 경계가 약화되고 있으며, 최종 제품 및 서비스의 형태도 융복합바이오 기반의 다종·다양한 형태임

  - 생산 중심의 스마트팜은 생산성 향상과 시스템 산업의 육성 측면도 있으나, 결국은 유통, 소비(비즈니스 모델 포함)와 연계된 기술의 시작점으로 평가됨

  - 데이터 중심의 융복합바이오는 국가 및 사회의 이슈 대응, 복지 문제해결 및 공공 이익 증대 등 국민 삶의 질 개선과 지속 가능한 인간 중심 서비스 실현을 위해 과학기술·ICT 융합 신서비스 창출 분야(청정·생산)에서의 농축산, 환경, 제조, 물류·유통 등의 분야에서 데이터 지능화 및 개방화 형태로 진화하고 있음

3.2. 제주의 1·2·3차 업종 연계 융복합바이오 산업 생태계

- **(1차 산업)** 농축수산 바이오소재 생산 분야
  - 2021년 기준 기업체 수는 제주 융복합바이오 산업의 전체기업체 29,443개 중 755개로 2.5%에 해당하며, 이 중 작물 재배업이 40.00% 임

<그림 2-2> 농축수산 바이오소재 생산 기업체 수(`12~`21년)

(단위: 개)

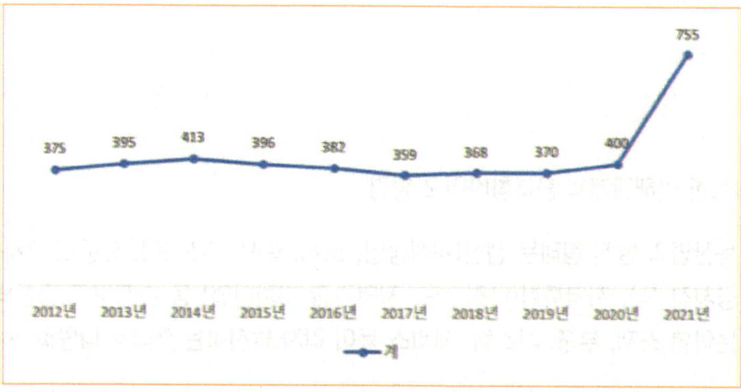

자료 : 지역 특화산업 디지털전환(DX) 확산 전략수립(2023.11), 제주테크노파크

[표 2-8] 농축수산 바이오소재 생산 기업체 수(`12~`21년)

(단위: 개, %)

코드	항목명	2012	2013	2014	2015	2016	2017	2018	2019	2020	2021	비중 (2021년)
011	작물 재배업	26	29	30	57	50	38	42	49	83	302	40.00
012	축산업	26	29	43	42	49	50	52	59	56	115	15.23
013	작물재배 및 축산 복합농업	0	0	0	0	0	0	0	0	0	0	0.00
014	작물재배 및 축산 관련 서비스업	183	170	143	128	90	81	81	74	72	87	11.52
015	수렵 및 관련 서비스업	0	0	0	0	0	0	0	0	0	0	0.00
020	임업	5	6	9	13	14	12	9	8	10	36	4.77
031	어로어업	30	29	21	15	14	14	10	9	9	10	1.32
032	양식어업 및 어업관련 서비스업	105	132	167	141	165	164	174	171	170	205	27.15
	계	375	395	413	396	382	359	368	370	400	755	100.00

자료 : 지역 특화산업 디지털전환(DX) 확산 전략수립(2023.11), 제주테크노파크

- 종사자 수는 제주 융복합바이오 산업 전체종사자 79,294명 중 4,093명으로 5.16%에 해당함
- 비중은 작물 재배 및 축산 관련 서비스업 (28.59%), 작물 재배업(26.92%) 순임

<그림 2-3> 농축수산 바이오소재 생산 종사자 수(`12~`21년)

(단위: 명)

자료 : 지역 특화산업 디지털전환(DX) 확산 전략수립(2023.11), 제주테크노파크

[표 2-9] 농축수산 바이오소재 생산 종사자 수(`12~`21년)

(단위: 개, %)

코드	항목명	2012	2013	2014	2015	2016	2017	2018	2019	2020	2021	비중 (2021년)
011	작물 재배업	175	280	176	245	509	242	174	168	351	1,102	26.92
012	축산업	255	298	348	385	402	416	447	412	465	555	13.56
013	작물재배 및 축산 복합농업	0	0	0	0	0	0	0	0	0	0	0.00
014	작물재배 및 축산 관련 서비스업	1,978	2,526	2,541	2,005	1,278	1,164	984	807	1,159	1,170	28,59
015	수렵 및 관련 서비스업	0	0	0	0	0	0	0	0	0	0	0.00
020	임업	49	62	73	170	118	127	136	328	284	283	6.91
031	어로어업	132	39	30	23	18	18	60	60	14	87	2.13
032	양식어업 및 어업관련 서비스업	508	737	887	728	774	783	847	768	698	896	21.89
	계	3,097	3,942	4,055	3,556	3,099	2,750	2,648	2,543	2,971	4,093	100.00

자료 : 지역 특화산업 디지털전환(DX) 확산 전략수립(2023.11), 제주테크노파크

- **(2차 산업)** 식품 저장 및 제조 공정기술 분야
  - 2021년 기준 기업체 수는 108개이며, 제주 융복합바이오 산업 전체 기업체 수 중 0.37%를 차지함
  - 비중은 기타 식품 제조업은 30.56%, 도축, 육류 가공 및 저장 처리업 25.00% 순임

<그림 2-4> 식품 저장 및 제조 공정기술 기업체 수(`12~`21년)

(단위: 개)

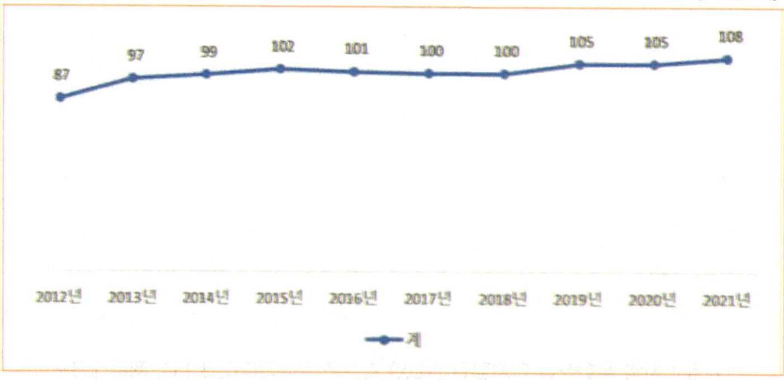

자료 : 지역 특화산업 디지털전환(DX) 확산 전략수립(2023.11), 제주테크노파크

[표 2-10] 식품 저장 및 제조 공정기술 기업체 수(`12~`21년)

(단위: 개, %)

코드	항목명	2012	2013	2014	2015	2016	2017	2018	2019	2020	2021	비중 (2021년)
101	도축, 육류 가공 및 저장 처리업	21	24	25	25	23	24	23	24	29	27	25.00
102	수산물 가공 및 저장 처리업	10	11	10	12	14	11	9	10	12	12	11.11
103	과실, 채소 가공 및 저장 처리업	13	18	16	15	16	15	17	17	13	14	12.96
104	동물성 및 식물성 유지 제조업	1	1	1	1	1	1	1	1	1	2	1.85
105	낙농제품 및 식용 빙과류 제조업	2	2	2	2	2	2	2	3	3	3	2.78
106	곡물 가공품, 전분 및 전분제품 제조업	1	2	2	1	1	1	1	1	1	1	0.93
107	기타 식품 제조업	23	23	23	26	26	28	28	32	29	33	30.56
108	동물용 사료 및 조제식품 제조업	5	7	9	9	8	6	6	6	5	6	5.56
111	알코올 음료 제조업	3	2	3	3	3	3	4	4	4	4	3.70
112	비알코올 음료 및 얼음 제조업	8	7	8	8	7	9	9	7	8	6	5.56
	계	87	97	99	102	101	100	100	105	105	108	100.00

자료 : 지역 특화산업 디지털전환(DX) 확산 전략수립(2023.11), 제주테크노파크

- 2021년 기준 종사자 수는 3,209명으로 제주 융복합바이오 산업 전체 종사자 수 중 4.05%에 해당함
- 비중은 기타 식품 제조업(22.09%), 도축, 육류 가공 및 저장 처리업(21.69%), 비알코올 음료 및 얼음 제조업(21.10%) 순임

<그림 2-5> 식품 저장 및 제조 공정기술 종사자 수(`12~`21년)

(단위: 명)

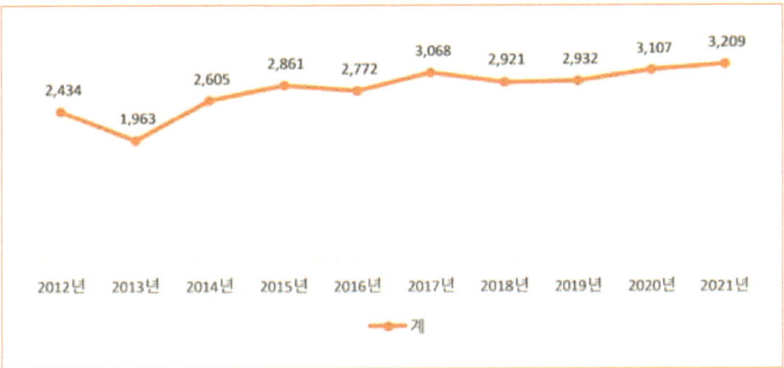

자료 : 지역 특화산업 디지털전환(DX) 확산 전략수립(2023.11), 제주테크노파크

[표 2-11] 식품 저장 및 제조 공정기술 종사자 수(`12~`21년)

(단위: 명, %)

코드	항목명	2012	2013	2014	2015	2016	2017	2018	2019	2020	2021	비중 (2021년)
101	도축, 육류 가공 및 저장 처리업	660	695	719	711	706	749	694	707	851	696	21.69
102	수산물 가공 및 저장처리업	163	196	160	240	291	219	197	199	227	244	7.60
103	과실, 채소 가공 및 저장 처리업	330	404	351	390	323	380	447	445	430	462	14.60
104	동물성 및 식물성 유지제조업	0	0	0	0	0	0	0	0	0	0	0.00
105	낙농제품 및 식용 빙과류 제조업	0	0	0	0	0	0	0	69	78	83	22.09
106	곡물 가공품, 전분 및 전분제품 제조업	0	0	0	0	0	0	0	0	0	0	0.00
107	기타 식품 제조업	608	541	588	700	632	692	647	666	617	709	22.09
108	동물용 사료 및 조제식품 제조업	106	127	164	179	155	135	136	118	102	151	4.71
111	알코올 음료 제조업	114	-	135	138	123	168	213	249	211	187	5.83
112	비알코올 음료 및 얼음 제조업	453	-	488	503	542	725	587	488	591	677	21.10
계		2,434	1,963	2,605	2,861	2,772	3,068	2,921	2,932	3,107	3,209	100.00

자료 : 지역 특화산업 디지털전환(DX) 확산 전략수립(2023.11), 제주테크노파크

- 2021년 기준 매출액은 제주 융복합바이오 산업 전체 매출액 중 11.70%에 해당함
- 비중은 도축, 육류 가공 및 저장 처리업(30.37%), 비알코올 음료 및 얼음 제조업(29.72%) 순

<그림 2-6> 식품 저장 및 제조 공정기술 매출액(`12~`21년)

(단위: 백만원)

[표 2-12] 식품 저장 및 제조 공정기술 매출액(`12~`21년)

(단위: 백만원, %)

코드	항목명	2012	2013	2014	2015	2016	2017	2018	2019	2020	2021	비중 (2021년)
101	도축, 육류 가공 및 저장 처리업	227,748	219,471	268,491	307,082	284,802	369,120	304,896	299,680	308,722	349,223	30.37
102	수산물 가공 및 저장처리업	36,362	42,277	36,208	45,587	66,253	59,716	48,430	41,902	52,567	54,589	4,75
103	과실, 채소 가공 및 저장 처리업	40,856	43,710	43,473	53,946	36,558	33,547	48,700	59,947	58,091	60,564	5.27
105	낙농제품 및 식용 빙과류 제조업	0	0	0	0	0	0	0	0	0	22,844	0.00
107	기타 식품 제조업	54,943	64,446	61,460	72,959	82,155	83,249	90,091	82,090	79,144	124,264	10.81
108	동물용 사료 및 조제식품 제조업	76,079	91,021	103,780	120,762	121,495	113,478	114,568	111,571	113,030	129,123	11.23
111	알코올 음료 제조업	29,431	0.00	31,767	33,038	34,656	37,318	45,256	46,396	55,720	67,516	5.87
112	비알코올 음료 및 얼음 제조업	179,848	0.00	232,780	267,238	288,608	303,521	302,965	309,376	315,488	341,749	29.72
	계	645,267	460,925	777,959	900,612	914,527	999,949	954,906	950,962	982,762	1,149,872	100.00

자료 : 지역 특화산업 디지털전환(DX) 확산 전략수립(2023.11), 제주테크노파크

● **(3차 산업)** 실시간 풀필먼트 유통기술 분야

- 2021년 기준 기업체 수는 2,332개로 제주 융복합바이오산업 전체 중 7.92%에 해당하며, 소화물 전문 운송업(94.00%)이 대부분의 비중 차지함

<그림 2-7> 실시간 풀필먼트 유통기술 기업체 수(`12~`21년)

(단위 : 개)

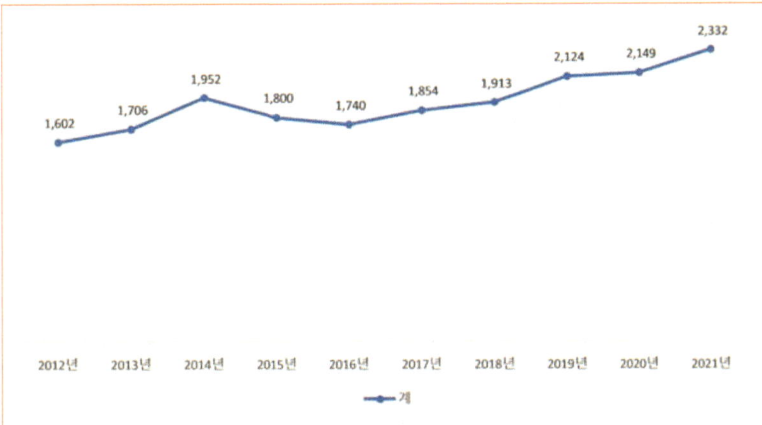

[표 2-13] 실시간 풀필먼트 유통기술 기업체 수(`12~`21년)

(단위: 개, %)

코드	항목명	2012	2013	2014	2015	2016	2017	2018	2019	2020	2021	비중 (2021년)
493	도로화물 운송업	79	75	72	81	86	88	82	84	108	95	4.07
494	소화물 전문 운송업	1,508	1,615	1,865	1,696	1,618	1,734	1,801	2,011	1,994	2,192	94.00
501	해상 운송업	15	16	15	17	18	16	16	16	20	22	0.94
502	내륙 수상 및 항만 내 운송업	0	0	0	0	0	0	0	0	4	1	0.04
512	항공화물 운송업	0	0	0	0	0	0	0	0	1	1	0.04
521	보관 및 창고업	0	0	0	6	6	4	3	3	4	4	0.17
529	기타 운송관련 서비스업	0	0	0	0	12	12	11	10	18	17	0.73
계		1,602	1,706	1,952	1,800	1,740	1,854	1,913	2,124	2,149	2,332	100.00

자료 : 지역 특화산업 디지털전환(DX) 확산 전략수립(2023.11), 제주테크노파크

- 종사자 수는 4,402명(5.55%)으로 소화물 전문 운송업이 50.59%를 차지함

<그림 2-8> 실시간 풀필먼트 유통기술 종사자 수(`12~`21년)

(단위:명)

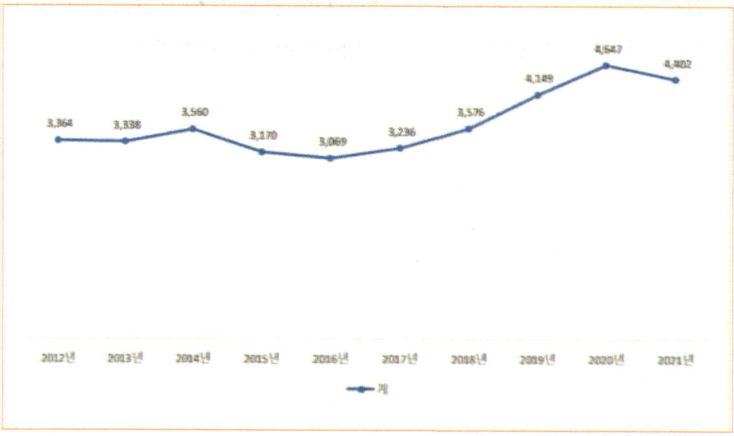

[표 2-14] 실시간 풀필먼트 유통기술 종사자 수(`12~`21년)

(단위: 명, %)

코드	항목명	2012	2013	2014	2015	2016	2017	2018	2019	2020	2021	비중 (2021년)
493	도로화물 운송업	1,353	1,126	1,114	950	884	1,011	1,209	1,509	1,386	1,564	35.53
494	소화물 전문 운송업	1,538	1,623	1,873	1,714	1,693	1,755	1,896	2,071	2,048	2,227	50.59
501	해상 운송업	473	589	573	464	411	396	409	511	492	466	10.59
502	내륙 수상 및 항만 내 운송업	0	0	0	0	0	0	0	0	8	0	0.00
512	항공화물 운송업	0	0	0	0	0	0	0	0	0	0	0.00
521	보관 및 창고업	0	0	0	42	29	29	23	18	53	58	1.32
529	기타 운송관련 서비스업	0	0	0	0	52	45	39	40	660	87	1.98
	계	3,364	3,338	3,560	3,170	3,069	3,236	3,576	4,149	4,647	4,402	100.00

자료 : 지역 특화산업 디지털전환(DX) 확산 전략수립(2023.11), 제주테크노파크

- 매출액은 506,771백만원으로 제주 융복합바이오 산업의 전체 매출액 중 5.15%에 해당하며, 도로 화물 운송업이 48.91% 로 많음

<그림 2-9> 실시간 풀필먼트 유통기술 매출액(`12~`21년)

(단위: 백만원)

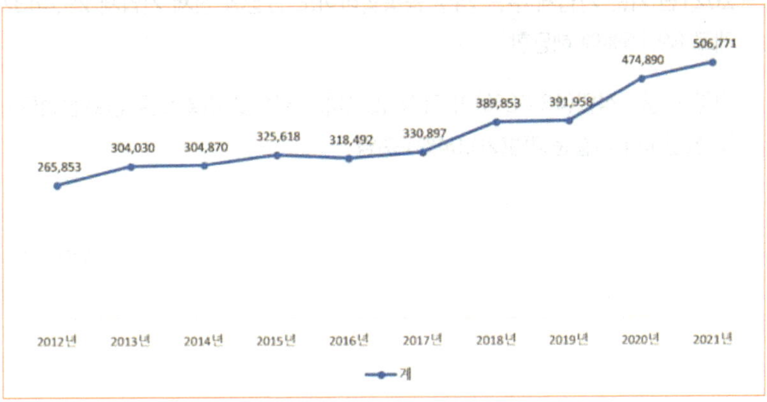

[표 2-15] 실시간 풀필먼트 유통기술 매출액(`12~`21년)

(단위: 백만원, %)

코드	항목명	2012	2013	2014	2015	2016	2017	2018	2019	2020	2021	비중 (2021년)
493	도로화물 운송업	113,889	126,711	124,430	165,507	156,895	178,116	208,351	205,577	254,252	247,879	48.91
494	소화물 전문 운송업	73,521	83,436	83,080	58,360	65,892	53,104	85,045	87,670	73,860	105,192	20.76
501	해상 운송업	78,443	93,883	97,360	94,003	87,292	95,408	91,504	93,815	96,586	144,299	28.47
502	내륙 수상 및 항만 내 운송업	0	0	0	0	0	0	0	0	869	0	0.00
512	항공화물 운송업	0	0	0	0	0	0	0	0	0	0	0.00
521	보관 및 창고업	0	0	0	7,748	7,417	3,380	4,120	4,042	10,715	7,564	1.49
529	기타 운송관련 서비스업	0	0	0	0	996	889	833	854	38,608	1,837	0.36
	계	265,853	304,030	304,870	325,618	318,492	330,897	389,853	391,958	474,890	506,771	100.00

자료 : 지역 특화산업 디지털전환(DX) 확산 전략수립(2023.11), 제주테크노파크

● **(3차 산업)** 고객데이터 기반 지능화와 서비스 플랫폼 분야

- 2021년 기준 기업체 수는 제주 융복합바이오 산업의 전체 기업체 29,443개 중 26,248개로 89.15%에 해당함
- 비중은 음식점업(46.66%)이 가장 많으며, 주점 및 비알코올 음료점업(21.77%), 일반 및 생활숙박 시설운영업(20.94%) 순임

<그림 2-10> 고객데이터 기반 지능화와 서비스 플랫폼 기업체수(`12~`21년)

(단위: 개)

[표 2-16] 고객데이터 기반 지능화와 서비스 플랫폼 기업체수(`12~`21년)

(단위:개, %)

코드	항목명	2012	2013	2014	2015	2016	2017	2018	2019	2020	2021	비중 (2021년)
461	상품 중개업	25	27	28	37	39	38	42	55	251	214	0.82
462	축산물 및 동·식물 도매업	82	83	98	98	97	103	104	113	268	266	1.01
463	음·식료품 및 담배 도매업	915	1,103	1,307	1,299	1,286	1,260	1,247	1,248	2,459	2,299	8.76
551	일반 및 생활숙박 시설운영업	1,590	1,887	2,328	3,200	3,209	3,659	4,031	4,442	5,120	5,497	20.94
559	기타 숙박업	8	7	6	19	9	8	6	9	14	10	0.04
561	음식점업	6,895	7,355	7,670	8,549	8,560	9,107	9,932	10,430	11,925	12,247	46.66
562	비알코올 음료점업	3,285	3,421	3,590	3,803	3,789	4,232	4,529	4,941	5,628	5,715	21.77
	계	**12,800**	**13,883**	**15,027**	**17,005**	**16,989**	**18,407**	**19,891**	**21,238**	**25,665**	**26,248**	**100.00**

자료 : 지역 특화산업 디지털전환(DX) 확산 전략수립(2023.11), 제주테크노파크

- 종사자 수는 67,590명으로 제주 융복합바이오 산업의 전체 종사자 79,294명 중 85.24%에 해당함
- 비중은 음식점업(47.89%), 일반 및 생활숙박 시설운영업(22.50%), 주점 및 비알콜(15.54%) 순임

<그림 2-11> 고객데이터 기반 지능화와 서비스 플랫폼 종사자 수(`12~`21년)

(단위: 명)

[표 2-17] 고객데이터 기반 지능화와 서비스 플랫폼 종사자 수(`12~`21년)

(단위:명, %)

코드	항목명	2012	2013	2014	2015	2016	2017	2018	2019	2020	2021	비중 (2021년)
461	상품 중개업	188	167	179	155	181	165	171	291	500	678	1.00
462	축산물 및 동 · 식물 도매업	272	256	304	300	297	312	352	402	663	754	1.23
463	음 · 식료품 및 담배 도매업	5,106	5,951	6,618	6,533	6,528	6,262	6,503	6,781	8,012	8,038	11.89
551	일반 및 생활숙박 시설운영업	7,664	8,678	10,624	12,923	12,923	13,122	14,834	15,261	14,046	15,208	22.50
559	기타 숙박업	20	44	64	80	60	50	19	29	59	44	0.07
561	음식점업	21,658	23,314	23,980	28,246	28,261	29,632	32,617	33,890	31,196	32,367	47.89
562	비알코올 음료점업	7,990	8,406	8,976	9,452	9,423	10,687	10,889	12,056	10,152	10,501	15.54
	계	**42,898**	**46,816**	**50,745**	**57,689**	**57,673**	**60,230**	**65,385**	**68,710**	**64,628**	**67,590**	**100.00**

자료 : 지역 특화산업 디지털전환(DX) 확산 전략수립(2023.11), 제주테크노파크

- 매출액은 8,175,385백만원으로 제주 융복합바이오 산업의 전체 매출액 중 83.15%를 차지함
- 비중은 음·식료품 및 담배 도매업(41.68%), 음식점업(30.38%) 순임

<그림 2-12> 고객데이터 기반 지능화와 서비스 플랫폼 매출액(`12~`21년)

(단위: 백만원)

[표 2-18] 고객데이터 기반 지능화와 서비스 플랫폼 매출액(`12~`21년)

(단위: 백만원, %)

코드	항목명	2012	2013	2014	2015	2016	2017	2018	2019	2020	2021	비중 (2021년)
461	상품 중개업	71,398	42,479	86,204	72,258	72,864	78,734	123,537	185,708	214,451	247,122	3.02
462	축산물 및 동 · 식물 도매업	73,981	99,174	96,095	115,905	106,407	110,734	115,856	141,854	236,123	255,984	3.13
463	음 · 식료품 및 담배 도매업	1,418,677	1,510,852	1,688,063	2,433,818	2,447,879	2,528,860	2,542,305	2,411,262	3,316,566	3,407,546	41.68
551	일반 및 생활숙박 시설운영업	674,173	724,797	774,876	1,218,505	1,215,648	1,077,032	1,115,191	1,213,497	894,610	1,223,278	14.96
559	기타 숙박업	502	1,122	4,904	3,442	3,077	3,000	932	1,923	11,360	10,757	0.13
561	음식점업	922,417	759,506	925,706	1,729,242	1,731,090	1,987,488	2,098,787	2,161,299	2,149,193	2,483,394	30.38
562	비알코올 음료점업	290,059	280,064	311,367	416,630	416,575	502,188	512,458	539,358	561,381	547,304	6.69
	계	3,451,207	3,417,994	3,887,215	5,989,800	5,993,540	6,288,036	6,509,066	6,654,901	7,383,684	8,175,385	100.00

자료 : 지역 특화산업 디지털전환(DX) 확산 전략수립(2023.11), 제주테크노파크

04 시사점 및 N차산업간 융합모델 제시

4.1. 시사점

- 제주는 연간 1,300만명 이상 관광객이 방문하는 글로벌 관광거점 도시이지만, 산업 간 불균형 성장으로 전·후방 산업에 대한 대외 의존도가 높음
  - 1차산업 10.3%, 2차산업 10.2%(광업·제조업 3.8%), 3차산업 79.5%
- 2022년 기준 제주지역 96,334개의 전체 사업체 중 푸드테크와 직접적으로 연관될 수 있는 농식품 관련 산업체 수는 1,908개이며, 이는 전체 사업체 수 비율의 약 2.0%만을 차지하고 있어 관련 산업의 집중적인 육성이 필요함
- 그리고 농식품 관련 사업체와 식료품 및 음료제조업 중에서 5인미만의 소규모 사업체수가 각각 전체의 70.2% 및 78.0%를 차지하고 있는 것으로 나타나, 농식품 관련 산업체의 대다수 규모가 영세한 것으로 파악됨
- 한편 제주지역 외식산업 현황분석에서는 사업체수를 기준으로 전체 사업체수(96,334개) 비율의 약 18.5%(17,799개)를 차지하고 있으나, 사업체 규모별 기준으로 분석했을 때는 5인 미만 사업체수가 88.3%(15,721개)를 차지하고 있어 외식산업은 더욱 소규모에 집중되어 있는 것으로 파악됨
- 또한 제주는 섬이라는 지리적 한계로 인해 접근성이 취약하고 지리적 고립성으로 타지역에 비해 물류비용이 높다는 한계점이 존재함
- 하지만 최근 코로나를 경험한 세대의 소비문화와 초고령화 사회로 진입을 앞두고 있는 인구구조의 변화 등은 점점 건강과 관련된 시장 수요의 확장으로 이어지고 있어 앞으로 경제·사회적 그리고 개인적 활동 변화 등 이전 사회화는 다른 패러다임 전환이 도래할 것으로 전망됨
- 이에 맞춰 현재 제주는 디지털전환 정책이 추진되고 있으며, 생산부터 유통·소비까지 환경변화가 예상되고 새로운 농업시대의 요구를 앞당기기 위해 지속 가능한 미래농업으로서의 새로운 도전이 요구됨

- 그리고 제주는 1· 2·3차 산업과 연계한 융복합 바이오분야의 디지털 전환의 목표를 바탕으로 푸드테크산업을 육성하고 데이터 중심의 지능화 및 개방화 형태로 진화해나가는 전략을 수립해야 함

4.2. N차산업간 융합모델 제시

- N차산업은 1차, 2차, 3차산업 등을 융합하여 새로운 부가가치를 창출하는 산업을 의미하기 때문에, 위에서 제안한 전략방향 등을 바탕으로 아래와 같이 제시함

<그림 2-13> 제주 푸드테크 N차산업 융합모델 제시

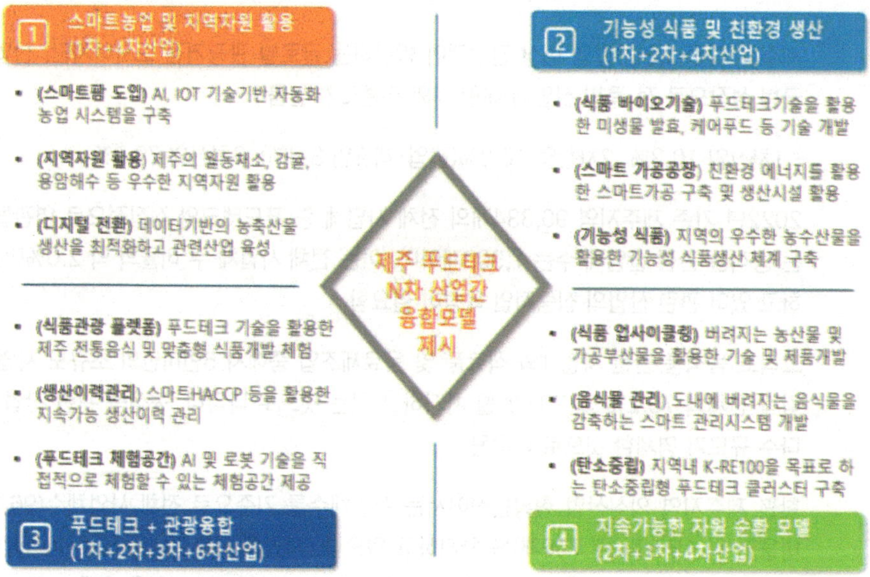

MEMO

제3장

제주지역 푸드테크 산업 생태계 조성 여건 및 경쟁력분석

1. 국내·외 푸드테크 산업동향 및 기술개발 현황
2. 제주지역 푸드테크 산업여건 분석
3. 정부 정책 및 유관기관 산업 인프라 분석
4. 시사점 및 경쟁력 분석

01

국내·외 푸드테크 산업동향 및 기술개발 현황

1.1. 푸드테크(foodtech) 산업의 개요

- 푸드테크는 식품(Food)과 기술(Technology)의 합성어로 식품의 생산·유통·소비 전반에 IT·BT·AI 등 첨단기술이 결합된 신산업임

- 최근 국내에서 환경을 고려한 소비증가, 비대면 외식소비 선호, 빅데이터를 활용한 소비자 맞춤형 서비스 제공 등에 대한 수요가 증가함에 따라 국내 푸드테크 산업이 발전하고 있음

- 식품산업에 ICT 기술 등 첨단기술을 접목한 푸드테크 산업의 범위에 대해 다양한 의견이 존재하지만, 정부가 2022년에 발표한 "푸드테크 산업 발전방안"은 푸드테크를 크게 협의와 광의의 푸드테크로 구분해서 설명하고 있으며, 본 기본계획은 1차산업 및 디지털전환 사업을 포함하는 광의의 범위로 설정하여 수립하였음 〈그림 3-1〉

  - 협의의 범위 : 식품의 생산, 유통, 소비 등 3개 부문으로 구성됨

  - 광의의 범위 : 협의의 푸드테크에 농수축산 등 연관산업(스마트팜 등)을 포함함

- 또한 농림축산식품부는 국내·외 기술동향을 분석하고 산·학·연 의견수렴 등을 통해 푸드테크 10대 핵심기술 분야를 선정하였음

  - ①세포배양식품 생산기술 ②식물기반식품 제조기술 ③간편식 제조기술 ④식품 프린팅 기술 ⑤식품 스마트 제조기술 ⑥식품 스마트 유통기술 ⑦식품 커스터마이징 기술 ⑧외식 푸드테크 기술 ⑨식품 업사이클링 기술 ⑩친환경 포장기술

- 푸드테크는 앞으로도 지속 가능한 식품 시스템을 구축하는 데 중요한 역할을 할 것으로 예상되며, 기술 발전과 소비자 요구 변화에 따라 더욱 다양해질 것으로 예상됨

- 향후 첨단기술이 결합된 푸드테크산업의 발전으로 인해 글로벌 식품 공급망의 변화가 예상되며, 앞으로 지역 기반의 푸드테크 솔루션이 주목받을 가능성이 높음

<그림 3-1> 협의 및 광의의 푸드테크 범위

구분		분야	주요 영역		
광의의 푸드테크 (Agri-Food tech)	협의의 푸드테크	식품생산	新식품	대체식품	식물·미생물·곤충 대체식품 등
				간편식	밀키트, HMR 등
				케어푸드	메디푸드, 고령친화식품, 기능성식품 개인맞춤식품 등
			제조기술	식품프린팅, 로봇 등을 적용한 생산공정 자동화, 스마트 안전관리 등	
		식품유통	식품유통 무역	주문배달앱, 농식품 온라인플랫폼 등	
		식품소비	외식 서비스	주방서빙 자동화	서빙로봇, 주방로봇 등
				식당주문/배달	배달앱, 무인주문기, 배달로봇 등
				맞춤형 정보제공	음식·식당 추천, 영양 검색기술 등
			처리기술	푸드업사이클링, 친환경포장기술 등	
	연관 산업	농수축산	에그테크	디지털육종, 스마트팜, 스마트축산, 스마트유통, 정밀농업 등	
		푸드테크 기술개발	관련 하드웨어 및 소프트웨어 기술개발 신업 등		

자료 : 관계부처합동(2022.12) “농식품산업의 혁신성장을 위한 푸드테크 산업발전방안”

1.2. 국내 푸드테크 산업동향 및 시장전망

- 2020년 기준 국내 푸드테크 산업의 시장규모는 약 61조원(전체 식품·외식·유통 570조의 10.7%, GS&J[3] 추정)으로 2017~2020년 연평균 31.4% 성장함
- 푸드테크 산업 성장률은 식품산업 전체 성장률 보다 월등히 높은 수준으로, 푸드테크는 식품산업의 새로운 활로가 될 수 있는 분야로 평가됨

  - 식품산업 시장규모 : 2017년) 498조원 → 2020년) 570조원(연평균 4.8% ↑)

  - 푸드테크 시장규모 : 2017년) 27조원 → 2020년) 61조원(연평균 31.4% ↑)

- 분야별로는 온라인 식품거래(43조, 73%), 케어푸드(12조, 20%), 간편식(4조, 7%), 대체식품(209억, 0.03%) 순의 시장규모를 보임

1.3. 해외 푸드테크 산업동향 및 시장전망

- 2020년 기준 세계 푸드테크 산업의 시장규모는 약 5,542억달러(약 665조원, GS&J 추정)이며, 2017~2020년 연평균 38% 성장함

  - 세계 푸드테크 시장규모(억달러) : 2017년) 2,110 → 2020년) 5,542 (연평균 38% ↑)

- 분야별 시장규모는 온라인 식품 거래(1,985억달러, 35.8%), 케어푸드(1,848, 33.4%), 간편식(1,304, 23.5%), 대체식품(294, 5.3%) 순임
- 전세계 푸드테크 유니콘기업[4]은 2024년 기준 59개의 기업이 있으며, 이에 해당하는 기업은 〈그림3-2〉에 나타내었음
- 2025년 1월 미국 라스베가스에서 개최된 최대 기술 박람회인 CES[5]에서는 푸드테크기술과 직·간접적으로 연관된 ①AI 분야 ② 디지털 헬스분야 ③ 지속가능성 및 에너지·전력분야의 기술 등이 부각되었으며, 우리나라는 전년 대비 33.5% 늘어난 1031개사가 참가해 역대 최대 규모를 기록하였음

3) GS&J : 조사연구사업, 각종 연구결과의 출판, 농업문제 및 농촌발전을 위한 학술회의 개최, 국내외 정부·연구기관·민간부문과의 정보교류 및 협력사업을 목적으로 농림축산식품부 소관의 재단법인임

4) 유니콘기업 : 유니콘기업은 10억달러 이상의 기업가치를 공개적으로 발표한 비상장 스타트업기업을 말함

5) CES : CES는 글로벌 비즈니스를 선도하는 기업이 모여 최신 제품과 서비스를 선보이는 세계 최대기술 엑스포를 말하며, 2025년에는 미국 라스베가스에서 2025.1.6.(월)~1.10(금) 사이에 개최되었음(14만명, 4500개사 참여)

<그림 3-2> 2024년 푸드테크 유니콘기업 현황(59개사)

자료 : digitalfoodlab[6] 홈페이지(www.digitalfoodlab.com)

- 또한 2025년 CES에서 매년 수상되는 올해 혁신상 카테고리는 총 33개로 가장 혁신상이 많은 분야는 AI(53개), 디지털헬스(48개), 지속가능성 및 에너지·전력(32개) 등 3개이며, 추가적으로 푸드테크와 직접적으로 연관된 기술인 로봇기술은 14개, 식품 및 농업기술의 경우에는 12개의 수상내역을 보여주었고 이를 [표 3-1]에 나타내었음

- 그리고 각 분야 수상내역 중 한국기업이 차지한 수상 개수(비율)는 AI 28개(53%), 디지털헬스 25개(52%), 지속가능성 및 에너지·전력 12개(37%), 로봇기술 7개(50%), 식품 및 농업기술 8개(67%)를 차지하는 등 한국기업이 전세계에서 푸드테크 관련 혁신기술을 선도하는 기업이 가장 많은 것으로 파악됨

- 그중 푸드테크와 가장 직접적으로 연관된 식품 및 농업기술(Food&AgTech) 관련기업의 혁신상 수상 비율이 67%나 되어 수상한 전세계기업 중 2/3를 차지하는 기염을 토하였고, 관련기업의 기술정보는 [표3-2]에 나타내었음

6) digitalfoodlab : 디지털푸드랩은 푸드테크 분야의 인사이트와 전략을 제공하는 프랑스에 위치한 컨설팅 기업으로, 유럽 전역의 푸드테크 스타트업 데이터베이스를 보유하고 있으며, 푸드테크 트랜드와 투자 동향에 대한 보고서를 발간하고 있음

[표 3-1] 2025 CES 국가별 혁신상 수상내역(33개분야)

(단위 : 개)

분야		합계 458	한국 219	미국 73	중국 48	대만 24	일본 20	프랑스 17	기타 45
1	AI	53	28	10	2	3	2	1	7
2	디지털 헬스	48	25	10	2	1	1	2	4
3	지속가능성 및 에너지/전력	32	12	7	5	4	0	3	1
4	모바일 기기, 부속품 및 앱	25	10	3	6	2	1	0	3
5	컴퓨터 하드웨어 및 부품	20	1	5	4	10	0	0	0
6	가전제품	19	11	4	2	0	0	0	1
7	스마트시티	19	16	0	0	0	0	1	1
8	차량 기술 및 첨단 모빌리티	19	7	4	1	0	0	0	6
9	스마트 홈	18	9	2	3	0	1	1	2
10	XR 기술 및 부속품	17	5	0	4	0	3	1	4
11	접근성 및 에이지테크	16	5	3	2	0	1	3	1
12	이미지 처리	14	5	0	4	0	4	0	0
13	산업 장비 및 기계	14	9	1	0	0	1	0	3
14	로봇	14	7	3	1	0	1	0	2
15	인간안보	13	11	1	1	0	0	0	0
16	식품 및 농업 기술	12	8	2	0	0	0	1	0
17	컴퓨터 주변기기 및 부속품	11	4	2	3	0	0	0	2
18	게임 및 e스포츠	10	4	1	1	2	1	0	1
19	오디오 비디오 부품·부속품	8	2	0	0	1	2	1	2
20	뷰티 및 퍼스널 케어	8	2	1	3	0	1	0	0
21	콘텐츠 및 엔터테인먼트	8	4	0	2	1	0	1	0
22	패션 테크	7	6	0	0	0	0	0	0
23	메타버스	7	2	3	0	0	0	1	0
24	펫 테크 및 동물 복지	7	3	3	1	0	0	0	0
25	피트니스	6	3	1	0	0	0	0	2
26	드론	5	4	0	0	0	1	0	0
27	임베디드 기술	5	3	1	0	0	0	0	1
28	헤드폰 및 개인 오디오	5	1	4	0	0	0	0	0
29	핀테크	4	4	0	0	0	0	0	0
30	차량 엔터테인먼트	4	1	2	1	0	0	0	0
31	비디오 디스플레이	4	3	0	0	0	0	0	1
32	사이버 보안	3	2	0	0	0	0	0	1
33	스포츠	3	2	0	0	0	0	1	0

자료 : 2025 CES 글로벌 기술트렌드(한국무역협회)

[표 3-2] 2025 CES 식품 및 농업기술 분야(Food&AgTech) 혁신상 한국 수상기업(8개사)

No.	수상기업	수상기술명	수상기술 요약
1	대동	AI Plant box	AI 가정용 식물재배기
2	팜커넥트	Connectbee	이미지학습을 통해 벌의 출입횟수 등 정량적 분석 가능
3	인네이처	Dynamic Aqua Blind	블라인드(여름) 및 발열기능(겨울)이 있는 에너지절감형 전자차양 시스템
4	엠씨이	MCE's Styroform Upcycling	난연성 폐스티로폼을 친환경적으로 가공해 밀웜이 안전하게 분해할 수 있도록 하는 기술
5	메타파머스	Metafarmer with Tapfarmers	인공지능과 로보틱스 기술을 결합한 딸기 및 수확로봇 개발
6	미드바르	Airfarm: Food ARK	공기주입식 모듈형 에어팜(물사용 최소화)
7	슈팹	Next Meat	식물성 단백질을 활용한 대체육 생산기술
8	토트	FruitPacker	과일 포장작업을 자동으로 처리하는 모듈형 로봇

자료 : 2025 CES 글로벌 기술트렌드(한국무역협회)

1.4. 푸드테크산업 부상의 배경

- 푸드테크 시장 확장의 주요 배경으로는 ①4차 산업혁명으로 불리는 AI, IoT, 3D프린팅, 로봇 등의 기술 고도화 ②코로나로 인한 비대면 수요 확대 ③ESG, MZ세대 가치소비, Veganism 등에 의한 친환경 대체식품에 대한 관심 증대, ④전세계 인구 증가로 인한 식량 안보, 고령화로 인한 건강 및 식품 안정성 관심 증대 등이 있음

1) AI, IoT, 3D프린팅, 로봇, 빅데이터 등 첨단 기술 고도화

- IT 기술의 발달은 음식료 및 외식 산업에 푸드테크라는 새로운 패러다임 도입을 가능하게 한 핵심원인임

- 다양한 산업용·서비스용 로봇이 식품 제조공장, 식료품 유통업체, 외식업소 등에 도입되면서, 단순 반복 업무가 아닌 고부가가치 영역에 집중하는 등 고효율 추구가 가능해졌음

- AI와 IoT 기술이 적용된 스마트팜에서 농산물을 재배하고, 조리된 음식은 로봇이 서빙하며, 빅데이터 기술을 바탕으로 식품제조, 음식조리, 유통 및 배송 등 전 영역을 데이터화하여 소비자 맞춤형으로 상품을 제공할 수 있게 되었음 〈그림 3-3〉

<그림 3-3> 푸드테크 산업의 IT기술 적용 사례

스마트팜	3D 푸드 프린팅	서빙 로봇
	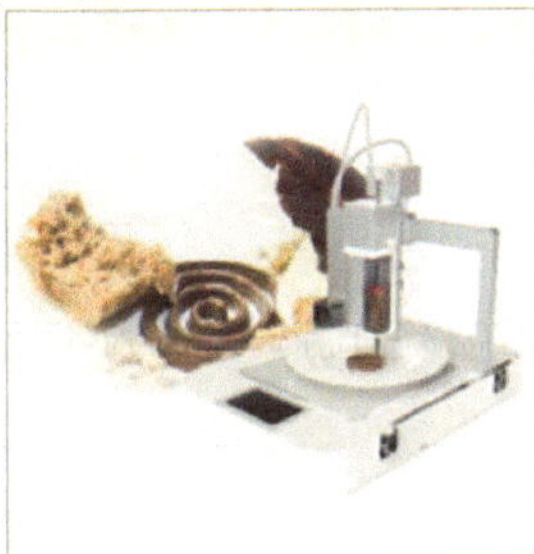	
자료: 엔씽	자료: 바이폴로	자료: LG전자

자료 : 삼일pwc(2022.11) "푸드테크의 시대가온다-1부 Robots in Food Tech"

2) 비대면(온라인) 중심 푸드테크 확산

- 코로나 사태로 인해 전세계는 비대면 서비스 수요가 폭증했으며, 온라인 시장규모가 커지면서 푸드테크 시장도 함께 확대되었음
- 국내 온라인 식품 거래금액은 2017년 기준 13.2조원에 불과했으나, CAGR 45.1%로 성장해 2021년에는 58.5조원에 도달 했음〈그림 3-4〉
- 이외에도 코로나 사태로 인해 식품교역이 어려워지며 부각된 식량난 및 식량안보 이슈, 건강에 대한 소비자의 관심 증대 또한 푸드테크 성장에 기여 하였음

<그림 3-4> 국내 온라인 식품시장 규모 추이 및 전망

(단위: 조 원)

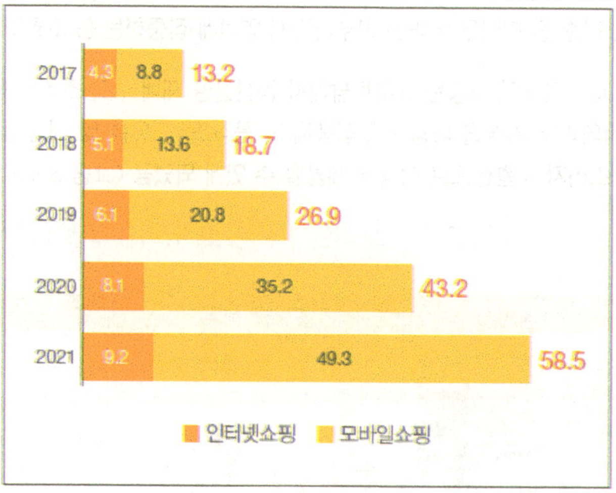

자료 : 삼일pwc(2022.11) "푸드테크의 시대가온다-1부 Robots in Food Tech"

3) 친환경적인 대체식품에 대한 관심 증대

- 지속가능한 발전에서 시작된 "ESG(Environmental·Social· Governance, 환경·사회·지배구조)' 경영이 글로벌 트렌드가 되면서, 푸드테크는 친환경적인 지속 가능 먹거리를 제공한다는 점에서 주목받고 있음
- 실제로 매년 전세계에서 2억톤 이상의 육류가 생산 및 소비되는데, 사육과정에서 대량의 온실가스가 배출되며 환경오염이 발생함〈그림 3-4〉
- 대체육, 배양육, 식물성 유제품 등 다양한 대체식품들은 농축산업의 탄소배출을 줄이고 식량위기, 식품안정성 등 사회적 문제를 해결할 대안이 될 것으로 기대되며, 상기 이유로 다수의 기업들이 ESG 투자 대상으로 푸드테크를 선택하고 있음

<그림 3-5> 일반육류와 대체육의 온실가스 배출량 비교 및 전체 온실가스 중 축산분야 배출 비중

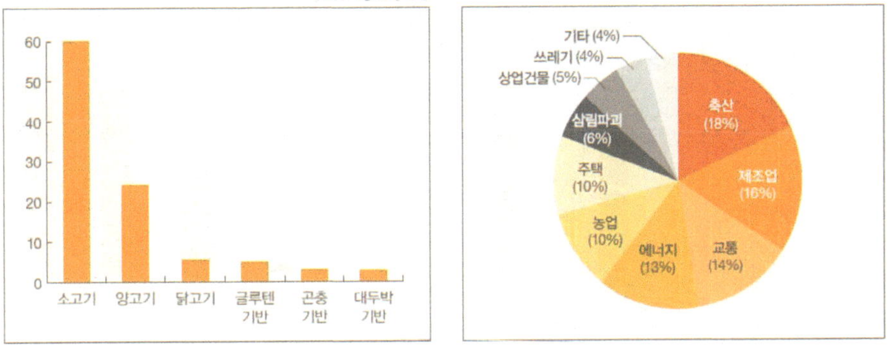

자료 : 삼일pwc(2022.11) "푸드테크의 시대가온다-1부 Robots in Food Tech"

- 주요 소비층으로 부상되고 있는 MZ세대의 '가치소비' 트렌드 또한 푸드테크 산업 확대에 주요했으며〈그림 3-6〉, 소비를 통해 본인의 신념을 알리고 사회적 의미를 환기하는 "미닝아웃"을 즐기는 이들은 특히 친환경과 지속가능이라는 가치에 부합하는 제품에 강한 구매의사를 피력함

- 또한 국내 MZ세대 뿐만 아니라 전세계적으로 채식주의 식습관에 대한 관심이 커진 것 또한 푸드테크 시장을 성장시켰는데, 시장조사기관 Statista에 따르면, 2022년 세계비건 시장규모는 약 160억 달러로 2025년엔 220억 달러 수준으로 확대될 전망이고, 한국 채식비건협회에 따르면 국내 비건 인구는 2008년 15만명에서 2022년 250만명으로 증가했음

<그림 3-6> MZ세대 대상 가치소비 관련 설문조사

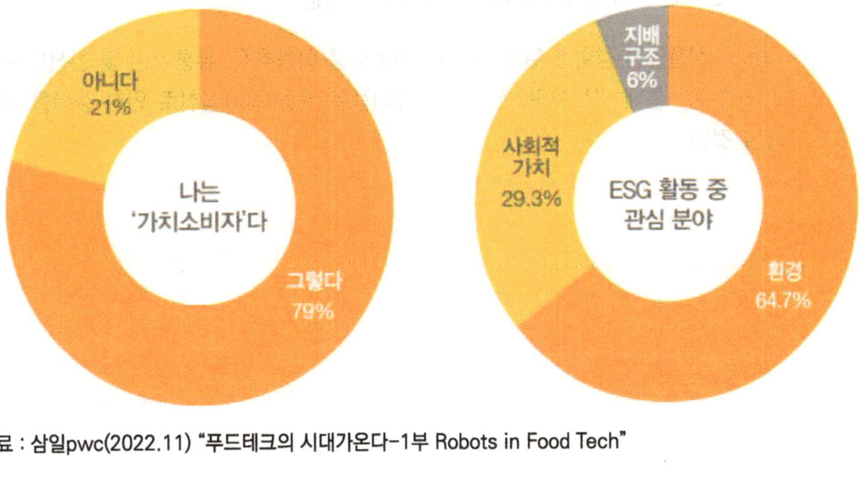

자료 : 삼일pwc(2022.11) "푸드테크의 시대가온다-1부 Robots in Food Tech"

<그림 3-7> 글로벌 비건(vegan) 시장규모 전망 및 국내 채식선호 인구 추이

(단위: 십억 달러) (단위: 만 명)

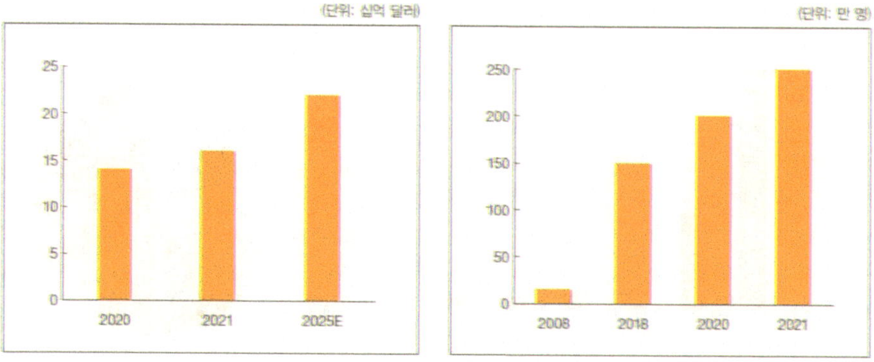

자료: Statista, 삼일PwC경영연구원 / 자료: 한국채식연합, 삼일PwC경영연구원

4) 인구증가 및 고령화로 인한 식량안보, 건강, 식품안정성 관심 증대

- 전세계 인구증가로 인한 식량안보 문제와 고령화로 인한 건강 및 식품안정성에 대한 높아진 관심 또한 푸드테크 시장성장의 배경이 되었음

- 현재 전세계 인구는 증가 추세〈그림 3-8〉이지만, 유한한 자원 하에서 환경 부하는 심화되고 기후변화로 인해 곡물, 육류 생산 증대도 어려운 실정임

- 이에 따라 전통적인 식품산업에 AI, IoT, 로봇 등의 푸드테크기술을 접목한 스마트팜을 활용하고, 혁신 바이오 기술로 개발한 대체단백질 식품으로 기존 육류 소비를 대체해 나간다면 향후 식량난 및 식량안보 문제 해결에 도움이 될 것으로 보여짐

- 인구 고령화〈그림 3-9〉 또한 현재 불가역적인 구조가 되었는데, 고령층의 영양균형을 위해 음식의 성분까지 커스터마이징이 가능한 3D 프린팅, 맞춤형 건강기능식품, AI를 활용한 개인 식단 관리 등도 푸드테크의 중요한 영역임

- 그리고 식품안전 강화를 위한 IT기술 기반 식품 이력추적, 유통기한 및 신선도 관리 또한 푸드테크를 통해 가능하며, 식물성 대체식품은 육류 과다섭취로 인한 질병을 예방할 수 있을 것임

<그림 3-8> 전세계 인구 수 추이 전망

그림 12. 전세계 인구 수 추이 및 전망

(단위: 억 명)

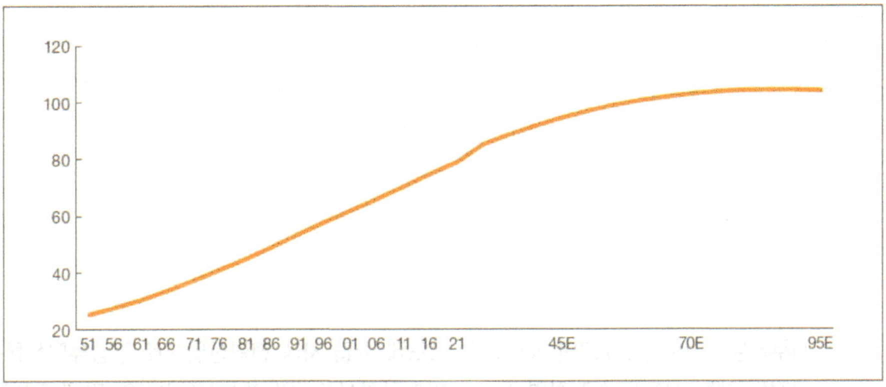

자료: UN, 삼일PwC경영연구원

<그림 3-9> 세계 주요 국가의 고령화 추세

(단위: %)

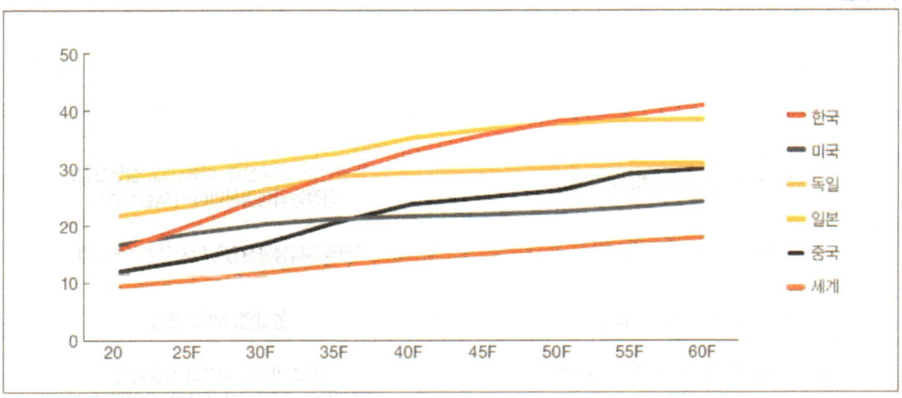

자료: UN, 삼일PwC경영연구원

02

제주지역 푸드테크 산업여건 분석

2.1. 과거 제주지역 식품산업 육성현황 및 산업여건

- 제주특별자치도는 2007년 지역산업 로드맵 수립 시에 전략산업으로 건강뷰티생물산업과 디지털콘텐츠산업을 선정하였고, 2012년 광역선도사업 2단계 전략산업 및 프로젝트에 처음으로 청정헬스푸드가 선정되었음.

- 이후 지금까지 청정헬스푸드산업은 5대전략산업에 포함되어 다양한 예산이 투입되어 식품소재 및 제품 개발 사업비 지원, 관련 인프라 구축 등이 이루어져 왔음

[표 3-3] 제주지역 전략산업 육성 현황

구분	타겟(targeting) 산업
제주특별자치도기본계획안 (2005)	관광산업, 교육산업, 의료산업, 첨단산업, 청정농업생명산업(4+1핵심산업)
지역산업로드맵수립(2007)	**"건강뷰티생물산업"**, 디지털콘텐츠산업
5+2광역경제권 선도산업(2009)	물산업, MICE산업
광역경제권 2단계 선도산업 및 프로젝트 (2012)	풍력서비스, 차세대 식품융합 (**"청정헬스푸드"**, 뷰티향장), 휴양형MICE
제주전략산업(2016)	스마트관광산업, 전기차인프라산업,
제주 5대전략산업(2018)	**"청정헬스푸드산업"**, 지능형관광콘텐츠산업, 스마트그리드산업, 화장품뷰티산업, 에너지신산업

- 2022년 기준 제주지역 식품제조업에 속한 사업체는 식료품제조업과 음료제조업 2가지 업종을 합친 1,156개로 나타남

  - 식료품제조업은 2022년 기준 1,098개 산업체로 나타났으며, 음료제조업체는 58개 업체로 나타남

- 2022년 기준 전체 제주지역 식품산업 종사자 수는 식료품제조업 4,890명, 음료제조업 1,045명을 합친 총 5,935명으로 집계됨

- 2020년 이후 3년간 연평균 증가율은 음료제조업이 3.7%, 식료품제조업 2.1% 등 전체 2.2%의 증가율을 보임

- 제주지역 음·식료품 산업은 입지계수가 높고, 청정 농수축산물이 생산되는 지역 여건상 강점을 가지고 있음

- 제주지역 제조업 부문에서 음·식료품 산업이 차지하는 비중은 업체수 기준 29.7%로 가장 높은 비중을 차지하고 있고, 종사자 기준으로는 36.1%를 점유하고 있음

- 하지만, 대부분 영세한 업체가 주를 이루고 있고, 글로벌 시장에서 살아남을 만한 식품기업체 육성은 매우 더딘 실정임

- 제주지역의 음·식료품 산업 실태를 보면, 지원사업을 활용하여 기술개발 등 경쟁력을 갖춰 나가는 업체가 생겨나고 있지만, 아직 까지도 대다수의 업체는 지속성장을 담보해내지 못하고 있는 상황임

2.2. 지속가능한 미래 푸드테크 산업육성을 위한 산업여건 분석

- 세계유네스코 3관왕을 달성하고 국제기구가 인정한 생물종다양성지역으로 다양한 기후, 화산토양지형 등으로 약 9천여종의 생물종이 서식하며, 바이오 기술과 연계한 푸드테크 식품소재로 활용가능한 자원이 풍부함

- 제주특별자치도는 2022년 “탄소없는 섬 조성에 관한 조례”가 제정된 이후, 신재생에너지·그린수소허브 등 환경친화 기반 정책들이 직극적으로 시행되고 있으며, 지속가능한 제주를 만들기 위해 푸드테크 산업의 육성은 꼭 필요한 당면과제임

- 또한 청정환경 농산물공급의 거점이자 월동작물 주산지로 원물경쟁력이 높은 제주는 2024년 제주농산물수급관리센터를 개소하는 등 지역 내 우수한 농산물의 수급 안정체계를 갖추기 위한 노력을 하고 있으며, 제주농업기술원에 신설된 농업디지털센터는 농산물의 생산·유통·수출입 등의 자료를 체계적으로 종합관리하고 있어 푸드테크 산업을 육성하기 위한 기반을 점차 마련해 나가고 있음

- 그리고 제주는 연간 1,300만명 이상 방문하는 대한민국의 명실상부 글로벌 관광거점 도시로써 약 1,900여개의 식품 연관 사업체가 분포하고 있으며, 푸드테크 기술이 활용될 수 있는 관광상품의 개발 및 외식 서비스산업 육성 등 맞춤형 전략수립이 필요한 상황임

2.3. 제주지역 푸드테크 산업의 SWOT 분석

- 국내·외 식품산업 여건과 강점 및 위협요인 등을 감안한 제주지역 푸드테크 산업의 SWOT은 [표 3-4]와 같이 정리할 수 있음

[표 3-4] 제주 푸드테크 산업 SWOT 분석

		강 점 (S)	약 점 (W)
▣ 분석목표 - 국내 · 외 식품산업의 여건과 강점(S), 약점(W), 기회(O) 및 위협요인(T)을 바탕으로 5년간의 제주 푸드테크산업 육성 전략 도출		· 제주의 특화자원(청정 식재료, 전통식품 등) 풍부 · 관광지로서 브랜드 파워 및 식문화 다양성 · 지역 주도형 그린·푸드테크 정책의 강한 추진 의지 · AI·로봇·스마트 제조 등 융합기술에 대한 초기 투자 기반 마련	· 대규모 식품 제조 인프라와 벤처기반이 부족 · 고령화 및 인구유출에 따른 인적자원 부족 · 내수 중심 시장 구조 및 글로벌 유통망 취약 · ICT 및 DX 관련 전문 인력 부족
		〈S-O 전략〉	〈W-O 전략〉
기회 (O)	· 푸드테크, 그린푸드, 맞춤형 헬스푸드 등 성장 산업 트렌드 · K-푸드에 대한 글로벌 수요 증가 · 정부 및 지자체의 지속적인 정책 지원 · 스마트농업, 지속가능 식품에 대한 ESG 투자 증가	◆ K-푸드 글로벌 진출 제품군 개발 ◆ 제주 브랜드 기반 글로벌 창업 유도 ◆ 지속가능한 제조생산 인프라 확보	◆ 전문 인력 양성과 외부 벤처기업 유입 ◆ 푸드테크 기술 기반 인력 부족 해결 ◆ 제조기반 부족 보완 및 융합화 추진
		〈S-T 전략〉	〈S-W 전략〉
위협 (T)	· 전국·글로벌 경쟁 지자체 및 기업의 기술력 격차 · 관광 수요 변동성에 따른 외식산업 타격 위험 · 기후변화, 수급 불안정 등 1차 산업 리스크 · 기술 상용화 및 인증 기준 미비로 인한 시장 진입 장벽	◆ 기후 및 농산물 수급 불안정성 대응 ◆ 환경친화 인증 기반 시장 장벽 극복 ◆ 관광 수요 변동성에 대응한 타겟 마케팅	◆ 유통망 취약 극복 + 글로벌 브랜딩 강화 ◆ 인력 부족 문제 해결 + 비대면 수요 대응 ◆ ESG 대응으로 기후 리스크 최소화

03

정부 정책 및 유관기관 산업 인프라 분석

3.1. 중앙부처의 푸드테크 정책현황 및 분석

- 2022년 12월 농림축산식품부는 관계부처합동으로 농식품분야 핵심 국정과제인 "농업의 미래성장산업화"를 위하여 "농식품산업의 혁신성장을 위한 푸드테크 산업발전방안"을 발표하였으며, 앞으로 푸드테크 산업을 본격적으로 육성할 것을 명시적으로 선언함
  - 2027년까지 푸드테크 유니콘 기업 30개 육성, 푸드테크 수출액 20억 달러 달성을 주요 목표로 하며, 1) 푸드테크 산업을 선도할 혁신기업 육성 2) 푸드 사업 저변 확대 3) 푸드테크 산업 성장기반 마련이라는 추진전략을 제시함〈그림 3-10〉

<그림 3-10 > 농림축산식품부 푸드테크 산업 발전방안 비전 및 추진전략

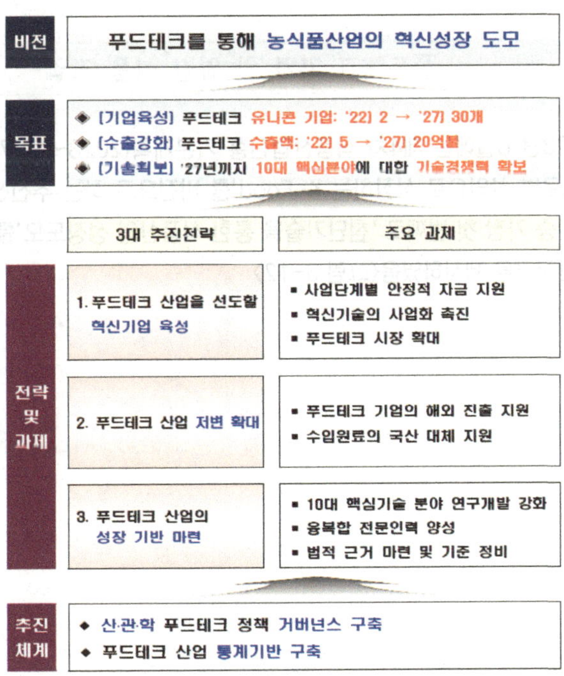

자료 : 관계부처합동(2022.12) "농식품산업의 혁신성장을 위한 푸드테크 산업발전방안"

- 또한 산·관·학 참여의 '푸드테크 산업 발전협의회'를 구성하여 국내·외 산업 동향 및 기업 정책 수요파악, 제도개선 및 정책개발 사항 논의를 위한 협의의 장으로써 역할을 할 수 있는 추진체계를 구축함 〈그림 3-11〉
  - 기능정비 차원에서 농식품 유관기능 기능을 조정하여 푸드테크 지원을 강화하고자 함
  - aT(수출·통계), 농기평(R&D), 농금원(투자), 기술진흥원(창업), 식품진흥원(시설·장비) 등 유관기관의 전문성을 푸드테크 활성화를 위해 활용하는 추진체계를 마련함

<그림 3-11 > 농림축산식품부의 푸드테크산업 육성 추진체계

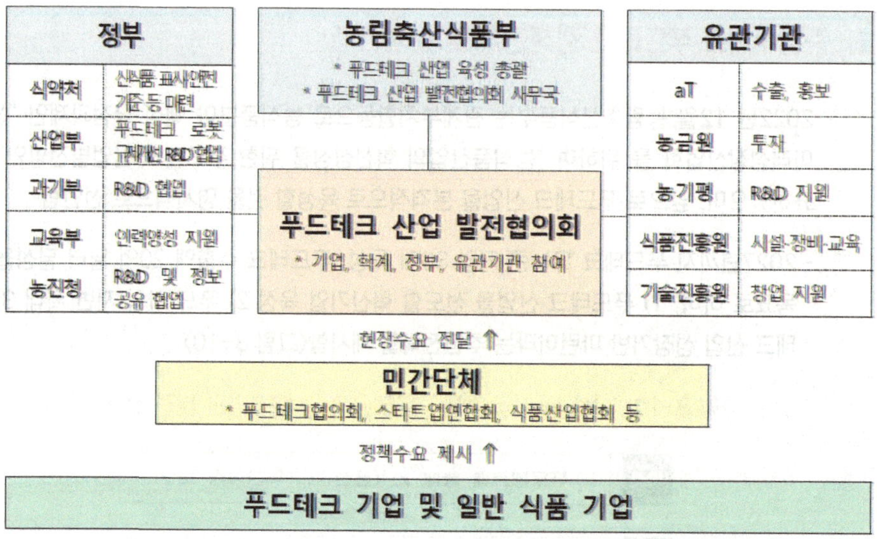

- 또한 2023년 6월에는 제4차 식품산업진흥 기본계획(2023~2027)을 수립하여 발표하였으며, '글로벌 산업으로 성장하는 K-Food'를 비전으로 하는 추진전략을 수립하였고, 5대 추진전략 중 가장 첫 번째로 '첨단기술을 통한 식품산업 성장도모'를 목표로 하는 푸드테크 산업 확산전략을 제시하였음〈그림 3-12〉

<그림 3-12 > 농림축산식품부 제4차 식품산업진흥 기본계획(2023~2027)

구분	내용	
비전	글로벌 산업으로 성장하는 'K-Food'	
목표	◆ [산업 성장] 식품산업 규모 : '21] 656 → '27] 1,100조원(연평균 9%↑) ◆ [수출 확대] K-Food 수출액 : '22] 88.2 → '27] 150억불 ◆ [농업 연계] 국산 원료 사용량: '21] 594 → '27] 800만톤	
	5대 추진전략	**주요 과제**
전략 및 과제	1. 첨단기술을 통한 식품산업 성장 도모	▪ 지역~세계로 푸드테크 산업 확산 ▪ 그린바이오 기술의 식품 분야 적용 확대
	2. K-Food의 경쟁력 강화	▪ K-Food 수출 확대 ▪ 국내 미식관광 활성화 및 한식 홍보 강화 ▪ 외식서비스 품질 제고
	3. 전통식품 산업 활성화	▪ 김치산업 경쟁력 강화로 종주국 위상 제고 ▪ 전통주 산업 도약 기반 조성 ▪ 전통 장류를 소스 산업으로 육성
	4. 식품산업과 농업 간 연계 강화	▪ 농업-기업간 지속가능한 상생협력 체계 구축 ▪ 국산 원료 사용 기업에 대한 인센티브 강화
	5. 식품산업의 성장 기반 공고화	▪ 식품 · 외식 기업의 경영 안전망 확충 ▪ 식품기업의 ESG 경영 지원 ▪ 국가식품클러스터 기능 확대 ▪ 식품산업에 대한 소비자 신뢰 제고
추진 체계	◆ 산 · 학 · 관 기능 연계를 통한 체계적인 식품산업 진흥 ◆ 식품 관련 법 · 제도 · 통계 등 인프라 강화	

자료 : 농림축산식품부 푸드테크정책과(2023.06) "제4차 식품산업진흥 기본계획(2023~2027)"

3.2. 도내 푸드테크 정책현황 및 분석

- 제주특별자치도는 제3차 제주국제자유도시종합계획(2022~2031)에 신규 핵심사업으로 지역특화산업 혁신을 통한 미래성장동력확보를 위해 '제주 푸드 아일랜드(Jeju Food Island) 조성'의 목표를 수립한바 있으며, '스마트농업 기술확산을 위해 미래농업센터 설치' 등과 같은 푸드테크산업을 육성하고 발전시켜 나가기 위한 정책들을 수립해 나가고 있음
  - 제주도는 단순 1차 농산물 생산에서 고부가가치 식음료 제조, 외식 서비스 제공으로 푸드시스템을 전환하기 위해 제주 푸드 아일랜드 조성을 추진하고 있음
  - 제주 푸드아일랜드(JFI)는 농립어업, 식품제조업, 외식서비스업이 연계되어 지역 경제성장을 도모하기 위한 제주형 식품클러스터의 컨셉임
  - 또한 첨단 스마트농업 기술의 보급 및 확산을 위한 국제적 수준의 미래농업 교육 및 연구개발, 제주산 특용작물 사업화 지원을 위해 빅데이터 기반 스마트 유통플랫폼을 구축하고 수급안정 및 안정적 판로 확보로 농가소득에 향상에 기여하기 위해 미래농업센터 설치를 위한 계획을 수립한바 있음<그림3-13>

<그림 3-13> 미래농업센터 조성 예시

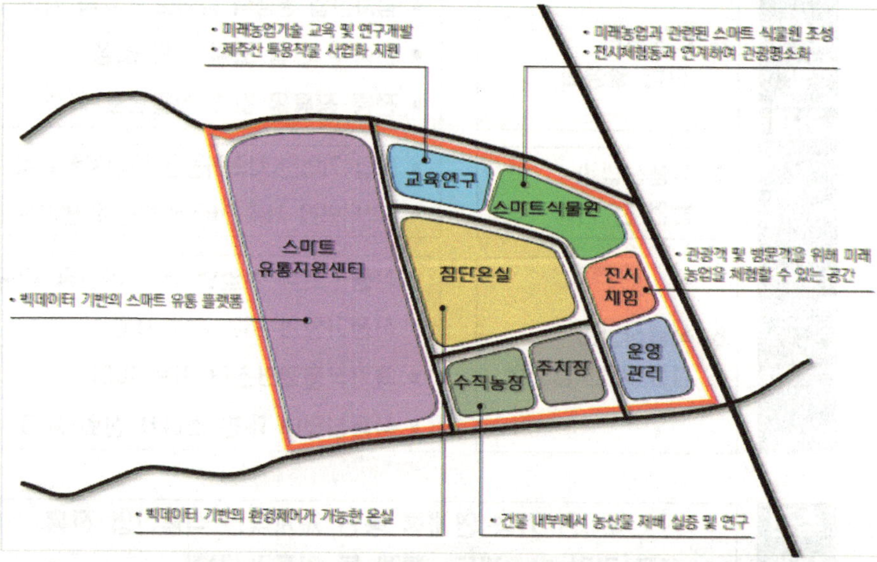

자료 : 제주특별자치도(2021.12) 제3차 제주국제자유도시 종합계획(2022~2031)

- 또한 제주특별자치도는 푸드테크산업 발전전략 수립을 위한 산·학·연·관 푸드테크산업발전협의체를 2024년 6월 구성하였으며, 전체위원회 및 3개분과(신식품개발, 스마트생산유통, 외식로봇)로 나눠 도내 산업 간 상생협력 및 맞춤형 전략을 구성하기 위해 노력하고 있음〈그림 3-14〉

<그림 3-14> 제주특별자치도 푸드테크산업 발전협의체 구성체계

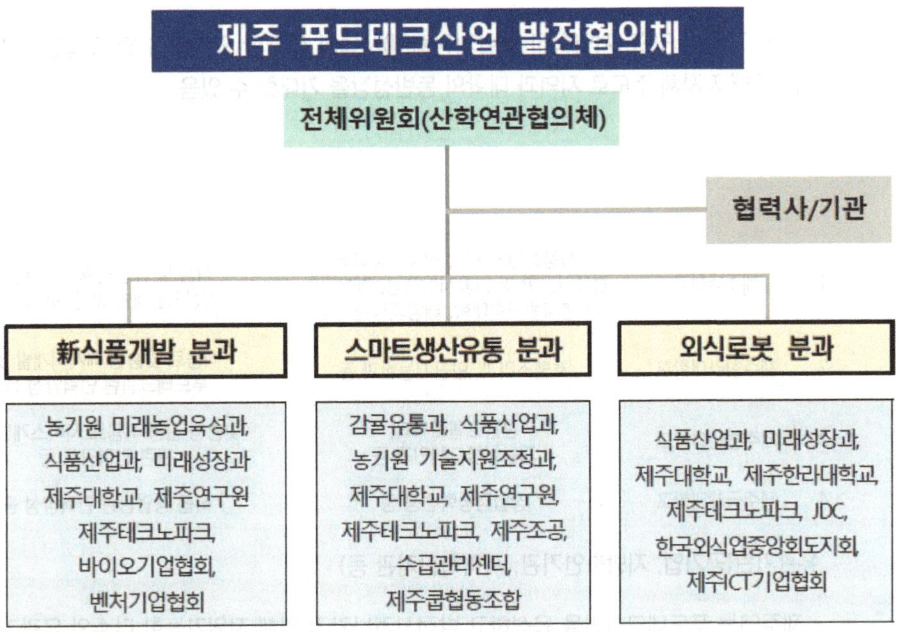

자료 : 제주특별자치도(2024.06) 푸드테크산업발전협의체 회의자료

- 제주특별자치도는 지역 특화산업 디시털전환(DX) 확신 전략수립, 탄소중립·녹색성장(2024~2033년) 기본계획, 지속가능발전 기본전략 수립 등과 같은 푸드테크 산업발전 전략과 직·간접적으로 연계된 정책들을 수립 또는 추진해나가고 있음

- 이외에도 푸드테크산업 육성 및 지원에 관한 조례를 2025년 3월에 제정한바 있으며, 교육부 RISE사업과 연계한 창업가 및 청년인력 양성 융복합 전문인력 육성과 관련한 정책발굴 등에도 힘쓰고 있음

3.3. 도내 푸드테크산업 유관기관 인프라분석

● 도내 대학 인프라

- 제주는 4년제 거점국립대학인 제주대학교와 사립대인 제주한라대학교, 제주관광대학교, 제주국제대학교를 포함하여 4개의 대학 인프라를 갖추고 있으며, 푸드테크산업육성을 위한 핵심기술개발 및 인력양성의 역할 등을 수행해나갈 수 있음
- 또한 교육부 RISE(지역혁신 대학지원체계)사업과 연계한 인력양성 및 맞춤형 규제완화를 통해 지자체 주도로 지역과 대학의 동반성장을 기대할 수 있음

[표 3-5] 제주도 내 주요대학 인프라 분석

No.	대학명	관련학과	주요역할
1	제주대학교	식품생명공학과, 식품영양학과, 컴퓨터공학 및 인공지능전공, 경상대학, 생명자원과학대학, 해양과학대학 등	식품 및 IT산업 육성을 위한 핵심기술개발 및 인력양성 등
2	제주한라대학교	호텔조리과, 인공지능학과 등	식음료 맞춤형 레시피개발 및 푸드테크관련 인력양성 등
3	제주관광대학교	관광호텔조리과, 지능형콜드체인과 등	맞춤형 관광 식음료 서비스개발 및 관련 인력양성 등
4	제주국제대학교	창업경영학전공 등	식품 창업관련 인력양성 등

● 유관기관(공기업, 지방출연기관, 지역혁신기관 등)

- 제주에는 푸드테크산업을 육성하고 발전시켜나가기 위해 지원가능한 다수의 유관기관 들이 있으며, 각 기관별 역할이 다를 수 있지만 향후 푸드테크산업 육성전략이 수립된 이후에는 각 기관 고유의 역할을 바탕으로 관련산업을 지원할 수 있는 생태계 구축에 주요역할을 할 수 있을 것으로 판단됨

[표 3-6] 제주도내 유관기관 인프라분석

No.	기관명	기관구분	주요역할
1	제주국제자유도시개발센터	중앙공기업	첨단과학기술단지 내 푸드테크클러스터 구축 및 푸드테크관련 입주기업 육성
2	제주에너지공사	지방공기업	신재생에너지를 활용하여 푸드테크산업에 저탄소 식제조기반 조성
3	제주관광공사	지방공기업	외식관광 플랫폼 고도화 및 확산을 위한 지역내 관광정보 제공 등 빅데이터 맵 활용
4	제주특별자치도개발공사	지방공기업	제주감귤 식음료 분야 자율제조 표준화 과제협력 및 가공부산물 활용 기술실증

No.	기관명	기관구분	주요역할
6	제주농업기술원	도산하기관	제주 디지털농업센터 데이터활용 우수 농산물 생산 기반 구축
7	(재)제주테크노파크	지자체 출연기관	제주지역 생물종 소재 효능연구 및 맞춤형 기업지원 업무 등
8	(재)제주한의약연구원	지자체 출연기관	제주지역의 한의약소재 데이터기반 맞춤형 푸드테크 기능소재 발굴
9	제주도경제통상진흥원	지자체 출연기관	제주 청정제품 그린마케팅 글로벌 홍보 및 지원협력
10	제주창조경제혁신센터	지자체 출연기관	푸드테크 관련 스타트업 육성 및 지원체계 구축
11	(사)제주산학융합원	지역혁신기관	기관장비활용, 산학연계 융합프로그램 개발 및 푸드테크관련 재직자/구직자 인력양성
12	(사)제주농업농촌진흥원 제주농촌융복합산업지원센터	유관기관	제주지역 푸드테크관련 농촌융복합 6차산업 활성화 기반 마련
13	(재)제주지역산업진흥원	유관기관	지역맞춤형 신산업 발굴을 위한 전략제시 및 푸드테크 관련기업 성과관리
14	한국생산기술연구원 제주기술실용화본부	정부출연 연구기관	푸드테크 관련 공동기술개발 및 맞춤형 자율 제조공정 개선
15	한국식품안전관리인증원 제주출장소	식약처 산하 공공기관	스마트HACCP 및 안전, 인증 협력

● 기타 유관단체 등

- 도내에는 유관기관 외에도 지역 내 푸드테크산업을 육성하고 지원할 수 있는 여러 단체들이 있으며, 이러한 인프라를 바탕으로 향후 관련산업의 발전을 도모하고 전략을 수립할 수 있는 방안마련이 필요함

[표 3-7] 제주도내 기타 유관단체 인프라분석

No.	단체 및 기업명	구분	주요역할
1	제주푸드테크 산업발전 협의체	협의체	제주 농산물을 활용한 첨단기술 결합 고부가가치 제품 및 서비스 창출을 위한 전략구상
2	월드푸드테크협의회 제주지회	협의회	푸드테크 신고제 연계 회원사 모집 및 연관산업군 형성
3	제주식품산업학회	학회	제주지역 푸드테크산업 발전을 위한 전략적 네트워킹 구축 및 방안 수립
4	제주관광협회	협회	제주관광협회 회원사 연계 탐나오 협력
5	제주농산물수급관리연합회	연합회	농산물 가격안정 및 농업디지털센터 연계 안정적 원물공급 기반 협력

04
시사점 및 경쟁력 분석

- 제주는 1차산업 비중이 높은 산업구조를 갖고 있기 때문에 푸드테크산업 범위를 농수축산 등 연관산업을 포함한 광의의 범위로 정의하고 생태계 조성 여건 분석 및 경쟁력 분석을 진행하였음
- 국내를 포함한 전세계 푸드테크시장은 IT·BT·AI 등 첨단기술의 성장과 맞물려 높은 성장률을 나타내고 있으며, 앞으로 지속 가능한 식품 시스템을 구축하는데 중요한 역할을 할 것으로 예상됨
- 이를 바탕으로 지속가능한 미래 푸드테크 산업육성을 위한 산업여건 분석에서는 제주가 생물종다양성지역으로서 약 9천여종의 생물종이 서식하는 지역으로서의 이점과, 신재생에너지, 그린수소허브 등 환경친화 기반 정책들이 적극적으로 시행되고 있는 상황들은 제주의 청정한 환경을 지속해나갈 수 있는 이점으로 작용할 것임
- 또한 제주는 연간 1,300만명 이상 방문하는 대한민국의 명실상부 글로벌 관광거점 도시로써 1,908여개(2022년기준)의 농식품관련 사업체가 존재하고 있으며, 푸드테크 기술이 활용될 수 있는 식품의 개발 및 외식 서비스산업 육성 등 맞춤형 전략 수립이 필요함
- 이외에도 중앙부처 및 지자체의 푸드테크 정책현황을 분석한 바로는 농식품산업의 혁신성장을 위한 푸드테크 산업발전 방안을 2022년도에 발표한 이후로 각 지자체별로 푸드테크 산업 발전협의체 등을 구성하여, 농식품관련 산업을 지원할 수 있는 생태계구축 및 추진체계를 마련해나가고 있음
- 이에따라 제주는 도내에 푸드테크산업을 지원할 수 있는 유관기관 인프라를 적극적으로 활용하고, 제주만의 차별화된 푸드테크 산업 발전을 위한 지역거점 생태계 클러스터를 구축하여 관련기업들을 적극적으로 지원하고 지속성장시켜 나갈 수 있는 지원체계를 마련해나가야 할 것임

MEMO

제4장

푸드테크산업 핵심분야 및 기술분석

1. 정부 10대 핵심분야 및 기술분석
2. 국내 푸드테크기업 사례분석
3. 제주 특화 핵심기술 여건분석
4. 제주도 핵심과제 선정 및 육성방안

01

정부 10대 핵심분야 및 기술분석

1-1. 정부 10대 핵심기술분야

- 농림축산식품부는 국내·외 기술동향을 분석하고 산·학·연 의견수렴 등을 통해 푸드테크 10대 핵심기술 분야를 선정하였음[표 4-1]

[표 4-1] 푸드테크산업 10대 핵심기술분야

No.	핵심기술분야	연구 방향
1	세포배양 식품 생산기술	• 배양액 핵심 소재, 지지체 등 신소재 발굴 및 생산 효율화 기술개발 • 고급육 모사를 위한 구조화 등 배양육 품질(식감·풍미) 고도화 기술개발 • 생산비용 절감을 위한 대량 배양 공정기술 개발 등
2	식물기반 식품 제조기술	• 분리단백, 구조화단백 등 식물성 대체식품 소재 기술개발 • 고품질 단백 구조체 대량생산을 위한 스케일업 기술 및 설비 개발 • 대체 지방, 물성 구현 소재 등 고기능 신규 첨가원료 발굴
3	간편식 제조기술	• K-Food 특성 연구 및 DB화 • K-Food 간편식 생산 자동화, 포장 개선 등을 위한 기술개발
4	식품프린팅 기술	• 국내 농산물의 식품프린팅 적성 등 특성 연구 및 DB화 • 물성제어 등 식품프린팅 가공기술 및 표준모델 개발 • 식품 잉크 소재 개발, 보존·유통 기술개발
5	식품스마트 제조기술	• 식품제조업 분야 AI, 로봇* 등 기반 협동기술 개발 * 인간과 로봇이 같은 공간에서 협동 작업을 수행하는 기술, 센서를 탑재하여 사람과 물리적 상호작용 • 주요 품목 제조공정별 이물질 검출 등을 위한 푸드센서 기술개발
6	식품스마트 유통기술	• 주요 농산물 수확후 품질 판정 등 인공지능 모델 개발 • IoT 기반 농산물 가공시스템 실시간 모니터링 및 고도화 기술
7	식품 커스터마이징 기술	• 식품 특성, 건강 상관성 등 기초 정보 DB화 • 개인별 질환, 유전정보 등에 기반한 식이설계 알고리즘 개발 • 질환별 관리식 적용을 위한 소재 발굴 및 생산기술 개발
8	외식 푸드테크 기술	• 로봇, 수요예측 AI 등 외식 매장관리 자동화 기술개발 • 메뉴별 영양성분 정보, 고객 평가 분석 등 소비자 맞춤형 데이터 이용 기술개발
9	식품 업사이클링 기술	• 농식품 부산물 성분 DB 구축 및 원료처리 공정 효율화 • 농식품 부산물 종류별 업사이클링 용도 다양화를 위한 연구개발

No.	핵심기술분야	연구 방향
10	친환경식품 포장기술	• 경량화 등 플라스틱 절감 기술개발 • 플라스틱 포장재의 재활용성 제고를 위한 고차단성 유니소재 기술개발 • PHA 등 생분해성 원료 기반 식품포장 소재 생산기술 개발

자료 : 농림축산식품부 관계부처합동(2022.12) "농식품산업의 혁신성장을 위한 푸드테크 산업발전방안"

1) 세포배양식품 생산기술

- **(푸드테크 핵심기술 연구방향)** 세포배양 식품 생산기술
  - 배양액 핵심 소재, 지지체 등 신소재 발굴 및 생산 효율화 기술개발
  - 고급육 모사를 위한 구조화 등 배양육 품질(식감·풍미) 고도화 기술개발
  - 생산비용 절감을 위한 대량 배양 공정기술 개발 등
- **(배양육 개요)** 배양육은 기존 육류와 달리 소, 돼지, 닭 등 가축의 사육과정 없이 동물성 단백질을 제조하는 세포 농업의 산물로, 식품성 대체육 대비 맛과 식감 측면에서 전통 축산품과 유사도가 높음[표 4-2]
  - 식물성 대체육에는 육류 풍미 재현을 위해 다양한 첨가물이 요구되고 실제로 유사한 맛 구현이 어려운 반면, 배양육의 경우 기존 육류와 같은 동물성 원료를 사용하기 때문에 육류 풍미 재현성이 높음
  - 장기적으로 전세계 인구 증가 및 기후변화가 진행되어 기존 축산물 생산 지속이 어려워진다면, 배양육이 기존 육류 시장 일부를 대체하는 것이 불가피해질 것으로 전망됨

[표 4-2] 배양육과 식물성 대체육과의 특성비교

구분	배양육	식물육
정의	동물 세포 조직을 체외 배양하여 생산한 대체육	식물성 단백질을 기반으로 생산한 대체육
사진	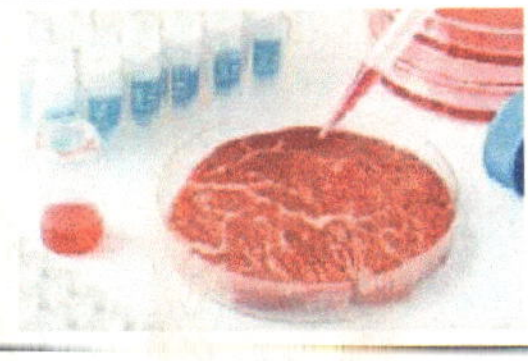	
원재료	동물 세포	식물성 재료
기존 육류 풍미 구현 정도	높음	비교적 낮음
채식주의 부합 여부	X	O
기술 개발 정도	낮음	높음
대량생산	기술 개발 진행중	가능

자료 : 삼일pwc(2023.07) "푸드테크의 시대가온다-2부 대체식품"

- **(글로벌 산업환경)** 전세계 배양육 시장규모는 2020년 기준 약 1억 1880만 달러 수준을 형성한 것으로 추정되고 있으며, 2025년에는 2억 1400만 달러규모에 도달할 것으로 예상되고, 연평균 15.7%로 성장하여 2032년에는 5억 9300만달러를 기록할 것으로 전망되고 있음〈그림 4-1〉

  - 2020년에는 싱가포르 식품청이 미국 샌프란시스코 소재 스타트업 '잇저스트'의 배양 닭고기 판매를 승인하며, 세계최초로 배양육 판매를 허용했음

  - 2021년에는 이스라엘의 배양육 스타트업 미트테크가 미국 나스닥 시장에 정식으로 상장되었으며, 2022년에는 미국 식품의약국(FDA)이 미국 캘리포니아 소재 배양육 스타트업 '업사이트푸드'의 배양육 제품 생산을 허가하며, 배양육의 식품안전성을 승인한바 있음

  - 북미와 아시아 태평양 지역이 배양육 시장을 선도. 북미는 소비자 인식과 세포 농업기술에 대한 투자가 높아 시장 점유율의 35% 이상을 차지함〈그림 4-2〉

- **(글로벌 산업성장요인)** 배양육 생산 관련 원천기술 발전, 기존 육류 생산에 대한 소비자의 인식 전환, 각국 정부의 관련 규제 완화 등이 배양육 시장 성장에 긍정적 요인으로 작용하고 있음

  - 또한, 생명공학과 세포 농업의 발전으로 배양육 대량 생산 기술이 발전함에 따라 제품 생산비용 하락 등의 원가가 하락함

  - 전통 방식의 육류 생산에 따른 환경적 영향과 동물 복지 문제에 대한 우려로 인해 지속가능하고 윤리적인 육류 대체품에 대한 소비자 관심이 증가하였음

<그림 4-1> 배양육 세계시장 규모 전망(2025~2032년)

(단위: 백만 달러)

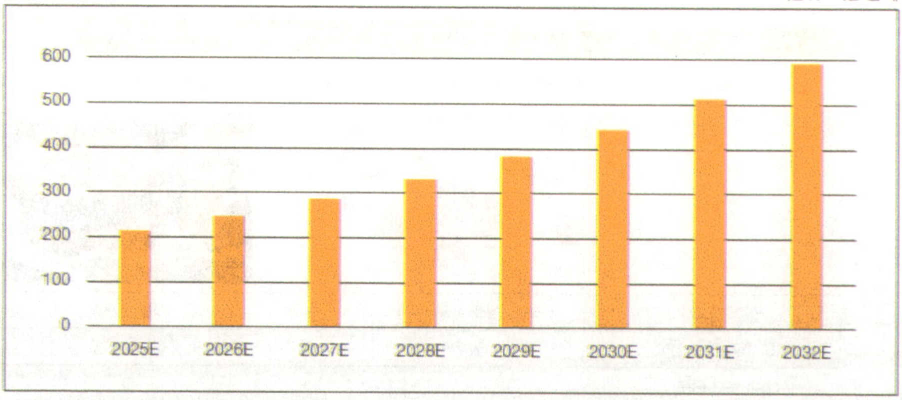

자료 : Cultured Meat Market(2019), 한국과학기술기획평가원, 삼일Pwc경영연구원

<그림 4-2> 북미지역 배양육 시장점유율(%)

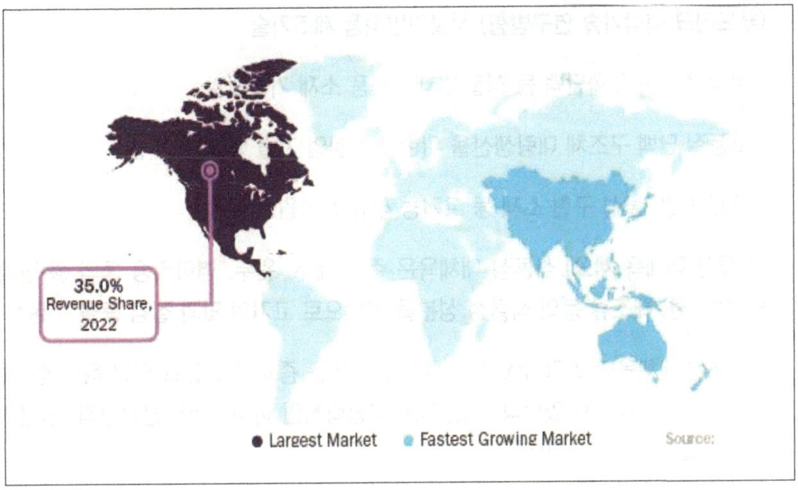

자료: Grand View Research

- **(국내 산업환경)** 국내 배양육 시장은 현재 배양육 제품이 시장에 출시되지 않아 형성된 시장 규모는 소규모('21년 기준 2천만 달러 수준)이나, 대기업 등의 적극적 R&D 참여 등의 요인으로 향후 확대가 예상됨
  - 중소기업의 채식주의자 대상 상품군이 시장을 주도하고 있었으나, 최근 대기업의 참여가 시작되며 경쟁이 강화되고 있음
  - 대표적인 배양육 연구 기업으로는 셀미트, 다나그린, 씨위드, 노아 바이오텍 등이 있으며. 주로 배양육의 기초 및 응용 연구를 진행 중이고, 현재 기술 수준은 초기 단계수준 임
- **(국내 산업 성장요인)** 정부 및 기업들의 R&D 규모 확대 및 관련 규정 확립 등의 노력으로 향후 확대가 예상되나, 한국인 특유의 육식 습관 등의 반발 요소도 존재함
  - 정부와 관련 기관들은 배양육을 식품 원료로 인정하고 규제 가이드라인을 마련하는 등 제도적 기반을 확립하기 위해 노력 중임
  - 정부는 대체 단백질 육성 방안을(세포배양기술 등에 대한 R&D 투자 및 지원)을 발표하였으며, 2050 탄소중립 위원회는 농축수산 부문 탄소 배출량 감소를 위해 대체 가공식품 기술개발 및 이용 확대 방안을 제시함

2) 식물기반식품 제조기술

- **(푸드테크 핵심기술 연구방향)** 식물기반식품 제조기술

  - 분리단백, 구조화단백 등 식물성 대체식품 소재 기술개발

  - 고품질 단백 구조체 대량생산을 위한 스케일업 기술 및 설비 개발

  - 대체 지방, 물성 구현 소재 등 고기능 신규 첨가원료 발굴

- **(식물성 대체육 개요)** 식물성 대체육은 주로 대두, 완두, 병아리콩 등의 콩 단백질과 밀 단백, 미생물, 해조류 등의 식물성 성분을 기반으로 고기의 맛과 질감 등을 구현함

  - 식물성 대체육의 초기 수요층은 채식주의 또는 종교적 이유로 일반 육류 섭취를 제한하는 소비자들로 알려져 있으나, 최근에는 영양학적인 이점, 개인 건강관리, 환경 보호 측면에서 수요가 확대되고 있음

  - 식물성 대체육은 단백질 함량이 높고 기존 육류 대비 지방과 포화지방산 함량은 낮아 개인 건강에 도움이 될 수 있고, 생산과정이 친환경적임

- **(글로벌 산업환경)** 글로벌 식물성 대체육 시장은 2022년 기준 약 79억 달러 규모를 형성하고 있으며, 연평균 14.7%로 성장하여 2027년 약 157억달러에 도달할 것으로 전망됨〈그림 4-3〉

  - 윤리적 소비, 환경·건강 관심 증대에 따라 간헐적 채식주의자 (Flexitarian)가 늘어나고 있어 대체육 관련 기술 개발과 소비가 증가될 것으로 전망됨

<그림 4-3> 글로벌 식물성 대체육 시장 시장규모 추이 및 전망

(단위: 십억 달러)

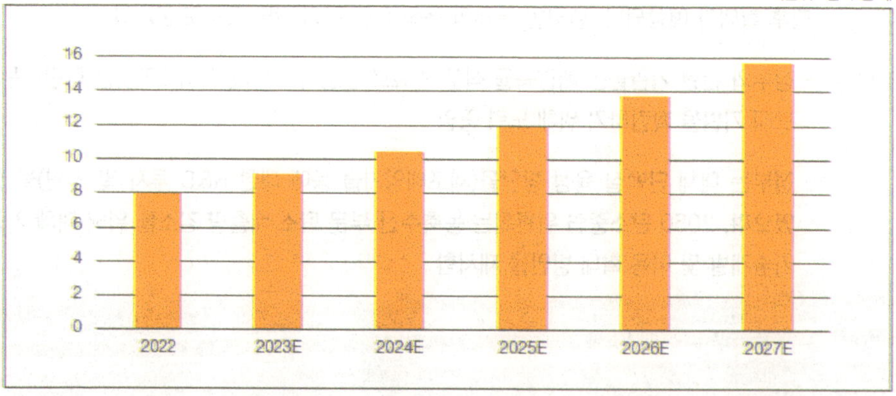

자료 : Market and Market, 삼일Pwc경영연구원

- **(글로벌 산업성장요인)** 식물성 대체육 시장은 세계 인구 증가에 따른 육류 공급 부족 현상 전망에 따라 미래형 단백질 공급원으로 관심이 증대되었으며, 자원 고갈 및 환경문제 등 지속가능한 자연친화적 · 윤리적 식품 소비 증가로 채식 트렌드 및 육류 대체식품 수요는 증가할 전망임

  - 특히 과거 COVID-19 및 아프리카 돼지열병 등의 확산으로 인한 육류 공급 차질 이슈와 MZ 세대를 중심으로 건강한 식품 소비에 대한 인식 확산으로 수요는 지속 증가할 전망임

- **(국내 산업환경)** 국내 식물성 대체육 시장은 2020년 17.4백만 달러 규모에서 연평균 성장률 5.4%로 성장해 2025년 22.5백만 달러에 이를 전망임〈그림 4-4〉

  - 현재 국내에 상용화된 대체육은 식물성 대체육에 속하며, 주로 콩 단백, 밀 단백, 미생물, 해조류 등의 성분을 기반으로 고기의 맛과 질감을 구현함

  - 국내 식물성 대체육 시장의 성장 속도는 미국, 영국 등 선도국가에 비해 느린 편이나, 약 70개의 대체육 업체가 있음. 주로 식품 대기업들의 식물성 대체육 브랜드 제품 위주로 소비자 접근성이 확보되어 있음(신세계푸드, 동원F&B, 롯데푸드, 농심, 풀무원, CJ제일제당 등)

  - 국내 대체육 시장은 콩단백을 활용한 제품이 대부분으로 해조류 등 수산물을 활용한 제품 개발은 미비함

<그림 4-4> 국내 식물성 대체육 시장규모 및 대체육 사업현황

국내 식물성 대체육의 시장 규모 및 전망

(단위: 백만 달러)

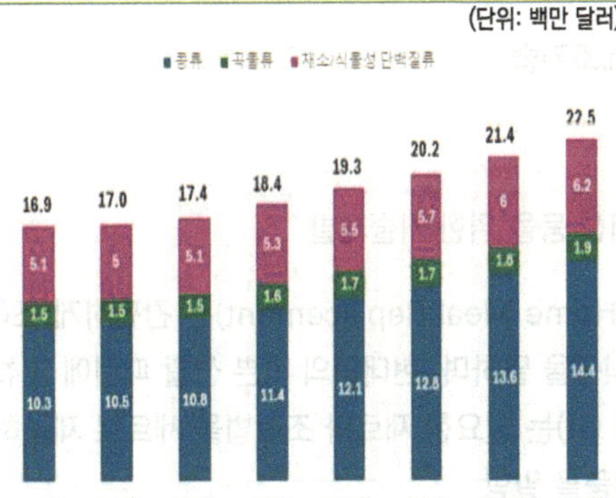

자료: Global Data, Global Market Data, KISTI 재구성

국내 식품업계의 대체육 시장 진출 현황

자료: 서울경제

[표 4-3] 국내식물성 대체육 관련 기업 및 주요제품

기업	제품	내용
롯데푸드 (엔네이처 제로미트)		• 식물성 대체육 브랜드 '엔네이처 제로미트' 출시, 한국비건인증원 비건 인증 • 콩이 아닌 밀 단백질 기반 제품 • 식물성 가스, 너겟, 함박 등 • (좌) 베지까스 가격 8,430원/390g (우) 베지함박 가격 6,000원/375g
동원F&B		• 미국 비욘드미트 제품 국내 독점 공급계약 체결하여 버거, 소시지 등 판매 • (좌) 비욘드미트볼 10,900원/290g (우) 비욘드민스 9,200원/300g
농심 (베지가든)		• 식물성 대체식품 '베지가든' 브랜드 • 독자적 HMMA(고수분 대체육 제조기술)공법으로 제조한 대체육 제품 • 떡갈비, 탕수육, 민스, 만두 등 • (좌) 베지가든 떡갈비 12,780원/480g (우) 궁중 너비아니 가격 12,780원/500g
신세계푸드 (베러미트)	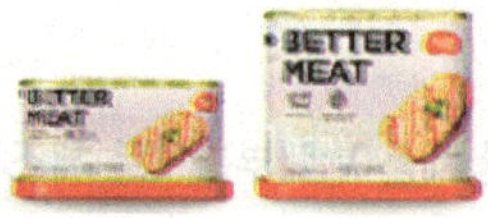	• 식물성 대체육 브랜드 '베러미트' 출시 • 대두 단백, 식물성 유지 기반 제품, 식이섬유/해조류 추출 다당류로 햄 식감 구현 • 콜드컷 소시지, 패티, 런천햄 제품 • 식물성 런천햄 가격 7,680원/340g

자료 : 삼일pwc(2023.07) "푸드테크의 시대가온다-2부 대체식품"

3) 간편식 제조기술

- **(푸드테크 핵심기술 연구방향)** 간편식 제조기술
  - K-Food 특성 연구 및 DB화
  - K-Food 간편식 생산 자동화, 포장 개선 등을 위한 기술개발
- **(간편식 개요)** 간편식 중 하나인 HMR(Home Meal Replacement)은 간편하게 조리하거나 바로 섭취할 수 있도록 제조된 가공식품을 말하며, 현대인의 바쁜 생활 패턴에 맞춰 가정식 대체로 활용되고 있고, 밀키트(meal kit)는 필요한 재료와 조리법을 세트로 제공하여 소비자가 직접 조리하는 방식의 반조리 식품을 말함
- **(글로벌 산업 성장요인)** 간편식은 전세계에서 식품 산업의 주축으로 성장하고 있는데, 1인 가구 증가, 초혼연령 증가, 여성의 경제활동 증가, 고령화 등의 사회적 변화가 간편식 시장의 성장을 가속화 하고 있음
  - 1인 가구는 현재의 구성비도 높지만, 향후 그 증가 속도가 가파를 것으로 전망

<그림 4-5> 세계 간편식 및 밀키트 예상 시장규모

세계 간편식 시장규모(USD Billion)

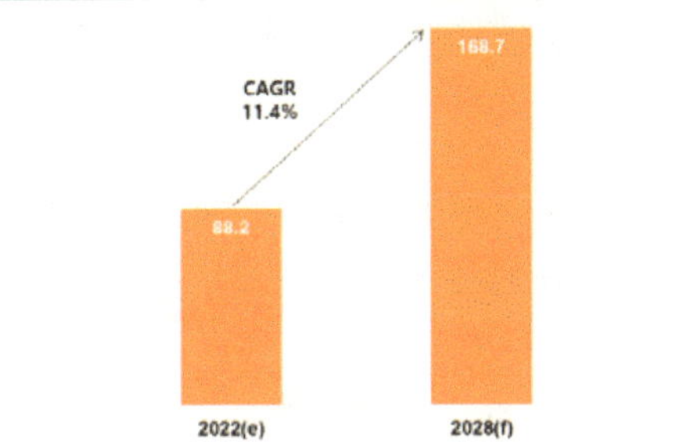

자료: QYResearch

세계 밀키트 시장규모(USD Billion)

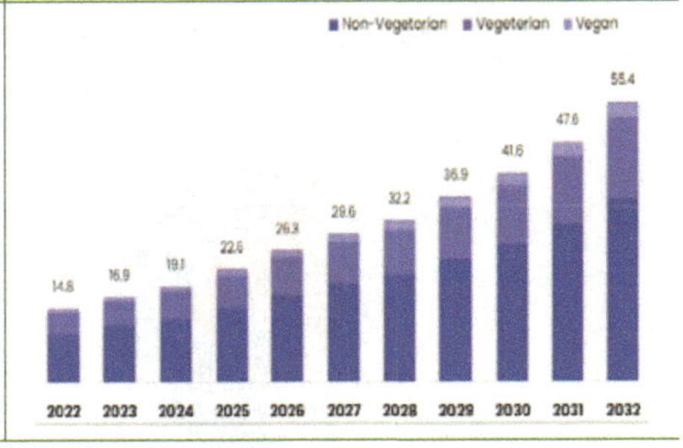

자료: Marketresearch.biz

- **(국내 산업환경)** 간편식 국내 시장규모는 2016년 2조2700억원에서 2020년 4조원대로 커졌고 지난해엔 5조원을 돌파한 것으로 추정
  - 간편식 중 Ready To Prepared(다듬기, 껍질 벗기기 등 최소한의 손질된 제품으로 직접 조리 후 섭취 가능)에 해당하는 밀키트의 국내 시장규모는 2020년 밀키트 시장은 약 1880억원 규모로, 2025년까지 연평균 31% 수준으로 성장해 약 7250억원에 이를 것으로 전망
  - 밀키트 시장은 지난 몇 년 동안 급격한 성장을 보이며 소비자들의 식생활 변화와 요리 경험에 대한 새로운 수요를 만족시켜 왔으며 소비자들이 더 편리하게, 그리고 집에서 신선한 재료를 사용하여 다양한 요리를 즐길 수 있는 옵션을 찾는 것으로 인해 성장이 지속될 전망
- **(국내 산업성장요인)** 사회적 거리두기 전면 해제 후 매출이 급감할 것으로 전망됐던 간편식 시장이 여전히 인기인 것으로 나타났는데, 외식 대체재 역할을 할 만큼 맛과 편의성이 뛰어난 점과 각각의 식자재를 구매하는 것보다 저렴한 점을 인기 비결로 꼽히고 있음
  - 특히 최근 물가 상승세의 영향으로, 외식비에 부담을 느낀 소비자들이 대형마트 등에서 장을 보려 해도 식자재값이 만만치 않자 끼니당 비용이 저렴한 밀키트를 선호하고 있음

<그림 4-6> 국내 간편식 및 밀키트 예상 시장규모

국내 간편식 시장규모(억원)

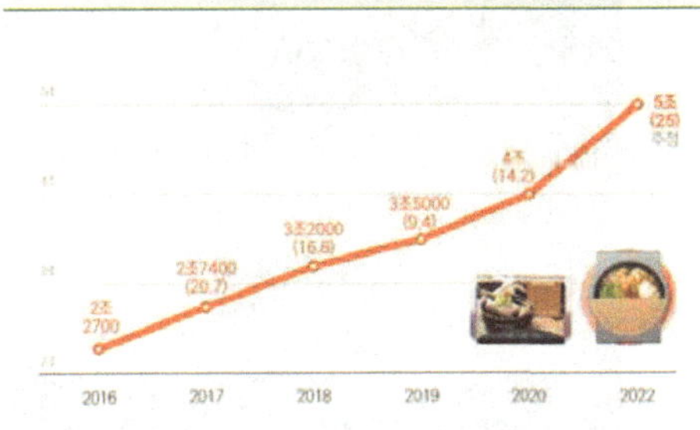

자료: 한국농수산식품유통공사:

국내 밀키트 시장규모(원)

자료: 유로모니터, 한국농수산식품유통공사

<그림 4-7> 국내 간편식에 대한 소비자 인식조사결과

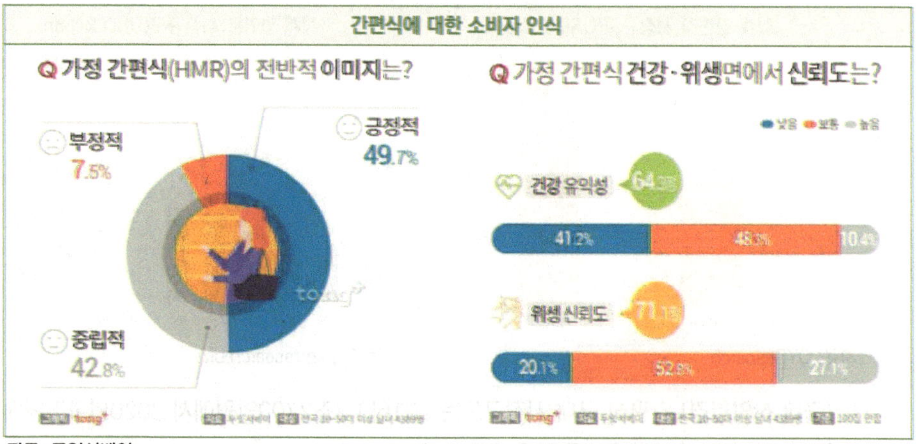

자료: 두잇서베이

4) 식품 프린팅 기술

- **(푸드테크 핵심기술 연구방향)** 식품 프린팅 기술
  - 국내 농산물의 식품프린팅 적성 등 특성 연구 및 DB화
  - 물성제어 등 식품프린팅 가공기술 및 표준모델 개발
  - 식품 잉크 소재 개발, 보존·유통 기술개발
- **(식품 3D프린팅 개요)** 식품 3D프린팅 기술은 첨단 제조기술과 식품 과학이 융합된 분야로, 식용 재료를 이용해 3D 프린터로 식품을 원하는 모양과 질감으로 제작하는 기술이며, 개인 맞춤형 식품, 디자인 식품 및 미래 식량기술의 배합방식으르 개발하는데 응용될 수 있음

<그림 4-8> 식품 3D프린터 이미지

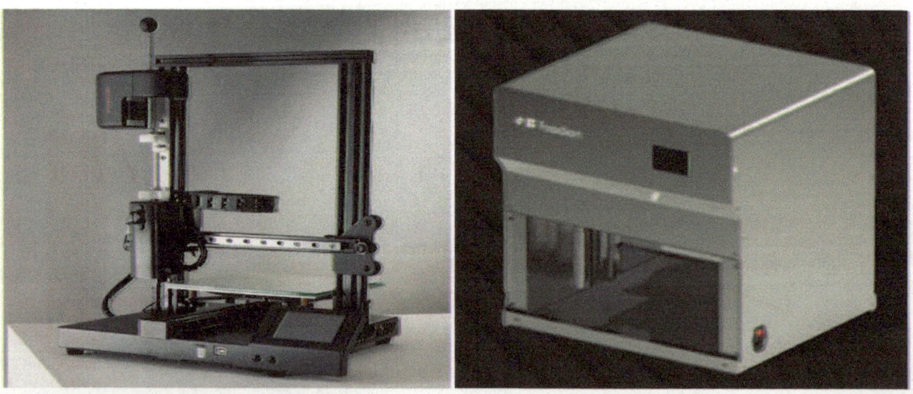

자료 : 탑테이블 홈페이지(www.toptable.co.kr)

- **(글로벌 산업환경)** 글로벌 3D 푸드 프린팅 시장은 성장잠재력이 높은 고성장 산업임
  - 미국 2022년 기준, 3D 푸드 프린팅 시장은 연평균 7.2% 성장 기대, 2022년 1.5억$에서 2032년 3억$로 성장 전망(Precedence Research)
  - 북미는 해당 시장의 41% 차지, 관련 스마트업 및 연구기관이 다수 존재해 개인별 영양 맞춤형 제품과 혁신적인 식품 디자인 제조 등을 중심으로 발전하고 있음
- **(글로벌 산업 성장요인)** 글로벌 3D 푸드 프린팅 시장의 대표적인 성장요인은 개인 맞춤형 식단임. 이를 중심으로 푸드테크 산업 활성화, 친환경 식품의 관심증가, 식량 안보와 안정성 관심 증대 등이 해당 산업의 주요 성장요인으로 발전을 촉진하고 있음

<그림 4-9> 글로벌 식품 프린팅 시장전망 및 주요기업

글로벌 3D 푸드 프린팅 시장 전망

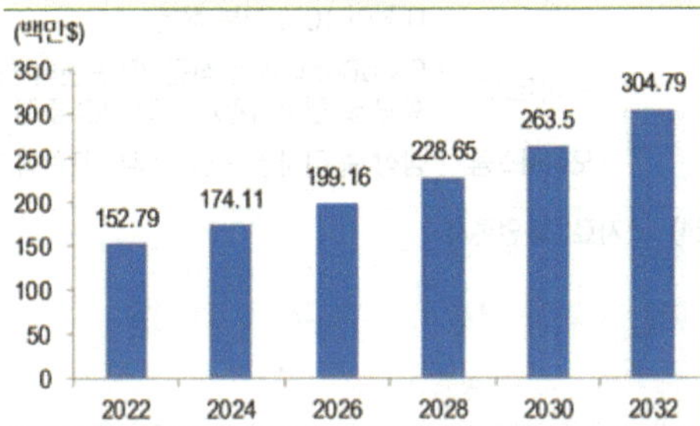

주: 미국 기준, 자료: Precedence Research, Kotra(2024)

글로벌 3D 푸드 프린팅 시장 주요 기업

기업명	특징
3D 시스템즈	· 2014년 CES에서 세계 최초 3D 푸드 프린터 공개 · 허쉬와 협력, 초콜릿 전용 제품 개발
시스템즈 앤 머티리얼리서치 코퍼레이션	· NASA 지원으로 우주식품용 · 3D 푸드 프린터 개발
비헥스	· NASA의 스핀오프 기업 · 우주비행사용 3D 푸드 프린터 개발

주: 미국 기준, 자료: Precedence Research, Kotra(2024)

[표 4-4] 개인 맞춤형 식단 성장에 따른 주요성장 요인 및 내용

주요 성장요인	내용
푸드테크 산업 활성화	· 코로나로 인해 비대면 서비스 수요 증가, 물류난을 통해 식량난 위헌 가중, 이러한 환경적 변화는 비대면 맞춤형 식품 제공, 대량 생산의 용이성으로 해당 푸드테크 산업 활성화
친환경 식품 관심 증가	· 3D 푸드 프린팅은 식감과 영양성분을 재현한 소고기와 생선을 생산, 기존 사육 과정에서 배출되는 대량 온실가스에 대한 우려에 대한 대체가능성을 보임
식량 안보와 안정성 관심 증대	· 인구 증가로 인한 식량난 우려, 고령화에 따른 영양균형 맞춤형 식단 제공에 있어 해당산업은 안정적 공급이 가능할 것으로 기대

자료: Kotra(2024), NH금융연구소

- **(국내 산업환경)** 국내 3D 푸드 프린팅 시장은 푸드테크 분야의 한 축으로 ICT 기술을 접목과 정부의 적극적인 투자 의지에 힘입어 지속 성장 중인 산업임
  - 국내 3D 푸드 프린팅 시장은 3D 프린팅 시장의 부분으로 산업 초기 단계임
  - 해당 산업 성장을 위해 R&D 투자는 반드시 필요 : 완제품 시장과 3D 프린터에 들어가는 부품시장을 나누어서 접근하는 것이 필요(한국의 대미 3D 프린터 부품 수출액은 '22년 8만$ → '23년550만$ 로 급 성장함)

- **(국내 산업 성장요인)** 글로벌 산업 성장요인과 마찬가지로 국내에서의 대표적인 성장요인은 개인 맞춤형 식단임. 이를 중심으로 푸드테크 산업 활성화, 친환경식품의 관심 증가, 식량 안보와 안정성 관심 증대되고 있음
  - 향후 해당 분야의 성장을 위해서는 3D 식품 프린팅용 소재 발굴과 함께 진정한 의미의 맞춤형 식품을 디자인할 수 있어야 함

<그림 4-10> 국내 식품 3D프린터 부품 수출액 추이 및 주요기업

한국의 대미 3D 프린터 부품 수출액 추이

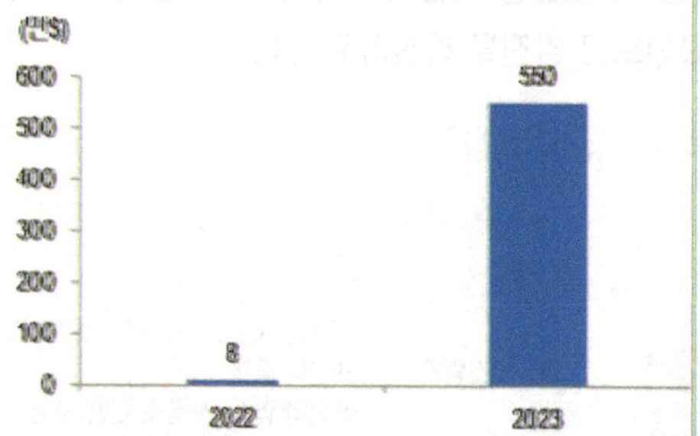

주: 3D 프린터 전 분야, 자료: 식품음료신문, Kotra(2024)

국내 3D 푸드 프린팅 시장 주요 기업

기업명	특징
탑테이블	· 농식품부 창업 벤처 R&D 사업선정 · 2023, 2024 CES 최고혁신상수상
비페코	· 3D 푸드 프린팅 기술을 이용, 대체육 생산 기업 · 대상이 10% 지분 취득
스마트3D	· FoodBot 이라는 식품 3D 프린터 개발, 학교 및 연구기관과 협업R&D 추진
오성시스템	· 상상 속 디자인 구현의 푸드 프린터 개발

자료: 각 언론사

[표 4-5] 식품 3D프린팅 분야 발전을 위한 향후 중점 연구분야 및 내용

주요 성장요인	내용
수요자 중심 개인맞춤형 식품 설계	· 식품의 맛, 외형뿐만 아니라 물성, 영양학적 요구와 신체 능력 향상을 포함하는 식품 디자인
3D 프린팅용 소재 발굴	· 소재 한정은 제한요소. 이에 영양을 고려한 대체 원료 발굴이 필요
전투 식량	· 단순 3D 푸드 프린팅을 넘어 개별 전투복을 이용 영양적 상태를 측정하여 출력하는 형태 필요
우주 식품	· 3D 푸드 프린팅의 장점인 음식물 찌꺼기 남지 않는 점이 필수적 요소로 부각되어 개발
대체 식품(배양육 등)	· 기존 육류 생산에 비해 지속가능하고 환경오염 등의 문제가 적은 점이 부각되어 개발

자료: 생명공학정책연구센터 BioNpro(2024)

[표 4-6] 3D 푸드 프린팅의 기초공정 및 관련 기술 방식

기초공정

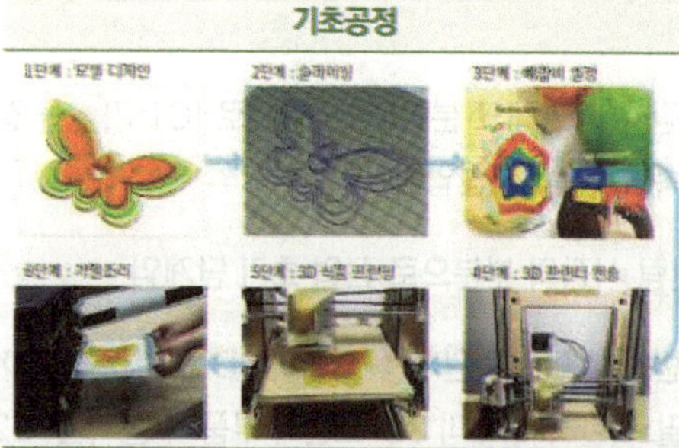

관련 기술 방식 및 식품 소재		
압출 기반	단순압출	· 치즈, 쿠키 생지
	응용압출	· 초콜릿, 캔디류
	겔화압출	· 잔탄검, 젤라틴
	잉크젯방식	· 초콜릿 시럽, 딸기잼
	조직배양	· 근세포, 미세 조류
파우더 베드 기반	리퀴드바인딩	· 파우더형 식품
	레이저 소결	· 설탕, 초콜릿 파우더
	열풍소결	· 설탕 파우더

자료: Extrusion-based food printing for digitalized food design and nutrition control." Journal of Food Engineering(2017), KREI 세계농업 202호

5) 식품 스마트제조기술

- **(푸드테크 핵심기술 연구방향)** 식품 스마트 제조기술
  - 식품제조업 분야 AI, 로봇* 등 기반 협동기술 개발

  * 인간과 로봇이 같은 공간에서 협동 작업을 수행하는 기술, 센서를 탑재하여 사람과 물리적 상호작용

  - 주요 품목 제조공정별 이물질 검출 등을 위한 푸드센서 기술개발
- **(스마트제조 개요)** 스마트제조는 첨단기술과 디지털화를 활용하여 데이터 기반으로 식품 생산과정을 자동화 및 최적화하는 제조방식을 말하며, IOT, AI, 로봇자동화 및 디지털 트윈 기술등이 활용될 수 있음
- **(글로벌 산업환경)** 전세계 로봇산업은 2020년 약 250억 달러에서 2030년 1,600억 달러 규모로 연평균 20% 성장할 것으로 전망됨
  - 이중 스마트 제조기술의 핵심영역인 전세계 산업용 로봇시장은 2020년 기준 132억 달러 규모이며, 2020~2024년에 연평균 8%로 성장이 전망됨
  - 협동로봇은 2020년 산업용 로봇 설치대수의 6%에 불과하나 2017~2020년에 연평균 26%성장하였음
  - 가격경쟁력을 갖춘 협동로봇의 성장으로 중소기업의 로봇 도입이 증가하면서 협동로봇 설치대수는 2021~2026년에 연평균 22% 성장이 전망됨

[표 4-7] 전통 산업용 로봇과 협동 로봇 비교

	전통 산업용 로봇	협동 로봇
크기	대형	중소형
속도	빠름	안전을 위한 가감속 가능
가반하중주)	~200kg+	3~16kg
안전	위험(안전펜스 필요)	안전(센서로 대체)
조작 및 유욕	전통적인 프로그래밍 필요	비전문가도 프로그래밍 가능한 쉬운 운영체계
주 수요처	자동차, 전기전자	전기전자, 식품, 의약품 등
비용	고가(1억 이상)	저가(2,000~4,000만원)
공정	소품종 대량 생산에 적합	다품종 변량 생산에 적합

주: 로봇이 들어 옮길 수 있는 최대 무게

자료 : 한국수출입은행(2022.09) 로봇산업 동향 및 성장전략 이슈보고서

<그림 4-11> 산업용 로봇의 연간 설치대수

단위 : 만대

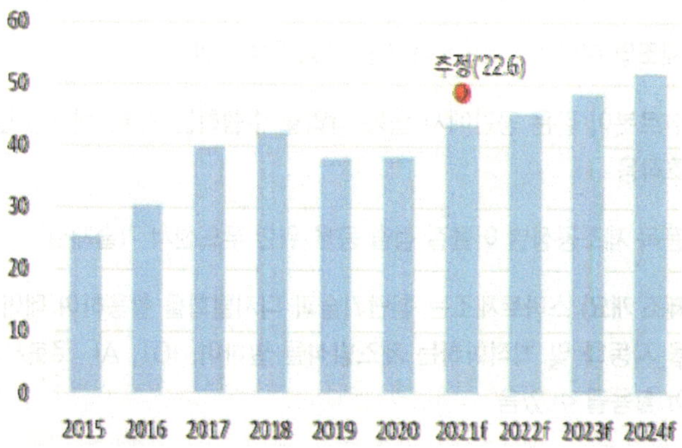

자료 : 국제로봇연맹

- **(글로벌 산업 성장요인)** 해당산업의 주 성장요인으로는 모든 산업 분야에서 자동화에 대한 수요 증가, 제조업 전문인력 부족 심화, 코로나19로 더욱 악화된 제조업계 부진을 완화하기 위한 정부 및 민간기업의 정책 추진 등이 있음
  - 특히 전문인력 부족은 전세계적인 현상으로, 미국 제조업의 경우 2018년과 2028년 사이 기술 격차로 인해 비어있는 일자리가 약 240만개에 달할 것으로 추정되며, 이렇게 빈 일자리가 채워지지 않을 경우 2028년 미국 제조업 총 GDP 2.67조 달러 중 약 17%에 해당하는 4,540억 달러가손실될 것으로 예상되고 있음

- **(국내 산업환경)** 국내 로봇 시장규모는 2020년 5.5조원에서 연평균 29.5% 성장하여 2025년 20조원으로 전망됨
  - 산업용 로봇의 한 형태인 협동로봇의 시장규모는 2020년 5,900만 달러에서 2025년 3억 6,658만 달러로 연평균 44.1% 성장할 것으로 전망됨

- **(국내 산업 성장요인)** 해당산업의 주 성장요인은 인건비 상승, 노동 환경 개선, 제조 패러다임 변화 등으로 국내 제조기업들이 공장을 자동화해 공정 생산성과 효율성을 높이기 위한 노력을 이어가고 있음
  - **(인건비 상승)** 인건비 상승으로 제품 하나를 생산하는 데 필요한 노동비용인 '단위노동비용'이 증가하면서 생산성 향상을 위해 특히, 대표적인 노동집약적 산업인 식료품 제조업계에서 많은 관심과 도입 시도 중임
  - **(노동 환경 개선)** 중대재해처벌법이 본격 시행됨에 따라 공장 자동화를 통해 산업재해를 예방하려는 기업 내 움직임이 활발함

- **(농업의 지속가능성)** 농업 분야에서 노동력 부족 현상과 인건비의 상승 등 농업분야의 지속가능성과 노동문제에 대한 잠재적인 해결책으로 농업용 로봇에 대한 관심이 점점 높아지고 있음

● **(국내외 성장동향)** 협동로봇은 기존 산업용 로봇 대비 편의성과 안전성을 확보하고 있으며, 표준화된 용접, 조립 등의 공정 이외에 금속, 식음료, 플라스틱·화학, 뿌리산업 등 표준화가 어려운 비정형화된 유연 맞춤형 생산 공정에도 적용이 가능한 장점으로, 국내외 다양한 분야에서 협동로봇 도입 확대되고 있음

- 국가대륙별로는 유럽이 2020년 3억 4,500만 달러로 점유율(35.2%)이 가장 높고, 연평균 40.9% 증가하여 2026년에는 27억 700만 달러에 이를 것으로 전망되고 있음

● **(국내외 시장 키워드)** 해당산업의 시장 키워드는 "턴키 솔루션", "모듈형 생산으로의 전환", "고객 중심 제품개발" 등이 있음

- "턴키 솔루션"은 두 종류 이상의 첨단 기술을 결합해 시너지 효과를 낼 수 있는 것으로, 하드웨어 개발부터 소프트웨어, 애플리케이션, 센서 및 인터페이스 개발로 이어지는 각 기술 및 이미 출시된 첨단 기술을 결합하면 자동화는 더욱 용이함
- "모듈형 생산으로의 전환"은 기업들이 생산공정 내 모듈화를 증가시키기 위해 기존산업용 로봇보다는 상대적으로 작고 가벼우며 배치하기가 훨씬 쉬운 협동로봇으로 전환되고 있음

6) 식품 스마트유통기술

● **(푸드테크 핵심기술 연구방향)** 식품 스마트유통기술

- 주요 농산물 수확후 품질 판정 등 인공지능 모델 개발
- IoT 기반 농산물 가공시스템 실시간 모니터링 및 고도화 기술

● **(스마트유통기술 개요)** 스마트유통기술에 있어서 농업(Agriculture)과 기술(Technology)이 합쳐진 애그테크(Ag-Tech)는 농산물을 수확 후 가공하여 도·소매유통을 통해 소비자에게 전달되기까지 IOT 기술 및 빅데이터, AI 등을 활용한 실시간 모니터링 기술이 활용될 수 있는 푸드테크 기술영역에 포함되어 있음〈그림 4-12〉

- 스마트팜은 시설원예, 과수, 축산 등에서 ICT 융·복합기술이 접목된 첨단농장으로 스마트 농업을 고도화된 스마트팜을 포함한 농업활동 전반으로 간주할 수 있음
- 스마트팜은 농업과 ICT의 융복합을 통해 좁게는 농업의 생산 분야에서, 넓게는 생산뿐만 아니라 유통과 소비를 포함한 농업과 관련된 다양한 분야로 새로운 가치를 창출해나가고 있음

- 또한 식물공장은 인공광, 온도, 습도, 배양액 성분 등을 인위적으로 조절하여 외부기상여건의 영향을 전혀 받지 않는 밀폐된 시설 내에서 작물을 재배하는 것을 말함(자본과 기술이 집약된 스마트팜의 한 형태)

<그림 4-12> 스마트유통기술 관련 에그테크(Ag-Tech)의 범위

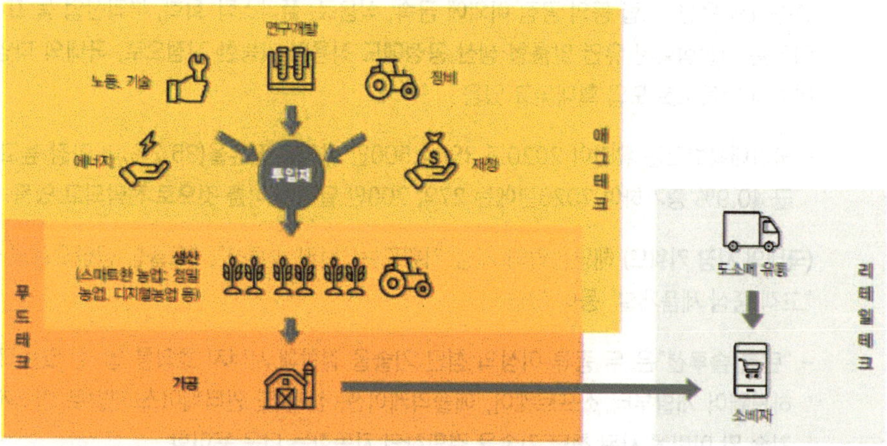

자료: 한국농촌경제연구원, 삼일PwC경영연구원

- **(글로벌 산업환경)** 전 세계 스마트팜 시장규모는 2017년 105억 달러에서 2021년 148억달러로 증가한 것으로 추정되며, 2025년에는 220억 달러로 연평균 9.8% 증가할 것으로 전망됨<그림 4-13>

<그림 4-13> 전세계 스마트팜 시장 규모

단위: 십억 달러

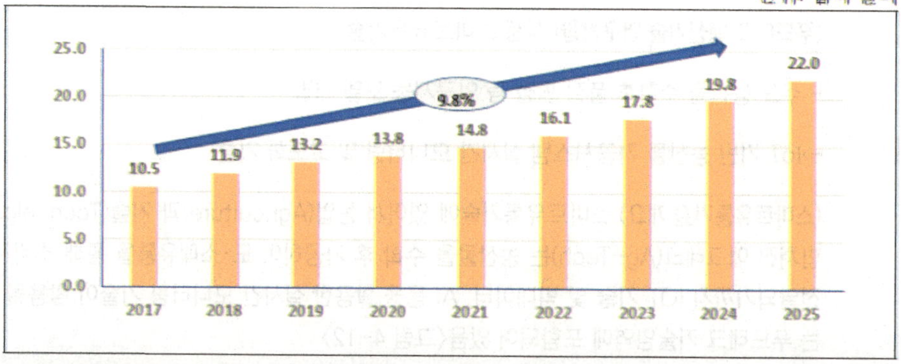

자료 : 한국농촌경제연구원(2023.03) 푸드테크산업의 혁신 트렌드와 미래전망

- **(국내 산업환경)** 스마트팜 산업은 전세계적으로도 네덜란드 등 일부 국가를 제외하면 현재 생태계 구축이 미흡한 상황으로, 국내 역시 주요 시설원에 농가의 스마트팜 도입률은 2022년기준 1.48%에 불과함 [표 4-8]

- 시설원예 기준 스마트팜 도입 전 후 1년차 영농효율성 비교시 생산성은 32.05% 증가, 자가 노동시간은 7.7% 절감, 단위면적당 고품질 작물 생산량은 37.99% 증가하는 것으로 나타남

[표 4-8] 2022년 국내 시설원예 농가 스마트팜 도입률

구분	스마트팜 농가 수 (A)	전체 농가 수 (B)	스마트팜 도입률(%) (A/B*100)
토마토	327	9,467	3.45
딸기	280	15,236	1.84
파프리카	103	1,082	9.52
오이	92	8,616	1.07
참외	16	7,921	0.20
감자	20	4,479	0.45
감귤	4	4,651	0.09
포도	11	9,310	0.12
화훼	104	3,988	2.61
합계	957	64,750	1.48

자료 : 농림수산식품교육문화정보원

- **(국내·외 산업 성장요인)** 농업은 광범위한 활동을 통해 경제부문, 사회적 행위자, 규제 및 정책과 밀접하게 연관되어 있으며, 이로인해 농업은 식품 시스템이라고 불림
  - 오늘날 식품 및 농업 시스템은 전 세계 많은 양의 식품을 공급하는데 성공했으나, 앞으로 증가하는 전세계 인구를 먹여 살리는 농산물 시장은 중요한 문제로 남아 있으며 스마트팜이 대안으로 떠오르고 있음
  - 스마트팜 산업의 경우 전방 및 후방 모두에 산업파급효과가 큰 수준이며, 정부의 지속적인 투자 정책을 통하여 시장의 변화가 이루어지고 있음
  - 또한 스마트팜은 융복합 기술을 통한 농업 경쟁력 강화와 동시에 청년유입을 통한 농가의 다양한 연령대 확보 등의 핵심 수단으로 인식되고 있음
  - 정부의 스마트팜 확산을 위한 전채지원 확대 및 성과인식에 따라 스마트팜 확신이 가속화되고 있으며, 특히 파프리카, 토마토 등 시설채소 중심으로 스마트팜 보급 면적이 급격히 증가 추세임
- **(국내 기술개발현황)** 농산물 유통 부문의 경우 ICT 기술융합을 통해 구조개선을 위한 다각적인 시도가 실현되고 있으며, 바코드, QR코드 등의 광학인식기술 등이 현재 농산물 유통에서 폭넓게 활용중임

- 유통경로 다각화 부문에서 인터넷이나 모바일 기기를 활용한 라이브쇼핑몰 등의 농산물 직거래가 보편화되는 시점이며, 생산자와 소비자간 거래(B2C)가 중심이나, 온라인 환경에서의 기업간 거래(B2B)로 확대되는 추세로 발전하고 있음

- 최근에는 건강기능식품의 원료가 되는 천연물 소재를 생산하기 위하여 LED광파장, 온도 등 재배환경에 따른 약용작물의 유효성분 함량을 분석하는 연구가 활발하게 진행되고 있으며, 특히 루테인의 원료가 되는 마리골드, 의료용 대마(햄프) 등 식물공장 생산에 관심이 집중되고 있음

● **(국내 기업현황)** 팜에이트는 현재 가장 큰 규모의 실내농장을 운영하고 있는 기업이며, 이미 실내농장에서 재배한 신선편의 샐러드 제품의 유통망을 확보하고 있음

- 2014년 창업한 엔씽은 현재 30피트 컨테이너 형태의 모듈형 스마트팜을 개발해 설치 운영하고 있으며, 아부다비 등 중동지역 진출을 추진하고 있음

<그림 4-14> 국내 주요 식물공장 기업

《팜에이트(Farm8)》	《엔씽(N, THING)》

자료 : 한국농촌경제연구원(2023.03) 푸드테크산업의 혁신 트렌드와 미래전망

7) 식품 커스터마이징기술

● **(푸드테크 핵심기술 연구방향)** 식품 커스터마이징기술

- 식품 특성, 건강 상관성 등 기초 정보 DB화

- 개인별 질환, 유전정보 등에 기반한 식이설계 알고리즘 개발

- 질환별 관리식 적용을 위한 소재 발굴 및 생산기술 개발

● **(식품 커스터마이징 개요)** 개인 맞춤형 식품(식품 커스터마이징)의 개념은 국제적으로 통용되는 정의는 없으나, 일반적으로 '개인의 필요 및 선호에 따라 맞춤화된 식품'을 의미함

- 국내에서는 관련 법률 및 규정을 통해 '맞춤형 영양조제식품' 및 '맞춤형 건강기능식품'과 같이 특수의료용도식품 및 기능성식품에 한해 정의하고 있음

- **(맞춤형 영양조제식품)** '질병·수술 등으로 인해 특별한 영양요구량을 가지거나 체력 유지·회복이 필요한 경우 식사를 대신하거나 보충하여 영양을 균형있게 공급할 수 있는 식품의 의미

- **(맞춤형 건강기능식품)** '제조 또는 수입된 한 종류 이상의 건강기능식품을 개인의 필요 등에 따라 소분·조합한 것'으로 정의

- 이 밖에도 개인 맞춤형 식품은 크게 1)개인 특성에 따른 맞춤형 식품과 2)상황·용도에 따른 맞춤형 식품으로 구분할 수 있음

① 개인 특성에 따른 맞춤형 식품 : 소비자 연령별, 성별특성, 생활방식, 건강상태에 맞춤화된 식품의 의미함

* 예 : 연령이나 생애주기, 성별에 따라 달라지는 영양 요구사항을 고려한 식품, 개인의 생활방식에 따른 관심 및 선호를 반영한 식품, 알레르기·유당불내증을 보유하거나 비전염성 질환자를 대상으로 한 식품 등이 해당됨

<그림 4-15> 개인 특성별 맞춤형 식품 예시

연령별 맞춤형 식품	일반식품 및 알레르기 프리 식품

② 상황·용도에 따른 맞춤형 식품 : 식품을 소비하는 상황 및 목적에 맞춤화된 식품의 의미

* 예 : 대표적으로 다이어트용 식품이나 스포츠용 식품, 여행·캠핑용 식품과 같이 식품이 필요한 상황 및 용도, 목적에 부합하는 식품이 해당됨

<그림 4-16> 상황·용도별 맞춤형 식품 예시

다이어트용 식품	스포츠용 식품	여행용 식품

● **(글로벌 시장현황)** 식품을 소비하는 가치관이 변화하면서 개인을 중심으로 한 식품 트렌드가 확산되고 있으며, 팬데믹 이후 폭발적으로 성장한 온라인 식품시장 및 건강에 대한 인식이 맞춤형 식품 트렌드 확산을 견인하고 있는 것으로 분석됨

- 식품 구매시 개인의 식습관이나 생활방식, 취향을 우선적으로 고려하고 있으며, 이를 반영한 식품 소비를 현명한 소비로 인식하고 있음

- 온라인을 통한 식품 소매 판매액은 2023년 3,878억달러로 2019년 이후 연평균 24.3% 증가하였음

[표 4-9] 전세계 온라인 식품소매 판매액(2019~2023)

(단위: 백만 달러, %)

2019	2020	2021	2022	2023	전년비(22/23)	연평균(19/23)
162,446.1	255,508.2	321,121.4	357,495.1	387,864.0	8.5	24.3

*출처: Foods E-Commerce, Euromonitor(www.euromonitor.com)(검색일: 2024.10.04.)

- 전반적인 삶의 질 향상과 건강한 식습관에 대한 소비자 관심이 높아지면서 개별적으로 맞춤화된 식단에 대한 수요가 증가함

● **(국내·외 산업 성장전망)** 푸드테크 기술의 발전으로인해 향후 개인 맞춤형 식품 시장의 성장이 가속화될 전망이며, 정확한 데이터에 기반한 수요예측과 맞춤형 식품 생산 및 적시 배송이 가능해짐

- 대표적으로, 빅데이터 및 인공지능(AI) 기술을 이용한 개인의 건강·영양 상태분석 및 식단 추천서비스, 3D 프린팅 기술을 이용하여 개인별 요구사항에 부합하는 맞춤형 식품 생산 등의 사례가 있음

- 또한 개인의 식습관 데이터를 바탕으로 영양 상태를 분석하고 건강 목표에 부합하는 식품 및 식단을 추천하거나 영양 코칭 서비스를 제공할 수 잇음

- 특히 빅데이터 분석 및 인공지능 기술은 개인 맞춤형 식품 개발에 중요한 역할을 담당하고 있으며, 방대한 양의 데이터를 분석함으로써 개인 특성 및 기호, 소비패턴에 따른 더욱 정밀한 개인화가 가능해짐

● **(국내 개인 맞춤형 식품 기술적용사례)** 개인의 건강 및 영양 상태에 관한 데이터를 수집 및 분석하여 맞춤형 식단을 제공하고 추천할수 있으며, 맞춤형 건강기능식품 추천 및 구독 플랫폼도 출시됨

- 온라인을 통한 식품 구매 및 배송 서비스가 확대되면서 생활습관과 식습관, 구매패턴 정보에 기반한 추천 및 구독 서비스가 출시됨

- 학교·기업·병원 급식시설에 인공지능 기술을 도입하여 섭취량 및 영양 불균형 등을 분석하여 최적화된 식단을 제공하기도 함

[표 4-10] 국내 맞춤형 식단 제공 사례

기업 및 서비스	내용
현대그린푸드 그리팅	· 케어푸드 전문 브랜드로, 저당·저칼로리·고단백 등 다양한 제품 출시 · 2024년 7월 개인 맞춤형 헬스케어 서비스를 출시하여, 개인 식습관에 관한 설문조사 및 전문 기기를 통한 영양상태 측정, AI 기반 솔루션을 통한 초개인화 식단 추천 서비스 제공
풀무원 디자인밀	· 개인 맞춤형 식단 구독 서비스로, 연령·영양 상태·질환별 맞춤형 식단 제공 및 배송 · AI 영양진단 결과를 토대로 전문가가 영양 솔루션을 제시하는 일대일 비대면 영양상담 서비스 출시
아워홈 캘리스랩(KALIS lab)	· 구내식당에서 개인별 건강 맞춤형 식단을 제공하는 서비스로, △다이어트 식단 △혈압관리 식단 △혈당관리 식단 △항산화 식단 등 건강 상태와 선호에 따른 메뉴 구성 · 이와 함께 건강 진단 결과에 기반한 전문 영양사의 컨설팅 및 모바일 상담 서비스를 제공
CJ 프레시웨이	· AI 헬스케어 스타트업과의 협업으로 영유아 식생활 분석 서비스 개발에 착수하였으며, 스캐닝 및 인공지능 기술을 통해 영유아의 식품군별 섭취량을 분석하고 식생활 개선을 위한 메뉴 추천, 교육 등을 제공할 예정
잇마플 맛있저염	· 개인의 건강 데이터 분석 기술에 기반하여 맞춤형 식단을 추천 및 배송하며, 신장질환자용 '맛있저염', 당뇨질환자용 '맛있저당', 갑상선질환자용 '맛있저요', 암환자용 '맛있고영' 브랜드 운영

자료 : 한국농수산식품유통공사(2024.10) 국내외 개인 맞춤형 식품 시장동향

- 개인의 생활습관 및 식습관, 영양·건강 상태에 대한 설문조사와 상담결과에 기반하여 적합한 건강기능식품을 추천하는 서비스가 출시되었으며, 이를 정기적으로 배송하는 서비스로 확대되고 있음

[표 4-11] 국내 맞춤형 건강기능식품 제공 사례

기업 및 서비스	내용
모노랩스 아이엠(IAM)	· 개인 건강상태 및 생활습관에 관한 소비자의 사전문진 내용을 인공지능 알고리즘을 통해 분석, 맞춤형 건강기능식품을 추천 · 소비자가 선택한 건강기능식품을 일일 분량으로 소분하여 매달 정기적으로 배송
풀무원건강생활 퍼팩(PERPACK)	· 2020년 7월 오프라인 매장을 통해 맞춤형 건강기능식품 추천 및 판매 서비스를 시작하였으며, 매장에서 전문 영양사와 대면 상담 후 건강기능식품을 소분하여 제공 · 개인맞춤영양 앱을 출시하여 알고리즘에 기반한 추천 서비스 제공
빅썸바이오 메디어리(Mediary)	· AI 기반 설문 및 약사와의 전문 상담을 통해 개인별 건강상태, 생활습관, 운동 패턴 등에 기반한 개인별 맞춤형 건강기능식품 추천 서비스 제공 · 정기 구독 서비스를 통해 1일 1포 용량으로 소분하여 배송
케어위드 필리(Pilly)	· 설문조사를 통해 개인의 생활습관 및 식습관, 건강 고민을 파악, 맞춤 영양성분을 추천하고 정기적으로 배송 · 정해진 시간에 섭취 알람을 설정하고 섭취 여부를 체크할 수 있는 케어 서비스 제공 · 프로폴리스 젤리 등 자체 브랜드 제품 개발 및 출시

자료 : 한국농수산식품유통공사(2024.10) 국내외 개인 맞춤형 식품 시장동향

- **(국내 맞춤형 식품 규제완화 관련 전망)** 국내 맞춤형 건강기능식품 관련 규제가 완화되면서 시장이 더욱 확되될 것으로 전망됨
  - 2020년 4월 개인 맞춤형 건강기능식품 추천·판매사업이 규제특례 대상으로 선정되어 실증특례가 적용되고 있으며, 2025년 1월 3일부터는 맞춤형 건강기능식품 소분 판매가 허용됨
  - 건강기능식품의 소분 판매 규제가 완화되면서 개인의 건강상태를 분석하고 맞춤형 제품을 추천 및 소분 판매하는 서비스가 더욱 확대될 것으로 전망됨

8) 외식 푸드테크기술

- **(푸드테크 핵심기술 연구방향)** 외식 푸드테크 기술
  - 로봇, 수요예측 AI 등 외식 매장관리 자동화 기술개발
  - 메뉴별 영양성분 정보, 고객 평가 분석 등 소비자 맞춤형 데이터 이용 기술개발
- **(외식 푸드테크기술 개요)** 외식 푸드테크기술에 있어 통합 매장관리 솔루션을 제공하는 서빙로봇 및 키오스크, 테이블오더 등이 핵심 기술로 자리잡고 있으며, 최근에는 별도의 장치없이 스마트폰만으로 메뉴 주문과 결제까지 가능한 QR 및 NFC 스마트오더 시스템 등이 상용화 되고 있음
- **(글로벌 산업환경)** 키오스크 산업은 소매 주문, 결제, 발권, 금융분야 내 정보 확인 등 전세계적으로 도입 확산 중임
  - 미국, 아마존이 세계 최초로 완전무인매장 '아마존고'를 출시 미국 전역으로 확장하기 위해 계획하고 있음
  - 중국, '신유통' 트렌드에 따라 중국 최대 전자상거래업체 알리바바, 징둥을 선두로 완전무인매장 구축을 계획하고 있음
  - 일본, 편의점협회는 IC칩 기술을 이용해 2025년까지 대부분 가맹편의점 무인 계산대를 설치할 계획임
  - 키오스크 시장에서 가장 큰 성장률을 보이고 있는 분야는 음식 주문과 소매 품 셀프체크아웃이 포함된 소매부문임
- **(글로벌 산업 성장요인)** AI, IoT, 센서 등 기술의 발달과 최저임금 상승에 따른 인건비절감 대안과 더불어 소비자의 키오스크 이용에 따른 편의성 증대 등이 산업의 주요 성장 요인임

- 포춘비지니스 인사이트에 따르면 세계 키오스크 시장 규모는 ‘20년 202.9억 달러 -〉 ‘28년 510.5억 달러로 연평균 12.3% 성장이 전망됨

<그림 4-17> 글로벌 키오스크 시장규모 및 전망

글로벌 키오스크 산업별 시장 규모 및 전망	글로벌 키오스크 산업 규모 및 전망

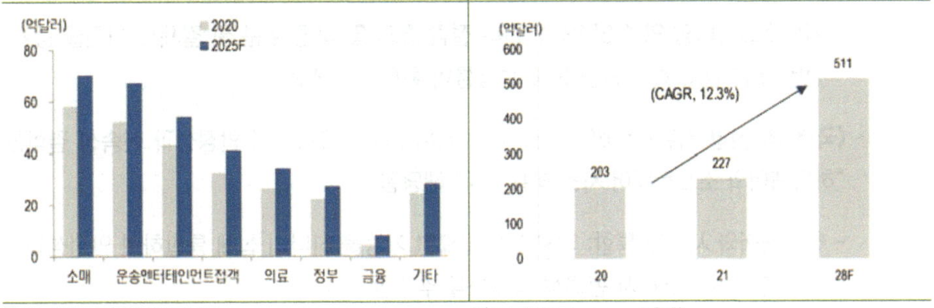

자료: 연구개발특구진흥재단 / 자료: KT Enterprise, KREI

- **(국내 산업환경)** 국내 키오스크 산업은 주로 숙박업, 음식점업, 소매업 등 서비스업 분야 뿐 아니라 거의 모든 산업영역에서 도입 및 활용 확산 추세임
  - 패스트푸드점, 편의점 등 키오스크 도입을 통해 무인화 확대, 소매점포시장 점유율 55%를 차지하고 이에 따라 다양한 소형점포에서 자동화된 무인시스템 구축이 확대되고 있음
  - 각 기관의 무인증명서 및 무인민원발급기, 기차역·고속버스·영화관·놀이공원 등 모든 산업영역에서 도입 및 활용되는 추세임
  - 국내 키오스크 산업 규모는 ‘15년 2,130억원 -〉 ‘23년 3,960억원으로 연평균 8.1% 성장함

<그림 4-18> 국내 키오스크 시장규모 및 전망

국내 키오스크 시장 규모 및 성장 추이	국내 유명 프랜차이즈 키오스크 도입 현황율

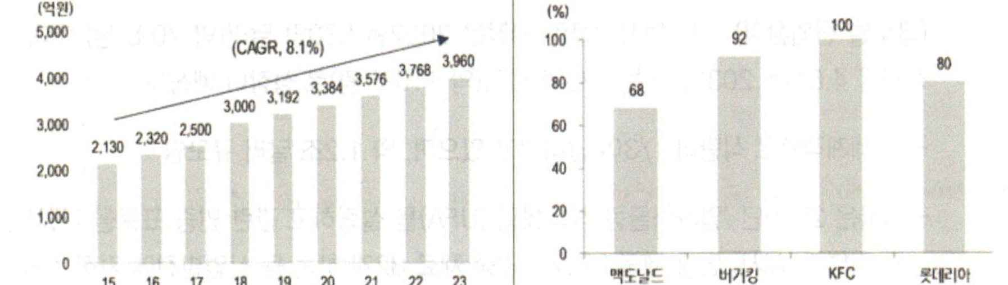

자료: KT Enterprise, KREI / 주: 2021년 기준, 자료: 한국소비자원

- **(국내 산업성장요인)** 키오스크 이용에 따른 편리성 증대와 최저임금 상승에 따른 고정비 절감 효과, 정부의 관련 산업 지원정책 등이 해당 산업에 주요 성장 요인임
  - 최저임금 인상, 52시간 근무제도 등으로 인건비 부담 가중, 대면접촉을 기피하는 언택트 문화 확산 ⇒ 무인화 시대의 본격화될 것으로 예상됨
  - 키오스크 1대당 약 1.5명의 인건비 절감 효과 및 빠른 주문 및 결제로 회전율 증가 ⇒ 인건비 부담 감소 효과 등을 통해 보급률이 확대되고 있음
- **(국내·외 산업 키워드)** 해당 시장 주요 키워드는 키오스크의 안정성과 신속성 결합을 위한 "하드웨어와 소프트웨어 시스템 통합"이 해당됨
  - 하드웨어와 시스템 통합: 키오스에 필요한 기능을 하나의 칩에 통합하여 안정성과 신속성을 결합시키고 소비자 편의성 극대화를 추구함
  - 최근에는 별도 PC없이 콘텐츠 관리와 결제가 가능하도록 카드리더, 영수증 프린터, QR 코드, 바코드스캐너, 근거리무선통신(NFC), 와이파이 등 키오스크에 필요한 필수 기능을 스마트폰에서 활용하는 방식을 활용하고 있음

9) 식품 업사이클링기술

- **(푸드테크 핵심기술 연구방향)** 식품 업사이클링기술
  - 농식품 부산물 성분 DB 구축 및 원료처리 공정 효율화
  - 농식품 부산물 종류별 업사이클링 용도 다양화를 위한 연구개발
- **(식품 업사이클링기술 개요)** 업사이클링은 부산물이나 폐기물과 같은 상품 가치가 낮은 자원 등에 새로운 기술을 투입하여 고부가가치를 창출하는 것으로 가구 및 의류 등 다양한 분야에서 시도되고 있으며 최근에는 식품 분야로도 확장되고 있음
- **(글로벌 산업환경)** 푸드 업사이클링 시장은 2022년 530억 달러(약 70조 원) 이며 연평균 성장률 4.6%로 2032년에는 833억 달러(약 110조 원)로 성장이 예상됨
  - 전 세계적으로 식량의 1/3이 낭비되고 있으며, 약 1.2조 달러 규모임
  - 미국은 2019년 '업사이클링 식품협회'(UFA)를 설립하고 관련 인증 표준을 개발(현재 인증 기업 52개사, 인증 제품 222개, 인증 재료 82개)하는 등 산업발전에 가장 적극적으로 나서고 있음

<그림 4-19> 글로벌 푸드 업사이클링 시장규모 및 UFA 인증사례

글로벌 푸드 업사이클링 시장규모

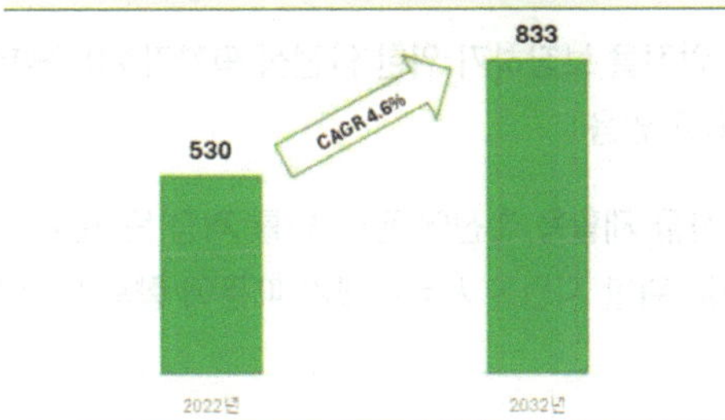

자료: Future Market Insight (FMI) 재구성

미국 업사이클링 식품협회(UFA) 인증 마크

자료: 식품외식경영

- **(글로벌 산업 성장요인)** 업사이클링의 등장 배경은 지구온난화로 인한 기후위기, 순환경제의 부상, 글로벌 경제침체에 대응하기 위한 신성장 동력의 창출 등임
  - 기후변화와 팬데믹 등으로 식재료 수급에 불안정성이 상승하고 탄소규제가 강화됨에 따라 식량자원의 이동이나 폐기의 부담이 가중되고 식량안보의 문제가 부상하고 있어, 자원순환 사회에 부응하는 식품 부산물 업사이클링 시장은 빠르게 부상할 전망임
- **(국내 산업환경)** 국내 업사이클링 시장 규모는 2013년 39개 업체, 총 매출액 20억 원에서 2019년 150개 업체, 총 매출액 200억 원으로 증가하였음
  - 글로벌 장에서 식품 부산물을 이용한 식음료 제품 출시는 최근 5년간 성장하였으나, 국내 식품 부산물은 주로 비식품(퇴비/비료/사료 등)으로만 활용됨
  - 국내에서 식품을 가공하기 위해 발생되는 식품 부산물은 연간 3천만 톤 국민 1인당 572kg)이며, 이 중 70%는 쓰레기로 분류되어 처리되고 있음

<그림 4-20> 국내 업사이클링 시장규 모 및 부산물 발생량 추이

국내 업사이클링 시장 규모

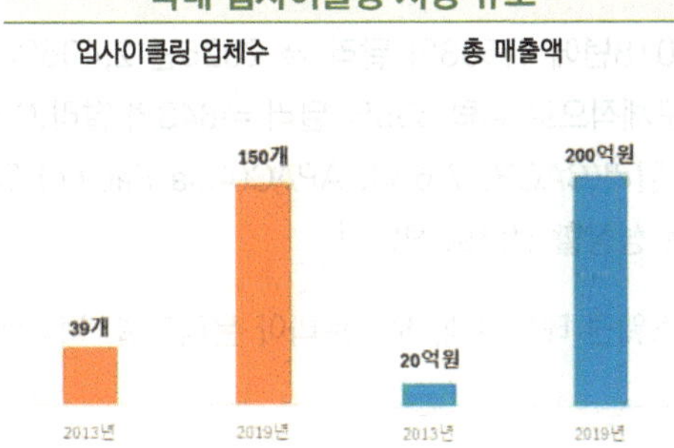

자료: 업사이클링협회

국내 전체 식품 부산물 발생량 추이

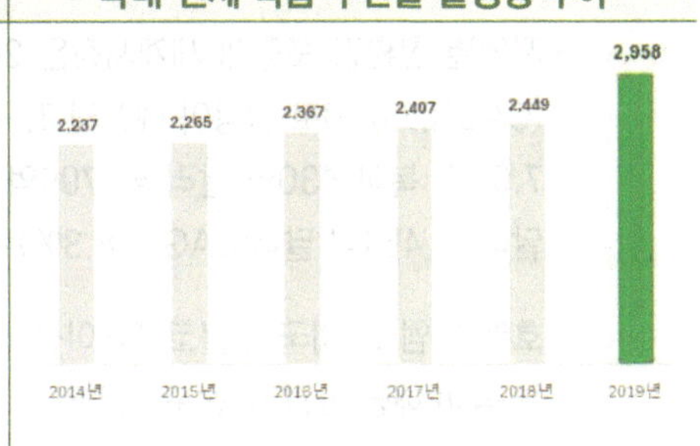

자료: 리하베스트

- **(국내 산업 성장요인)** 이상 기후에 따른 환경변화와 지속 가능한 제품에 대한 소비자들의 관심 증가는 친환경 식품에 대한 업계의 관심을 높이는 요인
  - 다만, 업사이클링 제품에 대한 소비자 안전을 보장하기 위한 안전성 평가기준이 부재하여 업사이클링 제품의 개발에 걸림돌이 되고 있음
  - 이에 정부는 자원순환기본법, 수산 부산물 재활용 촉진에 관한 법률 제정 등 제도적 체계를 갖추며 푸드 업사이클링 산업 육성을 위한 지원을 시작하였기 때문에 향후 더 많은 업체가 사업에 진출할 것으로 예상됨

10) 친환경 식품포장기술

- **(푸드테크 핵심기술 연구방향)** 친환경 식품포장기술
  - 경량화 등 플라스틱 절감 기술개발
  - 플라스틱 포장재의 재활용성 제고를 위한 고차단성 유니소재 기술개발
  - PHA 등 생분해성 원료 기반 식품포장 소재 생산기술 개발
- **(친환경 식품포장기술 개요)** 친환경 식품포장기술은 환경에 미치는 영향을 줄이고 지속가능성을 높이기 위해 개발된 포장기술을 말하며, 주로 재활용 가능하거나 생분해성 소재, 천연 또는 재상 가능한 원료를 사용하여 만들어지고 포장재를 만드는 과정에서 탄소배출을 줄이는 노력도 포함됨
- **(글로벌 산업환경)** 고품질, 고기능성 포장재를 요구하는 형태로 시장이 변화함에 따라 높은 기술력과 빠른 기술 적용력을 가진 공급자가 시장을 주도하는 형태임
  - 국가별로는 플라스틱에 대한 규제 정도가 엄격한 유럽이 전체 친환경 포장시장 내 시장규모가 크고 그 다음으로 북미, APAC, 남미 순임
  - 지역별 친환경 포장재 세계시장은 2018년에 1,533억 달러 ⇒ 2025년 2,495억 달러(CAGR,7.4%)로 성장이 예상되고, 구체적으로 유럽 535억 달러 ⇒848억 달러(CAGR, 7.0%), 북미 430억 달러 ⇒ 709억 달러(CAGR, 7.6%), APAC(Asia Pacific) 263억 달러 ⇒ 454억 달러(CAGR, 8.3%)로 성장할 것으로 전망됨
  - 호주의 앰코, 미국의 볼코포레이션, 스웨덴 테트라팩, 오스트리아 몬디그룹, 미국웨스트록 등이 해당 산업 내 선도 기업임
- **(글로벌 산업 성장요인)** 환경보호를 위한 국제사회와 국가별 정부의 규제 강화, 사회전반 인식 변화, 소비자의 가치 소비 트렌드가 기업의 친환경 포장 시장의 성장을 견인하고 있음

- 주요 국가별로 친환경 소재로 대체하기 위한 제도를 마련. 생분해성, 재활용, 재사용이 가능한 친환경 포장재 활용 시기 설정 및 모니터링 등이 추진됨
- 그 외에도 식품업계 내 ESG 경영 도입, 친환경 포장재 사용 소비자 니즈 증가, 간편식품에 대한 수요 증가 등이 해당 산업의 주된 성장 요인임

<그림 4-21> 글로벌 식품 포장재 시장현황 및 주요국가별 친환경 포장재 활용 정책

글로벌(지역별) 식품 포장재 시장 현황

주: 재사용 식품 포장재 기준, 자료: Stratistics Analysis

주요 국가별 친환경 포장재 활용 정책

국가	주요 내용
유럽	· 2025년 PET음료병의 25%재활용, 2030년 재활용 플라스틱 적용 의무화
영국	· 2022년부터 재생가능물질이 30%이하인 제품의 제조나 수입시 30만원/톤 부과
미국	· FDA: 플라스틱 재활용 장려, 식품안전 및 기술기반 이력 추적 도입
일본	· 식품포장재 안전 강화 및 포장 폐기물 재활용 촉진
호주	· 2025년까지 모든 포장재를 재활용, 재사용, 생분해가 가능하도록 추진

자료: 한국과학기술정보연구원

[표 4-12] 친환경 식품포장재 상품화 단계별 핵심요소

단계(구분)	핵심 요소
친환경포장재	· 지속가능한 친환경 재료를 사용하거나 제조 공정에 재생 에너지를 통합하여 폐기물을 줄이는 포장
재료(친환경소재)	· 생분해성 폴리머, 용해성 포장, 생분해 포장, 천연재료 포장, 식용포장
생산(제품+ 패키지 수면 연장)	· MAP(Modified Atmosphere Packaging), 산소 스케빈저(Scavenger), 향균포장, 에틸렌 제거제
유통(모니터링)	· 온도표시기, 신선도 표시기, 가스 표시기

자료 : 한국과학기술정보연구원

● **(국내 산업환경)** 공산품, 생필품, 식품, 제약, 화물 등 제조업 전반에 걸쳐 있으며 주로 식품 관련 포장재 생산 위주로 성장. 간편하고 위생적인 용기 개발을 위한 기업들의 경쟁이 치열함

- 식품 포장, 의약품 포장, 산업용 포장 등 각각의 용도에 따라 시장이 세분화
- 제품의 특성과 사용 목적에 따라 포장재의 종류와 형태가 다양하며, 최근에는 스마트 벨 기술을 포함한 그린 포장, 즉 지속가능한 포장으로 발전하고 있음
- 결국, 재활용 가능하고 쉽게 분해 가능하며 경량인 식품 포장으로 발전하는 추세(국내 산업성장요인)이고 식품산업의 성장과 다양한 수요가 확대되고 있음

- **(국내 산업 성장요인)** 식품산업의 성장과 다양한 수요 확대 등에 부합되는 지속적인 혁신과 기술 발전, 정부의 규제 정책 변화 등이 해당 산업의 성장을 견인하고 있음
  - 포장 기술의 지속적인 혁신은 산업의 성장을 촉진하는데 필수적임
  - 정부의 친환경, 안전성 관련 규제 등이 포장재의 소재 및 생산방식에 영향을 미치며 친환경 포장재 시장이 성장하고 있음
  - 삶의 질 향상에 따른 외식문화 확산, 1인 가구 증가, 간편식 추구 확대, 캠핑 인구 증가 등으로 식품포장의 중요성이 확대되고 있으며, 해당산업의 성장을 견인하고 있음

02 국내 푸드테크 기업 사례분석

[표 4-13] 국내 푸드테크 기업 사례분석

국내 푸드테크 10대기술	표준산업분류

기업명	푸트테크분야 주력사업	비고
seawith ㈜씨위드	① 세포배양식품생산기술 | C10129 • 해조류에 기반한 배양육 생산기술을 개발하여, 식량 및 환경문제 해결 가능한 대체육 개발 • 해조류를 활용하여 저비용으로 배양육 연구개발 및 아이오딘 해조류 가공 식품 개발 • 배양육 브랜드 '웰던'을 출시하여 배양육 상품화 추진	 Welldone ball 제품
HNNOVATECH ㈜에이치엔노바텍	② 식물기반식품제조기술 | C33999 • 대체식품 중에서 해조류 단백질 기반의 대체육 사업을 추진 • 해조류에서 아미노산복합체(ACOM-S)를 추출 활용하여 대체육을 생산 * 2020년 6월에 설립되었고 23년까지 약 97억 원을 투자 유치함	 제품화 유형
WEMEET ㈜위미트	② 식물기반식품제조기술 | C10129 • 콩고기 대체육이 아닌, 버섯을 활용한 정육 고기로 소, 돼지, 닭 중심의 천편일률적 기존 육류 시장에 새로운 고기의 대안을 제시 • 기존 대두 기반 조직 단백질을 활용한 분쇄육 제품이 아닌 버섯을 소재로 실제 고기와 같은 식감을 살린 식물성 솔루션을 개발	 위미트 주요 제품
FEEDUP ㈜피드업	② 식물기반식품제조기술 | C10801 • 동시에 여러 제품을 생산할 수 있는 연속식 혐기고상발효법을 핵심기술로 하여 발효대두박의 생산성을획기적으로 높였으며 양돈용과 축우용 제품을 생산 • 바이패스 발효대두박은 반추동물용 제품으로 단백질 분해가 반추위(rumen)가 아닌 소장에서 일어나 아미노산 흡수율이 높으며, 증체 및 유량 증가에 탁월한 효과가 있음	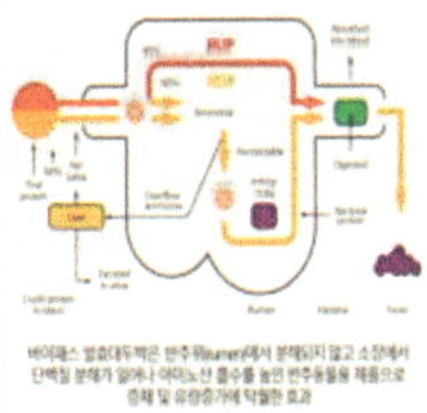 축우용 바이패스 발효대두박

기업명	푸드테크분야 주력사업	비고
ARMORED FRESH ㈜아머드프레시	② 식물기반식품제조기술 C10799 • 자체 브랜드 냉동피자의 수출장벽 해결을 위해 개발한 비건 치즈를 바탕으로 대체식품 사업을 본격화 • 퓨전 디저트 브랜드를 운영하는 식품마케팅 기업이자 대체식품인 비건 치즈를 출시한 푸드테크 기업	 Vegan Choice Award 수상
SY SOLUTION Inc. (주)에스와이솔루션	② 식물기반식품제조기술 C10759 • 콩을 주원료로 하며 새송이버섯, 감자, 마늘, 브로콜리, 당근 등으로 식물성 대체육을 개발 및 판매하는 대체식품 기업 • 자체 개발한 3배합(비율, 육즙구현, 결착), 2차 캡슐화 기술을 통해 유화안정성 유지로 실제 고기 육즙과 유사한 풍미를 구현 * 2022년 9월 농식품창업 콘테스트 대상 수상	 에스와이솔루션 제품
JOINANDJOIN ㈜조인앤조인	② 식물기반식품제조기술 C10712 • 단백질이 풍부한 병아리콩 부산물로 난백(흰자) 대체제를 만들고, 이 흰자대체재로 비건 마카롱 등 디저트 제품을 생산 및 판매 • 대표 제품은 '비건 마카롱', '비건 아쿠아파바', '비건유', '비건 버터', '비건 크림치즈' 등임 * 자체 제품 생산 및 연구개발/유통 및 물류 시스템을 확보하고 해외 수출을 위한 법인설립 등으로 4년만에 매출액 100억원대를 넘어섬	 널담 비건 마카롱  널담 비건유
DALROLL Gluten Free, Still Tasty. ㈜달롤컴퍼니	② 식물기반식품제조기술 C10712 • 글루텐프리 전용 생산시설을 구축하여 제품의 신뢰도를 확보하고 안정적으로 공급할 수 있게 됨에 따라 매출이 급성장 • 차별화된 레시피와 국내산 재료 등을 활용해 글루텐프리 제빵 및 제과류 제조·판매 * 글루텐프리 쌀베이커리 브랜드 "달롤" 런칭 이후 롯데백화점 본점 외 6개사 입점, 최근에는 GS25에 납품, 풀무원, 삼성웰스토리와 계약 진행, 미국도 수출 체결	 제조시설 및 매장
The PlantEat ㈜더플랜잇	② 식물기반식품제조기술 G47129 • 육류 과소비를 줄여 지구환경과 인류의 건강을 지킨다는 비전으로, 순식물성 식품기업으로 설립 • 데이터 기반 순식물성 원료 발굴 및 개발 시스템을 통해 동물성원료와 식물성 원료를 분자 데이터까지 분석하여 데이터 베이스를 구축. 이를 기반으로 시뮬레이션 및 원료 개발 테스트를 거쳐 다양한 조건을 충족시키는 제품을 개발 * 푸드테크 기업으로 인정받아 시리즈B의 투자유치에도 성공. 대표 제품인 마요가 누적판매량 30만개를 돌파하면서 기술과 품질의 경쟁성이 확인되고 있음	 비건마요네즈 

기업명	푸트테크분야 주력사업	비고
UNLIMEAT ㈜지구인컴퍼니	② 식물기반식품제조기술 C10759 • 잉여 농산물의 문제를 해결하기 위해 업사이클링을 사업모델로 창업, 농산물 업사이클링에서 대체육 제조·판매로 사업방향을 완전히 전환 • 슬라이스 제품 외에 민스(다짐육), 버거 패티, 풀드 바비큐(장조림 형태) 등 다양한 형태의 대체육 제품을 구성. 2023년에는 만두, 주먹밥 등을 동시 출시	
fresheasy ㈜프레시지	③ 간편식제조기술 C10759 • HMR 전문 생산 시설을 운영 중으로 신선한 식재료로 구성된 다양한 간편식 제품을 생산 • 유통 경쟁력을 기반으로 이커머스, 대형마트, 백화점, 홈쇼핑 등 모든 온·오프 라인 채널에 제품을 공급하고 라이브 커머스, 해외 수출 등 신규 판로까지 개척	 ㈜프레시지 제품
OLD MASTER 농업회사법인 ㈜코리아식품	③ 간편식 제조 기술 C10121 • 코리아식품의 주요 사업분야는 축산물 가공품 제조 유통, 프 랜 차 이 즈 사 업, OBM(OriginalBrand Manufacturing)컨설팅, 미디어커머스, 기획 제조 등 • B2B시장에 특화되어 소규모 전문업체로서 산업 내 영역을 확대 중	 주요제품 및 제조시설
vegestar 농업회사법인	③ 간편식 제조기술 C10759 • 신선편이 농산물 생산부터 제조, 유통까지 밸류체인 미드필드를 통합하여 경쟁력 있는 제품을 공급하고자 설립 • 농산물 원물을 매입하여 B2B 고객사의 니즈에 따라 전처리농산물, 샐러드, 밀키트 등을 납품	
이킴 iikim INNOVATIVE IDEA FOR KIMCHI ㈜이킴	③ 간편식 제조 기술 C10301 • 배추김치, 무김치, 별미김치 등을 생산하며 국내외로 판매하는 기업 • 김치에 대한 글로벌 선호도 증대, 상품 김치 수요 증가.국내 경쟁강도 심화 등에 의해 해외 수출을 위한 판로확대 추진	 김치제품
toptable ㈜탑테이블	④ 식품프린팅 기술 C29222 • 3D 푸드 프린터 시스템의 연구개발, 생산과 더불어 관련 데이터베이스 축적 등을 통한 생애주기별 바이오 헬스 케어 솔루션 제공 • 운영체계 구축, 보급을 위한 컨설팅 및 교육을 사업영역으로 함께 영위하고 있음	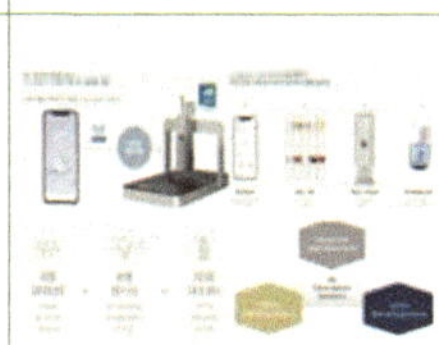 맞춤 식품 제조기기, 영양 솔루션 등 개발, 교육, 컨설팅

기업명	푸드테크분야 주력사업	비고
XYZ ㈜엑스와이지	⑤ 식품스마트 제조 기술 | J58221 • AI, 로보틱스, 블록체인과 같은 신기술을 활용해 공간의 가치를 증강하고 라이프스타일의 변화를주기 위해 설립 • 자동화 푸드 로봇, 무인화푸드 로봇에서 로봇 빌딩 솔루션이 적용된 층간이동 로봇 스토리지로 사업 영역 확장	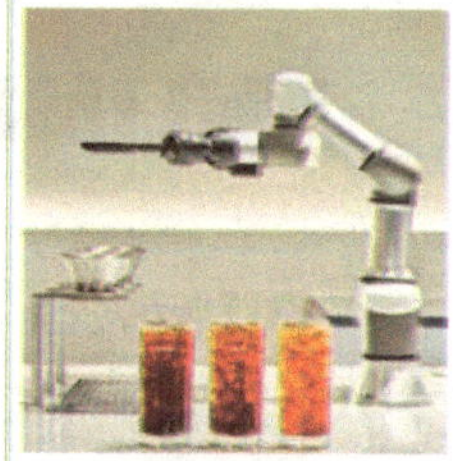 바리스타로봇
neuromeka ㈜뉴로메카	⑤ 식품스마트 제조 기술 | C29280 • 협동로봇 제품인 COBOT, 협동로봇 서비스 자동화 플랫폼 RaaS, 공정 템플릿 TEMPLATE을 주력제품으로 사업 전개 • 국내 100여 곳 이상의 중소 제조기업 의 생산라인 자동화 구축은 물론, 치킨 프랜차이즈 교촌치킨, 피자 브랜드 고피자를 비롯해 고속도로 휴게소, 코레일 역사 등에 협동로봇을 공급 중임	 협동로봇  로봇 자동화 템플릿
ROBO ARETE ㈜로보아르테	⑤ 식품스마트 제조 기술 | G46521 • 로봇 팔과 같은 핵심부품을 두산로보틱스, 레인보우로보틱스에서 구입하여 조리 로봇으로 제조하고 운영 프로그램과 결합하여 조리 로봇 솔루션으로 공급함 • 롸버트치킨은 현재 국내 가맹매장 10개가 있으며, 해외에는 싱가포르 가맹매장이 있고 튀김조리 로봇 솔루션은 현재 GS25, BHC, Hangry Joe's Hot Chicken,ORG 등의 브랜드에서 적용 중이며, 해외 수요 증가 추세(미국 치킨브랜드 누리치킨, 텍사스, 아칸소, 오클라호마 주 로봇 총판계약 등)	 튀김, 치킨, 바텐더 로봇
CESeL primus Creative Enriching Services for Life ㈜쎄슬프라이머스	⑥ 식품스마트유통기술 | J58221 • 작물재배 식물공장, 요식업소 내부에 무농약 청정 채소를 직접 공급하는 팝인샵, 컨테이너팜, 작물별 생장성분 DB기반 분석 알고리즘 분석 플랫폼 등의 솔루션 제품 • 친환경 수직농장 알파팜 설비 및 재배 시스템을 통해 생산한 상품 (로메인, 버터헤드, 이자트릭스, 바질, 딸기)의 재배 및 판매 * 시설원예 환경제어 분야 정밀한 데이터 측정을 기반으로 스마트팜 기술력을 갖추고 있음	 직영 스마트팜(쎄슬알파팜)  컨베이어컬쳐 플랫폼

기업명	푸트테크분야 주력사업	비고
㈜지에스에프시스템	⑥ 식품스마트유통기술 J58222 • 스마트팜 하드웨어 구축뿐만 아니라 소프트웨어제어시스템(마인팜 솔루션) 역량을 보유 • LED광량 및 수분조절 등 핵심 기술을 기반으로 자동화 솔루션을 보유 * 시설가정용 스마트 화분, 실내용쇼케이스팜, 컨테이너팜, 대규모 수직농장 등 다양한 실내작물 재배기 기술 보유	 컨테이너형 스마트팜 및 재배작물 현황
농업회사법인 아이크롭스(주)	⑥ 식품스마트유통기술 J58222 • 로봇 비전과 환경 제어기술을 활용하여 AI에 의해 자율로 제어되는 첨단 온실실현을 비전으로 함 • 현장 경험, 원격 운영 절차, 작물의 생육상태와 온실전반을 모니터링하는 예찰로봇, 농작업 관리 솔루션	 작물 · 병해충 모니터링 자율이동 로봇 '헤르마이'
농업회사법인(주)그린	⑥ 식품스마트유통기술 A01152 • 수직형 수경재배 시설을 개발하여 중소규모농업인을 위한 저비용 · 고효율 농업 솔루션을 제공 • 저투입·고효율 수경재배 스마트팜을 활용한 대량 생산성 연구 개발에 집중	 수직 수경 재배시설
한국축산데이터(주)	⑥ 식품스마트유통기술 C10129 • 원-헬스, 축산업의 질적향상, 글로벌 기술 표준화 선도, 지속 가능 축산을 위한 비전 실현 • 축사에 설치된 CCTV로 가축의 상태와 움직임을 모니터링하여 인공지능으로 분석하고, 혈액에서 수집한 데이터를 종합해 가축의 건강 상태 진단 및 농가 맞춤 솔루션을 제공 * 2023년 에디슨 어워드 식량 및 농업 발전 분야 동상 수상 (아시아 최초)	 팜스플랜 서비스
㈜에이비써클	⑥ 식품스마트유통기술 C20311 • 기능성 비료와 유기농 자재, 작물의 병해충 진단 키트 제조 판매 • 신속진단키트, 무기비료와 유기비료, 생물농약, 화학농약,농산물 유통을 주력으로 사업을 운영 중	 토양진단 키트 소개 자료
농업회사법인 푸디웜(주)	⑥ 식품스마트유통기술 C10801 • 친환경 소재인 곤충을 통해 ESG, 지속가능경영을 실천하기 위한 연구와 개발을 위해 설립 • 스마트인섹트팜을 통해 생산된 동애등에를 활용한 펫헬스케어, 렙타일, 코스메틱 제품의 3개 브랜드 라인운영	 스마트인섹트팜'원스탑 시스템

기업명	푸트테크분야 주력사업	비고
㈜농업회사법인 새봄	⑥ 식품스마트유통기술 A01152 • 독자적인 고품질 토마토 재재배시설과 재배경험을 바탕으로 회사 설립 • 회사 사업은 농산물 생산, 전처리, 유통(내수 및 수출)에 이르는 전 과정	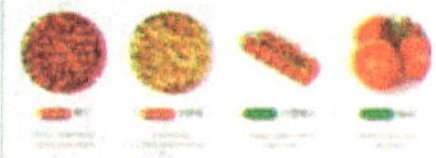 생산되는 토마토 종류
(주)어밸브	⑥ 식품스마트유통기술 A01152 • 인공지능(AI)를 활용한 스마트팜 개발 및 보급으로 미래 농업 기술 선도를 위해 설립 • 작물이 성장할 수 있는 최적의 환경을 유지, 품질과 생산량을 높이고, 재배주기를 단축시킬 수 있는 'AI 스마트팜 및 시스템' 연구개발 및 판매 주력	 스마트팜 종류
농업회사법인 ㈜넥스트온	⑥ 식품스마트유통기술 A01152 • 기후변화로 인한 식량 안보 위기에 대응과 친환경 팜테크 혁신을 통한 인도어팜기반 토탈 라이프스타일 구축을 비전으로 설립 • 수직형 실내 농장 설비와 재배 제어 관리 시스템 연구·개발 및 자체 개발한 인도어팜에서 생산된 과채류를 B2B, B2C 판매 운영 중	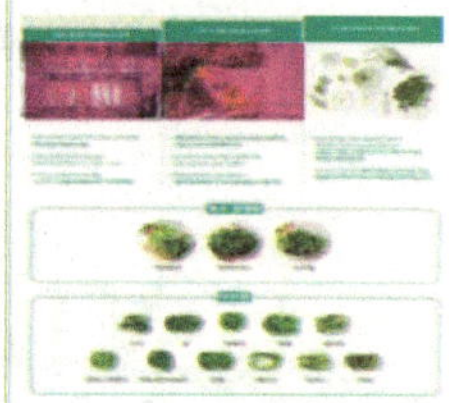
올레팜(주)	⑥ 식품스마트유통기술 A01152 • 기밀폐형 스마트팜, 양식과 작물재배가 결합된 피쉬팜 등 이른바 식물공장을 사업화 하고 있음 • 스마트팜을 이용한 작물재배업종의 일반적 사업내용인 작물재배→수확→판매에 머물지 않고 스마트팜 시스템을 판매하는 것으로 사업영역을 차별화 하고 있음	 도시형 스마트팜 모듈
농업회사법인 굿파머스그룹㈜	⑥ 식품스마트유통기술 A01131 • 딸기를 주력으로 스마트팜을 활용한 작물 생산, 수확 후 처리, 유통, 이를 활용한 가공품에 이르는 전 과정을 사업 분야로 영위 • 스마트팜의 노하우를 기존 혹은 신규 생산인력에게 교육및 전수하여 하나의 브랜드로 판매하는 전략(프랜차이즈)을 통해 회사의 브랜드 가치 향상과 함께 해당 산업의 발전을 이끌어 가고 있음	 스마트팜 전경
㈜그린플러스	⑥ 식품스마트유통기술 C24222 • 아시아 최대 규모의 스마트팜을 시공한 기업으로 이를 활용한 작물생산 등의 직접 운영 등을 주요 사업 분야로 영위 • 알루미늄 압출 생산라인을 기반으로 첨단온실의 기획부터 설계 자재 제작과 시공까지 첨단 온실사업의 전 영역을 대응 * 스마트팜 업체 중 유일하게 주식시장에 상장된 회사	 공주 의당농협 육묘장

기업명	푸트테크분야 주력사업	비고
MEDIPRESSO ㈜메디프레소	⑦ 식품커스터마이징기술 C10791 • 개인 맞춤형 메디푸드를 비전으로 하는 푸드테크 기업으로, 건강에 도움이 되는 한방 차(茶)캡슐과 전용 추출머신을 개발함 • 개인 맞춤형 헬스케어 솔루션을 개발하여 건강 맞춤 진단 결과에 따른 적절한 캡슐 제품 추천,정기 구독 서비스를 개발 및 판매	 렌탈서비스  제품 서비스
(주)239 BIO ㈜239바이오	⑦ 식품커스터마이징기술 C10797 • 곤충 유래 대체 단백질을 활용한 당뇨, 불임, 비만, 탈모 등의 메디푸드 연구 및 개발을 위해 설립 • 식용곤충 쌍별귀뚜라미 유래 천연물 신약 연구·개발을 통해 당뇨치료제, 남성성기능향상제, 탈모치료제, 기능성 화장품 등을 생산 및 판매주력하는 그린바이오 기업임	 239쇼핑몰
Dr.You 제주용암수 ㈜오리온 제주용암수	⑦ 식품커스터마이징기술 C10897 • (주)오리온제주용암수는 제주시 구좌읍 한동리의 용암해수산업단지 내에 위치해 있으며, 제주지역의 특화자원인 용암해수(염지하수)를 이용한 혼합음료(닥터유 제주용암수)를 주력으로 생산하고 있음 • 2022년 12월에는 정상적인 면역기능에 필요한 아연 5mg을 함유한 건강기능식품 "닥터유 면역수"를 출시한바 있으며, 이는 커스티마이징 식품 개발의 대표적인 사례가 될 수 있음	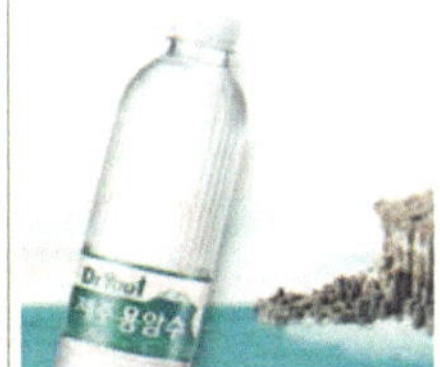 
TNT RESEARCH ㈜티앤티리써치	⑦ 식품커스터마이징기술 C21300 • 우수한 유전자 선발을 통해 번식 효율성과 자손의 품질 관리, 농가의 생산성 향상에 기여하고자 회사를 설립 • BT와 IT 기술을 접목한 유전체 분석 노하우와 자체 연구 개발한 제품을 활용하여 농·축·수산업 분야의 전주기적 스마트 육종개량 시스템 구축을 실현하고자 노력	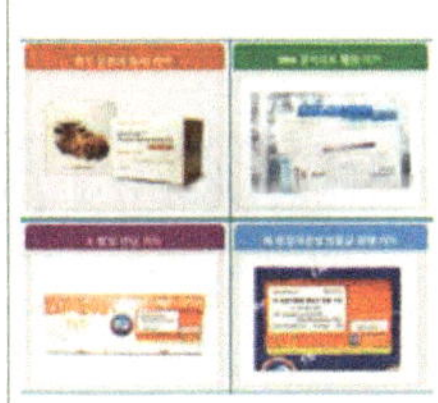 개발제품

기업명	푸드테크분야 주력사업	비고
㈜티오더	⑧ 외식푸드테크 기술 J58222 ● 태플릿 메뉴판 솔루션을 통해 매장 운영을 최적화하는 소프트웨어를 개발하고 판매하는 사업 영위. 주문 서비스 제공 뿐 아니라 테이블 오더 인기메뉴 분석 등 수집된 정보를 데이터화 ● 별도 PC없이 콘텐츠 관리와 결제가 가능하도록 카드리더, 영수증 프린터, QR,바코드스캐너, 근거리 무선통신(NFC), 와이파이 등 키오스크에 필요한 필수 기능을 탑재하는 방식을 활용	 매장설치 사례
㈜누비랩	⑧ 외식푸드테크기술 J58222 ● 음식물쓰레기 저감에 활용가능한 푸드추적(스캔 등) ● AI 푸드스캐너를 활용하여 환경에 대한 데이터 수집 및 분석을 통한 식사량 예측 솔루션 및 식습관 개선 리포트 제공	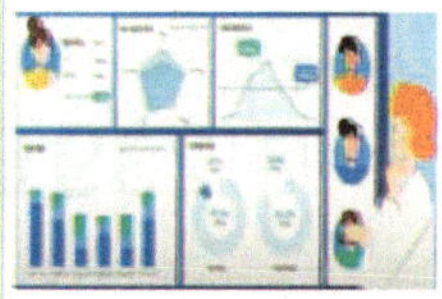 개인 맞춤화 식단 분석 솔루션
바로고(주)	⑧ 외식푸드테크 기술 H49402 ● 국내 딜리버리 플랫폼의 선두주자로 라스트마일 인프라 뿐 아니라 초연결 생태계를 구축을 위해 설립 ● 배달대행 플랫폼, 사륜 물류 배송 서비스, 도시 주방을 중심으로 운영 * 허브 수 1,860개 이상, 활동 라이더 수 42,000명 이상, 등록 상점 수 169,000개소 이상의 최대 규모 인프라 보유	 배달대행, 사륜물류배송, 도시주방 사업
한화호텔앤리조트 (한화푸드테크)	⑧ 외식푸드테크 기술 I56142 ● 한화호텔앤리조트는 2024년 11월 아워홈의 지분 58.62%를 약 8,700억에 인수하였으며, 외식부문 자회사 '한화푸드테크'를 통해 로보틱스 기술을 서비스에 적용한 새로운 형태의 식음사업 모델을 개발해온바 있음 ● 향후 아워홈의 단체급식 부분에 로봇을 도입할 경우 약 2000억원의 비용절감을 예상하고 있음 ● 또한 한화푸드테크는 2024년 3월 미국 푸드트럭 로봇피자브랜드인 스텔라피자를 인수한바 있음	

기업명	푸트테크분야 주력사업	비고
Hanwha Robotics 한화로보틱스	⑧ 외식푸드테크 기술 | C29280 ● 한화로보틱스는 2023년 10월 설립된 한화그룹이 지분 68%를 갖고 있는 협동로봇기업 계열사이며, 외식 푸드테크로봇 및 창고 및 물류로봇 등의 기술을 확보하고 있음 ● 또한 한화호텔앤리조트가 약 32%의 지분을 갖고 있으며, 한화푸드테크의 식음사업에 로보틱스기술을 적용해나가고 있음	
RE:HARVEST ㈜리하베스트	⑨ 업사이클링 기술 | C10613 ● 식품 제조 공정에서 발생하는 부산물을 업사이클링하여 친환경 식품 및 원료를 개발하는 푸드테크 기업 ● 맥주, 식혜 부산물을 원료로 한 대체 밀가루 '리너지 가루'를 개발 * 오비맥주, 뚜레쥬르, 미스터피자 등 국내 유수의 식품기업과 협업하며 시장을 확장하고 있음	 리너지 가루 (맥아분, 밀기울분, 엿기름분)
NEURO PACK ㈜뉴로팩	⑩ 친환경식품포장기술 | M70130 ● 친환경 포장용기 제조 및 보급을 선도하는 기업을 목표로 설립 ● 제조업 전반에 걸쳐있으며 식품 관련 포장재 생산을 위주로 성장 * 은행추출물 등 천연물질을 사용, 제조한 친환경 포장 용기는 친환경 효과를 기대할 수 있다는 장점도 보유	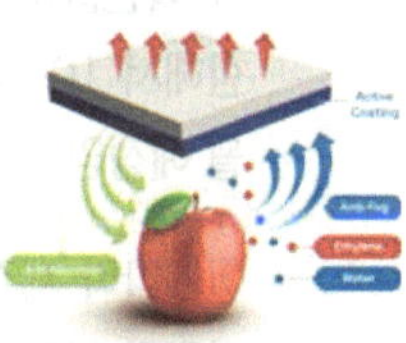 안개 방지 및 항균 코팅 포장기술

자료 : NH금융연구소 농식품산업 분석보고서 및 푸드테크분야 기업 홈페이지 등 참고

03

제주 특화 핵심기술 여건분석

3-1. 타 지자체 사례 및 여건분석

- 2024년 4월에 농림축산식품부에서 공모한 푸드테크 연구지원센터 구축사업('24~'26년)에 전북 익산, 경북 포항, 전남 나주를 포함한 3개의 지자체가 선정되었음
- 이는 농림축산식품부에서 제시한 10개의 핵심기술 중 식물성 대체식품(전북 익산), 식품로봇(경북 포항), 식품업사이클링(전남 나주)이 푸드테크 핵심기술로 선정된 것이며, 푸드테크 혁신클러스터 조성에 필요한 거점 지원시설을 구축하는데 정부예산과 지자체예산을 포함해서 100억이 넘는 예산이 투여되는 만큼 지자체별로 맞춤화된 특화전략과 정책이 마련될 예정임
- 이에따라 제주지역은 타 지자체의 사례를 바탕으로 제주 여건에 맞는 차별화된 핵심기술의 선정과 성장전략을 제시해야할 필요가 있음

[표 4-14] 타 지자체 푸드테크 전략 사례

지자체	전략	연계 실천	푸드테크센터 조감도
전북 (익산)	〈식물성 대체식품〉 - 가공식품 원료 대체 수요 대응 - '식음료품제조업 + 대체육 생산기술' 연계	- (산) CJ, 풀무원, 리하베스트, 그린팜아그로, 네오크레마, 239바이오, 수지스링크 등 - (거버넌스)푸드테크 42얼라이언스 - (거점)국가식품클러스터 2단지	
경북 (포항)	〈외식 식품로봇〉 - 조리인력의 대체 수요 대응 - '외식산업 + 식품로봇기술' 연계(k-키친 생태계)	- (산) 뉴로메카(로봇기업) - (학)푸드 계약학과 설치(포스텍) - (거버넌스)K-키친 추진위원회 구성 - (거점)포항 산업단지	
전남 (나주)	〈식품 업사이클링〉 - 농부산물 처리 수요 대응 - '농업·식음료품제조업 + 리사이클링기술' 연계	- (산)리하베스트, 좋은영농조합법인 - (학)전남대, 동신대, 한국에너지공대 등 - (거점)나주식품산업단지	

자료 : 각 지자체 푸드테크 연구지원센터 선정관련 기사 참고

3-2. 제주 푸드테크 관련 주요기업 분석

- 제주푸드테크 관련 주요기업 분석은 2025년 2월 7일부터 2월 26일 까지 그리고 4월 14일부터 4월 28일 까지 2차례에 걸쳐 도내 BT·IT기업 200개를 대상으로 수요조사를 진행한 결과 105개의 기업(응답률 53%)이 응답 회신되었고, 그 중 35개의 기업이 현재 푸드테크 기술을 보유하고 있다고 응답하였음(보유비율 33%)
  - 제주 '푸드테크산업 육성 기본계획 수립'을 위한 기업 수요조사와 관련한 자세한 내용은 [부록-2] 자료에서 확인할 수 있음
- 푸드테크기술 보유여부는 아래과 같이 10개의 기술을 바탕으로 응답되었음
  - ① 세포배양식품 생산기술 ② 식물기반식품 제조기술 ③ 간편식 제조기술 ④ 식품 프린팅 기술 ⑤ 식품 스마트 제조기술 ⑥ 식품 스마트 유통기술 ⑦ 식품 커스터마이징 기술 ⑧ 외식 푸드테크 기술 ⑨ 식품 업사이클링 기술 ⑩ 친환경 포장기술

[표 4-15] 제주 푸드테크관련 기업분석(기업 설문조사 응답기반)

번호	기업명	대표자	업종	주요제품	푸드테크 보유기술 분류번호
1	주식회사 피코플래닛	강철웅	식품제조업	스피루리나	②
2	주식회사 핑크패커	정 진	정보통신업, 바이오 연구개발	육류 신선도, 부위 트레이딩 서비스	⑥, ⑨
3	로칼로우	박미수	식품제조업, 도소매업	고추장	⑦
4	만덕푸드	김은경	식품제조업	양배추즙	⑨
5	영어조합법인 올레바당	김성후	식품제조업	냉수산물 및 제주딱새우라면	⑤
6	주식회사 제주마미	김정옥	식품제조업	좌자류 및 곡류 가공품	③, ⑩
7	주식회사 가교	라정임	서비스	친환경	⑨, ⑩
8	㈜오존에이드	홍명기	제조업, 서비스업	비가열 살균시스템	⑥, ⑧, ⑨
9	주식회사 장인의집	이인철	제조업+일반음식점	수제만두 및 전골	③, ⑤, ⑦, ⑧
10	(주)우무	박지훈	식품제조업	푸딩	⑩
11	제주바솔트	박혜진	식품제조업	빵류, 커피류, 쿠키류	⑦
12	㈜솔트바이펩	김영재	제조업, 기타연구개발	한우 및 한우숙성육	⑤, ⑥, ⑦, ⑧, ⑨
13	제라진컴퍼니	최혜경	식품제조업	김페스토	②, ③, ⑨

번호	기업명	대표자	업종	주요제품	푸드테크 보유기술 분류번호
14	제주파나텍	조윤재	식품제조업	건강식품	②
15	잇더컴퍼니	김봉근	식품제조업	끼니키트, 컵쿡에브리데이 외	③, ⑦
16	스코비아일랜드	강상경	사료제조업	반려견 간식	②
17	주식회사애그리컬쳐	송태헌	식품제조업	절임 전처리식자재	②, ⑨
18	과일아삭협동조합	최종대	도소매업 식품제조업	과채류 과채주스	②
19	주식회사 라피끄	이범주	식품제조업	화장품	⑨
20	주식회사 헬스셋	김형석	식품제조업	감귤착즙	⑨
21	농업화사법인(주)코삿	최동우	식품제조가공업	따봉주스	⑨
22	제주웰빙영농조합법인	김봉현	축산 양계	계란 및 가공품, 닭 가공품	③, ⑨
23	와이제이컴퍼니	김봉진	식품제조업	프리미엄 어묵	⑤
24	주식회사 말고기연구소	황대진	식품제조업	말고기가공품	⑧
25	(주)오래오랩	임지희	제조업, 도소매	펫 푸드	②, ③
26	(주)메이크어베러	부성훈	프랜차이즈	카페	③, ⑧, ⑩
27	제이바스켓	정수영	식품제조업	차류	⑨
28	제우스	김한상	식품제조업	그레놀리언	⑤
29	제주순대연구소	김남이	식품제조업	순대	⑨
30	아쿠아그린텍(주)	장지태	화장품제조업	에클로바 화장품	②
31	하요살롱협동조합	김미형	식품제조업	감귤과즐	⑤
32	김정문알로에	최연매	화장품, 건강기능 식품 제조업	건강기능식품	②, ⑨
33	㈜아이텍트	박근현	서비스 및 제조업	IOT모니터링 시스템	⑤
34	주식회사 젯트	김대희	산업용로봇 제조업	다관절로봇	⑦, ⑧
35	㈜일해	김영훈	식품제조업	감귤농축액, 과채가공품	②, ⑤

<그림 4-22> 제주 푸드테크 관련 보유기술 응답기업 분류표

단위 : %

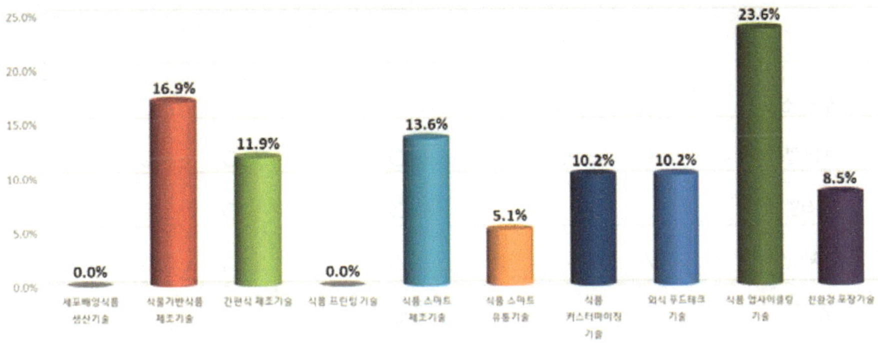

- 결론적으로 설문조사에서 응답한 35개 기업 중 식품업사이클링(9)과 관련된 기술을 보유하고 있다고 응답한 기업이 23.6%로 가장 많았고, 세포배양식품생산기술(1)과 식품프린팅기술(4)을 보유하고 있는 기업은 없는 것으로 나타났음

3-3 제주 특화 핵심기술 여건분석

- 제주의 푸드테크 핵심기술 선정 및 육성전략은 1)지역산업의 구조분석 2)지역기업과 연계가능성 3) 타지자체와의 차별성 등을 토대로 핵심기술에 선택과 집중하는 것이 필요하다고 판단됨
  - 푸드테크 10대 핵심기술 중에서 제주지역의 차별화된 강점을 바탕으로 지역 내 농축수산업(1차), 식음료품제조업(2차), 외식업(3차) 등의 산업구조분석과 더불어 성장전략을 종합적으로 제시할 필요가 있음
  - 기술기업은 해당 기술을 활용하고 있거나 보유하고 있는 기업 모두 감안하여 분석하였으며, 소수의 기업만 조사될 경우 △로 표시하였음
  - 그리고 현재 관련 기업을 지원할 수 있는 인프라가 있는지 여부를 조사하였음
  - 또한 해당 기술에 대한 도내·외 유관기관, 기업, 대학, 단체 등과의 인프라활용 및 연계가능성을 검토하였음

[표 4-16] 제주 푸드테크 핵심기술 여건분석

구분	세포배양 식품생산 기술	식물 기반식품 제조기술	간편식 제조 기술	식품 프린팅 기술	식품 스마트 제조 기술	식품 스마트 유통 기술	식품 커스터 마이징 기술	외식 푸드테크 기술	식품 업사이클링 기술	친환경 식품포장 기술
농축수산		○	○	○	○	○	○	○	○	
제조업		○	○		○	○	○	○	○	○
외식업					○	○	○	○	○	
기술기업		△	△		△	△	△	△	○	△
인프라			△		○	○	○			
타지자체	경북 (의성)	전북 (익산)					강원 (춘천)	경북 (포항)	전남 (나주)	
제주전략			●		●	●	▲	▲	▲	

- 결론적으로 제주는 타지자체 사례, 기술기업 및 인프라 여건 등을 고려했을 때 (1)식품스마트제조기술, (2)식품스마트 유통기술, (3)간편식 제조 기술을 핵심전략으로 수립하고, 제주의 산업구조에서 가장 큰 비중을 차지하는 관광산업과 관련된 (4)외식푸드테크기술과 기업의 수요 및 높은 기술보유 비중을 고려한 (5)식품커스터마이징 기술 및 (6)식품업사이클링 기술을 함께 전략에 포함하여 수립하는 것이 적절하다고 판단됨

04
제주도 핵심과제 선정 및 육성방안

4-1. 제주 특화분야의 핵심과제 선정

- 제주도는 지역 특화 분야에 집중하여 농림축산식품부의 R&D 과제와 더불어 교육부 RISE 사업, 중소벤처기업부, 산업통상자원부의 지원을 적극 활용해 푸드테크 산업의 기술 개발과 상용화를 위한 지원 체계를 구축할 필요가 있음
- 선택과 집중을 통한 핵심기술 선정할 수 있으며, 제주도의 지역적 특성을 반영하여 차별화된 경쟁력을 갖출 수 있는 분야를 선정하여 농식품부의 R&D 과제와 교육부, 중기부, 산자부 등의 지원과 연계해 제주도 푸드테크 산업 발전에 집중할 수 있음
- 농식품부의 R&D 과제를 통해 제주도 특산물을 활용한 커스터마이징 기능성 식품 개발, 스마트 유통 및 농업 시스템 구축, 외식 푸드테크기술, 친환경 포장재 및 업사이클링 제품 개발 등 과 같은 제주도 특화 연구 과제를 발굴하고 지원할 수 있음

4-2. 핵심과제 육성방안

- 교육부의 RISE 사업은 지역 맞춤형 인재 양성을 위한 지원을 목적으로 하므로, 이를 통해 푸드테크 산업에서 필요로 하는 전문 인력을 육성할 수 있으며, 제주대학교 및 지역 내 교육기관과의 협력을 통해 맞춤형 식품개발, 스마트 농업, 식품 가공 기술, 로봇 자동화 분야에 대한 교육 프로그램을 마련하고, 연구소와 기업 인턴십을 통한 현장 경험을 제공하여 푸드테크 산업에 필요한 인재를 육성
- 교육부 지원으로 농업과 맞춤형 식품 가공, 자동화 로봇 분야에 필요한 전문 교육과정을 마련해, 푸드테크 산업에 필요한 기술 인력을 확보할 수 있을 것이며, 이를 통해 푸드테크 분야의 창업과 연구개발 활동을 촉진하고, 관련 기업에 직접적으로 기여할 수 있는 인력 공급망을 구축

- 중기부의 창업 지원 프로그램을 활용하여 제주도 내 푸드테크 스타트업과 중소기업이 기술 개발과 상용화를 진행할 수 있도록 지원이 가능할 것이며, 특히, 맞춤형 식품개발, 스마트 농업 및 업사이클링 기술 등을 도입하고자 하는 푸드테크 창업 기업에는 연구개발 자금과 시제품 제작, 기술 상용화 지원 프로그램을 통해 성장을 도울 수 있음
  - 푸드테크 스타트업 생태계를 조성하고, 제주 특화 기술을 가진 중소기업이 경쟁력을 갖출 수 있을 것임
- 산자부의 지원을 통해 기술 상용화와 유통망 구축을 지원하며, 스마트 농업 장비, 친환경 포장재, 자동화 조리 로봇 등의 기술이 상용화 될 수 있도록 지원이 가능할 것이며, 푸드테크 기술로 상용화된 제품이 국내외 시장에 진출할 수 있도록 기술 인증, 마케팅, 해외 전시회 참가 지원 등의 프로그램을 통해 제주산 제품의 인지도를 높일 수 있을 것임
- 우수 과제에 대해서는 추가적인 지원을 제공하고, 성공 사례를 중심으로 향후 제주 푸드테크 산업 발전에 필요한 기술과 아이디어를 지속적으로 발굴해 나간다면, 제주 특화 푸드테크 기술이 고도화되고, 지역 경제에 실질적인 기여를 할 수 있는 생태계를 구축할 수 있을 것으로 생각됨

MEMO

제5장

푸드테크 신고제 연계 관리방안 및 정책 수요조사

1. 정부 푸드테크 기업 신고제 추진현황
2. 제주도 푸드테크 신고기업 육성 및 관리방안
3. 푸드테크산업 육성에 관한 법률 분석 및 활용방안
4. 제주도 푸드테크 산업 정책 수요조사
5. 제주 푸드테크산업 육성 전략수립

01

정부 푸드테크 기업 신고제 추진현황

1-1. 정부의 푸드테크 기업 신고제관련 법안 추진현황

- 2023년 6월에 푸드테크산업 육성에 관한 법률을 발의하였으나, 2024년 5월 법사위 계류 중 21대 국회 임기가 만료되 자동폐기됨
  - 푸드테크산업 육성에 관한 법률(이달곤 의원, '23.6.30.) 등 관련 법령 4건 발의
  - 제412회 국회(임시회) 제1차 안건조정위원회 조정안으로 의결('24.1.15.)
  - 제412회 국회(임시회) 제1차 농림축산식품해양수산위원회 위원회안으로 의결('24.2.1.)
  - 법사위 계류 중('24.2~5월)에서 22대 국회 원구성에 따른 안 자동 폐기됨('24.5월)
- 이후 2024년 6월에 김선교 의원, 한병도 의원 및 김도읍 의원 대표발의를 통해 푸드테크 산업의 육성 및 지원에 필요한 사항을 규정하고자 하는 안을 여·야가 함께 다시한번 국회에 발의하였음
- 2024년 8월에는 제 417회 국회에서 제1차 농림축산식품해양수산위원회가 해당법안을 검토하였고, 2024년 11월 21일에는 국회 농림축산식품해양수산위원회에서 농림축산식품법안심사소위 의결을 거친 `푸드테크산업의 육성에 관한 법률안` 등을 논의하는 전체회의가 개최되었음
- 푸드테크산업 육성과 관련된 법안 중 푸드테크사업자의 신고와 관련 된 내용은 농림축산식품부장관에게 요건을 갖추어 신고한 푸드테크사업자에 대하여 이 법에 따른 지원을 할 수 있도록 하면서, 푸드테크사업자의 신고·변경신고 등에 관한 사항을 규정하고 있음

[표 5-1] 푸드테크산업육성에 관한 법률 중 푸드테크사업자 신고에 관련한 내용

한병도의원안	김선교·김도읍의원안
제7조(푸드테크사업자의 신고 등) ① 푸드테크산업을 영위하는 자 중 이 법에 따른 지원 등을 받으려는 자는 경영 정보 제공 등 대통령령으로 정하는 요건을 갖추어 농림축산식품부장관에게 푸드테크사업자로 신고하여야 한다. ② 제1항에 따라 신고한 푸드테크사업자는 신고한 사항 중 대통령령으로 정하는 중요한 사항이 변경된 경우 농림축산식품부장관에게 변경신고를 하여야 한다. ③ 농림축산식품부장관은 제1항에 따른 신고 또는 제2항에 따른 변경신고를 받은 경우 그 내용을 검토하여 이 법에 적합하면 그 접수일부터 30일 이내에 신고를 수리하여야 한다. ④ 농림축산식품부장관이 제3항에서 정한 기간 내에 신고수리 여부 또는 민원 처리 관련 법령에 따른 처리기간의 연장을 신고인에게 통지하지 아니하면 그 기간(민원 처리 관련 법령에 따라 처리기간이 연장된 경우에는 해당 처리기간을 말한다)이 끝난 날의 다음 날에 신고를 수리한 것으로 본다. ⑤ 제1항에 따른 신고의 유효기간은 신고가 수리된 날부터 3년으로 하며, 계속하여 이 법에 따른 지원 등을 받으려는 경우에는 신고를 갱신하여야 한다. ⑥ 제1항부터 제5항까지에 따른 신고 및 변경신고의 요건, 신고수리의 처리와 신고 갱신 절차 등에 필요한 사항은 대통령령으로 정한다.	제7조(푸드테크사업자의 신고 등) ① 푸드테크산업을 영위하는 자 중 이 법에 따른 지원 등을 받으려는 자는 경영 정보 제공 등 대통령령으로 정하는 요건을 갖추어 농림축산식품부장관에게 푸드테크사업자로 신고하여야 한다. ② 제1항에 따라 신고한 푸드테크사업자는 신고한 사항 중 대통령령으로 정하는 중요한 사항이 변경된 경우 농림축산식품부장관에게 변경신고를 하여야 한다. ③ 농림축산식품부장관은 제1항에 따른 신고 또는 제2항에 따른 변경신고를 받은 경우 그 내용을 검토하여 이 법에 적합하면 그 접수일부터 30일 이내에 신고를 수리하여야 한다. ④ 농림축산식품부장관이 제3항에서 정한 기간 내에 신고수리 여부 또는 민원 처리 관련 법령에 따른 처리기간의 연장을 신고인에게 통지하지 아니하면 그 기간(민원 처리 관련 법령에 따라 처리기간이 연장 또는 재연장된 경우에는 해당 처리기간을 말한다)이 끝난 날의 다음 날에 신고를 수리한 것으로 본다. ⑤ 제1항에 따른 신고의 유효기간은 신고가 수리된 날부터 3년으로 하며, 계속하여 이 법에 따른 지원 등을 받으려는 경우에는 신고를 갱신하여야 한다. ⑥ 제1항부터 제5항까지에 따른 신고 및 변경신고의 요건, 신고수리의 처리와 신고 갱신 절차 등에 필요한 사항은 대통령령으로 정한다.

- 그리고 기나긴 노력 끝에 2024년 11월 28일에는 결국 푸드테크산업 육성에 관한 법률안이 국회 본회의를 통과하였고, 2024년 12월 20일 [표 5-2]와 같이 관련법률안이 제정되어 공표되었음

[표 5-2] 제정된 푸드테크산업 육성에 관한 법률안

푸드테크산업 육성에 관한 법률

[시행 2025. 12. 21.] [법률 제20582호, 2024. 12. 20., 제정]

농림축산식품부 (규제개혁법무담당관) 044-201-1368

제1장 총칙

제1조(목적) 이 법은 푸드테크산업 육성에 필요한 사항을 정함으로써 식품산업과 첨단 · 혁신기술의 융복합 기반을 마련하고 국민의 삶의 질 향상과 일자리 창출 및 국가경제 발전에 이바지하는 것을 목적으로 한다.

제2조(정의) 이 법에서 사용하는 용어의 뜻은 다음과 같다.

1. "푸드테크"란 「식품안전기본법」 제2조제1호에 따른 식품과 관련된 제조 · 유통, 외식 서비스 등에 이용되는 첨단 · 혁신기술로서 대통령령으로 정하는 것을 말한다.
2. "푸드테크산업"이란 푸드테크를 활용하거나 푸드테크와 관련된 소재 · 부품 · 장비 · 소프트웨어 등을 개발 · 생산 또는 유통하는 산업을 말한다.
3. "푸드테크 혁신클러스터"란 지역 단위 푸드테크산업 생태계 조성을 위하여 푸드테크 기업, 대학 · 연구기관, 중소식품업체 등이 상호연계와 협력을 하는 협업체를 말한다.

제3조(국가 및 지방자치단체의 책무) 국가와 지방자치단체는 푸드테크산업을 체계적으로 육성하는 데에 필요한 시책을 수립 · 시행하여야 한다.

제4조(다른 법률과의 관계) 푸드테크산업 육성에 관하여 다른 법률에 특별한 규정이 있는 경우를 제외하고는 이 법에서 정하는 바에 따른다.

1-2. 정부부처 및 지자체의 푸드테크 기업 신고제 도입 준비

- 농림축산식품부는 2024년부터 푸드테크 기업 신고제를 도입할 준비를 하고 있으며, 이 신고제를 통해 R&D 및 자금 지원을 포함한 다양한 정책 사업에서 신고 기업에 우대 혜택을 제공할 계획임
- 경기도에서는 농수산물 품질 인증 제도인 G마크 제도와 연계하여 경기도 차원의 푸드테크 기업 인증제 도입 방안을 제시하며, 인증을 통해 소비자 인지도를 높이고 시장 형성을 도울 것을 계획하고 있음
- 현재 제주도에서는 푸드테크산업육성에 관한 법률 제정 상황에 맞춰 2025년부터 푸드테크 기업 신고제를 운영하고자 준비 중에 있으며, 정부 정책과 연계하여 제주도 내 기업에 대한 푸드테크신고제 운영 및 관리 매뉴얼 등을 마련하고자 하고 있음
- 제주도에서는 푸드테크 산업 발전을 위한 생태계 조성 및 기업 육성을 위한 그린마케팅 및 친환경 인증 활용, K-RE100 저탄소 제조 기반 조성 같은 다양한 계획을 준비 중임

1-3. 푸드테크 산업 발전협의회 구성

- 2022년 농림축산식품부는 산·관·학이 참여하는 푸드테크 산업 발전협의회를 구성하여, 국내외 산업 동향과 기업의 정책 수요를 파악하고, 제도 개선 사항 등을 주기적으로 논의하고 있음

- 푸드테크 산업 발전협의회는 교육부, 과학기술정보통신부, 산업통상자원부, 중소벤처기업부, 식품의약품안전처, 농촌진흥청 등 정부 부처와 한국농수산식품유통공사, 한국식품연구원 등의 유관기관, CJ제일제당, 농심태경, 지구인컴퍼니 등 10개 기업, 그리고 서울대, 고려대, 포스텍 등의 학계 전문가 등 총 26명의 위원으로 구성되어 있음

- 푸드테크 산업 발전협의회는 푸드테크 산업 정책의 컨트롤타워로서 기능하고 푸드테크 기업의 신고제와 연계된 관리 방안을 마련하는 데 중요한 역할을 할 수 있을 것으로 기대

- 경기도는 2023년부터 푸드테크 산업 발전 협의체를 구축하였으며, 기업의 목소리를 반영하여 기업-대학-경기도 간 상호 협력 방안을 마련하고, 푸드테크 기업의 성장을 지원하는 협의체를 운영하고 있음

- 제주도는 2024년 5월부터 푸드테크 산업 발전협의체를 구성하여, 제주도의 청정 자원과 지역 관광 거점을 기반으로 한 푸드테크 전략을 마련하고 있으며, 전체위원회 및 3개의 분과 TF를 별도로 운영하여 전문적인 논의를 진행하고 있음

02

제주도 푸드테크 신고기업 육성 및 관리방안

2-1. 푸드테크 기업 신고제 운영 방안

- 제주도가 푸드테크 산업 육성을 위해 신고제를 도입하고, 지원을 원하는 푸드테크 기업들이 필요한 요건을 충족해 신고할 수 있도록 한다면, 기업 현황을 정확히 파악하여 이를 바탕으로 맞춤형 지원을 효율적으로 제공할 수 있을 것으로 예상
- 푸드테크산업 육성에 관한 법률(의안번호 제2200218호, 제2200840호, 제2201101호)에 언급된 대로 친환경적 생산 공정, 제주산 자원 활용 비율 등의 요건을 충족하는 기업을 우선적으로 평가하여 지역 경제와 환경에 긍정적인 영향을 미치는 기업을 중심으로 지원을 강화할 수 있을 것임
- 또한 2024년 12월 20일 제정된 푸드테크산업 육성에 관한 법률(법률 제 20582호)에 따라 푸드테크사업자의 신고 등에 관한 근거법률이 마련되었고, 실제 법률이 시행되는 2025년 12월 21일까지 관련 세부 운영방안이 마련되어야 할 것임

[표 5-3] 푸드테크사업자의 신고관련 제정된 법률내용(2024.12.20. 제정)

제7조(푸드테크사업자의 신고 등) ① 푸드테크산업을 영위하는 자 중 이 법에 따른 지원을 받으려는 자는 푸드테크산업의 세부 업종, 푸드테크산업 관련 매출액, 전문인력 보유 현황 등 대통령령으로 정하는 사항을 포함하여 농림축산식품부장관에게 푸드테크사업자로 신고하여야 한다. ② 제1항에 따라 신고한 푸드테크사업자는 신고한 사항 중 세부 업종 변경 등 대통령령으로 정하는 중요한 사항이 변경된 경우 농림축산식품부장관에게 변경신고를 하여야 한다. ③ 농림축산식품부장관은 제1항에 따른 신고 또는 제2항에 따른 변경신고를 받은 경우 그 내용을 검토하여 이 법에 적합하면 그 접수일부터 30일 이내에 신고수리 여부를 신고인에게 통지하여야 한다. ④ 농림축산식품부장관이 제3항에서 정한 기간 내에 신고수리 여부 또는 민원 처리 관련 법령에 따른 처리기간의 연장을 신고인에게 통지하지 아니하면 그 기간(민원 처리 관련 법령에 따라 처리기간이 연장 또는 재연장된 경우에는 해당 처리기간을 말한다)이 끝난 날의 다음 날에 신고를 수리한 것으로 본다. ⑤ 제1항에 따른 신고의 유효기간은 신고가 수리된 날부터 3년으로 하며, 계속하여 이 법에 따른 지원 등을 받으려는 경우에는 신고를 갱신하여야 한다. ⑥ 제1항부터 제5항까지에 따른 신고 및 변경신고의 방법, 신고수리의 처리와 신고 갱신 절차 등에 필요한 사항은 대통령령으로 정한다.

2-2. 푸드테크 기업 인증 및 지원체계 구축

- 제주도는 지역 내 푸드테크 산업의 경쟁력을 강화하고 품질을 보장하기 위해 푸드테크 기업 인증제도를 도입하고, 이에 따른 지원체계를 구축할 필요가 있으며, 이 인증제는 제주도의 푸드테크 기업을 식별하고, 이들 기업에 대한 지원을 통해 지속 가능한 성장을 도모하는 것을 목표해야 함

- 푸드테크 기업 인증 기준은 제주도 내 푸드테크 기업이 지역 자원을 어떻게 활용하고 있으며, 푸드테크 10대 핵심기술에 기반하여 인증 기준을 설정할 필요가 있음. 특히, 제주산 농수산물의 사용 비율, 생산 과정에서의 친환경성, 제품의 안전성과 품질 등 다양한 평가 항목을 포함하여, 인증 받은 기업이 소비자에게 신뢰를 줄 수 있도록 해야 함

- 인증을 받은 푸드테크 기업에게는 푸드테크산업 육성법에 명시된 내용에 따라, 제주도는 초기 창업 자금 지원, 연구개발(R&D) 보조금 지급 등을 통해 기업의 경쟁력을 높이고, 안정적인 성장을 도모

- 인증 받은 기업들이 지속적으로 높은 품질 기준을 유지할 수 있도록 정기적인 모니터링과 푸드테크 기업에 걸맞는 품질 점검을 시행할 필요가 있으며, 이를 통해 인증 기업이 지속적으로 성장하고, 소비자 신뢰를 유지할 수 있도록 지원해야 함

- 푸드테크 기업이 성장하는 과정에서 발생하는 규제 및 행정적 장벽을 완화하기 위한 체계 마련이 필요하며, 도는 규제 개선 창구를 마련하여 기업들이 불편을 겪는 규제 및 행정적 제약을 해소할 수 있도록 지원하고, 필요한 경우 중앙정부와 협력해 규제 개선을 추진해야 함

2-3. 푸드테크 혁신클러스터 구축

- 푸드테크 산업의 발전을 위해 혁신 클러스터를 구축하여 기업, 학계, 연구기관 간의 협력을 촉진하는 것을 권장하기에, 제주도에서는 푸드테크 혁신클러스터를 설립하여 도내 기업들이 최신 기술을 활용한 연구와 협력을 통해 경쟁력을 확보할 수 있도록 지원할 필요가 있음

03

푸드테크산업 육성에 관한 법률 분석 및 활용방안

3-1. 푸드테크산업 육성에 관한 법률 분석

- 2024년 12월 20에 제정된 "푸드테크산업 육성에 관한 법률"의 전문은 [부록]에서 확인할 수 있으며, 아래와 같이 해당 법률 세부명에 따른 핵심내용을 바탕으로 분석의견을 제시하였음

[표 5-4] 푸드테크 산업 육성에 관한 법률 분석표

조항	법률 세부명	법률 핵심내용	분석의견
제1조	목적	푸드테크산업 육성에 필요한 사항을 정하는데 있음	푸드테크산업 육성을 위한 법률제정의 목적설명
제2조	정의	푸드테크, 푸드테크산업, 푸드테크 혁신클러스터의 정의를 제시함	푸드테크에 대한 명확한 정의를 바탕으로 법률적 해석을 분명히 하고자 함
제3조	국가 및 지방자치단체의 책무	국가와 지방자치단체는 푸드테크산업을 체계적으로 육성하는데 필요한 시책을 수립·시행해야 한다고 제시함	정부 주도의 육성이 아닌 지방자치단체의 역할 확대를 제시하고 있음
제4조	다른 법률과의 관계	푸드테크산업 육성에 관한 사항은 이법률을 따른다는 내용이 반영됨	푸드테크산업 육성을 위한 해당법률의 근거 및 권한 강조
제5조	기본계획 등의 수립 및 시행	농림축산식품부장관은 푸드테크산업육성을 위하여 5년마다 기본계획을 수립·시행한다는 내용이 반영됨. 또한 관련 기본계획을 수립하기 위해 필요한 경우 지자체에 관련 자료의 제출을 요청할 수 있음	푸드테크산업 육성을 위한 5개년 기본계획 수립 필요 〈지자체 역할 제시〉
제6조	실태조사 및 통계의 작성	정부는 푸드테크 관련 정책의 수립과 효율적 추진을 위하여 관련분야에 대한 실태조사를 실시하고 통계를 작성·관리할 수 있으며, 지자체에 필요한 자료 제공을 요청할 수 있음	푸드테크 관련 기업 및 관련분야 통계 작성 및 관리필요 〈지자체 역할 제시〉

조항	법률 세부명	법률 핵심내용	분석의견
제7조	푸드테크 사업자의 신고 등	푸드테크사업자의 신고, 변경신고, 신고의 유효기간(3년) 등에 대한 사항을 규정하여 관련 제도마련의 근거를 제시함	푸드테크기업 신고제 운영을 위한 매뉴얼 마련 필요 〈지자체 역할 제시〉
제8조	전문인력의 양성	정부는 전문인력의 양성을 위하여 대학 및 그 밖의 기관을 푸드테크산업 전문인력 양성기관으로 지정할 수 있는 근거를 마련하였고, 관련 예산 지원의 근거도 마련하였음	도내 대학에 푸드테크 전문인력을 양성할 수 있는 교육과정을 마련하고 그 밖의 기관 지정 필요 〈지자체 역할 제시〉
제9조	창업 및 금융 지원	정부는 푸드테크산업에 관한 창업을 촉진하고 창업자의 성장·발전을 위해 필요한 지원을 할 수 있는 근거를 마련함	정부의 푸드테크 산업 관련 창업을 촉진하기 위한 정책을 지자체에서도 지원할 수 있는 전략마련 필요 〈지자체 역할 제시〉
제10조	기술개발의 촉진	정부는 푸드테크 기술개발을 촉진하기 위하여 푸드테크 동향 및 수요조사, 연구개발, 기술의 실용화, 기술정보의 원활한 유통 등 개발 촉진에 필요한 사항들을 제시하였음	푸드테크 기술개발을 촉진하기 위한 R&D예산 확보 및 관련 데이터 공유 플랫폼 개발 필요 〈지자체 역할 제시〉
제11조	연구시설 및 장비의 지원 등	정부는 푸드테크산업의 발전을 위하여 연구시설 및 장비의 확보·관리·공동사용 등을 지원하거나 필요한 시책을 수립·추진하는 근거를 마련함	푸드테크산업 발전에 필요한 연구시설 및 장비 구축을 위한 예산을 확보하고, 기구축된 인프라 활용방안 제시 〈지자체 역할 제시〉
제12조	국제협력 및 해외시장 진출	푸드테크산업의 해외시장 진출을 촉진하기 위한 관련 기술 및 인력의 국제교류, 시장개척·홍보 , 공동 연구개발 등에 필요한 시책을 수립·시행할 수 있는 근거를 마련함	지역 내 푸드테크관련 기업의 해외시장 진출 지원을 위한 정책 및 실행 필요 〈지자체 역할 제시〉
제13조	전담기관의 지정 등	농림축산식품부장관은 푸드테크산업 육성을 위한 정책의 추진을 위하여 필요한 때에 전담기관을 지정하여 푸드테크 관련 업무를 수행하게 할 수 있는 근거를 마련하였음	전담기관 지정을 통해 푸드테크산업 육성을 위한 전략적 정책 추진 가능
제14조	푸드테크 혁신클러스터의 육성·지원	푸드테크 혁신클러스터를 육성하기 위하여 관련 지원시설의 설립 및 운영, 연계활동 지원 등 사업에 참여하는 대학, 연구기관, 공공기관, 기업 등에 대하여 그 비용의 전부 또는 일부를 지원할 수 있는 근거를 마련함	지역 내 푸드테크 혁신클러스터 구축을 위한 예산지원 근거를 제시하였고, 관련 유관기관 분석 필요 〈지자체 역할 제시〉

조항	법률 세부명	법률 핵심내용	분석의견
제15조	규제개선의 신청 등	푸드테크사업자, 푸드테크 관련 연구를 수행하는 대학·연구기관은 푸드테크산업의 발전을 위하여 필요한 경우 농림축산식품부장관에게 규제개선 신청을 할 수 있는 근거를 마련하였고 이에따른 세부절차를 제시하였음	정부부처에 직접 푸드테크산업 발전을 위해 필요한 규제개선 신청이 가능한 시스템이 구축될 것으로 보임
제16조	규제개선 관리 및 감독 등	관계 행정기관의 장은 제15조에 따른 규제개선을 부여받아 시행하는 사업 등을 관리·감독할 수 있는 근거를 제시하였고, 규제개선의 적용을 취소하거나 시정을 명령할 수 있는 세부사항도 함께 제시하였음	관계 행정기관의 관리·감독 권한을 명확히 하고, 규제개선 관리를 위한 기준 제시
제17조	보고 및 조사	푸드테크사업자의 신고 사항 위반여부를 확인하거나 전담기관을 감독하는 등 이 법을 시행하기 위하여 필요하다고 인정하는 경우 관련 장부나 서류를 조사하게 할 수 있는 근거를 마련함	푸드테크사업자 및 전담기관에 관련사항을 보고하거나 자료제출하게 할 수 근거를 제시함
제18조	권한 등의 위임·위탁	이 법에 따른 중앙행정기관의 장의 권한은 그 일부를 대통령령으로 정하는 바에 따라 소속 기관의 장이나 지방자치단체의 장에게 위임할 수 있는 근거와 업무의 일부를 전담기관이나 관계 기관 또는 단체에 위탁할 수 있는 근거를 마련함	푸드테크산업 육성을 위한 중앙부처의 역할 및 권한을 위임하여 지역여건에 맞는 정책추진이 가능할 것임
제19조	벌칙 적용에서 공무원 의제	전담기관의 임직원과 위탁한 업무에 종사하는 기관 또는 단체의 임직원까지 공무원으로 보는 벌칙 적용을 위한 의제의 범위를 제시함	해당 법률 적용을 위한 범위 명확화
제20조	과태료	부정한 방법으로 푸드테크사업자 신고를 하거나 변경신고를 하지 아니한 사업자 또는 보고·자료제출을 거부하거나 거짓으로 한 사업자 등에게 500만원 이하의 과태료를 부과할 수 있는 근거를 마련함	푸드테크기업 신고제 운영을 위한 기준 및 매뉴얼 마련시 활용 가능

3-2. 푸드테크산업 육성에 관한 법률의 지자체 활용방안 및 역할

1) 제5조 – 기본계획 등의 수립 및 시행

- **(법률 주요내용)** 농림축산식품부장관은 5년마다 푸드테크산업 육성 기본계획을 수립해야하며, 필요한 경우에 지자체에 관련자료를 요청할 수 있다는 내용이 반영되어 있음에 따라 제주 지자체는 중앙부처의 요청에 대응 할 수 있는 기본계획 수립이 필요함
- **(지자체 역할)** 그리고 지자체 기본계획의 내용에는 푸드테크산업의 육성 목표를 위한 정책의 기본방향, 국내외 동향과 발전방향, 통계의 작성·관리, 연구개발지원, 전문인력의 양성, 창업지원, 국제협력 및 해외시장 진출 지원, 혁신클러스터의 육성·지원 등에 대한 사항이 포함되어 있어야 함

2) 제6조 – 실태조사 및 통계의 작성

- **(법률 주요내용)** 정부는 푸드테크 관련 정책의 수립과 효율적 추진을 위하여 푸드테크 분야에 대한 실태조사를 실시하고 통계를 작성·관리할 수 있으며, 지자체에 필요한 자료의 제공을 요청할 수 있음에 따라 관련 자료의 확보 및 체계적인 자료관리가 필요함
- **(지자체 역할)** 지자체는 도내 푸드테크 관련 산업의 명확한 가이드라인을 제시하고 해당기업들의 매출, 고용, 기술수요, 투자계획 등 관련 자료수집을 위한 노력이 필요하며, 관련 데이터가 안정적이고 체계적으로 관리될 수 있도록 전산시스템구축이 필요함

3) 제7조 – 푸드테크사업자의 신고 등

- **(법률 주요내용)** 푸드테크산업을 영위하는 자 중에서 이 법에 따른 지원을 받으려는 자는 푸드테크산업의 세부업종, 매출액, 전문인력 보유 현황 등을 포함하여 농림축산식품부장관에게 푸드테크사업자로 신고하여야 함
- **(지자체 역할)** 제주도는 푸드테크사업자로 신고된 기업들을 대상으로 지역 내 푸드테크 산업의 경쟁력을 강화하고 품질을 보장하기 위해 푸드테크 기업 인증제도를 도입하고, 이에 따른 지원체계를 구축할 필요가 있으며, 이 인증제는 제주도의 푸드테크 기업을 식별하고, 이들 기업에 대한 지원을 통해 지속 가능한 성장을 도모하는 것을 목표해야 함

4) 제8조 – 전문인력의 양성

- **(법률 주요내용)** 정부는 푸드테크산업의 육성을 위하여 관련 전문인력의 양성에 필요한 교육훈련 등 대책을 수립·추진해야하며, 전문인력 양성을 위하여 대학 및 그 밖의 기관을 푸드테크산업 전문인력 양성기관으로 지정할 수 있음

- **(지자체 역할)** 지자체는 도내 대학 및 그 밖의 기관을 푸드테크산업 전문인력 양성기관으로 지정하여 관련 경비를 지원할 수 있는 지원체계를 구축하고 향후 전문인력 양성기관의 지정 기준 및 절차 등에 필요한 사항이 대통령령으로 정해는 것에 맞춰 세부적인 업무추진 전략을 수립해야 할 것임

5) 제9조 – 창업 및 금융 지원

- **(법률 주요내용)** 정부는 푸드테크산업에 관한 창업을 촉진하고 창업자의 성장·발전을 위하여 필요한 지원을 할 수 있으며, 푸드테크사업자로 신고한 기업에게 금융 및 재정 등 필요한 지원을 할 수 있는 근거가 제시되었음

- **(지자체 역할)** 지자체는 정부에서 지원하는 예산에 지방비를 매칭하여 푸드테크 창업기업 및 신고기업의 육성을 확대하는 전략을 수립할 필요가 있으며, 이미 도내에 연관된 투자지원을 추진하고 있는 제주창조경제혁신센터 등과 협력한 관련기업 투자 육성전략을 수립할 필요가 있음

6) 제10조 – 기술개발의 촉진

- **(법률 주요내용)** 정부는 푸드테크 기술개발을 촉진하기 위하여 푸드테크 동향 및 수요조사, 연구개발, 기술의 실용화, 기술정보의 원활한 유통 등 개발 촉진에 필요한 사항들을 추진할 수 있음을 명시하였음

- **(지자체 역할)** 지자체는 도내의 대학, 유관기관 및 기업의 기술개발을 촉진하고 지원할 수 있는 연구개발 예산을 확보하고, 수요에 맞춰 지원할 수 있도록 향후 관련기관 및 기업을 대상으로한 품목제안요청서(RFP)를 수집하여 분석할 필요가 있음

7) 제11조 – 연구시설 및 장비의 지원 등

- **(법률 주요내용)** 정부는 푸드테크산업의 발전을 위하여 연구시설 및 장비의 확보·관리·공동사용 등을 지원하거나 필요한 시책을 수립·추진할 수 있음을 명시하였음

- **(지자체 역할)** 지자체는 농림축산식품부에서 추진하는 푸드테크연구지원센터 공모사업 또는 관련 연구시설 및 장비구축이 가능한 국비사업 발굴을 통해 도내의 푸드테크산업 발전을 지원하는 인프라구축이 필요한 상황이며, 추가적으로 도내에 이미 기구축된 관련 연구시설 및 공동활용장비의 사용을 촉진하기 위한 지자체 예산지원도 필요함

8) 제12조 – 국제협력 및 해외시장 진출

- **(법률 주요내용)** 정부는 푸드테크산업의 해외시장 진출을 촉진하기 위하여 관련 기술 및 인력의 국제교류, 시장개척·홍보 및 공동 연구개발 등에 필요한 시책을 수립·시행 할 수 잇으며, 국제규범에 저촉되지 아니하는 범위에서 필요한 경비를 지원할 수 있음을 명시함
- **(지자체 역할)** 지자체는 도내 푸드테크관련 기업의 해외시장 진출을 위한 국제교류, 시장분석 및 홍보를 위한 해외박람회 참가 예산지원 등을 수행할 수 있으며, 국제 공동연구개발에 필요한 R&D 예산지원 등도 국비사업 발굴을 통해 지원이 가능할 것으로 판단됨

9) 제14조 – 푸드테크 혁신클러스터의 육성·지원

- **(법률 주요내용)** 푸드테크 혁신클러스터를 육성하기 위하여 지원시설의 설립 및 운영, 공동연구개발, 기술 실증을 위한 지원, 참여기업 및 기관의 역량강화, 기관의 상호 연계활동의 지원 등 사업에 참여하는 대학, 연구기관, 공공기관, 기업 등에 대하여 그 비용의 전부 또는 일부를 지원할 수 있음을 명시함
- **(지자체 역할)** 지자체는 도내에 푸드테크 혁신클러스터를 육성하고 지원할 수 있는 지원시설의 설립 및 운영을 위한 전략을 수립할 필요가 있으며, 참여기업들과 유관기관들 간의 상호 연계활동을 지원하고 관련된 예산을 지원할 수 있는 전략을 함께 고려할 필요가 있음

04 제주도 푸드테크 산업 정책 수요조사

4-1. 제주도 푸드테크 산업 정책 수요조사 요약

[표 5-5] 제주도 푸드테크 산업정책 수요조사표

No.	수요조사 과제명	제안기관
1	제주 거주민 유전체 분석 및 맞춤형 식단 개발	제주대학교
2	민간 우주산업 연계 우주푸드 개발 및 관광 상품화	제주대학교
3	업사이클기술 개발을 통한 부산물 및 폐기물의 고부가가치화	제주대학교
4	지역 식용자원을 활용한 업사이클링 소재개발 및 제품화	제주테크노파크
5	제주산 농산물 부산물 유래 고부가가치 소재 발굴 및 사업화	제주테크노파크
6	친환경 생분해 플라스틱 식음분야 용기 개발	제주테크노파크
7	제주식품산업을 위한 스마트 제조 연구	제주대학교
8	외식업 상품판매 인공지능 학습용 데이터 구축 모델 개발	제주대학교
9	제주 미식자원을 활용한 제로웨이스트 제품개발 및 로봇셰프 개발	제주한라대학교
10	가공부산물을 활용한 업사이클링 제품개발 및 소재화	제주대학교
11	제주산 고시형 원료를 이용한 기능성 표시식품 개발 및 새로운 기능성 개발 연구	제주대학교
12	제주 향토 재래귤을 활용한 맞춤형 메디푸드 개발 및 사업화	농촌진흥청 감귤연구소

1) 제주 거주민 유전체 분석 및 맞춤형 식단 개발

- 최근 개인맞춤형 건강관리에 대한 수요가 증가함에 따라, 유전체 분석 등을 통해 소비자의 유전적 특성과 생활 습관에 맞춘 맞춤형 식품 개발의 필요성을 강조하고 있음

- 제주 지역 거주민의 유전체 데이터와 빅데이터를 활용해 개인 맞춤형 식단을 제안하여 건강 관리 및 질병 예방을 최적화할 수 있으며, 이를 통해 웰빙 및 헬스케어 산업과 연계하여 부가가치를 창출하는 것을 목표로 함

2) 민간 우주산업 연계 우주푸드 개발 및 관광 상품화

- 우주산업이 급속도로 발전하면서 우주비행사의 건강 유지와 심리적 안정을 위한 우주식품 개발의 필요성이 증가하고 있으며, 제주도는 지역 특화 식재료가 풍부하기에 우주식품 개발과 관광산업의 연계 가능성이 높음
- 제주 특화 식재료를 활용한 우주식품을 개발하여 우주산업 경쟁력을 강화하고, 이를 관광산업과 결합하여 제주 고유의 관광 콘텐츠로 활용

3) 업사이클기술 개발을 통한 부산물 및 폐기물의 고부가가치화

- 제주도의 풍부한 농축수산물 자원을 활용하면서 자원의 낭비를 줄이고, 부산물의 재활용을 통한 부가가치 창출 필요성이 강조되었으며, 특히 제주 농축수산물 부산물의 활용도를 높이는 방안을 통해 환경보호와 경제 활성화 효과를 기대
- 제주도 내 부산물과 폐기물을 활용한 식품 업사이클링 기술을 개발하고, 고부가가치 제품(예: 건강기능성 식품, 반려동물 사료 등)으로 전환하여 지역 산업의 지속 가능성을 높임

4) 지역 식용자원을 활용한 업사이클링 소재개발 및 제품화

- 제주 지역의 비상품 식용자원 및 가공센터 부산물의 활용 방안을 모색하여, 자원 낭비를 줄이고 환경을 보호하며, 지역 경제 활성화를 도모하고자 함
- 비상품 식용자원을 활용해 고부가가치 기능성 소재를 추출하고, 이를 기반으로 개인 맞춤형 미래식품을 개발하여 새로운 시장을 창출

5) 제주산 농산물 부산물 유래 고부가가치 소재 발굴 및 사업화

- 제주도는 섬이라는 지리저 특성으로 인해 잉여 농산물의 폐기가 발생할 수 있어, 이를 효과적으로 활용하기 위한 업사이클링 방안 필요하며, 이를 통해 제주 농산물의 새로운 가치를 창출하고 푸드테크 산업 생태계를 조성하고자 함
- 제주산 농산물 부산물(예: 감귤박, 잉여 농산물 등)을 활용해 고부가가치 소재를 개발하고, 식품소재, 반가공식품, 건강기능식품 등을 사업화하여 제주도 경제 활성화에 기여가능

6) 친환경 생분해 플라스틱 식음분야 용기 개발

- 현재 대한민국에서 가장 보편화되어 있는 PLA 소재는 자연 생태계에서 생분해가 불가함은 물론 재활용이 불가능하고 내구성과 가공성이 취약해 이를 대안으로 하는 친환경 생분해 플라스틱 용기개발이 제주에 필요함
- 일상생활에서 손쉽게 사용할 수 있는 식음 관련 플라스틱 제품을 생분해 제품으로 대체 및 변경·확산시키기 위해 인간과 자연에 무해한 상온 생분해 제품 기술 개발(생분해 플라스틱 용기 및 빨대 등)

7) 제주식품산업을 위한 스마트 제조 연구

- 국내 식품산업의 자동화 수준은 전 세계적으로 낮으며, 특히 제주도의 영세한 식품 제조업체들은 스마트 제조 기술 도입이 절실하며, 이를 통해 제조 효율성을 높이고 외부 환경 변화에 능동적으로 대응할 필요가 있음
- 제주 식품산업에 최적화된 스마트 제조 기술을 도입하여 공정을 최적화하고 비용 절감 및 제조 효율성을 강화하며, 궁극적으로 지역 식품산업의 경쟁력을 높일 수 있음

8) 외식업 상품판매 인공지능 학습용 데이터 구축 모델 개발

- 푸드테크 분야에서 인공지능(AI)과 빅데이터 기술의 중요성이 증대되고 있으나, 외식업 관련 데이터는 파편화되어 있어 이를 통합 관리하고 활용할 기반이 부족
- 외식업 상품판매와 관련된 데이터를 통합 관리하여 인공지능 학습용 데이터베이스를 구축하고, 이를 통해 맞춤형 외식 상품 추천과 관광 서비스 연계를 지원할 수 있을 것이며, 푸드테크 산업과 인공지능 융합 인재도 양성할 수 있을 것임

9) 제주 미식자원을 활용한 제로웨이스트 제품개발 및 로봇셰프 개발

- 상품가치가 떨어져 폐기되는 식자재와 생산·유통 과정에서 발생하는 부산물을 재활용하여 친환경 푸드시스템을 구축하는 필요성이 대두되고 있으며, 또한 조리로봇 시장이 확대되면서 제주 관광지의 외식업체에도 로봇셰프 도입 가능성이 높아짐
- 제주산 식자재를 활용하여 제로웨이스트 대체육을 개발하고, 로봇셰프를 도입하여 제주 관광지의 특화 외식경험을 제공함으로써 지역 경제 활성화를 목표로 함

10) 가공부산물을 활용한 업사이클링 제품개발 및 소재화

- 제주도는 월동채소 주산지로 농산물 가공 과정에서 발생하는 폐기물의 양이 많아, 이를 효과적으로 활용하여 환경 문제를 해결하고 경제적 부가가치를 창출할 필요가 있음
- 제주산 농산폐기물과 부산물로부터 유효성분을 추출하고 이를 기능성 식품소재로 개발하여 농가 소득 증대와 지역 경쟁력 강화를 목표로 함

11) 제주산 고시형 원료를 이용한 기능성 표시식품 개발 및 새로운 기능성 개발 연구

- 제주도는 농수축산물의 주요 생산지로, 제주산 농산물로부터 기능성 식품 원료를 개발할 필요성이 있으며, 특히 고시형 원료의 새로운 기능성을 개발하여 차별화된 건강기능식품 시장에서 경쟁력을 갖출 수 있음
- 제주산 농산물을 활용하여 기능성 표시가 가능한 식품을 개발하고, 고시형 원료에 대한 새로운 기능성을 발굴함으로써 건강기능식품 시장에서 제주산 제품의 경쟁력을 높임

12) 제주 향토 재래귤을 활용한 맞춤형 메디푸드 개발 및 사업화

- 고령화와 만성질환 증가로 인해 맞춤형 건강기능식품에 대한 수요가 급증하고 있으며, 제주 향토 재래귤은 다양한 기능성 성분을 함유하여 메디푸드 원료로서 가능성이 높지만, 상업귤 품종에 밀려 재래종 보급이 제한적임
- 주 재래귤의 성분을 분석하고, 효능이 높은 품종을 중심으로 메디푸드를 개발하여 시장에서 차별화된 맞춤형 건강기능식품을 제공함으로써 농가 소득 증대와 제주 경제 활성화를 도모하고자 함

4-2. 제주도 푸드테크 산업 정책 수요조사 결과 분석

- **(소비자 맞춤형 식품 및 건강기능식품 개발 수요)** 소비자의 건강맞춤형 식품개발에 대한 수요와 고령화 시대 진입으로 인한 관련 기술개발의 필요성이 충분할 것으로 판단되며, 또한 고시형 원료를 활용한 건강기능식품의 개발도 관련 규제완화에 발맞춰 앞으로 육성해야할 핵심적인 푸드테크 기술로 판단됨

- **(친환경 지속 가능성)** 재활용 가능한 포장재, 친환경 농업 기술, 저탄소 생산 공정으로 제주도의 청정 이미지를 보존하고, 환경에 미치는 영향을 최소화하기 위해 친환경적 생산 공정을 도입하는 방안이 필요함

- **(제주산 원료 활용 및 지역 경제 연계)** 제주산 농수산물의 활용을 촉진하여 지역 경제와 연계하는 방안이 다수의 조사서에서 제시되었으며, 지역 특산물의 가치를 높이고, 제주산 원료 사용 비율을 높이는 것을 제안함

- **(스마트 농업 및 제조 기술 도입)** 스마트팜 기술을 통해 농산물 생산을 최적화하고, AI 기반의 품질 검사를 통해 제품의 신뢰성을 높이는 방안을 포함한 IoT, AI 등을 이용한 스마트 농업과 제조 기술이 제안되어, 효율적인 생산 및 품질 관리 방안을 제안함

- **(관광 연계형 푸드테크 제품 개발)** 기념품 형태의 제품 개발, 지역 특산물을 활용한 가공식품, 편리한 포장 등이 포함된 제주도를 방문하는 관광객을 타겟으로 하는 특화된 푸드테크 제품 개발이 다수 제안되었으며, 이는 제주 관광 산업과 밀접하게 연계된 방안으로, 관광객들에게 제주도만의 고유한 경험을 제공할 수 있어 효과적인 마케팅 수단을 활용할 수 있을 것으로 예상됨

- **(친환경 포장 기술 및 업사이클링)** 환경 친화적인 포장재 사용과 식품 부산물 업사이클링 등 자원 재활용을 극대화하는 전략이 논의되었으며, 이를 통해 제주도의 지속 가능성을 강화하고 환경 친화적 이미지에 부합하는 지속 가능한 경제와 환경 보호에 기여할 수 있을 것으로 예상됨

05

제주 푸드테크산업 육성 전략수립

5-1. 제주 푸드테크산업 육성전략 제시

1) 청정자원을 활용한 맞춤형 고부가가치 제품 개발

- 제주도는 청정한 환경과 풍부한 농수산 자원을 보유하고 있어 이를 활용한 고부가가치 제품 개발에 유리한 위치에 있기에 제주산 농산물은 이미 청정과 친환경 이미지로 브랜드 가치를 가지고 있어, 이를 건강기능성 식품, 대체 단백질 식품, 미래식품 등으로 활용할 수 있음
  - 제주산 감귤, 브로콜리, 당근과 같은 월동채소는 항산화, 항염 기능이 뛰어난 성분을 포함하고 있어 기능성 소재로 활용될 가능성이 큼
- 청정자원을 활용한 고부가가치 제품 개발을 하기 위해서는 제주 특산물의 유효성분을 연구하여 차별화된 맞춤형 건강기능성 소재로 개발하고, 표준화된 품질 관리 시스템을 구축할 필요가 있음

2) 스마트 농업 및 스마트 제조 기술 도입

- 제조 공정의 효율성을 높이고 생산성을 강화하기 위해 스마트 팩토리 및 로봇 자동화 기술을 적극 도입해야 하며, 제주도 내 푸드테크 산업은 인공지능(AI), 사물인터넷(IoT), 빅데이터와 같은 4차 산업혁명 기술을 활용하여 생산과정의 자동화와 최적화를 추진하는 것이 중요
  - 이를 통해 제주 농업 생산성의 향상뿐만 아니라 비용 절감, 품질 관리, 그리고 생산성을 극대화하는 효과를 기대할 수 있음
  - 로봇을 활용한 자동화 공정과 스마트 센서를 통한 생산 관리 기술을 적용하면, 생산 현장에서의 인적 자원을 절감하고 품질 관리를 실시간으로 모니터링할 수 있게 되어 경제적 효율성을 높일 수 있음

3) 연구개발(R&D) 기반 강화

- 제주 푸드테크 산업의 지속 성장을 위해서는 연구개발(R&D) 기반의 강화가 필요하다고 볼 수 있으며, 현재 제주도 내에는 체계적인 연구개발 인프라가 부족하여 신기술 개발과 상용화에 어려움이 존재

- 푸드테크산업 육성과 관련된 어려운 문제들을 해결하기 위해 제주도 내에 연구기관을 설립하거나 외부 연구기관과의 협력체계를 구축하는 것이 필요

  - 푸드테크지원센터 같은 전담 연구기관을 설립한다면, 연구 인프라를 강화하고, 제주산 원료를 기반으로 한 제품 개발을 지원하는 역할을 수행할 수 있을 것이며, 기업과의 공동 연구, 기술 이전, 기술 상용화를 위한 다양한 프로그램을 운영하여 기업 경쟁력을 높이는 데 기여할 수 있을 것임

  - 설립된 전담 연구기관은 지역 산업과의 긴밀한 협력을 통해 푸드테크 혁신을 촉진하고, 제주 특화 자원의 활용도를 극대화하는 방향으로 연구개발을 추진하여 제주 지역 내에서 생산된 농수산물을 고부가가치 제품으로 전환하여 지역 경제에 기여하고, 제주도 푸드테크 산업의 경쟁력을 강화할 수 있을 것임

4) 업사이클링 및 자원 순환형 경제 구축

- 제주도 내에서 발생하는 농산 부산물과 식품 가공 부산물을 활용하여 고부가가치 제품을 개발하고, 이를 통해 자원 순환형 경제를 구축하는 것이 필요

- 감귤 껍질, 당근 잎 등 다양한 부산물은 기능성 성분을 포함하고 있어 업사이클링을 통해 기능성 식품이나 화장품 원료로 재활용할 수 있을 것이며, 이러한 업사이클링은 자원 낭비를 줄이고 환경을 보호하는 동시에 경제적 가치를 창출할 수 있는 방안이 될 것임(민선8기 공약실천계획)

- 업사이클링을 위한 전문 공정기술을 개발하고, 자원의 재활용률을 높이는 연구가 병행되어야 하는데, 이를 위해 기술 개발과 함께 관련 법률 제도 및 정책적 지원이 필요하며, 지역 농업과의 협력을 통해 안정적인 원료 공급망을 구축하는 것도 중요

5) 푸드테크 관련 스타트업 및 중소기업 지원

- 제주 푸드테크 산업의 활성화를 위해서는 혁신적 아이디어와 기술을 가진 스타트업 및 중소기업이 성공적으로 성장할 수 있도록 다각적인 지원이 필요

- 제주도 내 중소기업은 기술력은 있으나 자금과 인력, 마케팅 등의 부족으로 인해 성장에 어려움을 겪는 경우가 많으며, 이를 해결하기 위해 정부와 제주도는 창업 지원금, 연구개발 자금, 마케팅 지원 등의 프로그램을 통해 이들의 성장을 돕는 체계를 구축할 필요가 있음

- 이외에도 지역 내 창업 생태계를 활성화하기 위해 푸드테크 스타트업 간의 네트워크 형성, 기술 교류, 공동 연구 등을 지원하는 클러스터 형태의 환경 조성이 필요
  - 푸드테크 스타트업의 제품이 시장에서 성공할 수 있도록 국내외 박람회 참여, 소비자 홍보 및 체험 행사를 통해 초기 시장 진입을 지원하는 것도 효과적

6) 푸드테크 산업 특화 클러스터 조성

- 제주를 푸드테크 산업의 중심지로 육성하기 위해 푸드테크 관련 기업, 연구소, 정부 기관, 교육 기관 등이 함께 협력하는 특화된 산업 클러스터를 구축할 필요가 있으며, 식품 제조부터 유통, 연구개발까지 모든 과정에서 기업 간 협력과 기술 교류를 촉진할 수 있는 환경을 제공해야 함

- 푸드테크 산업 특화 클러스터는 단순히 기업만이 아닌 연구기관, 대학과의 협업을 통해 새로운 기술과 아이디어를 공유하고, 이를 상용화할 수 있는 혁신 허브 역할을 수행할 수 있어야 하며, 클러스터는 정부의 정책적 지원과 함께 푸드테크 관련 인재 양성 프로그램도 병행하여 지역 내 전문 인력을 확보할 수 있는 체계로 운영되어야 함

7) 제주 푸드테크 전담 정책기구 마련

- 제주 푸드테크 산업의 지속적이고 체계적인 발전을 위해 전담 정책기구를 설립하여 정책적 일관성을 유지하고 효과적인 산업 지원 체계를 마련해야 하며, 푸드테크 기업 지원, 기술 개발, 인프라 구축, 규제 완화 등 산업 전반에 걸쳐 정책을 통합적으로 관리하고, 관련 기관 및 기업 간 협력을 강화하는 역할을 맡아야 함

- 전담 정책기구는 제주도 내 푸드테크 산업의 문제를 파악하고 정책을 수립하며, 그 성과를 점검하는 역할을 수행할 것이며, 또한 제주 푸드테크 산업의 국제 경쟁력을 높이기 위해 해외 시장 진출을 위한 전략도 개발하고, 해외 사례와 비교하며 제주에 적합한 정책을 설계하는 것도 이 기구의 주요 과제로 다뤄져야 할 것임

제6장

푸드테크연구지원센터 계획수립 및 타당성 분석

1. 관련 법령 및 상위계획 검토
2. 푸드테크연구지원센터 구축 기본구상
3. 추정 사업비 산출 및 센터구축 타당성 분석

01 관련 법령 및 상위계획 검토

1-1. 관련 법령 검토

- 2024년 6월에 김선교 의원, 한병도 의원 및 김도읍 의원 대표발의를 통해 푸드테크산업의 육성 및 지원에 필요한 사항을 규정하고자 하는 안을 국회에 재발의 하였음
- 푸드테크산업 육성을 위해 발의된 3건의 제정안 내에는 푸드테크 관련기업, 지역대학·연구기관, 지역 중소식품업체 등이 상호연계와 협력을 하는 협업체인 푸드테크 혁신클러스터에 대한 지원을 할 수 있는 근거를 마련하려는 내용도 포함되어 있음
- 해당 제정안에 대한 2024년 8월에 공개된 농림축산식품해양수산위원회의 검토의견에는 아래와 같은 의견이 있었음
  - 제정안들은 안 제2조 제5호에서 '푸드테크 혁신클러스터'를 지역 단위 푸드테크산업 생태계 조성을 위하여 푸드테크 기업, 지역대학 · 연구기관, 지역 중소식품업체 등이 상호연계와 협력을 하는 협업체로 규정하면서, 안 제15조에서 '푸드테크 혁신클러스터'를 육성하기 위한 지원사업의 근거를 마련하고 있음
  - 이는 현재 농림축산식품부가 '10개 핵심 기술별'로 각 지역에 설립을 추진 중인 '푸드테크 연구지원센터'를 통해 공동연구개발·실증지원, 푸드테크 기업 역량강화 지원 등의 사업을 추진함으로써 '푸드테크 혁신클러스터'를 육성하려는 것으로 정책방향에 부합하는 것으로 보임
- 이처럼 푸드테크 혁신클러스터에 대한 지원근거를 마련하기 위한 법령상의 내용은 2024년부터 농림축산식품부에서 공모사업으로 지원하는 푸드테크연구지원센터 구축사업과 직접적으로 연계되어 있으며, 결국 지역의 푸드테크산업을 육성하기 위한 정책방향과 부합함

[표 6-1] 발의된 푸드테크 혁신클러스터의 육성·지원 관련 법률안

김선교·한병도·김도읍의원안
제2조(정의) 이 법에서 사용하는 용어의 뜻은 다음과 같다. 5. "푸드테크 혁신클러스터"란 지역 단위 푸드테크산업 생태계 조성을 위하여 푸드테크 기업, 지역대학 · 연구기관, 지역 중소식품업체 등이 상호연계와 협력을 하는 협업체를 말한다.
제15조(푸드테크 혁신클러스터의 육성 · 지원) ① 농림축산식품부장관은 푸드테크 혁신클러스터를 육성하기 위하여 다음 각 호의 사업을 할 수 있다. 1. 푸드테크 혁신클러스터 지원시설의 설립 및 운영 2. 푸드테크 혁신클러스터 공동 연구개발, 기술 실증을 위한 지원 3. 푸드테크 혁신클러스터 참여기업 및 기관의 역량 강화 4. 푸드테크 혁신클러스터 참여기업 및 기관의 상호 연계활동의 지원 5. 그 밖에 푸드테크 혁신클러스터 육성을 위하여 필요한 사업으로서 대통령령으로 정하는 사업 ② 농림축산식품부장관은 제1항에 따른 사업에 참여하는 대학, 연구기관, 공공기관, 기업 등에 대하여 그 비용의 전부 또는 일부를 출연하거나 지원할 수 있다.

1-2. 관련 상위계획 검토

1) 푸드테크 연구지원센터 공모계획 검토

- **(푸드테크연구지원센터 정의)** 농림축산식품부 푸드테크정책과는 2024년 1월 푸드테크 연구지원센터 공모계획('24~26')을 발표하였으며, 푸드테크 혁신클러스터 조성에 필요한 거점 지원시설을 "푸드테크 연구지원센터"로 정의하였음
- **(사업목적)** 지역 푸드테크 기업 유치기반을 조성하고, 산·관·학 협력을 통해 중소기업·외식업체 대상 푸드테크 신기술 적용을 확대하는데 있음
- **(사업예산)** '24~'26년(3년), 개소당 총 105억원(국비 52.5, 지방비 52.5)
  - 사업 추진과정에서 개소당 105억원(국고 52.5, 지방비 52.5)을 초과하는 사업비는 지방비 부담, 개소당 사업비 내에서 실소요액 자체 조정 가능
- **(사업대상자)** 지방자치단체(시·도, 시·군·구)
- **(사업규모)** 개소당 연면적 1,000㎡ 이상(신·증축, 상비 도입 등)
  - 지자체 사업계획 제출 시 기준 이상의 시설면적을 확보하고, 사업계획 면적을 준수하여 기본·실시계획 수립 및 사업 추진
  - 기존 시설에 공간 확보 시 시설 신·증축 없이 장비 도입만 가능, 다만, 농식품부 승인 사업계획의 사업면적 기준 준수 필요

- (2024년 구축분야) 식물성대체식품, 식품로봇, 식품업사이클링

<그림 6-1> 푸드테크 사업화 단계별 지원체계

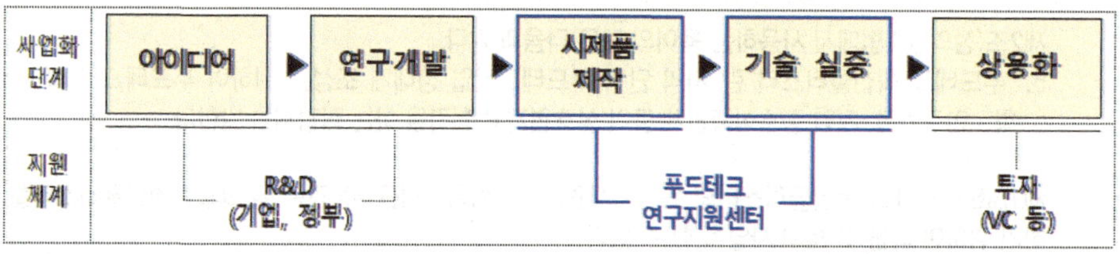

- (2024년 선정결과) 2024년 4월에 발표된 푸드테크연구지원센터 공모사업 선정결과가 아래와 같음

[표 6-2] 2024년도 푸드테크 연구지원센터 지자체 선정결과

선정지역	핵심기술 및 추진전략	사업기간 및 예산	푸드테크센터 조감도
전북 (익산)	* 식물성 대체식품 - 가공식품 원료 대체 수요 대응 - '식음료품제조업 + 대체육 생산기술' 연계	* 24~'26년(3년) - 국비 : 52.5억 - 지방비 : 52.5억 - 총예산 : 105억	
경북 (포항)	* 식품로봇 - 조리인력의 대체 수요 대응 - '외식산업 + 식품로봇기술' 연계(k-키친 생태계)	* 24~'26년(3년 - 국비 : 52.5억 - 지방비 : 102.5억 - 총예산 : 155억	
전남 (나주)	* 식품 업사이클링 - 농부산물 처리 수요 대응 - '농업 · 식음료품제조업 + 리사이클링 기술' 연계	* 24~'26년(3년) - 국비 : 52.5억 - 지방비 : 52.5억 - 총예산 : 105억	

자료 : 각 지자체 푸드테크 연구지원센터 선정관련 기사 참고

2) 푸드테크 계약학과 공모계획 검토

- **(푸드테크 계약학과 정의)** 푸드테크계약학과는 농림축산식품부에서 『식품산업진흥법』 제7조 및 『산업교육진흥 및 산학연협력촉진에 관한 법률』 제8조 규정에 따라 선정되고 운영된 '미래혁신식품 계약학과 주관대학'을 시작으로 2021년부터 확대 운영된 과정임
- **(사업개요)** 2023년 1월에는 중소식품업체가 푸드테크 산업에 진입할 수 있도록 다양한 대학이 참여하는 푸드테크 계약학과 확대(기존 4개 대학 → 8개)를 추진하였음

* '20년(2개) : 한양대(서울), 고려대(세종) '기능성식품 계약학과' 개설
* '21년(2개) : 서울대(푸드테크), 경희대(미래식품) 계약학과 추가 개설
* '23년(4개) : 전남대, 전북대, 전주대, 포항공대 푸드테크 계약학과 추가 개설

- **(지원내용)** '23년 예산 범위 내 등록금 및 학과 운영비 등 지원
  - 학생 : 등록금 65% 국고 지원
  - 대학 : 학과 운영비(학기당 35백만원 이내)
  - 현장 애로기술 해결과제 수행비(연간 60백만원 내외) 지원
- **(이수학점)** 학사 60학점, 석사 24학점
- **(교과과정)** 필수과목, 선택과목, 실습·심화 과정으로 구성

[표 6-3] 학과별 교과과정(안) - 석사과정 기준

구 분		내 용
필수	푸드테크 (9학점)	▶ 푸드테크 개념 : 푸드테크 응용분야, IT 융합기술, 사례연구 ▶ 푸드테크 융합기술 : 식품과 AI 융합, 스마트팩토리, 개발기술 ▶ 푸드테크 규제 및 진흥 법규, 식품관계법규 등
선택	교육과정 (15학점)	〈예시〉 ▶ 식품원료, 실습·심화 교육과정, 사례연구 ▶ 식품 신소재·재료 개발, 독성 등 식품 안전, 식품응용미생물 등 ▶ 품질관리, 식품스마트팩토리, 패키징, 물류식품·유통 마케팅 등

- **(신청대상)** 「고등교육법」제2조제1호의 대학(산업대, 전문대 등 제외)
  - 푸드테크 분야([참고] 푸드테크 개념 및 범위)의 석사, 학사(3학년 편입) 과정 운영이 가능한 일반대학

02 푸드테크연구지원센터 구축 기본구상

2-1. 푸드테크연구지원센터 구축 기본구상안

● 푸드테크연구지원센터 구축 필요성

- 제주특별자치도는 청정 농산물의 안정적 생산 기반을 보유하고 있음에도 불구하고, 출하 조절 인프라 미비, 월동기 작물의 집중 출하, 가공 인프라 부족 등의 구조적 문제로 인해 농산물 수급 불균형이 매년 반복되고 있음. 이에 따라, 생산 안정성과 시장 대응력을 확보하기 위한 지속가능한 가공·처리체계 구축은 제주 농업의 경쟁력 확보를 위한 시급한 정책과제로 대두되고 있음
- 또한, 제주가 지닌 도서지역의 지리적 특성은 물류 접근성을 제한하며, 항만물류비용 상승, 외부 가공시설 의존, 높은 제조·유통비 등의 추가적 부담을 초래함으로 인해 제주산 농산물은 원물 중심의 시장 출하에 머무르고 있으며, 부가가치 창출에 한계를 보이고 있음
- 이러한 제조업 기반의 취약성, 소규모 사업체 중심 구조, 산업 간 불균형은 농식품산업 전반의 성장잠재력을 저해하는 요인으로 작용하고 있으며, 이에 대응하기 위한 거점형 기술지원 및 연구개발 인프라 구축이 반드시 요구됨
- 푸드테크 연구지원센터는 단순한 연구공간을 넘어, 지역 농산물을 활용한 가정간편식 개발, 신제품 기획, 소비자 데이터 기반 맞춤형 개발, 스마트 제조기술 도입, 시제품 실증·평가, 기업 맞춤형 기술이전 등 전주기 지원 기능을 수행함으로써, 제주 농식품 산업 전반의 고도화를 실현할 수 있음
- 특히, 변화하는 글로벌 식품소비 트렌드와 기술 패러다임 전환에 능동적으로 대응하기 위해서는, 제주도 내 푸드테크 관련 기업들을 전략적으로 육성하고, 이들이 4차 산업 기반의 차세대 식품산업 생태계를 주도할 수 있도록 지원하는 컨트롤 타워의 구축이 필수적임

[표 6-4] 푸드테크연구지원센터 구축 기본계획

구분		내용
사업비		총사업비 164.4억원(국비 52.5억원, 지방비 111.9억원)
구축 사업기간		2026년~2028년(3년)
구축분야 및 설립목적		관광객 맞춤형 간편식 개발, 식품커스터마이징 분야
유관기관		제주대학교, 제주테크노파크, 제주산학융합원, 제주국제자유도시개발센터, 제주RISE센터, 제주농업기술원, 제주한의약연구원, 제주경제통상진흥원, 한국식품연구원 등
지역 인프라	선도단체	전국농업기술자협회 도연합회, 제주식품산업학회, 제주바이오기업협회, 월드푸드테크협의회 제주지회, 제주ICT기업협회, 제주벤처기업협회 등
	인접 인프라	제주첨단과학기술 1,2단지, 제주대학교, 제주산학융합지구 등
	인접 분석기관	제주테크노파크(바이오센터), 제주대학교(생명과학기술혁신센터), 제주보건환경연구원 등
	농촌융복합	제주농산물수급관리센터, 농업기술원, 제주농업농촌진흥원(제주농촌융복합산업지원센터), 제주한의약연구원 등
	지역특화작목	감귤, 당근, 양매추, 월동무, 마늘, 양파, 브로콜리 등
센터구축 예정부지		제주시 영평동 2187-1번지(37,059㎡, 11,230평, 대지 내) – 제주첨단과학기술단지 부지 사용계획 협의 완료(JDC, 24.10월)
예상부지 위치(사진)		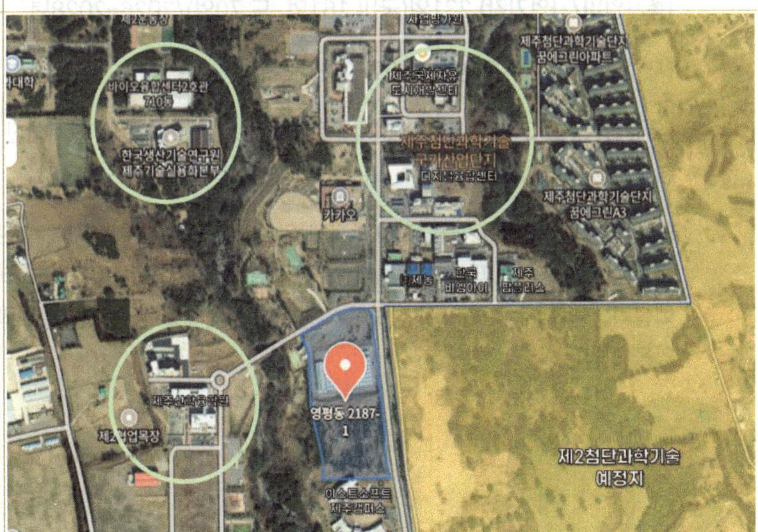

- 제주 푸드테크연구지원센터 조감도

  - 제주첨단과학기술단지 내 구축예정인 제주 푸드테크연구지원센터의 조감도는 아래와 같음

<그림 6-2> 제주 푸드테크연구지원센터 조감도

2-2. 그린바이오 벤처캠퍼스 연계 클러스터 구축

- **(설립목적)** 청정소재 기능성 연구 및 그린바이오 소재를 활용한 스타트업 창업 육성, 그린바이오 기업 맞춤형 솔루션 제공 등
- **(총사업비/사업기간)** 231억(국비 161억, 도 70억)/2026~2028년
- **(사업부지)** 제주시 영평동 2187-1번지
- **(추진상황)** JDC와 부지매입 협의완료 하였으며, 2025년도 설계예산 10억원을 국회에 사업비 증액 요청하였음
- **(연계방안)** 첨단과학기술단지 1단지에 위치한 사업부지 예정지에 푸드테크연구지원센터와 그린바이오 벤처캠퍼스가 동시에 구축된다면, 푸드테크산업을 이끌어갈 인재를 육성하고 핵심기업을 함께 유치 및 육성하여 기술개발과 산업화에 필요한 인프라를 동시에 제공할 수 있을 것임

2-3. 농산물 스마트가공센터 연계 클러스터 구축

- **(기본구상안)** 제주도 농산물 스마트가공센터는 IQF를 기반으로하여 소품종 대량생산 체계를 갖는 가공공장 기본모델을 갖고 있음

- 제주도 농산물 품목별 생산 특성을 고려하여 산지에서 농산물을 안정적으로 조달하고 IQF 기술을 적용한 냉동농산물을 B2B와 B2C, 수출 시장에 판매하는 계획을 수립함
- 그러나 제주도 농산물의 생산 및 유통 특성을 고려하여 사업계획을 수립함에 따라 다양한 종류의 냉동농산물을 생산하지 못하는 점이 스마트가공사업의 제약요인으로 작용할 수 있음
- 따라서 제주도 스마트가공센터가 냉동농산물 가공 외 전처리 농산물을 도내 공공급식이나 식품기업에 공급할 수 있는 전처리 농산물 냉장 사업과 물류 효율화를 고려한 냉동물류센터 운영 방안까지 포함하여 농산물 스마트가공사업의 타당성을 현재 외주용역을 통해 분석하고 있음

- **(사업부지)** 제주시 영평동 2187-1번지
- **(연계방안)** 푸드테크연구지원센터의 구축예정지에 농산물 스마트가공센터가 함께 구축된다면 가공된 농산물을 활용한 맞춤형 식품 개발 및 이를 활용한 HMR 간편식 개발 등 연구지원센터의 기술개발 역량을 적극적으로 활용할 수 있을 것임

2-4. 푸드테크 계약학과 연계 필요성

- **(지역 산업과의 연계 가능)** 제주도는 국내 농수산업의 주요 거점 중 하나로, 특화된 농산물과 청정 자연환경을 바탕으로 한 식품 산업의 발전 가능성이 높아 현장 실무와 밀접하게 연계된 교육과정을 운영함으로써, 지역 농산물을 활용한 식품 가공 및 개발에 관한 지식을 체계적으로 교육함이 필요함
- **(첨단 기술 융합 필요성)** 현재 푸드테크 분야에서는 AI, IoT, 빅데이터 등 디지털 기술을 활용한 스마트 농업, 식품 가공 자동화, 식품 유통 최적화 등이 활발히 진행되고 있어, 이러한 첨단 기술을 학습하고 연구할 수 있는 환경을 조성함으로써 제주 지역 내 식품산업의 디지털 전환을 선도 해야함
- **(맞춤형 인재 육성)** 많은 식품기업들이 디지털 트윈, 스마트 팩토리 등의 기술을 활용해 생산성을 높이고 있어 계약학과는 지역 기업들이 원하는 맞춤형 인재를 육성할 수 있는 체계를 제공하여 산업계와 학계의 원활한 협력 및 인재 공급을 촉진할 수 있음
- **(지역산업 혁신선도)** 제주형 푸드테크 계약학과는 제주 지역 식품 산업의 혁신과 발전을 이끌 수 있는 중요한 교육 기반이 될 것이며, 지역 산업과의 연계를 강화하고, 첨단 기술을 활용한 교육을 통해 경쟁력 있는 인재를 양성하여 제주의 경제 및 식품 산업 경쟁력을 제고할 수 있음

2-5. 노후거점산업단지 경쟁력강화사업 연계전략 마련 필요성

- **(추진배경)** 제주특별자치도는 첨단과학기술 1단지와 용암해수단지 및 농공단지(구좌,금능, 대정)를 대상으로한 노후거점산업단지 경쟁력강화사업을 추진하고 있으며, 만약 후보지로 선정된다면 2026~2028년(3년)간 수천억의 국비를 지원받을 수 있을 것으로 예상됨

- **(추진상황)** 제주대학교는 노후거점산업단지 경쟁력강화사업의 세부 연계사업 수요를 작성하는 단계에 산업부 연계사업인 산업집적지 경쟁력강화사업의 수요로 제주첨단과학기술단지 내 첨단푸드테크센터를 구축하는 제안서를 제출하였음(2024년 12월)

- **(총사업비/사업기간)** 300억/2026~2028년(3년)

- **(사업내용)** ①첨단푸드테크센터구축, ②스마트생산공정 도입 ③디지털 기술과 식품 산업의 융합을 통한 제조 및 유통 시스템 구축 ④ 글로벌 미래식품개발

- **(연계전략 필요성)** 농림축산식품부에서 지원하는 푸드테크연구지원센터 공모사업은 2025년에 2개의 지역만 선정(강원도 춘천+경기도 과천, 경북 의성) 되었으며, 앞으로 지역 간 경쟁이 더욱 치열할 것으로 판단되어 타부처에서 지원가능한 연계사업을 함께 고려하고 대응전략을 함께 수립하는 것이 바람직하다고 판단됨

- **(기대효과)** 푸드테크와 관련된 기업이 집적되 있는 산업단지를 중심으로 산학연 및 지원기관이 지식·정보 및 기술 등을 교류·연계하고 상호 협력하여 산업집적이 형성된 지역의 경쟁력을 강화할 수 있을 것으로 판단됨

03 추정 사업비 산출 및 센터구축 타당성 분석

3-1. 추정 사업비 산출

- 제주의 푸드테크 연구지원센터 구축을 위한 추정사업비의 산출은 농림축산식품부에서 2024년 1월 공모된 사업의 사업비 산출기준과 제주도 식품산업과에서 2025년 3월 작성한 제주 푸드테크연구지원센터 구축 수요조사서의 투자계획 등을 참고하였음

- 해당사업의 총 사업비는 국비 52.5억, 도비 111.9억을 합한 예산인 164.4억을 기준으로 작성하였으며, 2026~2028년까지 3년간의 사업기간 동안 제주지역 내 푸드테크 연구지원센터를 구축하는 것을 목표로 계획을 수립하였음

- 또한 세부적인 사업비 산출을 위한 사업부지, 건축면적 및 주요공간 활용방안에 관한 기본(안)은 아래와 같이 설정하였음

  - 사업부지(예정) : 제주시 영평동 2187-1번지(37,059㎡, 11,230평, 대지 내)
  - 건축 연면적(예정) : 4,000m2(지상 3층, 지하 1층 규모)
  - 주요공간 활용방안 : 설비 및 기계실(지하층), HMR 제직소 및 보관실 등(1층), 연구시설 및 세미나실 등(2층), 기업입주공간 등(3층)

[표 6-5] 제주 푸드테크연구지원센터 층별 구축계획

구분	공간구성	면적(m^2)	비고(용도 등)
지하층	설비 및 기계실	1,000	전기, 기계, 급배수 공간 등
1층	공동HMR 제작소	600	소형 자동화 2라인 구축
	물류, 창고, 원부자재 보관실	400	냉장, 냉동 포함
2층	품질분석 및 기능성연구실, 테스트 키친, 관능평가실	600	분석 및 측정, 소스개발, 패키징기술 연구
	전담인력 사무실, 회의실, 세미나실	400	민관 거버넌스 운영
3층	푸드테크기업 입주공간	1,000	입주기업, 거버넌스 기관 등
합 계		4,000	

※ 향후 실시설계 단계에서 복도, 화장실 등 공유면적 반영 추진(동선, HACCP 등 고려)

[표 6-6] 제주 푸드테크연구지원센터 연도별 투자계획 및 사업비 산출표

(단위 : 백만원)

구 분		총사업비 (국비)	총사업비 비율(%)	연도별 투자계획		
				'26년도	'27년도	'28년도
계		16,440 (5,250)	100%	4,960 (2,000)	6,780 (3,250)	4,700 (-)
건축비	설계비	700 (-)	4.3%	700 (-)	-	-
	공사비	9,000 (5,250)	54.7%	4,000 (2,000)	5,000 (3,250)	-
시설·장비비	시설비	1,000 (-)	6.1%	-	500 (-)	500 (-)
	장비비	3,300 (-)	20.0%	-	1,000 (-)	2,300 (-)
기업 지원비	협업공간 구축	500 (-)	3.0%	-	-	500 (-)
	기술개발·실증	500 (-)	3.0%	-	-	500 (-)
운영 관리비	센터 운영관리비	1,440 (-)	8.9%	260 (-)	280 (-)	900 (-)

[표 6-7] 제주 푸드테크연구지원센터 사업비 편성 주요내용

구 분	세부항목		사업비 편성 내용
건축비	설계비		· 설계비, 감리비, 인허가, 프로젝트 관리비 등
	공사비		· 연면적 4,000m² 건축공사 및 부대공사 · 생산·연구·사무·기업지원동, m²당 약225만원 기준
시설·장비비	시설비		· HACCP인증 관련 설비 도입 · 위생 구조 및 장비 설치 기반 구축
	장비비	시제품 제작소 장비비	· 시제품 검증용 소형 생산라인(RTE/RTH 중심) 구축 (자동세척기, 가열솥, 충진기, 포장기 등) · 시제품 제작지원 가능 수준(연간 50톤급)
		푸드테크랩 장비비	· 기초분석 및 연구개발용 장비 구축 · 품질검사, 기능성 평가, 소스개발, 패키징 분야 기술개발 장비 도입
기업 지원비	협업공간 구축		· 입주공간, 테스트키친, 공동사무실, 회의실, 원스탑 지원창구 구축 등
	기술개발·실증		· HMR 기술도입을 위한 실증사업비 · 입주기업, 선도기술 확보 기업과의 협업 연구비
운영 관리비	운영관리비		· 인건비, 관리비 등 · 프로그램 운영(연구지원, 생산지원, 협업 플랫폼)

3-2. 센터 운영에 따른 비용편익 산출 및 분석

- 제주의 푸드테크연구지원센터 운영을 위한 비용편익 분석은 센터장 1명과 팀장 3명, 팀원 6명을 포함한 총 10명의 운영인력을 바탕으로 비용편익 산출 및 분석을 진행하였음

- 제주 푸드테크연구지원센터의 부서는 구축 초기 경영기획팀, 연구/생산지원팀, 인력양성팀과 같이 3개의 부서를 운영하는 안을 제시하였으며, 향후 센터의 규모는 지원사업 정책예산에 따라 달라질 수 있음

- 또한 센터를 운영하는데 들어가는 비용(지출)에 해당하는 운영비는 크게 인건비, 지원사업 운영비, 센터관리비로 구분하여 제시하였으며, 센터의 운영수익은 입주기업 임대료 수익과 장비활용수익을 대표적으로 반영하였음

- 그리고 운영비 추정에 있어 인건비는 임금 상승률(약 3% 내외)을 반영하지 않은 센터구축 후 1년차 예산을 기준 산출하였으며, 임금 상승률 및 물가 등을 반영할 경우 운영비는 매년 소폭 상승할 것으로 예상됨

[표 6-8] 제주 푸드테크연구지원센터 부서별 주요역할

구분	필요인력(명)	주요역할
센터장	1	푸드테크연구지원센터 업무 총괄
경영기획팀	3	센터 운영 및 관리, 센터 입주기업 관리 및 지원, 대내·외 협력사업 기획 및 추진
연구/생산지원팀	3	연구장비 관리 및 기술지원, 기능성원료 및 효능연구 맞춤형 식품 제형개발 기술지원, 시제품개발 및 생산지원
인력양성팀	3	맞춤형 인력양성 교육 지원, 맞춤형 기업컨설팅 지원

[표 6-9] 제주 푸드테크연구지원센터 운영비 추정 방법

(단위 : 천원/인·년, %)

구분			산정기준	추정액	산정방법
지출	인건비	센터장	72,000/년×1명	72,000	■ 연간 인건비는 4대보험 기관부담금, 상여금, 퇴직충당금을 포함한 산출액임 (1년차 기준, 임금 인상률 미반영)
		팀장	60,000/년×3명	180,000	
		선입급 팀원	48,000/년×3명	144,000	
		일반 팀원	36,000/년×3명	108,000	
		소 계(50.4%)		504,000	

<table>
<tr><th colspan="3">구분</th><th>산정기준</th><th>추정액</th><th>산정방법</th></tr>
<tr><td rowspan="4"></td><td rowspan="4">지원
사업
운영비</td><td>연구지원</td><td>연구지원 및 프로그램 운영</td><td>96,000</td><td rowspan="4">■ 푸드테크연구지원센터 지원사업 운영을 위한 운영비 산출</td></tr>
<tr><td>생산지원</td><td>기업 생산지원 운영비</td><td>100,000</td></tr>
<tr><td>인력양성지원</td><td>인력양성프로그램 운영비</td><td>200,000</td></tr>
<tr><td colspan="2">소 계(39.6%)</td><td>396,000</td></tr>
<tr><td rowspan="14"></td><td rowspan="13">센터
운영
관리비</td><td>공공요금</td><td>통신요금, 전기세 등</td><td>15,000</td><td rowspan="13">■ 센터운영 관리비는 푸드테크연구지원센터 입주기업 임대료 및 장비 이용료 등 수익금으로 충당</td></tr>
<tr><td>위원회 수당</td><td>이사회, 운영위 등 수당</td><td>10,000</td></tr>
<tr><td>차량유지비</td><td>법인차량 렌트 및 유지</td><td>10,000</td></tr>
<tr><td>복리후생비</td><td>명절선물 및 피복비</td><td>5,000</td></tr>
<tr><td>업무추진비</td><td>기관운영 업무추진비</td><td>10,000</td></tr>
<tr><td>지급수수료</td><td>회계프로그램 및 각종수수료</td><td>15,000</td></tr>
<tr><td>직무교육비</td><td>법인 직원 직무교육비</td><td>2,000</td></tr>
<tr><td>부서운영비</td><td>사무실 다과 및 회의비 등</td><td>6,000</td></tr>
<tr><td>사무용품비</td><td>사무실 비품 및 사무용품비</td><td>6,000</td></tr>
<tr><td>센터홍보비</td><td>센터홍보비 등</td><td>3,000</td></tr>
<tr><td>출장비</td><td>법인직원 도내·외 출장비</td><td>8,000</td></tr>
<tr><td>예비비</td><td>기타 예비비</td><td>10,000</td></tr>
<tr><td colspan="2">소 계(10.0%)</td><td>100,000</td></tr>
<tr><td colspan="3">지출 합계(A)</td><td>1,000,000</td><td></td></tr>
<tr><td rowspan="2">수입</td><td colspan="3">입주기업 임대료 수익(B)</td><td>90,000</td><td>*하단 산출식 참고</td></tr>
<tr><td colspan="3">연구장비 이용료 수입(C)</td><td>10,000</td><td></td></tr>
<tr><td colspan="4">연간 푸드테크연구지원센터 운영비(A-B-C)</td><td>900,000</td><td>1년차 기준</td></tr>
</table>

<입주기업 임대료 수익 산출식>
1) 평당(3.3m2) 25,000원 임대료산출(m2당 약 7,500원)
2) 1개실당 12평(39.6m2)기준으로 산출하였으며, 25개실을 임대공간으로 제공한다는 가정하에 산출 (총 임대 제공면적 300평=990m2)
3) 1개실 임대료(300천원/월) × 25개실 × 12개월 = 90,000천원/연간

- 비용-편익 분석(Cost-Benefit Analysis, CBA)은 어떤 사업이나 정책을 결정할 때 투입되는 비용(지출)과 기대되는 편익(수익)을 비교하여 경제적으로 타당한지를 평가하는 기법을 말함

- 다만, 제주 푸드테크연구지원센터의 구축 목적은 수익을 창출하기 위해 설립되는 것이 아니라, 도내의 푸드테크산업의 질적 성장과 지속가능한 발전을 목표로 도내 기업을 지원하기 위한 것이기 때문에 일반적인 편익-비용 비율(BCR)[7]을 기준으로 사업의 타당성을 제시하기에는 어려움이 있음
- 이에따라 [표 6-7]에서 산출된 바와 매년 필요로하는 센터운영비 900,000천원 이상의 예산을 어떻게 지속적으로 확보할 것인가에 대한 전략안 제시가 필요할 것으로 판단하여 아래에 제시하였음
- 첫째, 센터운영에서 가장 큰 지출 비용을 차지하는 인건비(50.4%)와 지원사업 운영비(39.6%)는 해당센터에서 추진하고자 하는 푸드테크 관련 기업지원사업의 목적을 바탕으로 다양한 정부부처(농림부, 과기부, 산자부, 중기부 등)의 국비예산을 확보하여 지방비와 매칭 후 관련 참여인력의 인건비와 지원사업 운영비를 충당해 나갈 필요가 있음
- 둘째, 센터 자체의 푸드테크 관련 연구개발 능력을 고도화 하여 자체 핵심기술을 개발하고 해당기술의 지적재산권(특허)을 확보하여 이를 필요로 하는 기업들에게 기술이전 함에 따른 무형자산의 수익화 전략을 수립할 필요가 있음
- 셋째, 앞으로 기능성표시식품 및 건강기능성식품 관련 법의 제정 및 시행에 따른 시장성장 가능성을 고려하여 관련 인증을 받는 각 단계에 필요한 데이터 및 핵심기술을 제공하고 이를 수익화 하는 전략을 마련할 필요가 있음
- 이와같이 본 용역에서는 국가공모사업을 통해 제주 푸드테크연구 지원센터를 3년간 약 164억의 예산을 들여 구축하는 목표를 제시하였으며, 도내의 푸드테크산업육성을 위해 관련기업의 입주공간 제공 및 다양한 지원사업을 추진하는 안을 제시하였고, 센터의 지속가능 운영을 위한 운영비확보 전략을 함께 제시함에 따라 비용편익 분석의 타당성 결과를 정성적으로 보완하였음

3-3. 푸드테크연구지원센터 운영방안 및 구축 타당성 분석

1) 푸드테크연구지원센터 운영방안 구상

- 푸드테크연구지원센터 운영주체 선정 필요성
  - 제주 푸드테크연구지원세터는 도내의 푸드테크산업의 질적 성장과 지속가능한 발전을 목표로 도내 기업을 지원하기 위한 것이기 때문에 변화하는 글로벌 식품소비 트렌드와 기술

7) 편익-비용 비율(Benefit-Cost Ratio) : 총편익을 총비용으로 나눈 값을 말하며, BCR이 1보다 크면 경제적으로 타당하다고 판단함

패러다임 전환에 능동적으로 대응하기 위해서는, 제주도 내 푸드테크 관련 기업들을 전략적으로 육성하고, 이들이 4차 산업 기반의 차세대 식품산업 생태계를 주도할 수 있도록 지원하는 운영주체를 선정할 필요가 있음

- 푸드테크연구지원센터의 운영의 사업적 기능과 범주에 따라 직접운영과 간접운영으로 나눌 수 있으며, 운영주체별 특성과 사업 이해관계자들의 수용 여부를 종합적으로 고려하여 적합한 운영형태를 결정해야 함

- 만약 종합적으로 검토한 결과 간접운영 방식으로 결정될 경우 제주 푸드테크연구지원센터의 운영주체로는 지역 내 기업지원, 인력양성, 기술개발 등의 역할을 수행하는 지역 내 혁신기관을 우선적으로 고려할 수 있을 것임

[표 6-10] 푸드테크연구지원센터 운영주체별 사업운영 방식

구분	직접운영(지자체)	간접운영(위탁운영)
센터운영 방식	· 자치단체가 직접 사업 수행	· 자치단체가 특정한 목적사업 수행을 위한 법인 및 기관에게 위탁하여 수행
운영재원 활용 방식	· 자치단체 예산수입 등 지자체로 귀속	· 위탁사업비, 보조금 수입 등은 운영법인에서 구분 회계
수행인력	· 해당 지자체 공무원	· 위탁법인 및 해당기관 소속 인력
장점	· 공익성 확보 및 재정확충 용이 · 사업 중단이나 시설 폐쇄 가능성 낮음	· 사업수행의 전문성 확보가능 운영의 효율성 제고 가능 · 운영자율성 확보에 따른 탄력적 운영가능 공익성 및 사업성 균형 도모 가능
단점	· 공무원 순환보직으로 전문성 축적 한계 · 지자체 직접통제에 따른 운영자율성 미흡 · 환경변화에 탄력적 대응 어려움 · 사업성과 향상의 동기부여 부족	· 계약에 의한 사업수행 및 시설운영으로 책임한계 존재 · 사업의 긴밀한 협력 및 지자체 관리한계
센터운영 후보기관	· 지자체 직접운영(제주특별자치도)	· (재)제주테크노파크, (사)제주산학융합원, (사)제주농업농촌진흥원 제주농촌융복합산업지원센터 등

● 푸드테크연구지원센터 간접운영 후보기관

- 도내에 제주 푸드테크연구지원센터를 간접운영할 수 있는 후보기관을 도출할 때 고려한 주요사항은 아래와 같음

① 푸드테크연구지원센터의 역할수행 역량 및 기반조성 경험

② 푸드테크연구지원센터 구축 예정지와의 근접성 및 연계기관 협력가능성

③ 지자체 푸드테크산업육성 전략의 이해도 및 기관 성장가능성

- 이를 바탕으로 가장 우선적으로 고려된 도내 운영 후보기관은 (사)제주산학융합원, (재)제주테크노파크, (사)제주농업농촌진흥원 제주농촌융복합지원센터이며, 기관별 정보는 아래에 나타내었음

[표 6-11] 푸드테크연구지원센터 간접운영 후보기관

구분	(사)제주산학융합원	(재)제주테크노파크	(사)제주농업농촌진흥원 제주농촌융복합산업지원센터
기관 개요	 · 설립일 : 2017.05.02 · 원장 : 이남호 · 법인구분 : 사단법인	 · 설립일 : 2010.09.01 · 원장 : 지영흔 · 법인구분 : 재단법인	 · 설립일 : 2014.04.01 · 센터장 : 안순화 · 법인구분 : 사단법인
역할 수행역량	· 제주산학융합원은 2017년 법인설립이후 현재까지 다양한 기업지원사업 및 인력양성사업을 수행해온 경험을 갖고 있으며, 28개실의 기업 임대공간을 관리하고 있음	· 제주테크노파크는 2010년 법인이 통합된 이후 제주지역산업의 기술개발, 기업지원, 산업육성을 담당하는 기관으로 많은 성장을 해왔음	· 제주농촌융복합산업지원센터는 제주지역의 농업과 농촌 자원을 활용하여 부가가치를 창출하는 지역의 6차산업 육성 지원 기관임
기반조성 경험	· 2020년 제주산학융합지구 조성(캠퍼스관 및 기업연구관) · 육성업종 : IT 및 BT · 사업비 : 약 240억 · 부지면적 : 12,205m^2	· 제주테크노파크는 지역 내에서 다양한 센터구축에 대한 기반조성 경험을 갖고 있으며, 대표적으로 용암해수센터, 미생물산업화센터, 화장품원료센터 등이 있음	· 제주농촌융복합산업지원센터는 아직 기반조성 경험이 없으며, 지역 내 농업인과 농업법인을 대상으로 시설 및 장비지원을 하고 있음
구축예정지 근접성	· 제주산학융합원은 센터구축 예정지와 같은 첨단과기단지내에 위치해 있으며, 불과 200m 떨어진 거리에 위치함	· 제주테크노파크 바이오융합센터의 경우에는 약 1km, 디지털센터는 약 250m 떨어진 거리에 위치하고 있음	· 제주농촌융복합산업지원센터의 사무실은 첨단과기단지 내에 있으며, 약 500m 떨어진 곳에 위치하고 있음
연계기관 협력가능성	· 제주산학융합원은 제주대학교 캠퍼스관을 산학융합지구내에 관리하고 있는 주체이며, 식품영양학과, 컴퓨터공학과, 화학코스메틱학과 등과 전략적인 협력관계를 구축하고 있음	· 제주테크노파크는 이미 많은 많은 센터를 자체적으로 두고 있으며, 용암해수센터, 생물종다양성연구소, 바이오융합센터 및 디지털융합센터 등과 내부 협력체계를 갖추고 있음	· 제주농촌융복합산업지원센터는 제주도내 농가 및 농업법인들과 협력관계를 구축하고 있으나, R&D 및 제품생산과 관련된 역량 있는 기관과의 협력관계는 미흡한 상황임
푸드테크 전략의 이해도	· 제주산학융합원은 푸드테크산업육성 기본계획을 수립한 용역사로서 해당 전략에 대한 이해도가 가장 높음	· 제주테크노파크는 바이오전략 내 그린바이오전략을 수립한 용역사로서 해당전략에 대한 이해도가 상당함	· 제주농촌융복합산업지원센터는 농업농촌산업과 연계한 6차산업에 대한 이해도가 높지만 푸드테크산업에 대한 전반적인 이해도는 낮음

구분	(사)제주산학융합원	(재)제주테크노파크	(사)제주농업농촌진흥원 제주농촌융복합산업지원센터
성장가능성	· 제주산학융합원은 2020년 8월 기반조성 완료 이후 산학융합지구가 본격적으로 운영되었고, 임상연구지원센터의 구축 및 다양한 기업지원 프로그램 등을 운영하며 앞으로 경험과 역량이 향상되며, 크게 성장할 것으로 기대됨	· 제주테크노파크는 그동안 지역내에서 많은 역할을 수행해 온 출자출연기관으로서 단기간 큰 성장을 이뤄왔으나 그 규모가 상당히 커져 법인운영의 효율성 측면에서 앞으로의 외형적 성장은 제한될 것으로 보임	· 제주농업농촌복합산업화지원센터는 그동안 지역내 농업농촌산업 육성을 위해 많은 노력을 기울여 왔으며, 앞으로도 1차산업과 연계한 6차산업 영역에서 지속적인 성장이 이루어질 것으로 기대됨

참고 : 푸드테크연구지원센터 구축예정지(제주첨단과학기술단지 내 제주시 영평동 2187-1번지)

2) 푸드테크연구지원센터 구축 사업효과 및 타당성 분석

- **(지역식품 부가가치 확대 가능)** 맞춤형 식품개발→시제품제작→실증→제품화로 연결되는 프로세스 필요한 데이터 분석 및 표준화 모델 개발, 맞춤형 식품 통합브랜드 육성 등
- **(불균형한 산업구조 개선)** 4차산업 기술과 접목하여 지역 내 불균형한 산업구조를 정상화하고 연관 산업 일자리 창출 및 민·관 협력체계와 선도기업 모델 발굴 할 수 있음
- **(스마트 유통환경 개선)** 푸드테크기술 적용 성공 사례분석 및 스마트 유통기술 확대를 통해 농수축산물 생산·유통 안정성과 식품 안전성을 확보, 도내 식자재 및 도외/수출 맞춤형 식품시장 확대 견인을 통한 신뢰확보 효과
- **(건강지향 소비자 만족도 증대)** 초고령화 시대로 진입하고 있는 시장환경에 대응할 수 있는 건강맞춤형 기능성 식품개발 및 제공 서비스 혁신으로 건강지향 수요자 만족도 증대효과가 기대됨
- **(푸드테크산업 육성 생태계조성 가능)** 농산물 스마트가공센터 및 푸드테크연구지원센터 구축을 통해 이를 중심으로한 푸드테크 산업 육성 생태계 조성이 가능해 짐에 따라 청년 농업인, 스타트업 등 푸드테크 연관 산업 취·창업 기반 마련이 가능함
- **(전문인력 양성 효과)** 수요맞춤형 新식품개발 및 스마트제조-유통분야 연계 융복합 인력 양성과 지역 정주 여건 마련, 푸드테크 관련 기술개발 및 운영에 필요한 지역내 전문인력부족 문제 해결가능
- **(지역산업 동반성장 가능)** 산·학·연·관 협력 기반 제주 글로컬 푸드테크 산업 메카로 육성할 수 있는 융복합 기술개발 기반이 조성됨에 따라 지역현안 해소와 지역산업간 동반 성장이 가능할 것으로 기대됨

MEMO

제 7 장

제주 푸드테크 산업 발전전략 5개년 기본계획 수립

1. 제주 푸드테크산업 육성전략 목표
2. 주요 핵심전략 및 실행과제 5개년 기본계획 수립
3. 기본계획 세부과제별 투자계획 및 예산
4. 정부 정책사업 및 정부 산하기관 등 투자연계방안
5. 요약 및 결론

01

제주 푸드테크산업 육성전략 목표

1-1. 제주 푸드테크산업 육성의 비전과 목표

- 경제시장의 개방 및 지식기반 시대를 맞아 제주를 둘러싼 대외적 환경은 관광과 농업만으로는 먹고살 수 있는 상황이 아니므로 다양한 기술을 접목한 각 산업의 고도화가 필요함
- 특히 식품사업은 인간의 필수산업이고, 시장이 커지고 있고, 환경·건강 중시, 개인 맞춤형 소비, 비대면 활성화 등에 따른 변화에 대응하는 차원에서도 푸드테크 산업의 발전을 도모해야 함
- 제주청정 농산물, 4면의 바다에 분포되어 있는 해조류 등을 활용한 차별화된 식품산업의 발전가능성과 도내 1,908개(2022년 기준) 농식품관련 산업체의 고도화, 창업 및 기업유치 등을 통한 생태계 구축이 필요함
- 이에 따라 제주특별자치도 푸드테크산업 육성 5개년(2025-2029년) 기본계획의 비전과 목표 설정이 요구됨
- **(비전과 목표)** 제주특별자치도는「청정제주 미래먹거리 글로컬 푸드테크산업 육성」이라는 비전아래 2035년까지 ①푸드테크 기업유치 발굴(상장기업 5개소, K-RE100기업 50개소, 수출 5백만불), ②인재발굴(식품+첨단기술 융합 전문인력 양성→취업창업 연계 500명), ③기술개발(커스터마이징 혁신밸리 조성 및 연관 핵심기술 상용화 4건) 등의 3가지를 목표로 설정함에 따라 이를 기반으로 한 5개년(2025~2029년) 추진전략을 수립함

<그림 7-1> 제주특별자치도 푸드테크산업육성 비전 및 목표

비전	청정제주 미래먹거리 글로컬 푸드테크산업 육성	
목표 (~'35)`	① [기업육성]	▷ 상장기업 : `29) 2개소 → `35) 5개소 ▷ K-RE100기업 : `29) 20개소 → `35) 50개소 ▷ 기업 수출실적 : `29) 2,500만불 → `35) 5,000만불
	② [인재발굴]	▷ 취업 및 창업 연계 : `29) 200명 → `35) 500명 ▷ 산학 융복합 전문인력 양성 : `29) 150명 → `35) 300명
	③ [기술개발]	▷ 푸드테크 연관 핵심기술 상용화 : `29) 2건 → `35) 4건
추진전략	제주형 그린+ 푸드테크 생태계 기반 조성	

No.	4대 핵심 전략	16대 중점 실행사업
1	특화자원 활용 수요 창출형 신식품 개발	(01) 지역맞춤 특화자원 융합 글로컬 전략푸드 개발 (02) 세대맞춤 가심비 충족 맞춤형 전략 식품개발 (03) 개인맞춤 건강정보 기반 식이설계 플랫폼 개발 (04) 환경맞춤 지속가능 식품소재 기술개발
2	환경친하 스마트제조 표준화 보급	(05) 로봇 및 푸드테크 기술기반 현대화시설 구축 (06) 표준화공정 AI기반 수요맞춤 제조공정 표준화 (07) K-RE100 저탄소 식제조 기반 조성 및 업사이클링 (08) 국내·외 환경친화 인증활용 그린마케팅 선도
3	맞춤형 외식 푸드 서비스 고도화 및 푸드테크 창업기반 구축	(09) 고객맞춤 외식관광 플랫폼 고도화 (10) 외식테크 자동화 및 맞춤형 푸드 솔루션 (11) 로컬자원 식자재 통합 플랫폼 구축 (12) 푸드테크 연계 지역소상공인 육성 및 창업기반 구축
4	푸드테크 전후방 산업 생태계 조성	(13) 디지털전환(DX)을 통한 스마트팜 생태계 구축 (14) 지속가능 제주형 푸드테크 혁신클러스터 조성 (15) 애그테크 인프라 연계 소재양산 및 복합문화공간 조성 (16) 글로벌 플랫폼 협력 제주 푸드테크 홍보관 운영

1-2. 제주 푸드테크 산업 육성 추진전략과 실행과제

1) 추진전략의 기조

- 제주푸드테크 산업 육성전략은 제주특별자치도 푸드테크산업 5개년(2025 ~2029년) 계획의 비전과 목표를 달성하기 위한 것이어야 함
- 첫째, 감귤, 월동작물, 용암해수, 향토음식 등 특화자원을 활용한 매력 높은 맞춤형 신식품 개발을 추진해야 함
- 둘째, 상당수준의 생산력을 갖추고, 식품의 신뢰도를 확보할 수 있도록 스마트제조 및 표준화 공정, 환경친화적 생산체제를 구축하여야 함
- 셋째, 관광산업과 연계한 식품산업의 부가가치를 높이는 맞춤형 외식 푸드 서비스를 고도화해야 함
- 넷째, 제주지역 내 식품산업의 고도화를 위해 푸드테크 전후방 산업 생태계를 확장시켜야 함

2) 실행과제 고려사항

- 제주특별자치도 푸드테크산업 5개년 계획상의 목표를 달성하기 위한 실행과제는 '제도, 인력, 기업, 기술, 생태계 측면'에서 모색되어야 함
- **(제도마련)** 푸드테크산업 발전전략 및 2025~2029년 기본계획 수립 용역 내용 등을 담은 제도마련 등의 추진이 필요함
- **(인력양성)** RISE연계 창업가 배출 및 푸드테크 계약학과 추진 등 융복합 인력 양성을 통해 푸드테크 농식품 산업 발전을 견인해야 함
- **(기업발굴 및 유치)** 분야별 혁신기업 발굴/유치. 대기업-스타트업 연계 기반 마련, 기업 시설자금 지원 등을 통해 신규 창업 및 기업유치 추진이 필요함
- **(기술개발)** 푸드테크연구지원센터 구축, 푸드테크 핵심기술 농식품분야 R&D기술개발 연계지원을 통해 제주 농식품 제조 및 유통 부문에 질적 향상이 필요함
- **(생태계구축)** 산·학·연·관 푸드테크 클러스터 조성 및 N차산업 간 연계 강화, 먹거리통합지원센터 관련 JDC 협력 밸리 조성 등을 통해 제주 푸드테크 농식품 산업의 생태계 기반 구축이 되어야 함

02 주요 핵심전략 및 실행과제 5개년 기본계획 수립

제주특별자치도의 4대 핵심 추진전략

- 제주특별자치도는 2025년 1월 10일 "K-커스텀푸드 2035"라는 슬로건을 바탕으로 "제주형 제주형 그린⁺ 푸드테크 생태계 기반 조성"을 추진전략으로 하는 4대 핵심전략 및 12대 실행사업를 발표하였으며, 본 보고서의 기본계획 수립방향은 이를 중심으로한 세부적인 핵심실행사업을 강화하고 및 구체적인 세부과제들을 수립하는 것임
- 단, 본 보고서의 기본계획 수립 과업의 시간적 범위는 2025~2029년 (5개년)으로 설정하여 수립하였으며, 이에 따른 16대 실행사업과 45건의 세부과제들을 제시하였음

[표 7-1] 제주특별자치도의 4대 핵심전략 및 16대 핵심실행사업 리스트

주요 추진전략		
제주형 그린⁺ 푸드테크 생태계 기반 조성		
No.	4대 핵심전략	16대 핵심실행사업
1	특화자원 활용 수요 창출형 신식품 개발	(01) 지역맞춤 특화자원 융합 글로컬 전략푸드
		(02) 세대맞춤 가심비 충족 맞춤형 전략식품 개발
		(03) 개인맞춤 건강정보 기반 식이설계 플랫폼 개발
		(04) 환경맞춤 지속가능 업사이클링 소재 개발
2	환경친화 스마트제조 표준화 보급	(05) 로봇 및 AI 기술기반 현대화시설 구축
		(06) 스마트 기술기반 수요맞춤 제조공정 표준화
		(07) K-RE100 저탄소 식품제조 및 업사이클링 기반조성
		(08) 국내·외 환경친화 인증활용 그린마케팅 선도

3	맞춤형 외식 푸드서비스 고도화 및 푸드테크 창업기반 구축	(09) 고객맞춤 외식관광 플랫폼 개발 및 고도화
3	맞춤형 외식 푸드서비스 고도화 및 푸드테크 창업기반 구축	(10) 외식테크 기반 자동화, 맞춤형 푸드솔루션 보급
3	맞춤형 외식 푸드서비스 고도화 및 푸드테크 창업기반 구축	(11) 로컬자원 식자재통합 플랫폼 구축
3	맞춤형 외식 푸드서비스 고도화 및 푸드테크 창업기반 구축	(12) 푸드테크 연계 지역소상공인 육성 및 창업기반 구축
4	푸드테크 전후방 산업 생태계 조성	(13) 디지털전환(DX)을 통한 스마트팜 생태계 구축
4	푸드테크 전후방 산업 생태계 조성	(14) 지속가능 제주형 푸드테크혁신 클러스터 조성
4	푸드테크 전후방 산업 생태계 조성	(15) 애그테크 인프라 소재생산 및 복합문화공간 조성
4	푸드테크 전후방 산업 생태계 조성	(16) 글로벌플랫폼 협력 제주 푸드테크 홍보관 운영

[표 7-2] 제주특별자치도의 핵심전략 및 세부과제 리스트

4대전략	(No.) 실행사업명	과제 번호	세부과제명	전략유형 (추진유형)
1. 특화자원 활용 수요 창출형 신식품 개발	(01) 지역맞춤 특화자원 융합 글로컬 전략푸드	세부-01	스마트 발효식품 산업육성 및 제품표준화	R&D (단기)
1. 특화자원 활용 수요 창출형 신식품 개발	(01) 지역맞춤 특화자원 융합 글로컬 전략푸드	세부-02	지역산업 연계 항공·우주푸드 개발 및 상품화	R&D (중장기)
1. 특화자원 활용 수요 창출형 신식품 개발	(01) 지역맞춤 특화자원 융합 글로컬 전략푸드	세부-03	지역특화 자원 기반 맞춤형 가정간편식 개발	R&D (단기)
1. 특화자원 활용 수요 창출형 신식품 개발	(02) 세대맞춤 가심비 충족 맞춤형 전략식품 개발	세부-04	슬로푸드 소재활용 세대맞춤 향토음식 특화제품 개발	R&D (단기)
1. 특화자원 활용 수요 창출형 신식품 개발	(02) 세대맞춤 가심비 충족 맞춤형 전략식품 개발	세부-05	생애 전주기 맞춤 케어푸드 제품개발	R&D (단기)
1. 특화자원 활용 수요 창출형 신식품 개발	(02) 세대맞춤 가심비 충족 맞춤형 전략식품 개발	세부-06	세대별 건강 니즈를 반영한 맞춤형 식품개발	R&D (단기)
1. 특화자원 활용 수요 창출형 신식품 개발	(03) 개인맞춤 건강정보 기반 식이설계 플랫폼 개발	세부-07	건강정보 기반 개인맞춤형 식품추천 플랫폼 개발	R&D (중장기)
1. 특화자원 활용 수요 창출형 신식품 개발	(03) 개인맞춤 건강정보 기반 식이설계 플랫폼 개발	세부-08	스마트 관광연계 AI 푸드테크 맞춤형 기술개발	R&D (중장기)
1. 특화자원 활용 수요 창출형 신식품 개발	(03) 개인맞춤 건강정보 기반 식이설계 플랫폼 개발	세부-09	유전체 분석을 통한 개인맞춤형 메디푸드 개발	R&D (중장기)
1. 특화자원 활용 수요 창출형 신식품 개발	(04) 환경맞춤 지속가능 탄소중립 소재 개발	세부-10	지역 비상품 농산물을 활용한 업사이클링 소재개발	R&D (단기)
1. 특화자원 활용 수요 창출형 신식품 개발	(04) 환경맞춤 지속가능 탄소중립 소재 개발	세부-11	가공부산물 활용 지속가능 고부가가치 제품개발	R&D (단기)
1. 특화자원 활용 수요 창출형 신식품 개발	(04) 환경맞춤 지속가능 탄소중립 소재 개발	세부-12	지속가능 식품포장을 위한 탄소중립형 용기소재 개발	R&D (중장기)

4대전략	(No.) 실행사업명	과제 번호	세부과제명	전략유형 (추진유형)
2. 환경친화 스마트제조 표준화 보급	(05) 로봇 및 AI기술기반 현대화시설 구축	세부-13	협동로봇 활용 식품제조 및 농업지원 인프라 구축	기반조성 (중장기)
		세부-14	AI기술 활용 지능형 푸드테크 제조시설 구축	기반조성 (중장기)
		세부-15	데이터 기반 미래형 스마트 유통플랫폼 구축	기반조성 (중장기)
	(06) 스마트 기술기반 수요맞춤 제조공정 표준화	세부-16	스마트 HACCP적용 기업확대 및 품질관리 고도화	기반조성 (단기)
		세부-17	제주형 스마트제조가공센터 구축 및 제조공정 표준화	기반조성 (중장기)
		세부-18	기술수요 맞춤 푸드테크 전문인력양성	인력양성 (단기)
	(07) K-RE100 저탄소 식품제조 및 업사이클링 기반조성	세부-19	신재생 에너지 보급을 통한 K-RE100 기반조성	기반조성 (중장기)
		세부-20	탄소저감 푸드 업사이클링 산업확대를 위한 기반조성	기반조성 (중장기)
		세부-21	잉여전력 및 플라즈마 기술을 활용한 탄소저감기술 개발	R&D (단기)
	(08) 국내·외 환경친화 인증활용 그린마케팅 선도	세부-22	탄소배출 저감화를 통한 ESG 인증기업 확대	사업확대 (중장기)
		세부-23	저탄소 제조 및 순환자원 활용을 통한 녹색산업 확대	사업확대 (중장기)
		세부-24	지역소재 활용 환경친화 그린마케팅 강화	사업확대 (단기)
3. 맞춤형 외식 푸드서비스 고도화 및 푸드테크 창업기반 구축	(09) 고객맞춤 외식관광 플랫폼 개발 및 고도화	세부-25	AI 기반 제주 외식 관광 맞춤형 스케줄링 앱 개발	R&D (단기)
		세부-26	탐나오, Visit 제주 연동 외식 정보 통합 플랫폼 구축	R&D (중장기)
		세부-27	고객맞춤 푸드테크 트럭존 조성 및 운영	기반조성 (중장기)
	(10) 외식테크 기반 자동화, 맞춤형 푸드솔루션 보급	세부-28	AI 기반 스마트 오더링 및 서빙 시스템 도입 지원	기반조성 (단기)
		세부-29	맞춤형 외식메뉴 추천 및 영양 정보 제공 시스템 개발	R&D (중장기)
		세부-30	로봇 셰프 및 자동 조리 시스템 실증 및 확산	사업확대 (단기)
	(11) 로컬자원 식자재통합 플랫폼 구축	세부-31	로컬 식자재 데이터 수집 및 관리 시스템 구축	기반조성 (중장기)
		세부-32	산지-외식업체 매칭 및 물류 지원 시스템	기반조성 (중장기)

4대전략	(No.) 실행사업명	과제 번호	세부과제명	전략유형 (추진유형)
3. 맞춤형 외식 푸드서비스 고도화 및 푸드테크 창업기반 구축	(12) 푸드테크 연계 지역소상공인 육성 및 창업기반 구축	세부-33	푸드테크 기반 소상공인 창업 및 성장 지원	기반조성 (단기)
		세부-34	외식업 디지털 전환 및 푸드테크 연계 강화	기반조성 (단기)
4. 푸드테크 전후방 산업 생태계 조성	(13) 디지털전환 (DX)을 통한 스마트팜 생태계 구축	세부-35	제주형 스마트팜 기술 개발, 데이터 플랫폼 구축 및 활용 지원	R&D (단기)
		세부-36	스마트팜 전문인력 양성 및 기술 컨설팅 지원	인력양성 (단기)
		세부-37	스마트팜 연계 유통 및 판매 플랫폼 구축	사업확대 (중장기)
	(14) 지속가능 제주형 푸드테크 혁신클러스터 조성	세부-38	그린바이오 벤처캠퍼스 조성 및 스타트업 육성	기반조성 (중장기)
		세부-39	제주형 푸드테크연구지원센터 구축 및 기업지원	기반조성 (중장기)
		세부-40	제주형 푸드테크 혁신클러스터 조성 및 협력 생태계 구축	기반조성 (중장기)
	(15) 애그테크 인프라 소재생산 및 복합문화공간 조성	세부-41	애그테크 복합문화공간 및 제주 푸드아일랜드 조성	기반조성 (중장기)
		세부-42	애그테크 기반 소재 및 제품 연계 상용화 지원 플랫폼 구축	기반조성 (중장기)
	(16) 글로벌플랫폼 협력 제주 푸드테크 홍보관 운영	세부-43	제주 푸드테크 통합 홍보 채널 구축 및 상품관운영	사업확대 (단기)
		세부-44	글로벌 온라인 플랫폼 협력 제주 푸드테크 홍보관 운영	사업확대 (단기)
		세부-45	제주 푸드테크 기업 역량 강화 및 글로벌 수출 지원	사업확대 (단기)

전략-1 특화자원 활용 수요 창출형 신식품 개발

1) 추진배경

- **(푸드시장)** 헬시플레저, 그린슈머 등 가치소비 트렌드로 국내외 시장 급변
- **(종다양성)** 유네스코 지정 생물종 다양성지역으로 9천여종 생물종이 분포하고, 식물자원 2천여종에 달함, 이중 800여종은 식용약용소재 활용 가능
- **(특화자원)** 월동작물, 용암해수, 향토음식 등 제주 특화자원 다량 보유

2) 필요성

- 생물종 다양성 및 특화자원을 활용한 기능성 소재 개발 및 제품화 필요
  - 도내 영세한 제조업의 경쟁력을 향상시키는데 필수적
- 기능성 소재개발, 맞춤형 제품고도화, 전문인력 양성 등 전략적 육성 시급

3) 세부 실행과제

No.	실행 사업명	과제번호	세부 과제명
01	지역맞춤 특화자원 융합 글로컬 전략푸드	세부-01	스마트 발효식품 산업육성 및 제품 표준화
		세부-02	지역산업 연계 항공·우주푸드 개발 및 상품화
		세부-03	지역특화 자원 기반 맞춤형 가정간편식 개발
02	세대맞춤 가심비 충족 맞춤형 전략식품 개발	세부-04	슬로푸드 소재활용 세대맞춤 향토음식 특화제품 개발
		세부-05	생애 전주기 맞춤 케어푸드 제품개발
		세부-06	세대별 건강 니즈를 반영한 맞춤형 식품개발
03	개인맞춤 건강정보 기반 식이설계 플랫폼 개발	세부-07	건강정보 기반 개인맞춤형 식품추천 플랫폼 개발
		세부-08	스마트 관광연계 AI 푸드테크 맞춤형 기술개발
		세부-09	유전체 분석을 통한 개인 맞춤형 메디푸드 개발
04	환경맞춤 지속가능 탄소중립 소재 개발	세부-10	지역 비상품 농산물을 활용한 업사이클링 소재개발
		세부-11	가공부산물 활용 지속가능 고부가가치 제품개발
		세부-12	지속가능 식품포장을 위한 탄소중립형 용기소재 개발

4) 추진전략 세부 목표

구분	2025년~2029년(5년)	2030년~2034년(5년)	2035년~2039년(5년)
제도	조례제정, 기본계획 수립	제도개선 및 지원확대	제도개선 및 지원확대
인력	RISE 및 MD과정 도입	푸드테크 전문인력 200명	푸드전문가 500명
기술	식품 커스터마이징 연구	소재분류, 표준화 등	기술고도화
기업	기업신고제 기반 마련	푸드테크기업 50개소	푸드테크기업 100개소
생태계	소재-제품화 기반마련	운영 및 개선	생태계 고도화

전략 1	실행1. 지역맞춤 특화자원 융합 글로컬 전략푸드 개발	
과제번호	세부 과제명	전략유형
세부-01	스마트 발효식품 산업육성 및 제품 표준화	R&D

1) 지역여건 및 필요성

- 전통 발효식품의 보전
  - 제주는 쉰다리, 젓갈류, 장류, 오메기주 등과 같은 전통발효음식을 보유하고 있으며, 지역 생물자원, 토착미생물 및 제주만의 고온다습한 자연조건 등이 제주만의 발효 식문화를 만들었음
- 스마트 발효 식품산업 기반 필요
  - 산업화 이전의 수공업 중심 발효식품 생산공정은 활용 미생물은 표준화되지 않아 대량생산 및 유통에 어려움이 있으며, 제품 표준화 및 현대화를 위한 체계적인 지원 및 투자가 필요함
- 고부가가치 산업 전환 필요
  - 기존 1차 농수산업 중심의 제주 경제구조에서 식품가공, 바이오 기반의 전략적인 부가가치 산업으로 전환이 필요
  - 특히 제주는 발효식품의 품질개선, 기능성 규명 및 새로운 제품개발 등의 투자지원를 통해 고부가가치 산업으로 전환시켜 나갈 필요가 있음

<그림 7-2> 대표적인 제주 발효식품 예시

제주 쉰다리	제주 자리젓	제주 된장	제주 오메기주

자료 : 각사 발효식품 이미지

2) 세부 추진전략

- 제주 특화자원 활용 발효식품 개발 및 시설 현대화
  - 제주지역 특화자원을 활용한 발효식품(장류, 젓갈류, 쉰다리, 발효유제품, 발효주 등) 개발 및 제품 생산공정 데이터베이스 구축
  - 기존의 전통발효식품의 품질 및 고부가가치를 높이기 위한 수요에 맞는 개선된 신제품개발 필요
  - 한국전통 발효액젓을 이용한 글로벌 소스개발 및 상품화 등
  - 발효식품 산업육성 및 생산공정 표준화를 위한 스마트시설(Iot 센서 등) 현대화 필요
- 스마트 발효식품 생산 표준화 발효종균 발굴 및 기능성 규명
  - 제주지역의 발효식품 품질개선 및 생산공정 표준화를 위한 발효종균 발굴 필요
  - 제주 발효식품 마이크로바이옴(Microbiome)[8] 분석을 통한 대표 발효미생물 데이터확보 및 표준화 발효종균 발굴 수행
  - 제주 발효식품의 부가가치 산업전환을 위한 기능성 규명(유효성분 발굴 및 효능평가)

3) 협력체계

협력체계	주요 역할	관련조직
제주특별자치도	지역 맞춤형 발효식품개발 관련 정책지원 등	식품산업과 등
도내 대학 등	RISE(지역 특화 발효식품 개발 등)	제주대, 한라대, 관광대 등
협력 기관/단체	발효종균 발굴, 유효성분 발굴 및 효능평가 등	제주테크노파크, 제주산학융합원, 제주한의약연구원 등
협력 기업	제주발효식품 마이크로바이옴 분석, 발효식품 제조생산기업 등	마크로젠, CJ바이오사이언스 및 MOU 협업기업 등

8) 마이크로바이옴(microbiome) : 인체, 동물, 식물 등 생물체 내외에 사는 미생물(microbe)과 생태계(biome)를 합친 단어로 미생물 전체와 그들의 유전정보를 통틀어 일컫는 말임

4) 연차별 성과목표

성과 구분	단위	(5개년) 핵심성과 목표					비고
		2025년	2026년	2027년	2028년	2029년	
발효식품 스마트 현대화시설 개선	개소	-	2	2	2	2	-
지역특화자원 활용 발효식품 개발	건	1	3	3	3	3	-
생산공정 표준화 발효종균 발굴	종	-	2	2	2	2	-
발효식품 기능성규명	건	-	2	2	2	2	-

5) 연차별 투자계획

(단위: 백만 원)

세부 목표	(5개년) 투자계획					합계
	2025년	2026년	2027년	2028년	2029년	
발효식품 스마트 현대화시설 개선	-	100	100	100	100	400
지역특화자원 활용 발효식품 개발	50	150	150	150	150	650
생산공정 표준화 발효종균 발굴	-	100	100	100	100	400
발효식품 기능성규명	-	100	100	100	100	400
합계	**50**	**450**	**450**	**450**	**450**	**1,850**

6) 기대효과

- 발효식품 품질고도화 및 소비자 신뢰확보
  - 센서 및 마이크로바이옴 데이터기반 스마트 발효생산 공정도입을 통해 균일한 맛, 품질 및 안전성을 유지할 수 있어 소비자의 신뢰 및 구매력 상승을 유도할 수 있음
- 전통발효식품의 과학적 계승 및 보존 가능
  - 표준화된 생산공정 도입과 수집 데이터를 기반으로 기록 및 자료보존이 가능하며, 이를 문화유산으로 지속적인 계승이 가능함
- 청년 일자리 창출 및 지역 창업유도
  - 발효식품 개발, 품질관리, ICT 시스템운영 및 콘텐츠 제작 등 다양한 분야에서 청년 전문 인력 수요 증가
  - 스마트 기술과 전통식품의 결합은 지역 청년들의 창의적 창업 아이템으로도 발전 가능

전략 1	실행1. 지역맞춤 특화자원 융합 글로컬 전략푸드 개발	
과제번호	세부 과제명	전략유형
세부-02	지역산업 연계 항공·우주푸드 개발 및 상품화	R&D

1) 지역여건 및 필요성

- 관광산업 연계 및 미래 식량기술 선점을 위한 전략수립 필요
  - 항공·우주식품은 일반적인 환경이 아닌 특수한 환경에서도 안전하고 영양 공급을 유지할 수 있는 미래식량 기술이 집약된 영역임
  - 우주식품은 오랜기간 안정적으로 보관되어야 하며, 미생물이나 병원균으로부터 오염되지 않아야하는 엄격한 품질기준을 만족해야함에 따라 향후 미래식량기술을 선점하기 위한 교두보로서 큰 의미가 있음
  - 제주는 지역특화 식재료가 풍부하여 항공·우주 식품 개발에 있어 관광산업과 연계한 잠재력과 다양성 측면에서 강점이 있음
  - 또한 제주특화자원을 활용한 지역성과 건강을 강조한 프리미엄 항공기내식 및 상품 컨텐츠로 차별화가 가능하며, 국내·외 관광객에게 제주 브랜드 이미지를 각인시킬 수 있는 효과적인 수단이 될 수 있음
- 하원테크노캠퍼스 기회발전특구 지정
  - 제주는 민간항공우주산업을 육성하는 지역으로 하원테크노캠퍼스에 앵커기업 한화시스템을 구심점으로 하는 우주항공 분야 특구를 선정함
  - 또한 항공우주분야 협약형 특성화고 지정(한림공업고등학교)을 통한 인력양성 체계 수립
  - 현재 클러스터 모델 도출을 위한 제주 우주산업 클러스터 지정계획 수립 연구용역 수행 중

<그림 7-3> 제주의 대표적인 항공·우주분야 주요성과

제주 한화우주센터(한화시스템) 조감도

항공우주분야 협약형 특성화고(한림공고)

자료 : 한화 및 뉴시스 보도자료

2) 세부 추진전략

- 제주특화 자원을 활용한 항공·우주식품 개발 및 빅데이터 분석
  - 제주특화 식재료의 영양성분 분석과 항공·우주환경 적합성 평가를 위한 빅데이터 분석 수행
  - 데이터 수집, 처리 및 분석, 예측모델 개발을 통한 제주특산물의 우주 식품화 가능성 데이터 기반 검증
  - 제주특화 자원을 활용한 항공·우주식품 개발 및 보존, 안전성 평가 수행
  - 제주에서 분리하고 배양시킨 효모, 유산균, 미세조류(스피룰리나)를 이용한 대체단백질 생산기술 개발
  - 선정된 영양소재를 활용한 우주환경에 적합한 제형의 제조기술 및 모델푸드개발(건조기술, 고압기술, 미세캡슐기술, 겔화기술, 압축·성형기술 및 방사선 식품기술 등)
  - 우주환경에 적합한 가공식품개발(타블릿, 아이스크림, 건조과일, 제빵류 등)
  - 제주특화 항공·우주푸드를 활용한 관광산업 연계 프로그램 기획 및 연구진행
  - 제주특화자원을 활용한 프리미엄 항공기내식 및 기내 판매상품 개발을 위한 영양 균형 레시피개발, 가공기술 개발, 항공사 간 공동마케팅 및 브랜딩 추진 등
- 유전체 기반 개인 맞춤형 우주 간편식 개발 및 인증 적합성 확보
  - 글로컬 푸드테크산업 육성을 위한 유전체 빅테이터를 바탕으로 개인 맞춤형 우주간편식 개발
  - 우주식품 개발 및 인증적합성 확보, 기업 컨설팅 및 기술이전 진행
  - 우수관광과 연계한 체험 프로그램 운영 및 지역산업 연계가치 창출

3) 협력체계

협력체계	주요 역할	관련조직
제주특별자치도	항공·우주 분야 정책지원 등	미래성장과, 식품산업과 등
노내 대학 등	항공·우주분야 인재양성 및 빅데이터 분석	제주대, 한라대, 제주관광대, 한림공고 등
협력 기관/단체	우주식품 개발 및 안정성평가, 우주식품 개발을 통한 관광산업 연계 방안연구, 맞춤형 우주 간편식 개발 등	한국식품연구원, 경희대 우주비즈니스 연구센터, 한국식품연구원 등
협력 기업	항공·우주식품 개발 실증 및 연계 제품 개발	한화시스템, 항공사 및 MOU 협업기업 등

4) 연차별 성과목표

성과 구분	단위	(5개년) 핵심성과 목표					비고
		2025년	2026년	2027년	2028년	2029년	
영양성분 분석 및 데이티기반 최적화	종	5	5	5	-	-	-
항공우주식품 개발 및 안전성 평가	건	1	1	1	-	-	-
대체단백질 생산기술 개발	건	-	1	1	1	1	-
항공·우주환경 적합제형 개발	건	-	1	1	1	1	-
맞춤형 우주 간편식 개발	건	1	1	1	-	-	-

5) 연차별 투자계획

(단위: 백만 원)

세부 목표	(5개년) 투자계획					합계
	2025년	2026년	2027년	2028년	2029년	
영양성분 분석 및 데이티기반 최적화	100	100	100	-	-	300
항공·우주식품 개발 및 안전성 평가	100	100	100	-	-	300
대체단백질 생산기술 개발	-	150	150	150	150	600
항공·우주환경 적합제형 개발	-	100	100	100	100	400
맞춤형 우주 간편식 개발	150	150	150	-	-	450
합계	**350**	**600**	**600**	**250**	**250**	**2,050**

6) 기대효과

- 미래 식품산업 진출을 위한 신성장 동력 확보
  - 우주식품은 고부가가치 및 기술집약 융합 산업으로 국방, 항공우주, 의료, 프리미엄 HMR 시장 진입의 교두보 역할이 가능함
- 청정 제주의 식재료 고부가가치화
  - 감귤, 톳, 흑돼지, 마늘 등 제주산 건강 식재료를 활용한 기능성 중심의 고부가가치 우주식품 개발이 가능함에 따라 단순원물이 미래기술 식품으로서의 산업 구조전환의 역할을 할 것으로 기대됨
- 항공·우주산업 연계 관광콘텐츠 개발 가능
  - 항공·우주푸드 체험관, 미래식품 관광 프로그램 등을 통한 제주지역의 관광산업과 연계한 체험형 콘텐츠 개발로 관광수입 증대가 기대됨

전략 1	실행1. 지역맞춤 특화자원 융합 글로컬 전략푸드 개발	
과제번호	세부 과제명	전략유형
세부-03	지역특화 자원 기반 맞춤형 가정간편식(HMR) 개발	R&D

1) 지역여건 및 필요성

- 차별화되고 풍부한 지역특화 식재료
  - 제주지역은 섬이라는 특수성으로 차별화된 특화 자원 풍부하며, 특히 월동채소, 감귤, 메밀 등 수입산 대체 농산물의 재배 핵심지역임
  - 이러한 재료들은 맛과 영양과 더불어 음식의 청정의 이미지를 동시에 부여함에 따라 원재료의 신선함을 바탕으로 가정간편식(Home Meal Replacement, HMR) 개발에 최적화되어 있음
- 가정간편식(HMR) 시장의 성장
  - 1인가구의 증가 및 맞벌이 가정 확대 등으로 HMR 수요가 급증하고 있으며, 전국적으로 대기업 중심의 제품이 다수이지만, 지역특색을 살린 프리미엄 HMR은 상대적으로 경쟁이 약한 블루오션임
- 식품 가공인프라 및 제도적 지원기반 확장
  - 제주는 최근 안정적인 원물가공이 가능한 인프라구축을 목표로 하는 스마트제조가공센터 용역이 완료되었으며, 지역소재를 활용한 향토음식을 개발하는데 지원하는 등 제도적 지원기반이 확장되고 있음
  - 또한 농산물 가공시설, 식품클러스터 등과 연계하여 지역 단위의 식품사업화를 추진할 수 있는 환경이 점차 형성 중임
- 대용량 가정간편식(HMR)에 대한 수요증가
  - 현재 학교급식시장은 학생 수 감소와 조리 인력 부족으로 인해 간편하게 조리할 수 있는 가정간편식(HMR) 제품의 도입이 검토되고 있으며, 특히 위생과 학생들의 영양기준을 충족하는 제품에 대한 수요가 증가하고 있는 상황임
  - 또한 고령 인구의 증가로 인해 씹기 쉽고 소화가 잘되는 맞춤형 가정간편식 제품의 필요성이 대두되고 있으며, 이러한 제품은 조리의 편의성과 위생적인 측면에서 장점을 가질 수 있어 양로원 및 복지시설 등에서의 활용이 확대될 전망임

[표 7-3] 편의성에 따른 가정 간편식의 분류

품목분류	정의	주요품목
즉석섭취식품 (Ready to eat, RTE)	완전히 조리된 상태로 제품 구매 후 바로 섭취 가능	도시락, 샌드위치, 김밥, 샐러드 등
즉석(완)조리식품 (Ready to heat, RTH)	전자레인지나 뜨거운 물에 단시간 데운 후 섭취 가능한 음식	즉석밥, 즉석 죽, 레토르트 제품 등
즉석(반)조리식품 (Ready to cook, RTC)	상대적으로 장시간 데우거나 간단한 조리과정을 거친 후 섭취 가능한 음식	냉동만두, 냉동 돈까스, 냉동볶음밥 등
신선편의 식재료(밀키트) (Ready to prepare, RTP)	손질된 식재료와 양념, 레시피가 동봉되어 있는 제품	찌개 키트, 나물 키트 등

자료 : 중소기업 전략기술로드맵(2025~2027) 참고

[표 7-4] 식품공전 상의 가정 간편식의 범위 및 정의(즉석섭취·편의식품류 기준)

품목분류	정의	주요품목
즉석섭취식품	동·식물성 원료에 식품이나 식품첨가물을 가하여 제조·가공한 것으로서 더 이상의 가열, 조리과정 없이 그대로 섭취 할 수 있는 식품	도시락, 김밥, 햄버거, 선식 등
즉석조리식품	동·식물성 원료에 식품이나 식품첨가물을 가하여 제조·가공한 것으로서 단순가열 등의 가열조리과정을 거치면 섭취할 수 있도록 제조된 식품	국, 탕, 수프, 순대 등
신선편의식품	농·임산물을 세척, 박피, 절단 또는 세절 등의 가공공정을 거치거나 이에 단순히 식품 또는 식품첨가물을 가한 것으로서 그대로 섭취할 수 식품	샐러드, 새싹채소 등
간편조리세트	조리되지 않은 손질된 농·축·수산물과 가공식품 등 조리에 필요한 정량의 식재료와 양념 및 조리법으로 구성되어, 제공되는 조리법에 따라 소비자가 가정에서 간편하게 조리하여 섭취할 수 있도록 제조한 제품	밀키트 등

자료 : 식품의약품안전처의 식품의 기준 및 규격 참고

2) 세부 추진전략

● 제주형 글로컬 가정 간편식 소재 및 제품개발

- 지역특화자원인 감귤, 톳, 흑돼지, 마늘, 양파 등과 연육을 활용한 고부가가치 가정간편식 어묵 제품개발 및 국내외 시장 확대
- 나노분쇄한 벌화분, 벌꿀, 용암해수 등을 활용한 숙취해소음료 개발

- 제주지역 해산물 추출물을 이용한 가정간편식 소스개발
- 지역특화자원에 맞춘 식품 과학 교육 프로그램(기능성 식품, 발효기술 등)을 개발하여 제주지역 대학 및 연관기관 등과 함께 인재양성 프로그램 운영
- 산학연 협력을 통해 지속적으로 최신 기술과 시장 동향을 반영할 수 있는 협력체계를 구축할 필요가 있음

● 대용량 맞춤형 가정간편식 제품개발

- 영양균형, 알레르기성분 제외 및 초·중·고등학교별 맞춤형 학교급식용 가정간편식 레시피 및 제품개발
- 요양원 및 주야간보호센터 등의 고령자를 대상으로한 저염, 연화식 및 단백질 강화 등을 고려한 맞춤형 가정간편식 레시피 및 제품개발
- 조리인력이 제한적인 현장이 고려된 간편하게 조리후 완성가능한 형태의 레시피 및 조리방법을 개발하고 지자체나 지역급식지원센터와의 협업을 통한 시범공급 진행

● 제주형 글로컬 가정 간편식 시장진출 지원

- 제주 고유의 맛과 청정 먹거리 소재로 개발한 가정간편식의 시장진출 발판 마련을 위한 맞춤형 지원
- 가정간편식 생산업체 시장진출 지원(컨설팅, 홍보, 생산·판매 지원)

3) 협력체계

협력체계	주요 역할	관련조직
제주특별자치도	가정간편식 분야 정책지원 등	식품산업과 등
도내 대학 등	RISE(제주형 가정 간편식 개발)	제주대, 한라대, 제주관광대 등
협력 기관/단체	가정간편식 레시피 개발, 제품 디자인 설계 및 포장기술 개발, 제품제조를 위한 기술지원 프로그램 개발	제주테크노파크, 한국생산기술연구원, 제주한의약 연구원, 경제통상진흥원, 어린이/사회복지급식관리지원센터 등
협력 기업	제주형 가정 간편식 생산 및 상용화	MOU 협업기업 등

4) 연차별 성과목표

성과 구분	단위	(5개년) 핵심성과 목표					비고
		2025년	2026년	2027년	2028년	2029년	
제주형 가정간편식 레시피 개발	건	5	5	5	5	5	-
가정간편식 제품 개발	건	3	3	3	3	3	-
대용량 가정간편식 제품개발	건	2	2	2	2	2	-
가정간편식 레시피 기술이전	건	-	1	1	1	1	-
가정간편식 생산업체 시장진출 지원	개소	5	5	5	-	-	-

5) 연차별 투자계획

(단위: 백만 원)

세부 목표	(5개년) 투자계획					합계
	2025년	2026년	2027년	2028년	2029년	
제주형 가정간편식 레시피 및 제품개발	200	200	200	200	200	1,000
제품 디자인 및 포장기술 개발	80	80	80	80	80	400
가정간편식 생산업체 시장진출 지원	200	200	200	-	-	600
합계	**480**	**480**	**480**	**280**	**280**	**2,000**

6) 기대효과

- 지역 식문화의 글로컬 브랜드화
  - 제주 향토음식과 제철 식재료를 활용한 제품개발을 통해 전국 및 글로벌 시장에서 차별화된 지역 식품으로 자리매김 할 수 있는 브랜드화 가능
- 지속가능한 식품산업 기반 조성
  - 계절성과 자연재해에 취약한 1차 산업 구조에서 가공·유통 중심의 안정적인 식품산업 생태계로 확장 가능
- 공공급식의 노동력부족 해소 및 지역 순환경제 구축
  - 지역 내 학교, 요양원, 주야간보호센터 등에서 제주산 간편식을 이용하게 될 경우 지역 내 급식종사자의 노동력 부족을 해소할 수 있으며, 지역자원의 소비, 생산 및 재투자를 통한 순환경제 구조가 형성될 수 있음

전략 1	실행2. 지역맞춤 특화자원 융합 글로컬 전략푸드 개발	
과제번호	세부 과제명	전략유형
세부-04	슬로푸드 소재활용 세대맞춤 향토음식 특화제품 개발	R&D

1) 지역여건 및 필요성

- 지역특화 식재료
  - 제주에는 흑돼지(재래돼지), 옥돔, 자리돔, 우뭇가사리 등을 지역특화 식재료들을 이용한 독특한 향토음식 문화를 갖고 있으며, 제주 향토음식의 브랜드 가치를 높이기 위한 노력이 필요함
  - 현재 국내 118개 맛의 방주[9] 품목 중 제주의 경우 31개 슬로푸드가 등재되어 있음
- 전통 식문화의 보존
  - 제주의 향토음식은 외지와의 교류가 적었던 섬이라는 특성상 지역고유의 방식으로 발전하였으며, 몸국, 고기국수, 빙떡, 자리물회 등은 조리법이나 재료면에서 다른지역과 차별성이 큼
  - 세대 간 단절로 인해 젊은 세대는 향토음식에 대한 경험과 이해가 부족하여 세대에 맞는 현대화와 계승의 필요성이 있음
  - 또한 이를 체계적으로 보존하고 현대적으로 계승하기 위해서는 애스닉푸드(Ethnic Food)[10] 관점에서 접근이 필요하며, 지역정체성 강화와 함께 국내외 시장에서 차별화된 컨텐츠로 활용이 가능함
- 관광 및 로컬푸드 산업기반
  - 제주는 연간 1300만명 이상 관광객이 방문하는 국내 최대 관광지중 하나이며, 식도락 여행에 관심이 많은 관광객들을 대상으로한 맞춤형 향토음식 체험 및 관련 제품구매 수요가 지속적으로 증가할 것으로 기대됨
  - 제주는 로컬푸드 육성 정책을 추진중에 있으며, 슬로푸드 및 지속가능한 먹거리 체계를 강화하고 제도적 기반을 마련할 필요가 있음

9) 슬로푸드 "맛의방주" (국내 118개 품목 중 제주 31개 품목 약 26% 점유/'24.12월 기준)
- 전세계 문화와 전통이 깃든 사라질 위기에 처한 음식을 기록하는 슬로푸드의 국제 프로젝트임
- 슬로푸드는 전통적이며 지속가능한 음식과 식재료를 지키며, 경작법과 가공법을 보존하고 생물종다양성을 보호함

10) 애스닉 푸드 : 특정 지역이나 민족의 전통적 식재료, 조리법, 식문화를 기반으로한 고유한 음식으로, 그 지역의 역사와 문화적 정체성을 반영하는 음식을 말함

● 지속가능발전목표(SDGs)[11] 정책연계

- 제주는 푸드테크와 연계된 지속가능발전 기본전략 세부목표지표를 "산업화 혁신"으로 변경하여 추진 중에 있으며, 이는 제주 식품산업에 첨단기술 융합을 바탕으로 향토음식의 가치 보전 및 고도화를 통한 지속가능성과 경쟁력 확보를 목표로 하고 있음

[표 7-5] 슬로푸드 맛의 방주에 등재된 제주 대표소재(18품목)

No.	맛의 방주 "제주" 대표소재	요약	등재년도
1	제주푸른콩장	제주지역 토종콩인 푸른콩으로 만든 장	2013
2	제주흑우	우리나라 재래 한우종인 제주 흑우	2013
3	제주강술	제주 오메기떡과 밀누룩으로 만든 술	2014
4	제주꿩엿	꿩고기를 넣고 하루 동안 푹 고아 만든 엿	2014
5	제주댕유자	당유자라고도 불리는 제주도 토종 유자	2014
6	제주순다리	쉰다리라고도 불리는 곡물 발효음료	2014
7	제주재래감	제주 재래감은 식용, 약용, 염색용으로 사용됨	2014
8	제주재래돼지	전신이 흑색이며 체격을 일반 돼지에 비해 작음	2014
9	골감주	보리나 찹쌀 같은 지역 곡물로 만든 음료	2015
10	산물	산귤, 진귤이라고도 불리는 귤나무	2015
11	다금바리	제주도에서 주로 잡히는 아열대성 대형 어종	2015
12	제주오분자기	오분자기는 제주도에만 서식하는 특산품	2015
13	자리돔	돔 가운데 가장 작은 어종으로 제주도 서민음식	2017
14	우뭇가사리	붉은색 해조류로 삶아서 한천으로 만들어 먹음	2017
15	옥돔	제주방언으로"솔라니"라 부르던 제주 대표어종	2017
16	톳	제주도 서민들 영양공급원 역할을 해온 해조류	2017
17	구억배추	대정읍 구억리에서 어렵게 지켜내고 있는 토종배추	2017
18	제주재래닭	제주 가정에서 키워왔던 재래종 닭	2018

자료 : 슬로푸드 대한민국 맛의방주 100(2019.11)

2) 세부 추진전략

● 맛의방주에 등재된 슬로푸드 소재활용 향토음식 특화제품 개발

- 등재된 맛의방주 소재와 더불어 제주지역 향토음식 관련 특산물, 전통조리법 및 가공기술(기능성 및 편의성 등)에 대한 산학 공동연구
- 품평회 및 국제요리경연대회 등을 통한 제주 향토음식 육성지원
- 향토음식에 대한 경험과 이해가 부족함에 따른 세대에 맞는 현대화된 향토음식 및 특화제품 개발
- 맛의방주 등재 식재료와 잉여농산물 개발 식재 발굴

11) 지속가능발전목표(SDGs) : UN이 창립 70주년을 맞아 2015년부터 2030년까지 환경·사회·경제의 지속가능발전을 실현하기 위해 채택한 목표를 말함

- 슬로푸드 맛의 방주 신규품목 발굴 및 세대맞춤 향토음식 홍보지원
  - 사라질 위기에 처한 품목을 추가적으로 발굴하여제주 슬로푸드 맛의방주 품목으로 등재하고 제주 음식을 브랜드가치를 높이는 미래자원으로 활용
  - 세대맞춤 제주 향토음식 육성 및 관광 컨텐츠 지원(인플루언서 활용 등)
- 제주 향토음식의 고도화를 통한 경쟁력 강화
  - 도 지정 향토음식점 관리체계 개선(규칙개정) 등 제도 기반 정비
  - 기존 향토음식점 실태조사 실시 및 사후관리 강화(위생등급제 적용을 위한 한국식품안전관리인증원 협업 실태조사 및 교육 실시)
  - 제주 향토음식 명인·장인·전수자 발굴 및 지정

3) 협력체계

협력체계	주요 역할	관련조직
제주특별자치도	지역 맞춤형 식품개발 관련 정책지원 등	식품산업과
도내 대학 등	RISE(지역특화 향토음식 개발 등 지원)	제주대, 한라대, 관광대
협력 기관	제주향토음식 육성 및 관광 콘텐츠화 지원, 향토음식점 위생등급제 적용을 위한 실태조사 및 교육실시	제주관광공사, 한국식품안전관리인증원 등
협력 단체	맛의 방주 발굴등재, 슬로푸드 자원홍보 및 관광자원화	(사)국제슬로푸드한국협회 제주지부
협력 기업	지역특화 소재 활용 제품화 협력	MOU 협업기업

4) 연차별 성과목표

성과 구분	단위	(5개년) 핵심성과 목표					비고
		2025년	2026년	2027년	2028년	2029년	
지역맞춤 산학 공동연구	건	1	1	1	1	1	-
슬로푸드 소재활용 향토음식 개발	건	3	3	3	3	3	-
제주향토음식 콘텐츠제작 홍보	건	1	1	1	1	1	-
슬로푸드 맛의 방주 발굴	건	2	2	2	2	2	-
향토음식육성지원 제도 정비	건	1	-	-	-	-	-
향토음식 명인·장인 전수자 양성을 위한 교육 추진	건	2	2	2	2	2	-
도 지정 향토음식점 발굴	건	3	3	3	3	3	-

5) 연차별 투자계획

(단위: 백만 원)

세부 목표	(5개년) 투자계획					합계
	2025년	2026년	2027년	2028년	2029년	
지역맞춤 산학 공동연구	150	150	150	150	150	750
슬로푸드 소재활용 향토음식 개발	50	50	50	50	50	200
제주향토음식 콘텐츠제작 홍보	70	85	85	85	85	410
슬로푸드 맛의 방주 발굴	14	14	14	14	14	70
향토음식 전수자 양성교육 추진	60	60	60	60	60	300
도 지정 향토음식점 발굴	90	90	90	90	90	450
합계	**434**	**449**	**449**	**449**	**449**	**2,180**

6) 기대효과

- 향토음식의 현대화 및 지속가능한 계승
  - 슬로푸드 소재 기반 제품개발을 통해 잊혀가는 제주 전통음식을 현대인의 식생활에 맞게 재해석가능
- 세대별 맞춤 전략을 통한 시장확대
  - MZ세대, 중장년층, 고령층의 라이프스타일과 건강니즈에 맞춤 제품개발로 세분화된 시장 공략가능
- 지역 농축수산물의 부가가치 제고
  - 제주의 슬로푸드 원재료를 활용한 향토음식 개발을 통해 지역농가의 소득을 증대시키고 관광산업과 연계한 콘텐츠 제작을 통해 지역농산물의 브랜드 가치 제고가능

전략 1	실행2. 세대맞춤 가심비 충족 맞춤형 전략식품 개발	
과제번호	세부 과제명	전략유형
세부-05	생애 전주기 맞춤 케어푸드 제품개발	R&D

1) 지역여건 및 필요성

- 케어푸드의 정의

  - 케어푸드는 특별한 영양 공급이 필요한 노인이나 환자를 대상으로 한 맞춤형 식품을 의미하는 개념에서 최근에는 임산부, 영유아 및 일반 소비자까지 생애 전주기를 아우르는 맞춤형 식단의 개념으로 확대됨

- 맞춤형 케어푸드의 산업범위

  - 케어푸드를 특수용도식품과 특수의료용도식품을 아우르는 범주이며, 제주는 용암해수 유용 미네랄 등 제주지역의 천연자원을 활용한 케어푸드 소재 개발부터 제품개발, 임상·분석시험까지 포괄할 수 있는 산업범위를 갖을 수 있음

- 케어푸드의 시장의 수요확대

  - 케어푸드에 대한 관심은 국내를 넘어 해외에서도 빠르게 증가하고 있으며, 특히 일본, 유럽, 미국 등에서는 초고령화 사회가 이미 진행되어 맞춤형 건강식 수요가 급증하고 있고, 이에 따라 국내 기업들의 글로벌 진출 가능성도 더욱 커지고 있음

<그림 7-4> 케어푸드의 개념, 구분 및 세부분류체계

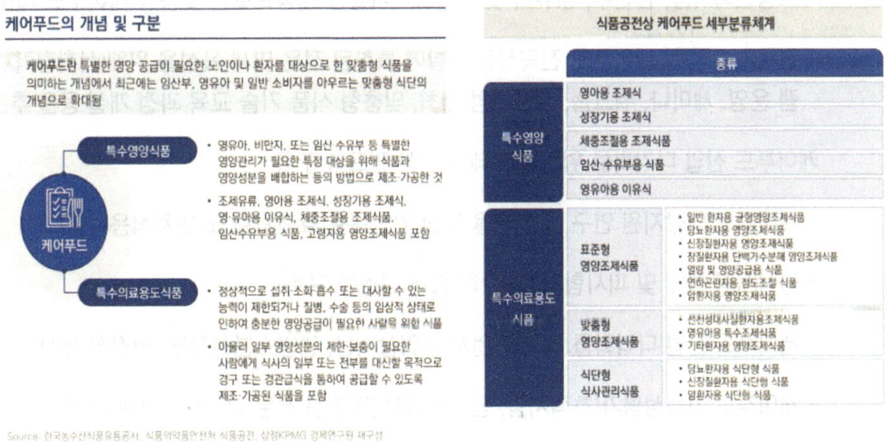

자료 : 삼정KPMG, 웰에이징으로 주목받는 케어푸드와 비즈니스 기회

<그림 7-5> 케어푸드 제품 예시

자료: CJ프레시웨이/현대그린푸드/매일유업/오뚜기 제품 참고

2) 세부 추진전략

- 생애 전주기 맞춤형 케어푸드 제품개발
  - 용암해수, 조릿대 등 제주지역의 천연자원을 활용한 생애 전주기 맞춤 케어푸드 소재 발굴 및 효능평가
  - 고령친화식품, 임산부, 영유아 및 일반소비자들을 대상으로한 맞춤형 케어푸드 제품개발
  - 전주기 맞춤형 케어푸드 전략식품 개발에 특화된 전문 인재 육성을 위해 산학협력 프로그램 운영, 세미나, 워크숍, 심포지엄 개최, 맞춤형 식품 기술 교육 과정 개설 등을 추진
- 케어푸드 산업 다각화를 위한 푸드테크 임상 인프라 구축
  - 케어푸드 임상지원 연구 및 실험을 위한 기반구축(효력시험 및 인체적용시험)
  - 임상시험 설계 및 피시험자 DB관리 등의 시스템 구축
  - 케어푸드 산업 다각화를 위한 기업지원(임상지원, 영양소분석지원, 안전성 분석지원 등)
  - 케어푸드 기능성평가(효력시험, 인체적용시험) 관련 전문 교육프로그램 운영

3) 협력체계

협력체계	주요 역할	관련조직
제주특별자치도	맞춤형 케어푸드 제품개발 및 임상센터 관련 정책지원 등	식품산업과, 미래성장과 등
도내 대학 등	RISE(케어푸드 제품개발 등 지원)	제주대, 한라대, 관광대 등
협력 기관	맞춤형 케어푸드 제품개발, 제주형 케어푸드 소재개발, 케어푸드 임상센터 구축 및 기업지원	제주테크노파크, 제주한의약연구원, 제주산학융합원 등
협력 단체	지역내 푸드테크기업 회원사 연계사업 발굴	월드푸드테크협의회 제주지회
협력 기업	케어푸드 소재개발 및 제품화 협력	MOU 협업기업

4) 연차별 성과목표

성과 구분	단위	(5개년) 핵심성과 목표					비고
		2025년	2026년	2027년	2028년	2029년	
제주형 케어푸드 소재발굴	건	3	3	3	3	3	-
맞춤형 케어푸드 제품개발	건	3	3	3	3	3	-
임상센터 디지털 플랫폼 및 기반구축	식	-	-	-	1	1	-
케어푸드 임상센터 장비구축	종	-	-	3	6	5	-
임상 교육프로그램 운영	건	-	-	1	1	1	-

5) 연차별 투자계획

(단위: 백만 원)

세부 목표	(5개년) 투자계획					합계
	2025년	2026년	2027년	2028년	2029년	
제주형 케어푸드 소재발굴 및 효능평가	100	100	100	100	100	500
맞춤형 케어푸드 제품개발	100	100	100	100	100	500
케어푸드 임상센터 인프라 구축	-	-	4,350	5,800	4,350	14,500
합계	200	200	4,550	6,000	4,550	15,500

6) 기대효과

- 생애 전주기 건강관리 지원

  - 영유아부터 임산부 및 고령자까지 생애 전 주기를 고려한 맞춤형 식품 제공으로 세대별 건강 증진과 삶의 질 향상에 기여

- 관광 및 수출산업 연계 가능성 확대

  - 케어푸드를 활용한 웰니스 관광 컨텐츠 개발 및 해외시장 수출을 통한 지역경제의 외연 확장 가능

전략 1	실행2. 세대맞춤 가심비 충족 맞춤형 전략식품 개발	
과제번호	세부 과제명	전략유형
세부-06	세대별 건강 니즈를 반영한 맞춤형 식품개발	R&D

1) 지역여건 및 필요성

- 초저출산·초고령화 사회 가속화
  - 초저출산, 초고령화로 인한 골드키즈족(gold kids)[12]과 욜드족(young old)[13] 공략을 위한 소비트렌드가 확산되고 있음
  - 이에따른 세대별 소비트랜드 맞춤식품 개발이 필요하며 이를 통해 제주 로컬제품 혁신 및 시장 공략 필요
  - 20-40대 트렌드를 보면, 제로전문 브랜드(건강 및 다이어트, 무설탕·무알콜·제로칼로리제품), 단백질 보충 식품, 맵부심 자극(매운 맛선호, 글로벌 K-food라면류), RTD(Ready-To-Drink) 제품 등이 큰 관심을 받고 있음
- 개인맞춤형 식품 수요 확대
  - 전반적이 삶의 질 향상과 건강한 식습관에 대한 소비자 관심이 높아지면서 개별적으로 맞춤화단 식단 및 제품에 대한 수요가 증가함
  - 맞춤형 식품은 국제적으로 통용되는 정의는 없으나 일반적으로 '개인의 필요 및 선호에 따라 맞춤화된 식품'을 의미함
  - 맞춤형 식품에는 연령이나 성별, 유전적요인, 알레르기 및 유당불내증, 생활방식, 취향 등 다양한 요인이 영향을 미침
  - 국내에서는 관련 법률 및 규정을 통해 맞춤형 영양조제식품 및 맞춤형 건강기능식품과 같이 의료용 또는 기능성 식품에 한해 정의하고 있음

12) 골드키즈족 : 저출산과 고령화 시대에 자녀를 하나만 낳아 최고로 키우려는 부모가 늘면서 생겨난 용어
13) 욜드족 : 젊은 노인(Young Gold)을 뜻하는 말로, 베이비부머 세대가 중장년층에서 노년에 접어들면서 생긴 강력한 소비자를 말함

[표 7-6] 국내 맞춤형 식품개발 사례(다이어트 식품)

제품사진			
브랜드	비비드키친	라라스윗	빙그레
제품명	비비드키친 저칼로리·저당 소스	저당 초콜릿 초코바	프로틴 스트링치즈
제품특징	저당, 저열량	저당	단백질·칼슘 함량 강화

자료 : 국내 소매 유통채널, 기업홈페이지

2) 세부 추진전략

- 가치소비의 핵심세대를 위한 건강맞춤 제품개발
  - 저당, 저칼로리 등 연계한 환경인증 제품개발 및 브랜드화
  - 가치소비의 핵심세대인 MZ세대 중 비건(Vegun)[14]주의 소비자를 대상으로한 식물성 대체단백질 소재개발 및 제품개발도 필요할 것으로 판단됨
  - 혼자사는 1인가구 MZ세대에 맞는 소용량, 1인분 포장 제품개발
  - 제주 원재료를 활용한 건강 및 웰빙 건조식품 개발
  - 개인이 원하는 성분과 맛을 선택할 수 있는 주문형 커스터마이징 제품 개발 및 맞춤형 포장형태 개발
  - 제주 지역에서 자생하는 식물을 활용한 건강기능성 식품 개발 등
  - 제주메밀의 다이어트 효과 연구(체중, 골격근량, 지방세포분화 분석) 등
- 저속노화, 멘탈케어, 활력증진 등 기능성표시 식품 개발
  - 2020년 일반식품에 기능성표시가 허용되었고 24년 8월에 HACCP시설 내 생산허용 완화됨에 따른 기능성표시 맞춤형 식품개발 가능
  - 한국식품진흥원-세계김치연구소 기관연계 수출형 기능성 표시 김치 개발

14) 비건(vegun) : 채식주의자를 말하며, 달걀과 우유 등을 소비하는 유연한 채식주의자를 포함하면 전세계 인구의 약 14%에 달한다고 보고되고 있음

- 지역특화자원 활용 맞춤형 저속노화 이너뷰티(피부건강) 제품개발
- 제주산 고시형 원료(알로에겔, 미세조류, 보리식이섬유 등) 생산 및 이를 이용한 기능성 표시식품 개발

● 영양맞춤 섭취편이 고령친화식 제품 및 맞춤형 건강기능성 제품 개발

- 초고령화사회[15]에 진입한 대한민국의 노인세대에 맞는 소화·영양흡수·목넘김 섭취편이 고령친화식 제형개발
- 노인세대에 부족한 영양설계를 통한 뼈건강, 근육건강 등 맞춤형 고령친화식 기능성표시 및 건강기능식품 개발
- 제주 육해상 특화자원의 발효추추물 등을 활용한 고령 맞춤형 기능성 원료개발 및 인력양성
- 장건강, 혈중 콜레스테롤, 식후혈당, 면역기능 및 인지기능 개선 등의 기능을 나타내는 고령세대 맞춤형 기능성 원료 및 제품개발
- 스피루리나 원물 및 분말 등을 활용한 고령세대 맞춤 건강기능식품 개발
- 기능성 원료 개발 맞춤형 전문인력양성을 위한 융복합 교육프로그램 개발 및 현장맞춤형 교육운영

3) 협력체계

협력체계	주요 역할	관련조직
제주특별자치도	세대 맞춤형 식품개발 관련 정책 지원 등	식품산업과 등
도내 대학 등	RISE(기능성표시식품 및 세대맞춤형 제품개발 등)	제주대, 한라대, 관광대 등
협력기관	지역특화자원 활용 시제품제작 등 정밀 영양 식이설계 분석 및 맞춤형 식품개발 고령친화 맞춤형 기능성원료 개발 등 수출형 기능성표시 김치 개발	제주테크노파크 한국식품산업진흥원 세계김치연구소
협력단체	지역내 푸드테크기업 회원사 연계사업 발굴	월드푸드테크협의회 제주지회
협력 기업	지역특화 소재 활용 맞춤 제품화 협력	MOU 협업기업

15) 초고령화사회 : 65세 이상 고령인구가 총인구에서 차지하는 비율이 20%이상인 사회로, 대한민국은 2024년 12월 초고령화 사회로 진입하였음(제주는 2027년 초고령화 사회 진입이 예상되고 있음)

4) 연차별 성과목표

구 분	단위	(5개년) 핵심성과 목표					비고
		2025년	2026년	2027년	2028년	2029년	
건강맞춤 제품개발	건	3	6	6	6	6	-
제주산 고시형 원료생산	건	2	2	2	2	2	-
기능성 표시식품 품목등록	건	-	2	2	3	4	-
영양맞춤 고령친화식 개발	건	1	3	3	3	3	-
맞춤형 건강기능식품 개발	건	-	3	3	3	3	-
논문 투고 및 게재	편	-	2	2	3	3	-
기술이전	건	-	-	1	2	2	-
인재양성	명	20	30	30	40	40	-

5) 연차별 투자계획

(단위: 백만 원)

세부 목표	(5개년) 투자계획					합계
	2025년	2026년	2027년	2028년	2029년	
가치소비 건강맞춤 제품개발	150	300	300	300	300	1,350
제주산 고시형 원료 생산	200	200	200	200	200	1,000
기능성 표시식품 개발 및 품목등록	-	200	200	300	400	1,100
영양맞춤 고령친화식 개발	100	300	300	300	300	1,300
맞춤형 건강기능식품 개발	-	600	600	600	600	2,400
합계	**450**	**1,600**	**1,600**	**1,700**	**1,800**	**7,150**

6) 기대효과

- 지역기반 맞춤형 푸드테크 산업 성장실현
  - 제주산 원료와 연계된 맞춤형 식품의 개발은 지역자원을 기술융합산업(푸드테크 및 바이오헬스 등)으로 성장시킬 것으로 기대됨
- 예방중심의 식의약 헬스케어 구현
  - 질병 치료 중심이 아닌 예방중심의 식생활 관리가 가능해지며, 국민 건강 비용절감에도 기여할 수 있음
- 고부가가치 식품시장 창출
  - 세대별 니즈 분석과 과학적 데이터를 바탕으로 한 식품개발은 기능성 식품연구와 영양조제식품분야의 발전을 촉진하며, 일반적인 가공식품보다 높은 부가가치를 형성할 것으로 기대됨

전략 1	실행3. 개인맞춤 건강정보 기반 식이설계 플랫폼 개발	
과제번호	세부 과제명	전략유형
세부-07	건강정보 기반 개인맞춤형 식품추천 플랫폼 개발	R&D

1) 지역여건 및 필요성

- 제주의 지역여건
  - 개인의 라이프 스타일, 환경, 유전정보 간의 결합은 상호작용에 의해 건강을 결정하는 주요 인자로서, 제주는 지리적 특성으로인해 건강 상태에 대한 유전자 적응 연구의 최적지임
  - 인바이츠생태계는 지놈프로젝트로 도민 유전체 바이오마커를 개발 중(`23~`25, 도민 1만명, 40종 질환, 62종 항목)에 있으며, 국가 통합바이오 빅데이터 구축사업 우선협상 대상자로 선정되어(`24.10월, `32년까지 100만명 유전체 빅데이터 구축 추진) 제주 커스텀푸드의 기반을 마련해 나가고 있음
- 개인맞춤형 식품개발 필요성
  - 맞춤형 식품개발은 유전체 정보와 식품데이터를 융합·분석하므로서 개인별 식이설계 솔루션 제공이 가능하고, 지역 특산물과 식품·바이오기업의 협력을 통해 커스텀푸드 선도모델 창출 가능성이 높음
  - 최근 건강과 웰빙에 대한 관심이 급증하면서, 개인 맞춤형 건강 관리의 중요성이 부각 되고 있음. 하지만 기존의 식품산업은 소비자 개인 간의 차이를 고려하지 않은 경우가 많은 편이며, 개인별로 각기 다른 건강 효과를 제공하는 데 한계가 있음
  - 유전체 분석과 맞춤형 식품은 소비자 개인의 유전적 특성, 생활 습관 및 선호도 등을 기반으로 맞춰 제안되는 식품을 의미함
- 디지털 플랫폼 개발 필요성
  - 개인의 건강정보를 기반으로하는 디지털 플랫폼은 정확하고 지속적인 건강관리를 가능하게 해주며, 예방중심의 스마트헬스케어를 실현 할 수 있는 핵심수단이 될 수 있음
  - 특히, 고령화, 만성질환 증가, 맞춤형 서비스의 수요확대 등 사회적 변화에 대응하기 위해서는 개인화된 건강 솔루션을 제공할 수 있는 시스템이 필수적임

[표 7-7] 제주 지놈프로젝트 DTC(62종) 검사 항목

항목	세부항목
영양소(12종)	비타민대사(비타민C 농도), 비타민D 농도, 코엔자임Q10농도, 마그네슘 농도, 아연 농도, 철 저장 및 노도, 칼륨 농도, 칼슘 농도, 아르기닌 농도, 지방산 농도, 타이로신 농도, 베타인 농도
운동(8종)	근력 운동 적합성, 유산소 운동 적합성, 지구력 운동 적합성, 근육 발달능력, 단거리 질주능력, 발목 부상 위험도, 악력, 운동 후 회복 능력
피부/모발(11종)	기미/주근깨, 색소침착, 여드름 발생, 피부노화, 피부염증, 태양 노출 후 태닝반응, 돈살/각질, 남성형 탈모, 모발 굵기, 새치, 원형 탈모
식습관(5종)	식욕, 포만감, 단맛 민감도, 쓴맛 민감도, 짠맛 민감도
개인특성(12종)	알코올 대사, 알코올 의존성, 알코올 홍조, 와인 선호도, 니코틴 대사, 니코틴 의존성, 카페인 대사, 카페인 의존성, 불면증, 수면 습관/시간, 아침형-저녁형 인간, 통증 민감성
건강관리(14종)	퇴행성 관절염증, 멀미, 비만, 요산치, 중성지방농도, 체지방율, 체질량지수, 콜레스테롤, 혈당, 혈압, 골질량, 복부비만, 체중감량효과, 요요가능성

자료 : 인바이츠지노믹스 홈페이지

2) 세부 추진전략

● 건강정보 기반 개인맞춤형 식품 추천 플랫폼 개발

- 개인의 유전체 기반 질환감수성 및 DTC(Direct to customer) 분석, 마이크로바이옴[16], 건강상태, 생활·식습관 등 분석, 맞춤형 식단과 영양 솔루션을 제공하는 디지털 플랫폼 구축
- 개인 건강정보 D/B구축, 실시간 건강모니터링, AI알고리즘을 통해 건강 상태에 따른 맞춤형 식단 및 영양소를 추천하는 시스템 설계
- 유전자 검사 결과를 활용하여 사용자가 간편하게 개인화된 식단을 관리하고 개인 맞춤형 식품구매 정보 조회가 가능한 어플리케이션 개발
- 개인유전체 기반 맞춤형 플랫폼 운영관련 인재양성

16) 마이크로바이옴 : 몸안에 사는 미생물(microbe)과 생태계(biome)를 합친 말로, 인체에 사는 세균, 바이러스 등 각종 미생물 생태계를 의미함

3) 협력체계

협력체계	주요 역할	관련조직
제주특별자치도	맞춤형 플랫폼 개발 관련 정책지원 등	식품산업과 등
도내 대학 등	RISE(관련 교육과정 개설 및 인력양성 등)	제주대, 한라대, 관광대
협력 기관	건강정보 유전체 데이터 수집	제주대학교병원, 한국식품연구원
협력 단체	지역내 푸드테크기업 회원사 연계사업 발굴	월드푸드테크협의회 제주지회
협력 기업	건강정보 유전체 데이터 분석 및 예측모델 구축, 디지털 플랫폼 시스템 설계 등	인바이츠지노믹스, sk텔레콤 헬스케어팀, 한화푸드, MOU 협업기업

4) 연차별 성과목표

성과 구분	단위	(5개년) 핵심성과 목표					비고
		2025년	2026년	2027년	2028년	2029년	
빅데이터분석 및 예측모델 구축	%	50	70	100	-	-	-
디지털 플랫폼 시스템 설계	식	-	1	1	1	-	-
맞춤형 식품추천 어플 개발	건	-	-	1	1	1	-
논문 투고 및 게재	건	1	2	2	3	3	-
지적재산권 출원 및 등록	건	-	2	2	2	2	-
인력양성	건	10	20	20	20	30	-

5) 연차별 투자계획

(단위: 백만 원)

세부 목표	(5개년) 투자계획					합계
	2025년	2026년	2027년	2028년	2029년	
빅데이터분석 및 예측모델 개발	100	100	100	-	-	300
디지털 플랫폼 시스템 설계 및 개선	100	300	400	400	400	1,600
식품추천 어플리케이션 개발 및 운영	200	400	600	600	600	2,400
합계	**400**	**800**	**1,100**	**1,000**	**1,000**	**4,300**

6) 기대효과

- 데이터 기반 푸드테크 산업육성

  - 개인 유전체 및 빅데이터 기반의 바이오헬스 기술이 융합된 식품추천 플랫폼은 제주를 미래형 푸드테크 허브로 발전시키는 기반이 될 수 있음

- 개인 맞춤형 건강관리 실현

  - 개인의 건강정보(연령, 질병, 영양상태 등)을 기반으로 최적의 식품을 추천함으로써 맞춤형 식생활 관리와 질병 예방에 기여함

전략 1	실행3. 개인맞춤 건강정보 기반 식이설계 플랫폼 개발	
과제번호	세부 과제명	전략유형
세부-08	스마트 관광연계 AI 푸드테크 맞춤형 기술개발	R&D

1) 지역여건 및 필요성

- 제주의 지역여건

  - 제주도는 감귤, 흑돼지, 한라봉 등 풍부한 지역 특산물과 세계적으로 유명한 관광 자원을 보유한 지역이며, 제주를 찾는 국내외 관광객이 꾸준히 증가하면서 지역 농수산물을 활용한 푸드테크와 관광 연계의 필요성이 증대되고 있음.
  - 이에 따라 국내외 관광객의 니즈에 부응하는 개인 맞춤형 메뉴 제공과 독특한 체험형 서비스 개발이 중요해짐

- AI 기술 활용 필요성

  - 최근 트랜스포머 기반 AI 언어 모델(LLM)과 비전 언어 모델(VLM) 등의 기술이 푸드테크 및 관광 서비스의 효율성과 혁신을 도모할 수 있으며, AI를 활용한 다국어 지원, 고객건강 맞춤형 상품제공, 관광 트렌드 분석 등은 제주의 관광 및 외식산업의 발전을 촉진할 수 있음

- 푸드테크와 관광산업의 융합 필요성

  - 푸드테크는 농수산물의 가공, 유통, 소비 과정을 효율화할 수 있는 핵심 기술로, 관광산업과 결합할 경우 부가가치를 창출할 가능성이 높음
  - 특히, AI 기술과 결합한 데이터 기반 서비스는 관광객의 경험을 혁신하고, 제주 지역 농수산업의 글로벌 경쟁력을 높일 수 있음

<그림 7-6> 대표적인 거대언어모델(LLM)을 사용한 국내·외 생성형 AI

ChatGPT	Gemini	Copilot	CLOVA X
Chat GPT(Open AI)	Gemini(Google)	Copilot(Microsoft)	CLOVA X(네이버)

2) 세부 추진전략

- AI 기술 활용 관광산업 연계 맞춤형 상품 및 서비스 개발
  - 제주 농수산물의 생산, 가공, 유통, 소비 데이터를 한곳에서 통합적으로 관리하여 체계적인 데이터 구축
  - 관광객의 선호도, 건강 정보, 소비 기록을 분석해 맞춤형 상품 및 서비스를 개발
  - LLM을 활용해 방대한 소비 데이터를 분석하고 텍스트 기반 고객 피드백을 통한 인사이트 도출
  - LLM을 통해 다국어 번역 기능을 고도화하여 자연스럽고 정확한 번역 제공
- AI 알고리즘 기반 건강상태 맞춤 최적화 식품개발
  - 개인 및 미생물 유전체 데이터 기반으로 특정 소비자군에 적합한 영양소가 조합된 식품개발(맞춤형 영양 보충제(캡슐, 분말, 젤리 등) 및 건강식품(스낵, 음료 등)
  - 개인 건강상태에 맞는 장내 미생물환경(마이크로바이옴)을 개선할 수 있는 맞춤형 프로바이오틱스[17] 및 프리바이오틱스[18] 제품개발
  - 유전체 분석, AI 알고리즘 개발, 맞춤형 식품 기술을 통합한 산학연 연구 과제 진행
  - 유전체 정보와 영양학을 융합할 수 있는 전문 인재를 육성(유전체학, 영양학, 데이터 분석, 맞춤형 식이 설계 등 교육)

3) 협력체계

협력체계	주요 역할	관련조직
제주특별자치도	AI 푸드테크 기술개발 관련 정책지원 등	식품산업과 등
도내 대학 등	RISE(관련 교육과정 개설 및 인력양성 등)	제주대, 한라대, 관광대
협력 기관	관광정보 수집 및 맞춤형 서비스 개발, 건강상태 맞춤 최적화 식품 시제품 개발	제주관광공사, 제주테크노파크 등
협력 단체	지역내 푸드테크기업 회원사 연계사업 발굴	월드푸드테크협의회 제주지회
협력 기업	개인 건강정보 분석 및 데이터 가공, 생성형 AI활용 서비스 개발 등	인바이츠지노믹스, 네이버클로바, MOU 협업기업

17) 프로바이오틱스 : 프로바이오틱스란 체내에 들어가 건강에 이로운 효과를 나타내는 미생물을 통칭하며, 대표적으로 유산균이 이에 해당함(국내에는 식약처에 19종의 프로바이오틱스 미생물이 고시되어 있음)

18) 프리바이오틱스 : 장내 유익한 미생물의 생장을 촉진하거나 활성화시키는 식품 속의 성분을 말하며, 대표적으로 식이섬유 및 프락토올리고당 등이 있음

4) 연차별 성과목표

성과 구분	단위	(5개년) 핵심성과 목표					비고
		2025년	2026년	2027년	2028년	2029년	
LLM기반 데이터분석 및 가공	건	10	20	30	30	30	-
관광객 맞춤 서비스 개발	건	1	2	3	3	3	-
건강상태 맞춤 제품개발	개	-	3	3	3	3	-
데이터활용 기업지원	개사	-	2	4	6	8	-
신규고용	명	-	0	10	20	30	-
매출액증가	%	-	-	4	8	12	-

5) 연차별 투자계획

(단위: 백만 원)

세부 목표	(5개년) 투자계획					합계
	2025년	2026년	2027년	2028년	2029년	
LLM기반 데이터분석 및 가공	100	200	300	300	300	1,200
관광객 맞춤 서비스 개발	50	100	150	150	150	600
건강상태 맞춤 제품개발	-	150	150	150	150	600
AI 데이터활용 기업지원	-	200	400	600	800	2,000
합계	**150**	**650**	**1,000**	**1,200**	**1,400**	**4,400**

6) 기대효과

- 관광산업과 푸드테크산업의 융복합 생태계 조성가능
  - AI 푸드테크 기술을 접목함으로써 관광, 식품, 헬스케어, ICT 산업 간 융합을 촉진하고 새로운 산업 생태계를 구축할 수 있음
- 스마트관광 인프라 고도화 및 데이터기반 서비스 확장 가능
  - 관광객의 식습관 및 건강 데이터를 기반으로한 스마트 맵핑, 맞춤형 건강식품 자동추천, 식당 연계 서비스 등을 통해 제주형 스마트관광의 수준을 향상시킬 수 있음

전략 1	실행3. 개인맞춤 건강정보 기반 식이설계 플랫폼 개발	
과제번호	세부 과제명	전략유형
세부-09	유전체 분석을 통한 개인 맞춤형 메디푸드 개발	R&D

1) 지역여건 및 필요성

● 제주의 지역여건

- 제주의 청정 자원과 지역특산물을 활용한 맞춤형 메디푸드는 고령화, 만성질환 증가 등 건강이슈에 대응하고 질환별 맞춤 영양 솔루션을 제공함으로써 예방중심의 헬스케어 실현과 지역 식품산업의 고도화를 이끌 수 있는 핵심전략임
- 인바이츠생태계는 지놈프로젝트로 1만명의 도민 유전체 데이터를 확보 중에 있으며 특히 40종의 질환감수성에 대한 데이터를 구축해 나가고 있음
- 대부분의 건강기능식품은 일반적인 효능에 중점을 두고 있어 개인의 질환에 맞춘 맞춤형 기능 제품은 부족한 실정임

● 맞춤형 메디푸드 개발의 필요성

- 메디푸드는 질병, 수술 등으로 인해 일반인과 특별히 다른 영양요구량을 가진 사람에게 제공할 목적으로 제조·가공된 식품을 말함
- 맞춤형 메디푸드의 개발은 유전체 정보와 식품데이터를 통합 분석하므로서 개인별 질환 맞춤 식이설계 솔루션 제공이 가능하고, 지역 특산물과 식품·바이오기업의 협력을 통해 커스텀푸드 선도모델 창출 가능성이 높음

[표 7-8] 제주 지놈프로젝트 질환감수성(40종) 검사 항목

항목	세부항목
암질환(16종)	급성백혈병, 폐암, 식도암, 위암, 췌장암, 대장암, 담낭담도암, 방광암, 간암, 유방암, 난소암, 갑상선암, 자궁내막암, 자궁경부암, 전립선암, 피부암
내분비 및 대사질환(3종)	제2형당뇨, 비만, 고지혈증
신경 및 정신계 질환(4종)	편두통, 파킨슨, 치매, 우울증
순환계 질환(5종)	심근경색, 뇌졸증, 뇌출혈, 관상동맥질환, 고혈압
호흡계 질환(3종)	천식, 폐렴, 만성폐쇄성폐질환(COPD)
근골격계 질환(5종)	골다공증, 류마티스 관절염, 퇴행성 관절염, 골 관절염, 통풍
기타 질환(4종)	치주질환, 황반변성, 녹내장, 탈모

자료 : 인바이츠지노믹스 홈페이지

2) 세부 추진전략

● 유전체 분석을 통한 질환 예방 맞춤형 메디푸드 개발

- 제주 고령자 및 환자 등을 대상으로 한 유전체 분석과 빅데이터를 활용한 개인맞춤형 메디푸드를 개발하고, 연구기관 및 산업체들과 협력하여 제품 검증 및 상용화 추진
- 제주지역에서 자생하는 식물자원을 활용하여 대사 증후군(비만, 고혈압, 당뇨 등), 근골격계(골다공증, 근감소증 등) 및 기타 질환(탈모 등) 예방효과를 갖춘 건강기능성 식품 개발 및 상용화
- 제주지역 내 대학, 연구기관, 기업 간 협력을 통해 맞춤형 메디푸드 및 푸드테크 분야 핵심인재를 양성하고 관련 기업을 발굴 및 육성함
- 제주향토 재래귤을 활용한 맞춤형 메디푸드 등을 개발하고 개인별 유전체 분석에 따른 맞춤형 디지털플랫폼 제공 데이터 활용

3) 협력체계

협력체계	주요 역할	관련조직
제주특별자치도	맞춤형 메디푸드 개발 관련 정책지원 등	식품산업과, 미래성장과 등
도내 대학 등	RISE(관련 교육과정 개설 및 인력양성 등)	제주대, 한라대, 관광대
협력 기관	건강정보 유전체 데이터 수집, 근감소증 개선 소재 개발 및 메디푸드 연구 제주향토 재래귤 재배연구, 제주향토 재래귤의 효능 확인 및 기전규명	제주대학교병원 제주테크노파크, 농촌진흥청 감귤연구소, 세종대학교
협력 단체	지역내 푸드테크기업 회원사 연계사업 발굴	월드푸드테크협의회 제주지회
협력 기업	맞춤형 메디푸드 제품개발 및 상용화	팜스빌, 제주농장 영농조합법인, MOU 협업기업 등

4) 연차별 성과목표

성과 구분	단위	(5개년) 핵심성과 목표					비고
		2025년	2026년	2027년	2028년	2029년	
메디푸드 소재 효능확인 및 기전규명	건	1	1	1	-	-	-
안전성 확인 및 인체적용시험	건	-	-	-	1	1	-
질환예방 메디푸드 개발	건	1	1	3	3	3	-

성과 구분	단위	(5개년) 핵심성과 목표					비고
		2025년	2026년	2027년	2028년	2029년	
논문 투고 및 게재	건	-	1	2	2	1	-
특허 출원 및 등록	건	1	2	2	2	2	-
메디푸드 관련 인력양성	명	20	20	20	30	30	-

5) 연차별 투자계획

(단위: 백만 원)

세부 목표	(5개년) 투자계획					합계
	2025년	2026년	2027년	2028년	2029년	
메디푸드 소재 효능확인 및 기전규명	150	150	150	100	50	600
우수소재 대량재배 및 원료표준화	200	100	100	100	100	600
안전성 확인 및 인체적용시험	100	100	100	400	200	900
질환예방 메디푸드 개발	168	232	300	300	300	1,300
메디푸드 관련 인력양성	100	100	100	150	150	600
합계	**718**	**682**	**750**	**1,050**	**800**	**4,000**

6) 기대효과

- 질병 예방 중심의 푸드테크 산업확대 가능
  - 유전적 취약 요인을 미리 파악하여 그에 맞는 식이조절 및 맞춤형 건강기능식품 섭취를 통해 만성질환, 비만, 근골격계 문제, 탈모 등을 예방할 수 있는 예방중심의 기능성식품 패러다임을 실현할 수 있음
- 글로벌 헬스케어 시장 선도 기반 마련
  - 유전체 기반 맞춤형 식품의 개발은 세계적 트렌드를 선도할 모델로 기반을 마련해나갈 기회로 작용할 수 있으며, 제주형 건강 솔루션 제공을 통해 글로벌 웰니스 식품시장 진출과, K-메디푸드 브랜드화가 가능함

전략 1	실행4. 환경맞춤 지속가능 탄소중립 소재 개발	
과제번호	세부 과제명	전략유형
세부-10	지역 비상품 농산물을 활용한 업사이클링 소재개발	R&D

1) 지역여건 및 필요성

- 제주의 지역여건

  - 제주특별자치도는 2024년 12월에 2040 지속가능발전 기본전략을 발표하였으며, 가치중심, 도민중심, 협업중심, 지속성중심 및 성과중심의 기본전략을 수립한바 있음

  - 그리고 지속가능발전 기본계획의 K-SDGs[19]는 17개의 목표를 제시하였으며, 그 중 목표-12에 해당하는 "지속가능생산소비"의 주요내용으로서 자원순환성 강화 및 지속가능한 소비인식 제고를 위한 세부목표달성을 위해 푸드테크 기본전략에 반영될 필요가 있음

<그림 7-7> 2040 제주특별자치도 지속가능발전 기본전략 비전 체계도

19) K-SDGs : UN-SDGs와 연계하면서 국내 여건을 반영하여 사회·환경·경제 등 전 분야를 포괄하는 국가(K) 지속가능발전목표(SDGs)를 마련한 것임

- 제주는 감귤, 당근, 양배추, 브로콜리, 월동무 등은 전국에서 가장 많은 생산량을 차지하는 주요작물이지만 외형 및 상품 기준에 미달하는 농산물이 매년 대량으로 발생하고 있으며 상품성이 떨어지는 비상품 농산물의 불법 유통이 증가하고 있음

- 이러한 농산물을 파치 또는 어글리푸드로 불리기도 하며, 단순가공용으로 수매하여 주스, 잼 등으로 활용하는 방안을 확대하고 있지만 매년 발생하는 비상품 농산물을 처리하기에는 역부족인 상황임

- 또한 브로콜리 및 콜리플라워 등은 가식부위(화뢰)를 제외한 비가식부위(줄기 및 잎)은 산지에 그대로 폐기되고 있는 실정임

<그림 7-8> 제주의 대표적인 비상품 농산물(어글리푸드)

비상품 감귤	비상품 브로콜리(잎)	비상품 당근	비상품 무

- 비상품 농산물을 활용한 업사이클링 소재개발 필요성

  - 외형이나 규격미달로 폐기되는 비상품농산물(어글리푸드)을 자원으로 활용해 식품소재 등 고부가가치 제품으로 재탄생시키는 자원순환, 탄소중립 기여, 농가의 소득 보전 및 손실 최소화 등을 실현할 수 있는 지속가능한 전략으로 판단됨

  - 또한 업사이클링을 통한 고부가가치 기능성 소재의 개발은 지역경제 활성화를 도모할 수 있으며, 환경을 보호하고 궁극적으로 제주의 가치를 높이는 기술로서 필요하다고 판단됨

2) 세부 추진전략

- 제주 지역의 비상품 식용자원을 활용한 고부가가치 기능성 소재 개발

  - 비상품 식용자원을 활용한 고부가가치 기능성 소재를 추출하기 위한 에너지 절감 업사이클링 최적 추출공정 확립

  - 다양한 in vitro, in silico 및 in vivo 분석기법을 활용한 건강기능성 효능을 검증하기 위한 평가 수행

  - 비상품 농산물을 활용한 효능평가 데이터 확보를 통한 데이터베이스 구축

  - 기능성이 확인된 소재를 활용한 개인 맞춤형 식품 개발 및 인체적용시험 수행을 통한 객관적 효능데이터 확보

- 고부가가치 기능성 소재개발 및 효능평가 관련 인력양성 프로그램 운영

● 업사이클링 자원 수급 및 공급관리 플랫폼 구축

- 업사이클링 재활용 지원 추적 플랫폼 기반 구축 및 운영
- 지속가능한 자원순환 체계 확립

3) 협력체계

협력체계	주요 역할	관련조직
제주특별자치도	환경맞춤 소재개발 관련 정책지원 등	식품산업과 등
도내 대학 등	RISE(관련 교육과정 개설 및 인력양성 등)	제주대, 한라대, 관광대
협력 기관	비상품 월동채소 및 감귤확보, 기능성 소재 추출공정 확립, 및 효능분석 업사이클링 재활용 자원 플랫폼 구축 재직자 및 구직자 인력양성	제주농산물수급관리센터, 농촌진흥청 감귤연구소, 제주테크노파크, 제주한의약 연구원 제주산학융합원 등
협력 단체	지역내 푸드테크기업 회원사 연계사업 발굴	월드푸드테크협의회 제주지회
협력 기업	비상품 농산물 확보 및 상용화 등	제우스, 일해, MOU 협업기업 등

4) 연차별 성과목표

성과 구분	단위	(5개년) 핵심성과 목표					비고
		2025년	2026년	2027년	2028년	2029년	
기능성 소재 추출공정 확립	식	2	4	4	4	4	-
기능성 효능평가 수행	건	5	5	5	5	5	-
효능 데이터 베이스 구축	건	10	20	20	20	20	-
기능성 인체적용시험 수행	건	-	-	-	1	-	-
자원수급 및 공급관리 플랫폼 구축	식	-	-	-	1	1	-
논문 투고 및 게재	건	-	1	1	1	2	-
특허 출원 및 등록	건	-	1	2	2	2	-
인력양성	명	20	20	30	30	30	-

5) 연차별 투자계획

(단위: 백만 원)

세부 목표	(5개년) 투자계획					합계
	2025년	2026년	2027년	2028년	2029년	
기능성 소재 추출공정확립	100	100	100	100	100	500
기능성 소재의 효능평가	100	100	100	100	100	500
개인맞춤형 미래식품 개발	100	100	100	100	100	500
기능성 인체적용시험 수행	100	100	100	400	200	900
자원수급 및 공급관리 플랫폼 구축	-	-	-	1,000	1,000	2,000
업사이클링 소재개발 인재양성	50	50	100	100	100	400
합계	**450**	**450**	**500**	**1,800**	**1,600**	**4,800**

6) 기대효과

- 농산물 폐기율 감소 및 환경보호 효과

  - 규격 외, 외형미달 및 비가식 부위라는 이유로 폐기되던 농산물을 맞춤형 미래식품의 기능성 소재으로 재활용함으로서 폐기물 감소, 탄소배출 저감, 지속가능한 농업 환경 조성에 기여할 수 있음

- 새로운 고부가가치 산업 창출

  - 개발된 기능성 소재는 식품원료 뿐만아니라 식품첨가물, 화장품 원료 및 바이오 소재 등으로 활용가능함에 따라 기존 농산물보다 높은 부가가치를 창출할 수 있어 농업을 미래형 산업으로 전환하는데 도움을 줄 수 있음

전략 1	실행4. 환경맞춤 지속가능 탄소중립 소재 개발	
과제번호	세부 과제명	전략유형
세부-11	가공부산물 활용 지속가능 고부가가치 제품개발	R&D

1) 지역여건 및 필요성

- 국내·외 가공부산물 발생 현황

  - 과일 및 채소의 식품산업 가공은 부산물을 생성하며, 식량농업기구 (FAO,food and agriculture organization 2019)에 의하면 이러한 부산물은 전체 농산물 공급망의 45%에 해당함

  - 국내 연간 농업부산물 발생량은 934만 2000톤으로, 일부 부산물의 경우 파쇄 과정을 거쳐 토양에 환원되지만 대부분 소각하거나 방치함으로써 이산화탄소 배출량을 증가시켜 온난화 가속에 기여할 뿐만 아니라 악취 및 병원균 발생으로 인한 주변 토양 및 수계 오염, 농촌의 자연경관을 악화시킴

  - 또한 제주는 감귤가공부산물인 감귤박의 해양투기가 2012년도부터 금지되면서 연간 약 12억원의 육상처리비용이 발생하고 있는 것으로 나타남

<그림 7-9> 글로벌 식품 업사이클링 시장

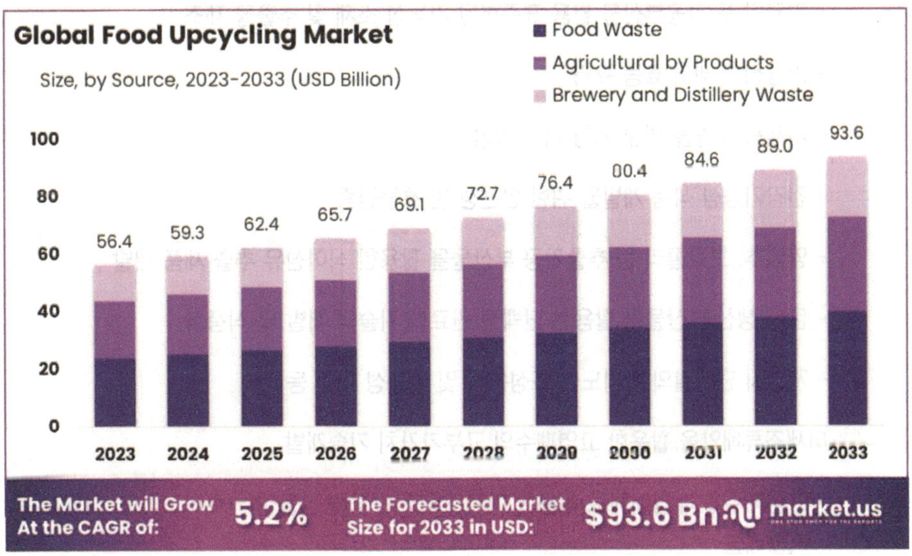

자료: market.us 2024 참고

● 가공부산물 활용 제품개발 필요성

- 유엔 및 국제사회의 최대 공동 목표로서 지속가능한 개발 목표 또는 지속가능한 발전 목표(SDGs; Sustainable Development Goals)를 위해 "2030년까지 전 세계 1인당 음식물쓰레기를 절반으로 줄이고, 생산과 공급 과정에서 식량 손실을 줄인다"는 의제가 제시되었음

- 국내 SDGs 인식이 전반적으로 낮은편임에도 불구하고 지속가능 업사이클링 시장 규모 역시 증가될 전망임

- 2025년 4월 29일에는 환경부를 통해 감귤부산물을 활용한 토양관리 자재와 친환경 소재 제조 등 제주 특산물인 감귤찌꺼기(박) 등을 고액분리장치를 통해 액체와 고체로 분리, 토양관리자재(멀칭재료 등)와 친환경소재를 생산하고, 제품 및 원료의 안전성과 활용성을 검증하는 사업에 대해 규제개선 실증을 위한 특례가 부여된바 있음

- 도내에서 발생되는 식품 가공 부산물을 활용한 기술을 개발함으로써 부산물 처리 비용 절감과 탄소중립 실현에 기여할 뿐만 아니라 고부가가치 기능성 소재 발굴을 통해 농가 소득 증대와 제주 지역 경쟁력 강화가 가능할 것으로 판단됨

2) 세부 추진전략

● 가공부산물을 활용한 지속가능 고부가가치 기능성 제품개발

- 감귤박 등 가공부산물 활용 표준화된 기능성 소재 및 추출물 제조
- 기능성 소재의 효능 규명
- 시제품 개발을 위한 제형 기술 확립
- 건강기능성 식품 개발을 위한 안전성 및 효능검증
- 양배추, 브로콜리 등 추출가공 부산물을 활용한 식이섬유 추출 제품 개발
- 돈육 생산 부산물을 활용한 단백질 원료화 기술의 개발 및 식품화
- 저분자 단백질의 아미노산 조성분석 및 기능성 규명 등

● 미세조류배양을 활용한 고염폐수의 고부가가치 기술개발

- 고염폐수를 배양매체로 활용한 미세조류 기반 기능성물질(카로티노이드, 다당류 등) 생산 기술개발
- 기능성 물질 분리 및 정제 조건 확립
- 생산된 기능성 소재의 원료표준화 연구 수행

3) 협력체계

협력체계	주요 역할	관련조직
제주특별자치도	환경맞춤 소재개발 관련 정책지원 등	식품산업과 등
도내 대학 등	RISE(관련 교육과정 개설 및 인력양성 등) 가공부산물 활용 기술개발	제주대, 한라대, 관광대 등
협력 기관	식품가공 부산물활용 소재 및 제품개발, 기능성 소재 추출공정 확립, 및 효능분석	제주테크노파크, 제주한의약연구원, 한국해양과학기술원, 한국식품연구원 등
협력 단체	지역내 푸드테크기업 회원사 연계사업 발굴	월드푸드테크협의회 제주지회
협력 기업	가공부산물 확보 및 상용화 등	제우스, 일해, 탐라인, ㈜비유, 제주농장, MOU 협업기업 등

4) 연차별 성과목표

성과 구분	단위	(5개년) 핵심성과 목표					비고
		2025년	2026년	2027년	2028년	2029년	
기능성 소재개발 및 원료표준화	식	4	4	4	2	2	-
기능성 물질 생산기술 표준화	식	-	-	1	1	1	-
기능성소재의 효능규명	건	5	5	5	5	5	-
시제품 제형기술 확립	건	3	6	6	6	6	-
안전성 및 인체적용시험 검증	건	-	-	-	-	1	-
논문 투고 및 게재	건	-	1	1	1	2	-
특허 출원 및 등록	건	-	1	2	2	2	-

5) 연차별 투자계획

(단위: 백만 원)

세부 목표	(5개년) 투자계획					합계
	2025년	2026년	2027년	2028년	2029년	
기능성 소재개발 및 원료표준화	200	200	200	100	100	800
고염폐수 미세조류배양 기술개발	300	300	300	300	300	1,500
기능성소재의 효능규명	200	200	200	200	200	1,000
시제품 제형기술 확립	-	200	200	200	200	800
안전성 및 인체적용시험 검증	-	-	-	200	300	500
합계	**700**	**900**	**900**	**1,000**	**1,100**	**4,600**

6) 기대효과

- 자원순환 및 환경 부담감소

  - 제주의 식품가공부산물을 단순 폐기하지 않고 자원을 재활용함으로써 폐기물의 처리비용과 환경오염을 줄일 수 있어 친환경적인 자원순환 모델을 구축하는데 기여할 수 있음

- 지역농업 및 식품산업의 경쟁력 강화

  - 지역에서 발생한 부산물을 활용한 제품개발은 지역 농산물의 활용도를 높이고, 농가 및 식품 가공업체의 수익 구조 다변화에 기여함으로써 제주의 식품산업 전체 경쟁력을 높이는 효과를 기대할 수 있음

전략 1	실행4. 환경맞춤 지속가능 탄소중립 소재 개발	
과제번호	세부 과제명	전략유형
세부-12	지속가능 식품포장을 위한 탄소중립형 용기소재 개발	R&D

1) 지역여건 및 필요성

- 제주의 지역여건

  - 제주는 2040년까지 플라스틱 사용을 획기적으로 줄이기 위한 “2040플라스틱 제로 섬” 기본계획을 수립하였으며, 이 계획은 플라스틱 용기의 경령화, 생분해성 소재도입, 재활용률 향상 등을 포함하고 있음
  - 기존 재활용과 폐기에 초첨이 맞춰졌던 플라스틱 관리 대책에서 원료구매-생산-소비-폐기 등 전주기에 걸친 자원순환 인프라를 구축하는 것이 목표임

- 친환경 용기소재 개발의 필요성

  - 국내는 대기업을 중심으로 온실가스 저감, 플라스틱 순환 등과 같은 친환경제조 관련 분야에 대한 기술개발 및 상용화를 추진하고 있음
  - 바이오플라스틱의 경우 국내 기업의 수요가 폭발적으로 증가하고 있으나, 대부분의 소재를 수입에 의존하고 있어 국내 자립화가 어려운 상황임
  - CJ제일제당, LG화학, 대상 등은 글로벌 추세를 반영한 생분해성 바이오플라스틱 중심의 상용화에 집중하고 있고, 롯데케미칼, 삼양사, SK케미칼, SKC는 탄소중립형 바이오베이스 플라스틱의 상용화를 추진중임
  - 제주는 2040년까지 플라스틱 제로를 목표로 하는 정책을 추진중에 있으며, 이를 달성하려면 기존 석유기반 플라스틱을 대체할 수 있는 친환경 소재 개발이 필수적임
  - 생분해성 플라스틱은 그 핵심 솔루션 중 하나로 지속가능한 순환경제 구축에 기여할 수 있을 것임
  - 또한 제주는 연간 1천만명 이상 관광객이 방문하는 지역으로 이로 인한 일회용품 사용량이 매우 높아 생분해성 용기를 도입하면 관광지 특성에 맞는 탄소중립 정책대응이 가능하질 것임

<그림 7-10> 제주의 "2040 플라스틱 제로" 정책실현을 위한 노력

2040 플라스틱 제로 로고	Zerowaste 팝업스토어	플라스틱 제로 원정대 플로깅

자료 : 제주특별자치도, 제주투데이, 제주관광공사 자료 참고

2) 세부 추진전략

- 플라스틱 대체 생분해성 친환경 용기 및 관련제품 개발
  - 도내에서 사용중인 다회용기 플라스틱컵을 대체하는 자연 상온 생분해성 친환경 용기 개발
  - 도내에서 사용중인 식품용 비닐을 친환경 생분해 비닐로 개발
  - 자연 상온에서 분해되는 생분해 스트로우(빨대) 개발
  - 미생물 효소 생분해 플라스틱 제품 범용 용기 실증
- 2040 플라스틱 제로 범도민 참여 활성화 사업
  - 관광객을 대상으로 제주의 자원순환 프로그램을 알리고 플로깅 등 환경보호 프로그램 참여를 유도해 2040 플라스틱 제로 비전을 달성하고자 하는 사업임
  - 탈플라스틱 실천 캠페인 및 플라스틱 제조 제주원정대 운영 등

3) 협력체계

협력체계	주요 역할	관련조직
제주특별자치도	환경맞춤 소재개발 관련 정책지원 등	식품산업과, 자원순환과 등
도내 대학 등	RISE(관련 교육과정 개설 및 인력양성 등)	제주대, 한라대, 관광대 등
협력 기관	친환경 생분해 플라스틱 및 비닐 등 기획 및 기술지원	제주테크노파크
협력 단체	친환경 맞춤 연계사업 발굴 및 협력	(사)제주ESG 경영협회, CU경영자협회 등
협력 기업	친환경 생분해 플라스틱 개발 및 상용화	BADP코리아, MOU 협업기업 등

4) 연차별 성과목표

성과 구분	단위	(5개년) 핵심성과 목표					비고
		2025년	2026년	2027년	2028년	2029년	
생분해 플라스틱 용기 개발	건	1	1	1	1	1	-
생분해 플라스틱 비닐 개발	건	1	1	1	1	1	-
생분해 플라스틱 빨대 개발	건	1	1	1	1	1	-
탈플라스틱 프로그램 운영	건	1	2	3	3	3	-
플라스틱제로 제주원정대 운영	건	1	2	3	3	3	-

5) 연차별 투자계획

(단위: 백만 원)

세부 목표	(5개년) 투자계획					합계
	2025년	2026년	2027년	2028년	2029년	
생분해 플라스틱 용기 개발	100	100	100	100	100	500
생분해 플라스틱 비닐 개발	100	100	100	100	100	500
생분해 플라스틱 빨대 개발	100	100	100	100	100	500
탈플라스틱 프로그램 운영	50	100	150	150	150	600
플라스틱제로 제주원정대 운영	30	60	100	100	100	390
합계	**380**	**460**	**550**	**550**	**550**	**2,490**

6) 기대효과

- 플라스틱 폐기물 감소 및 환경보전
  - 생분해성 용기 사용으로 기존 일회용 플라스틱 사용량이 줄어들어, 해양오염 및 미세플라스틱 문제 완화에 기여할 수 있음
- 제주 브랜드 가치 및 ESG 이미지 제고
  - 제주도 고유의 청정이미지를 반영한 친환경 제품 개발은 세수산 브랜드의 차별화에 효과적이며 ESG(환경, 사회, 지배구조) 경영 트렌드에 부합하여 국내외 소비자 및 투자자에게 긍정적 인식 제공 가능

전략 2 환경친화 스마트제조 표준화

1) 추진배경

- 제주는 기계·설비 제조업 기반 취약, 시설 운영에 고비용·저효율 구조
- 지역 식품산업 전략(원료-제조-유통)부재로 기업별 자체 시장대응

2) 필요성

- 연관 산업군 부재로 육지부 OEM위탁 생산방식으로 부가가치 창출 한계
- 원료공급, 제조공정, 시장진출 단계별로 첨단기술, 저탄소 대체에너지원 적용을 통해 저비용 생산공정 및 환경친화적 제품을 생산 필요

3) 세부 실행과제

No.	실행 사업명	과제번호	세부 과제명
05	로봇 및 AI기술기반 현대화시설 구축	세부-13	협동로봇 활용 식품제조 및 농업지원 인프라 구축
		세부-14	AI기술 활용 지능형 푸드테크 제조시설 구축
		세부-15	데이터 기반 미래형 스마트 유통플랫폼 구축
06	스마트 기술기반 수요맞춤 제조공정 표준화	세부-16	스마트 HACCP적용 기업확대 및 품질관리 고도화
		세부-17	제주형 스마트제조가공센터 구축 및 제조공정 표준화
		세부-18	기술수요 맞춤 푸드테크 전문인력양성
07	K-RE100 저탄소 식품제조 및 업사이클링 기반조성	세부-19	신재생 에너지 보급을 통한 K-RE100 기반조성
		세부-20	탄소저감 푸드 업사이클링 산업확대를 위한 기반조성
		세부-21	잉여전력 및 플라즈마 기술을 활용한 탄소저감기술 개발
08	국내·외 환경친화 인증활용 그린마케팅 선도	세부-22	탄소배출 저감화를 통한 ESG 인증기업 확대
		세부-23	저탄소 제조 및 순환자원 활용을 통한 녹색산업 확대
		세부-24	지역소재 활용 환경친화 그린마케팅 강화

4) 추진전략 세부 목표

구분	2025년~2029년(5년)	2030년~2034년(5년)	2035년~2039년(5년)
제도	조례제정, 기본계획 수립	제도개선 및 지원확대	제도개선 및 지원확대
인력	RISE 및 MD과정 등 도입	로봇·AI 등 인력양성 200명	로봇·AI 등 인력양성 500명
기술	AI자율제조 시범도입, 업사이틀링 연구	AI자율제조 및 업사이클링 기술표준화	AI자율제조 및 업사이클링 기술표준화
기업	K-RE100 및 환경인증 방안 마련 인증기업 20개소	K-RE100 및 환경인증 기업 50개소	K-RE100 및 환경인증 기업 100개소
생태계	국가첨단과학기술단지내 스마트 가공센터 조성	제조시설 준공 및 운영	스마트 제조시설 고도화

전략 2	실행5. 로봇 및 AI기술기반 현대화 시설구축	
과제번호	세부 과제명	전략유형
세부-13	협동로봇 활용 식품제조 및 농업지원 인프라 구축	기반조성

1) 지역여건 및 필요성

- 제주의 지역여건

  - 2025년 산업통상자원부와 한국산업기술진흥원이 추진한 '지역앵커기업 육성사업'에 따라, 제주에서는 '푸드테크 다관절 협동로봇 플랫폼' 개발이 지역 전략 품목으로 선정되었음
  - 이는 제주 지역의 식품 가공 및 외식 산업에 로봇 자동화를 도입하여 생산성과 위생 수준을 향상시키기 위한 목적임
  - 지역 내 한국폴리텍대학 제주캠퍼스 로봇기계과는 다관절 로봇, 협동로봇, PLC 제어, 3D CAD/CAM, CNC 가공 등 스마트 제조와 로봇 자동화에 특화된 교육과정을 운영하고 있음

<그림 7-11> 지역 앵커기업 육성사업 기술공동개발 모식도

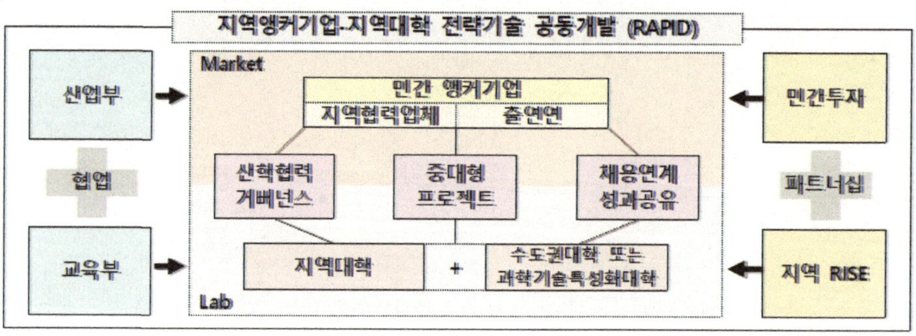

- 로봇기반 인프라 구축 필요성

  - 푸드테크 기술을 도입한 다관절 로봇을 활용하여 식품 제조 자동화 시스템을 구축하고, 협동 로봇 기술 전문 인력을 양성하여 제주를 푸드테크 산업의 중심지로 육성가능
  - 제주 지역 기업의 특성과 생산 환경에 맞는 다관절 로봇 시스템을 개발하여, 식품 가공, 포장, 이송 등 다양한 작업에 활용 가능함
  - 이를 통한 생산성 향상, 품질 개선, 원가 절감 등을 통한 제주 지역 식품 산업의 경쟁력 강화와 푸드테크 고부가가치 산업을 육성하여 지역 경제 활성화에 기여

- 또한 농업인구의 고령화로 농업인의 근골격계 질환에 따른 삶의 질, 생산성 저하 등에 따라 농업 디지털전환 및 웨어러블 로봇보급을 통해 생산성 개선이 필요한 상황임

2) 세부 추진전략

- 농업인을 위한 근골결계 질환예방 첨단 ICT 웨어러블 로봇 보급
  - 농업인 근골격계 질환 및 예방과 생산성 향상을 위한 첨단 ICT 허리 근력보조 로봇 보급
- 푸드테크 다관절 협동 로봇 플랫폼 구축
  - 제주지역 기업의 특성과 생산환경에 맞는 다관절 로봇시스템을 개발 후 식품가공, 포장, 이송 등 다양한 작업에 활용
  - 제주 지역 기업의 수요를 반영한 맞춤형 교육 프로그램을 개발하여, 협동 로봇 운영 및 유지보수에 필요한 실무 능력을 함양
- 기업노동자 근로환경개선을 위한 웨어러블 및 다관절 로봇 도입
  - 산업용 첨단 ICT 웨어러블 로봇 도입 : 근력증강 및 생체신호 연계 건강 관리
  - AI기반 다관절 로봇 : 3D비전, AI기반 상위제어기, 다관절 로봇으로 구성된 지능형 로봇시스템으로 포장, 해체 등 입고, 출고 물류 작업 진행
  - 공정 자동화 : 사람이 작업하기에 힘들고, 어려운 공정을 개선하여 효율을 증대하는 방향으로 전용 설비 및 공법 개발

3) 협력체계

협력체계	주요 역할	관련조직
제주특별자치도	로봇 및 AI기술 관련 정책지원 등	식품산업과, 정보정책과 등
도내 대학 등	RISE(관련 교육과정 개설 및 인력양성 등)	제주대, 한라대, 관광대, 한국폴리텍대학 등
협력 기관	웨어러블 로봇 보급사업 수행 및 지역앵커기업 사업 추진 관리 등	제주테크노파크, 지역신입진흥원 등
협력 단체	지역내 푸드테크기업 회원사 연계사업 발굴	월드푸드테크협의회 제주지회
협력 기업	웨어러블 및 다관절로봇 도입 실증 및 기관 간 협력사업 발굴	주식회사 제트, MOU 협업기업 등

4) 연차별 성과목표

성과 구분	단위	(5개년) 핵심성과 목표					비고
		2025년	2026년	2027년	2028년	2029년	
농업인 웨어러블 로봇 보급	대	40	40	40	40	40	-
다관절 협동로봇 플랫폼 구축	건	1	1	1	1	1	-
근력증강 웨어러블 로봇 보급	대	86	78	34	-	-	-
로봇도입 공장 자동화율	%	-	29	38	48	51	-
로봇운영 맞춤형 인력양성	명	-	20	30	30	30	-

5) 연차별 투자계획

(단위: 백만 원)

세부 목표	(5개년) 투자계획					합계
	2025년	2026년	2027년	2028년	2029년	
농업인 웨어러블 로봇 보급	1,000	1,000	1,000	1,000	1,000	5,000
다관절 협동로봇 플랫폼 구축	1,000	1,200	1,200	1,200	1,200	5,800
근력증강 웨어러블 로봇 보급	2,150	1,950	850	-	-	4,950
산단 통합 첨단 로봇 관리체계 구축	400	1,000	1,500	-	-	2,900
로봇운영 맞춤형 인력양성	-	50	100	100	100	350
합계	**4,550**	**5,200**	**4,650**	**2,300**	**2,300**	**19,000**

6) 기대효과

- 공장 자동화율 향상
  - 스마트 디지털 대전환을 통해 공장 자동화율이 비약적으로 향상될 것으로 기대됨
- 산업재해율 감소 및 근로자 만족도 증가
  - 첨단 ICT 웨어러블 로봇 개발 및 보급을 통한 제주지역 농업인 및 기업근로자의 안전한 근로환경 조성
- 지역기업 경쟁력 강화 및 밸류체인 확대
  - 인력기반 사업의 노동력을 안정적으로 확보할수 있고, 첨단 기술 도입 기반으로 기업경쟁력이 강화될 뿐만 아니라 미래 신산업과의 밸류체인 연계 확대를 기대할 수 있음

전략 2	실행5. 로봇 및 AI기술기반 현대화 시설구축	
과제번호	세부 과제명	전략유형
세부-14	AI기술 활용 지능형 푸드테크 제조시설 구축	기반조성

1) 지역여건 및 필요성

● 제주의 지역여건

- AI 인프라 스타트업 바로AI는 제주도 내에 제2 데이터센터를 구축한다고 2025년 3월에 밝힌바 있으며, 이는 AI 학습, 추론에 최적화된 그래픽처리장치(GPU)를 주력 탑재하는 데이터센터임
- 제주도는 태양광, 풍력 등 풍부한 재생에너지가 있어 넷제로, RE-100 등 친환경 국제표준을 충족할 수 있는 최적지이며, 유럽연합(EU)는 향후 탄소배출량이 많은 제품이나 서비스를 대상으로 탄소세를 부과할 방침이라 재생에너지를 활용한 데이터센터의 운영은 앞으로 점차 그 필요성이 커질 것으로 예상됨
- 또한 제주는 드론을 활용하여 월동작물 재배면적을 자동으로 탐지하는 AI 학습용 데이터를 구축한바 있음

● AI기술 활용 제조시설 구축 필요성

- 푸드테크 연계 가공제품 생산을 통해 제주 농산물의 부가가치를 높이고 수급 불안정을 해소하여 농가의 안정적인 소득을 확보하기 위함
- 글로벌 AI서비스를 제공하는 국내사업자나 해외기업이 제주에 있는 AI데이터센터를 활용할 경우 Net-zero[20] 및 RE-100 충족 부담을 덜수 있음
- 현재 제주는 농업 및 관광 중심 산업구조로 전통적인 제조업 기반이 매우 취약함에 AI를 활용한 스마트 제조시설은 소규모·고효율 생산 모델을 가능하게 해주며, 첨단 기술 산업 유치 및 육성의 기반이 될 수 있음

20) 넷제로(Net-zero) : 대기 중 온실가스 농도 증가를 막기 위해 인간 활동에 의한 배출량을 감소시키고, 흡수량을 증대하여 순배출량이 '0'이 되는 것을 탄소중립 또는 넷제로라고 말함

<그림 7-12> 제주에 구축 예정인 바로AI 데이터센터

2) 세부 추진전략

- AI 기반 지능형 푸드테크 제조시설 및 장비구축
  - 푸드테크 연계 식품 가공공장 및 생산설비 구축
  - 식품제조가공 장비 AI기반 스마트화지원(HW/SW, 제조로봇 등)
  - 인공지능 기반 재활용품 선별로봇 도입 및 구축
- 디지털전환(DX) 대응 기업실무형 지역 ICT 전문인력 양성
  - AI, 블록체인 교육 등 이론과 기술을 바탕으로 프로젝트 기반의 교육을 통한 기업실무형 인재 육성
  - 다양한 교육 프로그램을 통한 지역 취업활성화 및 양질의 일자리 창출
  - 해커톤 프로그램 및 교류지원

3) 협력체계

협력체계	주요 역할	관련조직
제주특별자치도	로봇 및 AI기술 관련 정책지원 등	식품산업과, 생활환경과(서귀포시) 등
도내 대학 등	RISE(관련 교육과정 개설 및 인력양성 등)	제주대, 한라대, 관광대 등
협력 기관	AI기술 보급사업 수행 및 관련 인력양성 교육프로그램 운영	제주테크노파크, 한국생산기술연구원, 제주산학융합원, 제주생활자원회수센터 등
협력 단체	지역내 푸드테크기업 회원사 연계사업 발굴	월드푸드테크협의회 제주지회
협력 기업	푸드테크 및 AI기반 생산시설 구축 및 스마트화 지원사업 활용	생산자단체(농업법인), MOU 협업기업 등

4) 연차별 성과목표

성과 구분	단위	(5개년) 핵심성과 목표					비고
		2025년	2026년	2027년	2028년	2029년	
푸드테크 연계 생산설비 구축 지원	개소	2	2	2	2	2	-
식품제조장비 AI 스마트화 지원	개소	10	10	20	20	20	-
AI기반 재활용품 선별로봇 구축	건	2	2	2	2	2	-
매출액 향상	억	50	50	100	100	100	-
AI관련 ICT 인력양성	명	20	20	30	30	30	-

5) 연차별 투자계획

(단위: 백만 원)

세부 목표	(5개년) 투자계획					합계
	2025년	2026년	2027년	2028년	2029년	
푸드테크 연계 생산설비 구축 지원	700	700	700	700	700	3,500
식품제조장비 AI 스마트화 지원	450	450	900	900	900	3,600
AI기반 재활용품 선별로봇 구축	600	600	600	600	600	3,000
AI관련 ICT 인력양성	200	200	200	200	200	1,000
합계	**1,950**	**1,950**	**2,400**	**2,400**	**2,400**	**11,100**

6) 기대효과

- 지역산업 경쟁력 강화 및 고부가가치 창출
  - AI 기반 제조시설을 통해 농수산 부산물, 천연 자원 등을 활용한 기능성 제품, 맞춤형 제품 등을 정밀하게 생산할 수 있음.
- 디지털 제조 기술 인재양성 및 산학연 협력확대
  - AI 제조시설은 현장형 교육 공간으로도 활용되어 지역 대학, 특성화고, 연구기관 등과의 협력을 통해 미래형 제조 인재를 양성하는 플랫폼 역할을 할 수 있음

전략 2	실행5. 로봇 및 AI기술기반 현대화 시설구축	
과제번호	세부 과제명	전략유형
세부-15	데이터 기반 미래형 스마트 유통플랫폼 구축	기반조성

1) 지역여건 및 필요성

● 도내 유통시설 현황

- 제주특별자치도는 섬 지역이라는 지리적 특성과 관광·농수산업 중심의 산업 구조로 인해 유통물류 분야에서 과제를 안고 있음
- 이러한 문제점이 지속적으로 발생함에 따라 제주시 아라2동 일원에 제주 스마트공동물류센터를 조성하기 위해 2025년 3월 착공식을 개최한바 있으며 총사업비 258억원(국비 92억원, 지방비 166억원)을 투입해 지하1층, 지상2층, 연면적 5600m^{2}의 규모로 건립될 예정임
- 다만 이번 시설구축만으로 제주지역의 모든 유통물류 구조를 개선할 수 있는 것은 아니며, 점차 물류망 개선을 위해 대규모 투자가 필요한 실정임

● 데이터기반 유통 플랫폼 구축 필요성

- 제주지역 산업단지 내각 입주기업 개별 물류업무 처리로 인한 공간 확보, 차량 등 기기 확보 등에 애로 발생, 물류 부담 가중이 심화되고 있음
- 스마트 물류플랫폼 구축·운영을 통해 산업단지 물류환경 디지털화를 촉진하고 단지 내 푸드테크 입주기업들의 물류 경쟁력 강화 및 물류비용 절감 효과를 제고할 수 있음
- 물류센터, 차량, 물류기기 등 물류기반시설의 정보화 전환을 통해 근로자 편의성 개선을 확보하고 산단 내 물류 첨단화 촉진가능

<그림 7-13> 구축예정인 제주 스마트공동물류센터

2) 세부 추진전략

- 데이터기반 미래형 스마트 유통물류 플랫폼 구축
  - 입주기업 대상 원자재 수급-제조-납품까지 이어지는 물류흐름의 획기적 개선을 위해 최신 IT기술을 접목한 스마트물류플랫폼 개발 및 지원
  - 도내·외 물류 관련 플랫폼들과의 연계를 통해 데이터 공유, 물류 업무 등의 통합 처리 추진, 산단 단지 내부, 단지 간, 단지 외부와의 물류 흐름 효율 극대화
  - 인공지원(AI), 빅데이터 기술 등을 활용한 스마트 물류플랫폼 개발, 입주기업 SCM 업무 개선
- 농산물 스마트가공 공동물류센터 조성
  - 단지 내 푸드테크 기업들을 대상으로 농산물 가공 및 물류처리 지원
  - 장·냉동 보관, 스마트패키징, 친환경 식품 포장 기술 등 생산물류 공정을 지원
  - 로봇을 활용한 분류, 컨베이어 상차 등 반복적인 업무를 처리
  - IoT기술을 활용한 실시간 모니터링 시스템 운영, 농산물 재고 품질, 생산 효율 극대화
  - 센터 내 CFS(컨테이너작업장) 구축(20ft 기준 농산물 상시적재가 가능)

3) 협력체계

협력체계	주요 역할	관련조직
제주특별자치도	스마트 유통물류 관련 정책지원 등	식품산업과 등
도내 대학 등	관련 교육과정 개설 및 인력양성 등	제주대, 한라대, 관광대 등
협력 기관	스마트가공 공동물류센터 조성, 스마트물류 플랫폼 구축 지원, 산업 단지내 입주기업 지원,	제주국제자유도시개발센터 제주경제통상진흥원, 제주테크노파크, 제주산학융합원 등
협력 단체	지역내 푸드테크기업 회원사 연계사업 발굴	월드푸드테크협의회 제주지회
협력 기업	스마트물류 플랫폼 및 조성공간 활용	산업단지 입주기업, MOU 협업기업 등

4) 연차별 성과목표

성과 구분	단위	(5개년) 핵심성과 목표					비고
		2025년	2026년	2027년	2028년	2029년	
스마트물류플랫폼 설계 및 구축	건	-	1	1	-	-	-
공동물류센터 조성 및 장비도입	건	-	-	1	10	-	-
공동물류센터 기업지원	건	-	-	20	30	50	-
기업생산효율 증대	%	-	102	105	107	110	-
신규고용	명	-	3	5	7	9	-

5) 연차별 투자계획

(단위: 백만 원)

세부 목표	(5개년) 투자계획					합계
	2025년	2026년	2027년	2028년	2029년	
스마트물류플랫폼 설계 및 구축	-	500	1,000	-	-	1,500
공동물류센터 조성 및 장비도입	-	500	2,000	1,000	-	3,500
공동물류센터 기업지원	-	-	200	300	500	1,000
합계	**0**	**1,000**	**3,200**	**1,300**	**500**	**6,000**

6) 기대효과

- 물류비 절감 및 유통효율성 향상
  - 개발된 스마트 물류 플랫폼을 바탕으로 수요 예측, 재고 관리, 경로 최적하를 자동화하여 운영 효율성을 극대화할 수 있음
- 디지털 기반 물류산업 생태계 조성
  - 디지털 물류 환경을 제공하여 ICT 기반 물류 기업 및 스타트업 유입 효과를 유도할 수 있으며, 이는 스마트 아일랜드로서 제주 이미지를 더욱 강화하는 역할도 할수 있음

전략 2	실행6. 스마트 기술기반 수요맞춤 제조공정 표준화	
과제번호	세부 과제명	전략유형
세부-16	스마트 HACCP적용 기업확대 및 품질관리 고도화	기반조성

1) 지역여건 및 필요성

- 제주의 스마트 HACCP 현황

  - 제주특별자치도는 청정 식품산업의 경쟁력 강화를 위해 스마트 HACCP(Smart HACCP) 시스템 도입을 확대하고 있음
  - 스마트 HACCP은 사물인터넷(IoT) 기술을 활용하여 식품 제조공정 정보를 실시간으로 자동 기록·관리하는 디지털 기반의 식품안전관리인증 시스템임
  - 2022년, 제주테크노파크(제주TP) 용암해수센터는 제주 지역 최초로 스마트 HACCP 인증을 획득하였습니다. 이후 혼합음료, 액상차, 과채주스, 과채음료 등 다양한 제품군에 대해 인증 범위를 확대하고 있음
  - 제주테크노파크는 도내 식품 종사자와 예비 창업자를 대상으로 HACCP 인증과 관련 법규, 사후관리 등을 포함한 교육을 실시하여 전문 인력을 양성하고 있음

- 도내 스마트 HACCP 기업확대의 필요성

  - 스마트 HACCP는 실시간으로 위상과 품질을 자동 관리할 수 있어 식품안전사고를 예방할 수 있으며, 제주산 식품에 대한 신뢰도와 프리미엄 가치를 높이는 핵심도구가 될 수 있음
  - 지역 내 대부분 식품기업은 소규모 가공업체로, 전통적인 방식으로 운영되는 경우가 많으며, 스마트 HACCP은 공정 자동화, 품질 표준화, 위생관리 체계화를 가능하게 함
  - 해외 시장 진출 시 식품안전 기준을 충족하는 인증 시스템은 필수인데 스마트 HACCP은 글로벌 인증 요건(FSMA, CODEX 등)과도 연계되기 때문에 수출경쟁력을 확보할 수 있어 확대가 필요함

<그림 7-14> 스마트 HACCP로고 및 제주 스마트 HACCP 인증기관(용암해수센터)

안전관리인증 HACCP 식품의약품안전처	스마트 HACCP 식품의약품안전처	
기존 HACCP 로고	스마트 HACCP 로고	도내 스마트 HACCP 인증기관

2) 세부 추진전략

- 스마트 HACCP적용 기업확대 및 제조공정 표준화
  - 농산물 가공시설 현대화 및 HACCP 시설 확충
  - 제주산 안심 축산물 생산시스템 확충을 위해 축산물 제조공장에 위해요소 관리 디지털화(스마트 HACCP) 설비 지원
  - 영세화, 노후화 수산가공 경영체를 규모화, 현대화하여 경쟁력 제고 및 지역경제 활성화 도모(HACCP 시설 보완)
  - HACCP 인증과 관련 법규, 사후관리 등을 포함한 교육 실시
- 스마트 제조를 위한 스마트 감지체제 구축 및 품질고도화
  - 제주 식품 제조품질 향상과 공정고도화를 위한 제조공정 시뮬레이션 체제 구축 및 디지털 트윈 연구
  - 센싱을 통한 스마트 감지체제 구축
  - MES 및 디지털 트윈 기술 적용 및 고도화

3) 협력체계

협력체계	주요 역할	관련조직
제주특별자치도	스마트 HACCP 관련 정책지원 등	식품산업과, 동물방역과, 수산정책과 등
도내 대학 등	RISE(관련 교육과정 개설 및 인력양성 등)	제주대, 한리대, 관광대 등
협력 기관	스마트 HACCP관련 인증 및 사후관리 교육, 스마트 HACCP 인증지원 업무 등	제주테크노파크, 한국식품안전관리인증원,
협력 단체	지역내 푸드테크기업 회원사 연계사업 발굴	월드푸드테크협의회 제주지회
협력 기업	스마트물류 플랫폼 및 조성공간 활용	도내 HACCP 인증기업, MOU 협업기업 등

4) 연차별 성과목표

성과 구분	단위	(5개년) 핵심성과 목표					비고
		2025년	2026년	2027년	2028년	2029년	
농산물가공 HACCP 인증지원	개소	9	9	9	9	9	-
축산물 스마트 HACCP시설 지원	개소	5	5	5	5	5	-
수산가공 HACCP 시설 지원	개소	1	1	1	1	1	-
제조공정 시뮬레이션 구축	건	3	3	3	3	3	-
HACCP 인재양성	명	20	20	30	30	30	-

5) 연차별 투자계획

(단위: 백만 원)

세부 목표	(5개년) 투자계획					합계
	2025년	2026년	2027년	2028년	2029년	
농산물가공 HACCP 인증지원	360	360	360	360	360	1,800
축산물 HACCP시설 지원	150	150	150	150	150	750
수산가공 HACCP 시설 지원	400	400	400	400	400	2,000
품질향상 공정고도화 연구	600	600	600	600	600	3,000
HACCP 인재양성	100	100	150	150	150	650
합계	**1,610**	**1,610**	**1,660**	**1,660**	**1,660**	**8,200**

6) 기대효과

- 식품안전 수준 향상 및 소비자 신뢰 확보

  - 스마트 HACCP은 제조공정 중 위해요소를 실시간으로 감지하고 자동 기록하여 기존 수기 기반 관리보다 정확하고 신속한 위생·안전 관리가 가능함에 따라 식품안전 수준과 소비자 신뢰도가 향상됨

- 청정 제주 이미지와 글로벌 경쟁력 강화

  - 제주도는 '청정 섬'이라는 강력한 지역 브랜드를 갖고 있고, 여기에 스마트 HACCP을 더하면 청정 + 과학적 안전이라는 차별화된 이미지 구축이 가능하며, 이는 수출 시장에서의 인증 경쟁력 확보로도 이어질 것으로 기대됨

전략 2	실행6. 스마트 기술기반 수요맞춤 제조공정 표준화	
과제번호	세부 과제명	전략유형
세부-17	제주형 스마트제조가공센터 구축 및 제조공정 표준화	기반조성

1) 지역여건 및 필요성

- 제주의 지역여건

  - 현재 제주는 우수한 청정 농산물을 생산하지만, 원물 위주 계통출하 및 산지수집상 의존 유통방식. 가공시설 영세로 부가가치 창출 부족한 상황임
  - 민선 8기 도지사 공약으로써 제주 농산물 가공식품산업을 육성하는 실천계획을 2022년 11월 수립하였으며, 최근 농산물 스마트가공센터 타당성 분석 용역을 바탕으로 2025년 초 기본계획이 수립된 상황임

<그림 7-15> 스마트제조가공센터 조감도

자료 : 농산물 스마트가공센터 타당성 분석 용역 보고서(2025)

- 제주형 스마트제조가공센터 구축 필요성

  - 1인 및 2인 가구 증가, 가정간편식 시장 확대로 기업의 전처리 농산물 수요 급증 및 도내 규모화된 농산물 전처리 가공시설 부재에 따른 식자재 시장 트렌드 대응이 필요한 상황임
  - 최고의 원물 경쟁력을 가진 제주 농산물 활용도 통합 청정 가공 브랜드로 육성하여 도내·외 및 수출시장을 공략할 필요가 있음
  - 또한 제주의 생산 기반은 소규모, 영세업체 중심이며, 인건비 상승과 인구 고령화로 인해 인력 문제도 심각하고. 스마트제조(예: 최신기술 도입, 자동화, 로봇, IoT 기반 공정관리, 디지털 트윈 등)를 통해 효율성과 품질을 높이고, 제조단가를 낮춰야 경쟁력이 생길 수 있음

<그림 7-16> 제주도 스마트가공센터 밸류체인 주체별 역할

	수요처(고객)	스마트가공센터	수급관리연합회
NEEDS	경쟁력 있는 안정적 가격 신뢰할만한 안전/품질 품질 기반의 안정적 수급	대량 생산 설비 투자 가능한 소량 대품목 고객 안정적 원료공급 구조 가공용에 적합한 원료 생산 지원 (품종, 수확)	생산 원가 보장 계약 지속적인 거래
역할	장기적 Partnership Guarantee	농산물 대량/우수 품질 생산설비/공정구축 안전 (물, 이물, 농약, 원산지)	농산물 가공용 품종 재배 농산물 기계수확 시스템 생산성 개선
성공 포인트	안정적 품질/가격 공급처 확보 전처리 공간 절감 (공간확보) 제품 생산/개발/판매에 집중	원가경쟁력 제공 및 Sharing 가공비/품질 경쟁력 확보 판매처 확보로 추가 이익	원가경쟁력 제공 및 Sharing 안정적 판매처/소득 확보 생산성/품질 개선으로 추가이익

자료 : 농산물 스마트가공센터 타당성 분석 용역 보고서(2025)

2) 세부 추진전략

- 제주형 스마트제조가공센터 구축 및 제조공정 표준화
  - 푸드테크산업 클러스터 조성을 위한 부지확보
  - 제주 스마트제조가공센터 구축을 위한 설계 및 기반조성 공사 진행
  - 스마트 가공센터 생산농산물 수요처 확보(B2B 및 B2C)
  - 스마트제조가공센터 구축 및 시험생산
  - 스마트제조공정 시뮬레이션 체제 및 디지털 트윈 기술 개발
  - 개별급속냉동(Indivisual Quick Freezing, IQF) 기술을 활용한 급속냉동설비 구축 및 제조공정 표준화
  - 스마트제조가공센터 활성화를 위한 장단기 전략 수립 및 인력확충

3) 협력체계

협력체계	주요 역할	관련조직
제주특별자치도	스마트제조가공센터 구축 관련 정책지원 등	식품산업과 등
도내 대학 등	관련 교육과정 개설 및 인력양성 등	제주대, 한라대, 관광대 등
협력 기관	제주 푸드테크 클러스터 조성협력, 그린바이오벤처캠퍼스 연계사업 발굴, 지역 내 식품클러스터 구축 협력	제주국제자유도시개발센터 제주테크노파크, 한국식품클러스터진흥원 등
협력 단체	스마트가공센터 운영	농산물수급관리연합회
협력 기업	스마트제조가공센터 기본계획 수립, 수요기업 발굴 등	팜넷(주), MOU 협업기업 등

4) 연차별 성과목표

성과 구분	단위	(5개년) 핵심성과 목표					비고
		2025년	2026년	2027년	2028년	2029년	
스마트가공센터 부지확보	필지	1	-	-	-	-	-
스마트가공센터 설계	건	-	1	-	-	-	-
스마트가공센터기반 조성공사	식	-	-	1	-	-	-
스마트가공센터 구축완료	개소	-	-	-	1	-	-
지역농산물 수급품목 매입	톤	-	-	-	5,000	10,000	-
매출액 창출	억	-	-	-	170	340	-
일자리 창출	명	-	-	-	40	50	-

5) 연차별 투자계획

(단위: 백만 원)

세부 목표	(5개년) 투자계획					합계
	2025년	2026년	2027년	2028년	2029년	
스마트가공센터 부지확보	4,800	-	-	-	-	4,800
제주 농산물 스마트 가공센터 구축	-	7,600	14,300	12,100	-	34,000
합계	**4,800**	**7,600**	**14,300**	**12,100**	**0**	**38,800**

6) 기대효과

- 지역 농수산물 수급안정화

  - 제주의 스마트제조가공센터 구축을 통해 농산물의 품질저하 방지 및 폐기량을 감소시킬 수 있으며, 월동채소 등과 같은 주요 농산물들의 출하시기 조절을 통해 수급을 안정화시키는 효과를 기대할 수 있음

- 유통물류 효율화

  - IQF 농산물은 부피 최적화 포장이 가능하고 유통과정에 부패 위험이 장거리 운송에 효율적이며, 제주처럼 해상·항공 물류 의존도가 높은 지역에 특히 큰 장점으로 작용할 수 있음

- 다품종 소량생산 및 고부가가치 제품개발

  - IQF 덕분에 다양한 품종(예: 제주 당근, 브로콜리, 감귤 등)을 소량씩 가공하고, 혼합 제품(믹스 채소, 기능성 푸드 등)도 쉽게 만들 수 있음에 따라 이렇게 제품 다양화가 가능하면 소비자 니즈를 세밀하게 맞출 수 있어 부가가치도 높일 수 있음

전략 2	실행6. 스마트 기술기반 수요맞춤 제조공정 표준화	
과제번호	세부 과제명	전략유형
세부-18	기술수요 맞춤 푸드테크 전문인력양성	인력양성

1) 지역여건 및 필요성

- 제주의 지역여건

 - 제주특별자치도는 지역혁신중심 대학지원체계(RISE)[21] 사업을 통해 제주대학교, 제주한라대 및 제주관광대와 함께 푸드테크 전문인력 양성과 산업 생태계 조성을 추진하고 있음

 - 제주는 최근 RISE 사업계획을 통해 지속가능한 핵심인재 육성을 위한 현장 맞춤형 핵심인재 양성사업, 글로벌 K-교육·연구 런케이션 플랫폼 조성사업, 지역산업 특화 직업평생교육 활성화 사업등 지역 내 대학과 함께 다양한 인재양성 사업을 추진하고 있음

 - 특히 제주는 미래신산업 및 근간산업 맞춤형 교육 체계를 구축하기 위한 노력을 기울이고 있으며, 미래신산업에는 바이오산업이 포함되어 있고 근간산업에는 스마트 농축수산이 포함되어 있는만큼 앞으로 RISE사업이 푸드테크 산업을 이끌어나갈 전문인력양성에 큰 역할을 할 것으로 기대하고 있음

<그림 7-17> RISE 현장맞춤형 핵심인재 양성사업 추진계획(제주대학교)

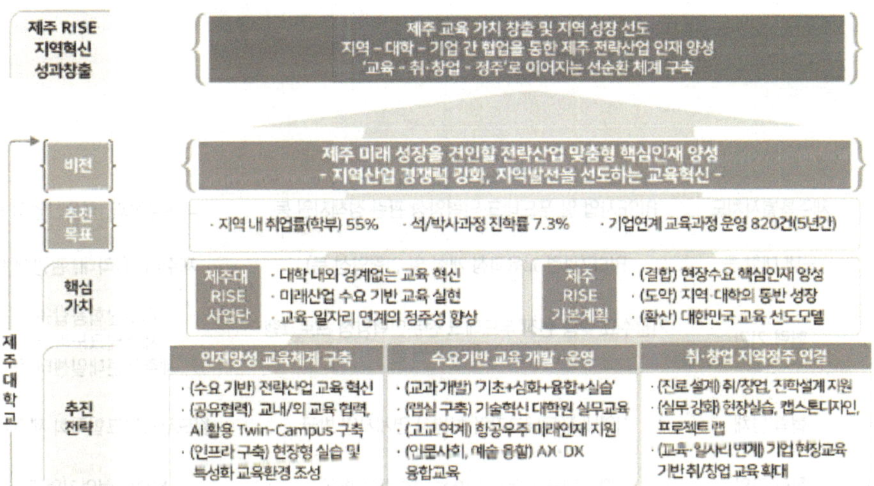

자료 : 지역혁신중심 대학지원체계(RISE) 사업계획(2025, 제주대학교) 참고

21) RISE(Regional Innovation System for Education) 사업: 지방정부가 대학 지원 권한을 확대하여 지역 맞춤형 인재를 양성하고, 지역산업과 연계한 혁신 생태계를 구축하는 국가 주도 프로그램

● 기술수요 맞춤 전문인력양성의 필요성

- 제주는 청정 자연환경과 풍부한 농수산 자원을 바탕으로 푸드테크 산업의 성장 가능성이 높으며, 이를 위해 교육 및 창업 지원 프로그램, 정부 및 지자체 지원 사업 등을 통해 전문 인력 양성을 적극 추진할 필요가 있음

- 또한 기술이 빠르게 발전하면서 산업 현장에서 요구하는 기술과 역량이 계속 달라지고 있으며, 특히 푸드테크 및 스마트제조와 같은 새로운 산업에서는 기술변화 속도가 더 빠르기 때문에 현장의 요구 → 맞춤형 인재양성 → 산업의 성장이 연결되는 것이 필수적임

2) 세부 추진전략

● 기술수요 맞춤 푸드테크 전문인력양성

- 전략산업 맞춤형 교과개발 → 산학연 교육과정 운영 고도화 → 실무현장교육 강화
- 공유·협업·글로벌 교육과정(국내외 대학·기업·기관) 개발 → 런케이션 연계 글로벌 협력
- 지산학연 프로젝트 연계 및 기업 참여 교육 프로그램 운영 → 산학연 융복합 교육 강화
- 제주형 Open-EDU 교육체계 정립으로 온·오프라인 플랫폼 활성화
- 국내외 학생들에게 유연한 학습 기회를 제공하는 고품질 글로벌 교육 플랫폼 구현

3) 협력체계

협력체계	주요 역할	관련조직
제주특별자치도	RISE사업 및 푸드테크 인력양성 관련 정책지원 등	미래성장과, 식품산업과 등
도내 대학 등	RISE(관련 교육과정 개설 및 인력양성 등)	제주대, 한라대, 관광대 등
협력 기관	기술수요 맞춤 현장 푸드테크 전문인력양성 프로그램 개발 및 운영지원 등	제주산학융합원, 제주테크노파크, 제주더큰내일센터 등
협력 단체	지역내 푸드테크기업 회원사 연계사업 발굴	월드푸드테크협의회 제주지회
협력 기업	푸드테크 전문인력양성 기술수요 발굴	MOU 협업기업 등

4) 연차별 성과목표

성과 구분	단위	(5개년) 핵심성과 목표					비고
		2025년	2026년	2027년	2028년	2029년	
기업연계 교육과정 개발 및 운영	건	175	180	180	180	180	-
석·박사과정 진학률	%	6	7	7	8	8	-
지역 내·외 취업률	명	21	22	22	23	23	-
글로벌 산학협력 연구실적	건	23	24	24	25	25	-
런케이션 플랫폼 활용도	%	45	50	50	55	55	-

5) 연차별 투자계획

(단위: 백만 원)

세부 목표	(5개년) 투자계획					합계
	2025년	2026년	2027년	2028년	2029년	
교육연구 프로그램 개발 운영비	3,200	3,200	3,200	3,200	3,200	16,000
온라인 런케이션 플랫폼 구축	900	-	-	-	-	900
오픈에듀 런케이션 모델 정립	1,400	-	-	-	-	1,400
합계	**5,500**	**3,200**	**3,200**	**3,200**	**3,200**	**18,300**

6) 기대효과

- 제주 푸드테크 산업의 경쟁력 강화
  - 스마트 가공, 기능성 식품, 맞춤형 영양식 같은 첨단 분야에 최적화된 인재들이 뒷받침되면서, 제주 푸드테크 산업이 전국·글로벌 시장에서도 차별화된 경쟁력을 갖출 수 있음
- 산업 현장 수요맞춤 실무형 인재 공급 가능
  - 기술 변화에 맞춘 실무 교육을 받은 인재들이 바로 푸드테크 기업, 가공센터, 연구소 등에 투입될 수 있어서 현장 생산성과 혁신 속도가 크게 높아질 수 있음
- 산·학·연·관 협력 생태계 활성화
  - 대학, 연구기관, 기업, 지방정부가 RISE를 통해 연결되고, 공동 교육·연구·창업 프로그램이 활성화되면서 지속 가능한 혁신 생태계가 제주에 뿌리내릴 수 있음

전략 2	실행7. K-RE100 저탄소 식제조 및 업사이클링 기반조성	
과제번호	세부 과제명	전략유형
세부-19	신재생에너지 보급을 통한 K-RE100 기반조성	기반조성

1) 지역여건 및 필요성

- 제주의 지역여건

  - 제주는 재생에너지와 청정수소 기반으로 우리나라의 에너지 대전환을 선도하고 있으며, 2024년 5월에 2035년 탄소중립 달성 비전을 발표한바 있음(2035년까지 1→7GW, 발전비율 70%)

  - 신재생에너지 발전비율(2022년 기준) 제주 19.2%(전국평균 9.2%)로 국가목표(2030년 21.6%) 를 견인하고 있음

  - 다만 현재 도내 K-RE100 인증 적용업체는 1개소(애월아빠들)에 그치고 있음에 따라 2035년 K-RE100 인증기업 50개사를 목표로 하는 세부적인 추진전략이 필요함

<그림 7-18> 제주특별자치도 탄소중립·녹색성장 기본계획 전략 및 비전

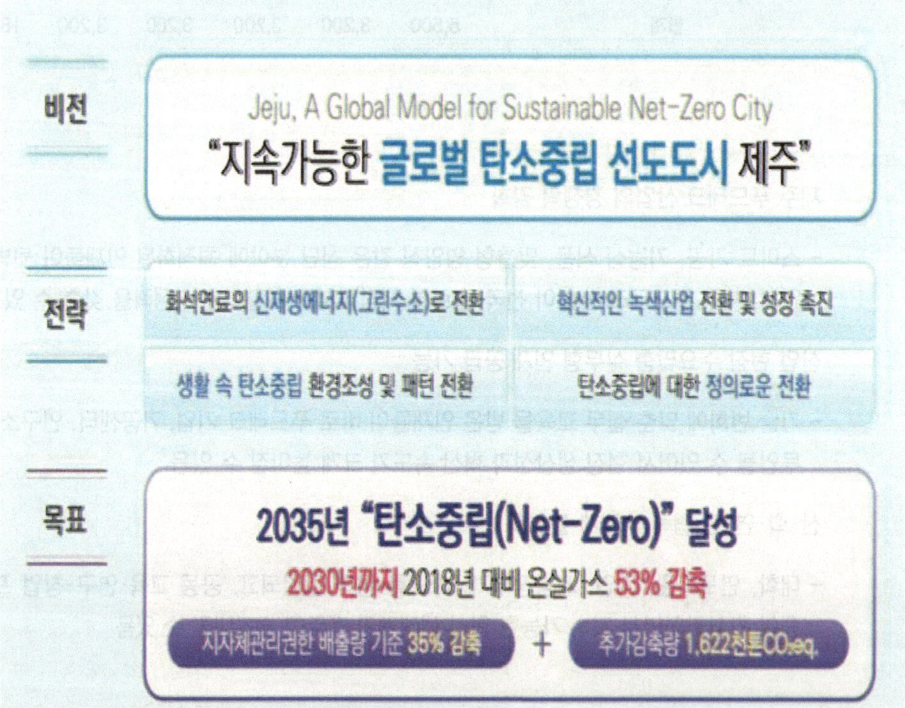

자료 : 제주특별자치도 탄소중립 녹색성장 기본계획(2024~2033) 참고

- K-RE100 기반조성의 필요성
  - 제주는 '청정 제주'를 슬로건으로 삼고 있는 지역이며, 태양광, 풍력 자원 등을 활용해서 K-RE100을 선도하면, 청정 이미지를 강화하고 국가 재생에너지 목표 달성에도 기여할 수 있음
  - 또한 글로벌 시장(특히 유럽, 북미)은 'RE100 참여 여부'를 기업 신뢰도와 경쟁력의 기준으로 보는 경우가 많으며, 제주산 농식품, 뷰티, 관광 서비스가 "100% 재생에너지 기반"이라는 인증을 받으면 수출과 관광산업에서 프리미엄 효과를 누릴 수 있음
  - 그리고 푸드테크, 스마트제조, 데이터센터 같은 미래산업은 에너지 다소비 산업임에 따라 관련산업 및 기업들이 "100% 재생에너지 사용"을 인증받아야 글로벌 경쟁에 우위를 점할 수 있기 때문에 K-RE100 기반은 제주의 신산업 육성에 필수적임

2) 세부 추진전략

- 신재생에너지 보급을 통한 K-RE100 기반조성
  - 산업단지 내 유휴부지를 활용한 친환경에너지 발전 인프라를 구축하여 에너지 자급자족 인프라 저변 확대
  - 옥상, 천장, 주차장 등 유휴공간을 활용한 태양열 발전 인프라 설치
  - 지리적 특성을 활용한 중소형 풍력 발전 인프라 설치
  - 재생에너지원(태양광, 풍력 등)을 활용한 수전해 기술 기반의 그린 수소 생산 시스템 설치
  - 생산된 친환경에너지를 안정적으로 저장·관리하여 자급자족을 실현하고 에너지 수요 변동에 유연한 대처를 위한 ESS 설비 구축
- Smart Grid 및 BEMS/FEMS[22] 통합관리플랫폼 구축
  - 에너지 발전량 예측 및 효율적 분배 등 지능형 전력망 구현을 위한 발전 인프라 및 산업단지 내 IoT 기반 스마트 미터 설치
  - 산업단지 내 에너지 사용량 예측, 실시간 관리를 통한 효율적 산업단지 운영·관리를 위한 에너지 관리 플랫폼 구축
  - 기업들의 RE100 목표 달성을 위한 전력공급 체계(PPA) 연

22) BEMS(Building Energy Management System)/FEMS(Factory Energy Management System) : 건물 에너지관리시스템과 공장 에너지 관리시스템을 말하며 에너지를 효율적으로 사용해 생산성과 에너지효율을 동시에 높일 수 있음

3) 협력체계

협력체계	주요 역할	관련조직
제주특별자치도	K-RE100 관련 정책지원 등	식품산업과, 에너지산업과 등
도내 대학 등	관련 교육과정 개설 및 인력양성 등	제주대, 한라대, 관광대 등
협력 기관	RE100 실현을 통해 자급자족 에너지 체계 확립, 지속가능한 스마트그린산단 전환, 폐배터리 이용 ESS 지원 등	제주국제자유도시개발센터 제주에너지공사, 제주테크노파크 등
협력 단체	탄소중립 목표 실현을 위한 기업발굴 및 협업	산업단지 입주기업협의회, 생산자 단체
협력 기업	탄소중립 목표 실현을 위한 기업발굴 및 협업	농업회사법인, MOU 협업기업 등

4) 연차별 성과목표

성과 구분	단위	(5개년) 핵심성과 목표					비고
		2025년	2026년	2027년	2028년	2029년	
신재생에너지 시설 구축	건	1	5	5	5	5	-
에너지저장장치(ESS) 지원	건	1	5	5	5	5	-
RE-100 인증플랫폼 구축 및 운영	건	1	-	-	-	-	-
탄소배출량 감소율	%	-	4.0	5.0	6.0	7.0	-
친환경에너지 자급율	%	-	8.0	8.5	9.0	9.5	-
RE-100인증 달성기업	개소	1	5	10	15	20	2035년 50개소

5) 연차별 투자계획

(단위: 백만 원)

세부 목표	(5개년) 투자계획					합계
	2025년	2026년	2027년	2028년	2029년	
신재생에너지 시설 구축	150	750	750	750	750	3,150
에너지저장장치(ESS) 지원	100	500	500	500	500	2,100
RE-100 인증플랫폼 구축 및 운영	100	-	-	-	-	100
에너지자급자족 인프라 구축	-	6,000	6,000	3,000	-	15,000
합계	**350**	**7,250**	**7,250**	**4,250**	**1,250**	**20,350**

6) 기대효과

- 탄소중립 목표 달성
  - 재생에너지 사용을 늘리면 온실가스 배출을 크게 줄일 수 있어서, 탄소중립 목표를 더 빨리 달성할 수 있음
- 산업 경쟁력 및 글로벌 신뢰도 강화
  - K-RE100을 충족하면 국내외 기업들과의 거래, 수출, 투자 유치에서 친환경 인증 효과를 얻어 경쟁력이 높아짐

전략 2	실행7. K-RE100 저탄소 식제조 및 업사이클링 기반조성	
과제번호	세부 과제명	전략유형
세부-20	탄소저감 푸드 업사이클링 산업확대를 위한 기반조성	기반조성

1) 지역여건 및 필요성

- 제주의 지역여건

  - 제주특별자치도는 지역 농수산물의 부가가치 향상과 환경 보호를 위해 식품 업사이클링 산업을 지원하고 있으며, 이를 위해 관련 기업에 대한 지원 정책을 마련하고, 업사이클링 제품의 개발과 유통을 촉진하고 있음

  - 제주는 감귤, 당근, 돈육 등 다양한 농수축산물을 생산하고 있으며, 이로부터 발생하는 부산물(감귤껍질, 줄기, 돈육 부산물, 못난이 농산물 등) 자원은 식품 업사이클링의 원료로 활용될 수 있어 관련 산업확대를 위한 기반조성이 필요한 상황임

- 식품업사이클링 산업확대의 필요성

  - 기후변화, 인구 증가로 식량 수요가 계속 늘어나는 상황에서, 식품업사이클링은 식량 위기 대응과 지속가능한 식품 공급망 구축에 꼭 필요한 방식으로 여겨지고 있음

  - 요즘 소비자들은 단순히 좋은 제품을 넘어서 윤리적 소비(ethical consumption)를 중시함에 따라 업사이클링 제품은 친환경·윤리적 가치에 부합해서, 새로운 소비 트렌드에 부합 할수 있음

  - 또한 산지폐기, 매립지 및 소각장에서 발생하는 온실가스 배출량도 감소함에 따라 업사이클링은 탄소중립, ESG 경영 실천에 직결되는 핵심 전략임

<그림 7-19> 대표적인 푸드 업사이클링 사례

CJ제일제당 바삭칩	오비맥주 리너지바	울퉁불퉁팩토리 잼	스타벅스 커피박 트레이

2) 세부 추진전략

- 탄소저감 푸드 업사이클링 산업확대를 위한 기반조성
  - 노지감귤, 만감류(한라봉, 천혜향 등)를 가공하여 제품화하는 과정에 발생하는 감귤부산물을 활용할 수 있는 기반조성
  - 감귤부산물의 고부가가치를 통한 농가의 새로운 소득산업 창출
  - 비상품 풋귤 유통 지정농장 확보를 통한 비상품풋귤 유통 기반구축
  - 동물성 부산물(돈육 생산 및 도축 후 부산물)을 활용한 단백질 원료화 기반구축
  - 자원순환 경제체계 조성을 위한 업사이클센터 인프라 구축

3) 협력체계

협력체계	주요 역할	관련조직
제주특별자치도	식품업사이클링 기반조성 관련 정책지원 등	식품산업과, 생활환경과(서귀포시) 등
도내 대학 등	관련 교육과정 개설 및 인력양성 등	제주대, 한라대, 관광대 등
협력 기관	지역 내 감귤 부산물 활용 연구, 안정적인 감귤가공 부산물 수급체계 확립	농촌진흥청 감귤연구소 한국식품연구원, 제주개발공사 등
협력 단체	비상품 감귤(풋귤) 농가 확보 및 수급조절 등	제주감귤연합회 등
협력 기업	가공부산물 확보 관련 소재활용 상용화 등	제우스, 일해, 탐라인, 체리부로, 위드이엘, MOU 협업기업 등

4) 연차별 성과목표

성과 구분	단위	(5개년) 핵심성과 목표					비고
		2025년	2026년	2027년	2028년	2029년	
비상품 풋귤 유통 지정농장 확보	개소	1	1	1	1	1	농가수
감귤가공부산물 생산 기반 구축	개소	2	2	2	2	2	공장수
돈육부산물 원료화 기반구축	개소	1	1	1	1	1	공장수
업사이클센터 구축 및 실시설계	건	1	-	1	-	-	-
추가 소득 창출	%	10	15	20	20	20	-

5) 연차별 투자계획

(단위: 백만 원)

세부 목표	(5개년) 투자계획					합계
	2025년	2026년	2027년	2028년	2029년	
비상품 풋귤 유통 기반구축	90	90	90	90	90	450
감귤가공시설 현대화 지원	105	105	110	110	120	550
돈육부산물 원료화 공정개발 및 표준화 등	90	90	90	90	90	450
업사이클센터 구축 및 실시설계	200	1,700	1,700	1,700	1,700	7,000
합계	**485**	**1,985**	**1,990**	**1,990**	**2,000**	**8,450**

6) 기대효과

- 지속가능한 농수축산업 지원
  - 농업 및 축산 부산물에 새로운 가치를 부여하면서 농어업 소득을 다각화할 수 있으며, 폐기물 비용도 줄이고 생산단계부터 친환경 경영을 실천할 수 있게 가능하짐
- 신산업 창출 및 일자리 확대
  - 업사이클링 기반의 신제품 개발(건강식품, 친환경 패키징 등)과 기업 창업이 활성화되면서 새로운 산업과 일자리가 만들어져 지역 경제에 활력이 생길 수 있음
- 제주의 청정 브랜드 가치 강화
  - “탄소를 줄이는 섬, 청정 자원을 업사이클링하는 섬”이라는 이미지를 확고히 하면, 제주산 제품과 제주 관광의 프리미엄 브랜드 가치를 한층 높일 수 있을 것임

전략 2	실행7. K-RE100 저탄소 식품제조 및 업사이클링 기반조성	
과제번호	세부 과제명	전략유형
세부-21	잉여전력 및 플라즈마 기술을 활용한 탄소저감기술 개발	R&D

1) 지역여건 및 필요성

- 제주의 지역여건
  - 제주는 풍력과 태양광 발전의 확대에 따라 재생에너지 비율이 높아졌고, 2025년 4월 14일에는 전국 최초로 4시간 동안 도내 전력 수요를 100% 재생에너지로 충당하는 '일시적 RE100'을 달성했음
  - 그러나 재생에너지 생산량이 소비량을 초과하는 경우가 발생하여 출력제어가 빈번하게 이루어지고 있음
  - 또한 제주는 플라즈마 기술을 활용하여 고수분 폐기물인 부패 감귤을 효율적으로 처리하는 기술 개발이 진행되고 있으며, 이는 제주에서 발생하는 농업 부산물 처리에 효과적인 방법으로 평가되고 있음
- 잉여전력 및 플라즈마 기술을 활용한 기술개발 필요성
  - 플라즈마 기술은 반도체, 디스플레이 등 산업의 핵심 요소 기술로 활용 중이고, 농식품 분야에 활용 가능성이 증가 추세에 있음
  - 또한 플라즈마의 살균 기술은 식음료 분야에서 저온 살균 기술로 많은 연구가 진행되고 있고, 플라즈마를 이용한 활성화 기술은 최근 시도된 기술로 생분해 효율 향상 등이 가능하여 식음료 발효 공정 등에 적용 시 경제성 및 기술력 확보가 가능함

[표 7-9] 플라즈마 활성공기 예시

<table>
<tr><th>활성공기종</th><th>활성산소</th><th>활성질소</th></tr>
<tr><td>효과</td><td>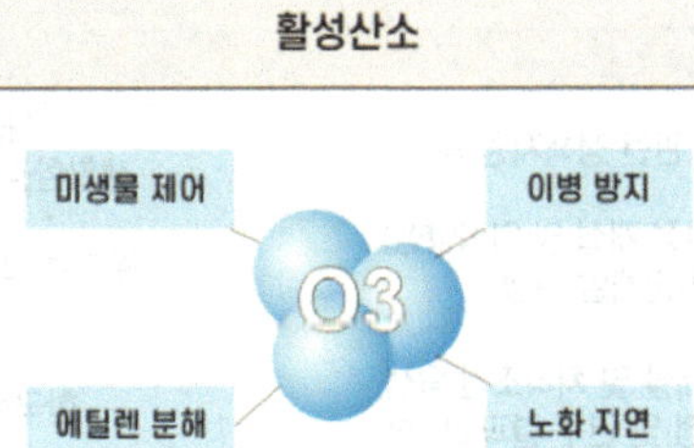
</td><td>
</td></tr>
</table>

자료 : 오존에이드 기업소개자료 참고

2) 세부 추진전략

- 잉여전력 및 플라즈마 기술을 활용한 소형 청정수소 생산기술개발
  - 식품 폐기물 기반 소형 청정수소 생산 장치 개발
  - 유기성 폐기물인 식품 폐기물 유래 바이오가스 생산 시 혐기성 소화조 내 미생물 분리, 동정, 배양
  - 50 kW급 이상 플라즈마 메탄 열분해 자동화 시스템 개발
  - 전력망 연계 초과전력 발생시 즉각적으로 수소생산이 가능한 시스템 개발

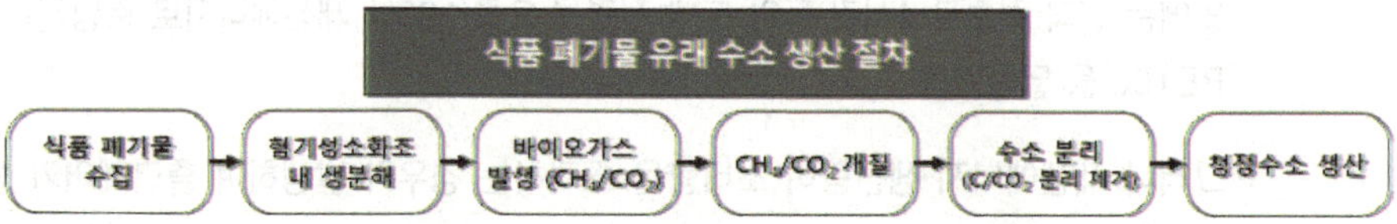

- 플라즈마 기술을 이용한 저장기술 및 가공공정 효율 향상 기술개발
  - 음식료 조리가공 중 저온 살균 필요 공정 탐색 및 플라즈마 살균 기술 검토(초기 미생물 제어, 공정미생물 제어 식음료 공정 탐색)
  - 플라즈마 기술을 이용한 음식료 조리가공 중 살균 공정 효율 향상 연구
  - 플라즈마 처리 조건 별 살균 및 발효 공정 특성 측정 및 연구 결과 DB화
  - 공기활성종 제어를 위한 플라즈마 기반 기술개발(ROS:RNS 생산비율)
  - 고도 산화질소 생산기술 및 농산물 저장 적용기술 연구개발
  - 제어된 RONS(Reactive Oxygen Nitrogen Species) 저장환경 적용 기술개발

3) 협력체계

협력체계	주요 역할	관련조직
제주특별자치도	탄소저감기술 관련 정책지원 등	식품산업과, 생활환경과(서귀포시) 등
도내 대학 등	RISE(관련 교육과정 개설 및 인력양성) 및 관련 기술개발 수행	제주대, 한라대, 관광대 등
협력 기관	플라즈마 발생원 개발 및 처리조건 탐색, 발효공정특성 측정 및 연구 결과 DB화	한국핵융합연구원
협력 단체	지역내 푸드테크기업 회원사 연계사업 발굴	월드푸드테크협의회 제주지회
협력 기업	바이오가스 기반 청록수소 생산, 플라즈마 기반 저온살균 기술 개발 등	오존에이드, 엔클라이언 MOU 협업기업 등

4) 연차별 성과목표

구 분	단위	5개년 핵심성과 목표					비고
		2025년	2026년	2027년	2028년	2029년	
식품 폐기물 기반 소형 청정수소 생산 장치 개발	건	-	-	-	-	1	-
플라즈마 발생원 개발 및 특성 진단	건	-	1	-	-	-	-
50 kW급 이상 플라즈마 메탄 열분해 시스템 개발	건	-	-	1	-	-	-
플라즈마 발생원 개발	건	-	-	1	-	-	-
식제조업 조리공정 내 플라즈마 처리 공정 특성 측정 DB화	건	-	-	-	-	1	-
논문	건	1	1	1	1	1	-
특허	건	1	-	1	1	-	-
기술이전	건	-	1	1	-	1	3

5) 연차별 투자계획

(단위: 백만 원)

세부 목표	(5개년) 투자계획					합계
	2025년	2026년	2027년	2028년	2029년	
소형청정수소 생산기술개발	1,000	1,000	1,000	1,000	1,000	5,000
플라즈마기술 활용 공정효율 향상 기술개발	500	500	500	500	500	2,500
플라즈마 융합 저장기술 고도화	100	100	100	100	100	500
합계	**1,600**	**1,600**	**1,600**	**1,600**	**1,600**	**8,000**

6) 기대효과

- 잉여 재생에너지의 효율적 활용
  - 버려질 뻔한 풍력·태양광 잉여전력을 플라즈마 기술 같은 고에너지 공정에 활용하면, 출력제어 없이 재생에너지를 100% 활용할 수 있음
- 탄소배출 없는 폐기물 처리 가능
  - 플라즈마 기술은 고온 상태에서 폐기물을 태워버리기 때문에 2차 오염물질이나 탄소 배출이 거의 없어. 친환경 폐기물 처리 방식으로 탄소중립에 직접 기여할 수 있음
- 신기술 기반의 새로운 산업 육성
  - 잉여전력 활용, 플라즈마 폐기물 처리, 플라즈마 기술활용 식품가공(예: 저장성 개선) 같은 첨단 융복합 산업이 새롭게 성장할 수 있으며, 제주만의 차별화된 신산업 모델이 창출될 수 있음

전략 2	실행8. 국내·외 환경친화 인증활용 그린마케팅 선도	
과제번호	세부 과제명	전략유형
세부-22	탄소배출 저감화를 통한 ESG 인증기업 확대	사업확대

1) 지역여건 및 필요성

- 제주의 지역여건

  - 제주도는 2024년 10월 2035년까지 탄소중립을 달성하기 위해 재단법인 에스디엑스(SDX)를 비롯한 24개 기후테크 기업과 협력하여 탄소중립 및 환경 보전을 위한 업무협약을 체결하였으며, 이 협약은 자발적 탄소시장 시스템 구축, 기후테크 개발 및 상용화를 통한 녹색성장산업 촉진, 제주형 생태계서비스 지불제 계약 사업 참여 등 ESG 경영실천을 포함하고 있음
  - 제주도는 기업들이 제주에서 워케이션을 진행하며 플로깅이나 봉사활동 등 사회공헌활동에 참여하면 '제주워케이션 ESG 활동 확인서'를 발급하는 인센티브 제도를 도입하였으며, 이 제도는 기업의 ESG 경영 실천을 증빙하는 자료로 활용되고, 기업경영평가에서 가점 등 실질적 인센티브를 받을 수 있음
  - 이러한 지역 여건과 현황을 바탕으로 제주에서는 탄소저감과 ESG 인증 기업 육성을 위한 다양한 정책과 제도를 추진하고 있으며, 앞으로도 제주도는 지속가능한 발전을 위해 기업과 지역사회가 함께 협력하는 ESG 생태계를 구축해 나갈 것으로 기대됨

<그림 7-20> 대표적인 ESG 친환경 플로깅 행사 사례

자료 : 2024 남방큰돌고래와 함께하는 플로깅 행사(제주도 제공)

● 탄소배출 저감화를 통한 ESG 인증기업 확대 필요성

- 최근 해외 바이어나 투자자들은 ESG 평가를 중요한 기준으로 삼고 있으며, 탄소 저감 실적이 없으면 수출이나 글로벌 협력에서 불이익을 받을 수 있기 때문에 기업 경쟁력을 유지하려면 ESG 인증이 필수요소로 받아들여지고 있음

- 국내외 정부, 금융기관들은 ESG 실적이 우수한 기업에 지원, 투자, 금융 우대를 제공하고 있으며, 탄소 저감 기반 ESG 인증을 확보하면 각종 정책 지원과 자금 조달이 훨씬 유리질 수 있다는 이점이 있기에 확대가 필요함

2) 세부 추진전략

● 탄소배출 저감화를 통한 ESG 인증기업 확대 및 관련 행사개최

- 공장에너지관리체계(FEMS) 등 에너지 효율화 기반 보급 및 친환경패키징, 업사이클링 등 도내 기업의 ESG 경영 유도

- 제주에서 워케이션하는 기업이 플로깅이나 봉사활동을 하면 ESG경영 활동 인증을 받을 수 있는 제도 확대

- 도내기업의 ESG 경영인증 확대를 위한 지원체계 마련 및 관련 컨설팅사업 운영

- 지속가능한 ESG 관광 여행 확산을 통한 친환경 행사개최

- 제주 2035 탄소중립(Net-Zero)과 제주 기업 지속가능 경영성장을 지원하는 ESG 국제포럼 개최

3) 협력체계

협력체계	주요 역할	관련조직
제주특별자치도	ESG 경영인증 관련 정책지원 등	식품산업과, 관광정책과 등
도내 대학 등	RISE(관련 교육과정 개설 및 인력양성)	제주대, 한라대, 관광대 등
협력 기관	도내기업 ESG경영인증 협력 및 컨설팅	한국ESG경영인증원 등
협력 단체	지역내 푸드테크기업 회원사 연계사업 발굴	월드푸드테크협의회 제주지회
협력 기업	도내기업의 ESG 경영인증 확대 협력	MOU 협업기업 등

4) 연차별 성과목표

성과 구분	단위	(5개년) 핵심성과 목표					비고
		2025년	2026년	2027년	2028년	2029년	
ESG 경영인증 컨설팅 지원	건	2	6	8	10	10	-
ESG 경영 인증기업 확대지원	개소	1	3	4	5	5	-
ESG 관광 친환경 행사개최	건	2	2	2	2	2	-
ESG JEJU 포럼개최	건	1	1	1	1	1	-

5) 연차별 투자계획

(단위: 백만 원)

세부 목표	(5개년) 투자계획					합계
	2025년	2026년	2027년	2028년	2029년	
ESG 경영인증 컨설팅 지원	100	200	200	250	250	1,000
ESG 경영 인증기업 지원	100	200	200	250	250	1,000
ESG 관광 친환경 행사개최	70	80	100	100	150	500
ESG JEJU 포럼개최	90	90	100	100	120	500
합계	**360**	**570**	**600**	**700**	**770**	**3,000**

6) 기대효과

- 청정 제주 브랜드 강화
  - 탄소배출을 줄이고 ESG 인증기업이 많아지면 "환경을 지키는 섬"이라는 제주 고유의 청정 이미지가 더 강력해져, 관광·농식품·수출산업 모두에 긍정적인 파급 효과를 줄 수 있음
- 지속가능한 지역경제 구축
  - 탄소저감과 ESG를 기반으로 하는 경제구조는 외부 충격(예: 기후 위기, 글로벌 규제 강화)에 훨씬 강하며, 장기적으로 안정적이고 지속가능한 제주 경제를 만드는 데 크게 기여할 것으로 기대됨

전략 2	실행8. 국내·외 환경친화 인증활용 그린마케팅 선도	
과제번호	세부 과제명	전략유형
세부-23	저탄소 제조 및 순환자원 활용을 통한 녹색산업 확대	사업확대

1) 지역여건 및 필요성

● 제주의 지역여건

- 제주도는 '기후위기 대응을 위한 탄소중립·녹색성장 기본 조례'를 제정하여, 온실가스 감축 목표 설정, 녹색산업 육성, 자원순환 촉진 등 다양한 정책을 법제화하였으며, 이 조례는 도민의 책무와 도지사의 책무를 명시하여, 지역사회 전체의 참여를 유도하고 있음
- 제주도는 녹색구매지원센터를 통해 친환경 소비문화 확산을 추진하고 있으며, 지역 내 다양한 기관 및 기업과 협력하여 녹색제품 및 녹색소비생활 캠페인을 전개하고 있고 이를 통해 저탄소 제조 제품의 수요를 창출하고 있음
- 제주도는 '녹색제품[23]'에 대한 친환경 소비분화 확산을 위해 제주녹색구매지원센터를 설치 및 운영하고 있음
- 2022년 7월에는 제주개발공사의 제주 삼다수가 녹색제품에 해당하는 저탄소제품으로 인증받은 사례가 있음

● 저탄소 제조 및 순환자원 활용을 통한 녹색제품 확대 필요성

- 요즘 소비자들은 가격뿐만 아니라 환경을 고려한 제품(그린 소비)을 선호해. 저탄소, 업사이클링, 친환경 제품은 브랜드 이미지를 높이고 소비자 충성도를 끌어올릴 수 있음
- 녹색제품 확대는 단순한 환경보호를 넘어서, 지속가능한 생산·소비 시스템을 만드는 기반이 되며, 결과적으로 지역경제도 탄탄해지고, 산업 생태계 전체가 건강해질 수 있어 확대가 필요함

23) 녹색제품 : 탄소중립기본법' 제66조 제4항에 따른 에너지·자원의 투입과 온실가스 및 오염물질의 발생을 최소화하는 제품을 말하며, 녹색제품은 ▲환경표지제품 ▲우수재활용(GR)제품 ▲저탄소인증제품으로 나뉨

<그림 7-21> 제주녹색구매지원센터 이미지

자료 : 제주녹색구매지원센터 블로그 참고

2) 세부 추진전략

- 저탄소 제조 및 순환자원 활용을 통한 녹색산업 확대
  - 녹색제품 생산업체 확대를 위한 컨설팅 제공
  - 저탄소 식품제조공정 운영 및 업사이클링 지역특화자원을 활용한 녹색제품 인증 지원
  - 제주에서 생산되는 제품의 녹색제품 인증 비율을 단계적으로 확대
  - 친환경 녹색산업육성 그린 로하스 엑스포 개최
  - 친환경 생분해성 및 재활용 가능 비닐개발 및 보급 추진(채소작물 생분해성 멀칭필름 및 액상멀칭제 지원 등)

3) 협력체계

협력체계	주요 역할	관련조직
제주특별자치도	녹색제품 관련 정책지원 등	식품산업과, 자원순환과 등
도내 대학 등	RISE(관련 교육과정 개설 및 인력양성)	제주대, 한라대, 관광대 등
협력 기관	제주녹색제품 인증비용지원 및 컨설팅지원 생분해성 멀칭필름 및 액상밀칭제 지원	제주녹색구매지원센터, 농업기술센터
협력 단체	지역내 푸드테크기업 회원사 연계사업 발굴	월드푸드테크협의회 제주지회
협력 기업	도내기업의 녹색제품 확대 협력	MOU 협업기업 등

4) 연차별 성과목표

성과 구분	단위	(5개년) 핵심성과 목표					비고
		2025년	2026년	2027년	2028년	2029년	
녹색제품 생산업체 컨설팅 지원	개소	6	6	8	8	10	-
녹색제품 인증비용 지원	제품	3	3	4	4	5	-
녹색제품 구매연결 사업추진	건	1	1	1	1	1	-
그린 로하스엑스포 개최	건	1	1	1	1	1	-
친환경 생분해성 농자재 지원	ha	140	140	140	140	140	면적

5) 연차별 투자계획

(단위: 백만 원)

세부 목표	(5개년) 투자계획					합계
	2025년	2026년	2027년	2028년	2029년	
녹색제품 인증지원 및 사업추진	200	200	200	200	200	1,000
그린 로하스엑스포 개최 및 운영	100	100	100	100	100	500
친환경 생분해성 농자재 지원	200	200	200	200	200	1,000
합계	**500**	**500**	**500**	**500**	**500**	**2,500**

6) 기대효과

- 새로운 고부가가치 산업과 일자리 창출
  - 녹색기술, 친환경 제품, 업사이클링 산업이 성장하면서 새로운 시장과 일자리가 만들어질 가능성이 있으며, 특히 청년층과 친환경 소재 기술인력에게 매력적인 일자리가 늘어날 수 있음
- 지속가능한 산업구조 전환 촉진
  - 탄소 다배출 산업 중심 구조에서 벗어나, 에너지 효율적이고 자원 친화적인 지속가능 산업구조로 전환할 수 있으며, 장기적으로 지역과 국가 경제의 안정성도 높아질 수 있음

전략 2	실행8. 국내·외 환경친화 인증활용 그린마케팅 선도	
과제번호	세부 과제명	전략유형
세부-24	지역소재 활용 환경친화 그린마케팅 강화	사업확대

1) 지역여건 및 필요성

- 제주의 지역여건

  - 제주특별자치도의 지방공기업인 제주개발공사(JPDC)는 친환경 문화 창조와 사회적 책임 실현을 위한 그린마케팅을 전략적으로 도입하였으며, 이 사례는 친환경 공정 및 제품 개발, 소비자 친환경 욕구 파악, 효과적인 그린 커뮤니케이션 전략 마련 등을 통해 기업의 친환경 이미지 구축에 기여하였음

  - 또한, 그린마케팅 실천에 부합하는 새로운 마케팅 성과 지표 개발의 필요성도 강조된바 있음

  - 제주는 감귤, 녹차, 해조류 등 청정 농수산물을 비롯하여 다양한 자연자원을 보유하고 있어, 이를 활용한 친환경 제품 개발에 유리한 환경을 제공하고 그린마케팅을 추진하기에 최적의 여건을 갖추었음

- 지역소재 활용 환경친화 인증제품 그린마케팅 강화 필요성
  - 2035년 탄소중립 달성 비전 발표, 청정제주의 가치실현을 위해 국내외 인증 기반 전략적 그린마케팅[24] 추진이 필요함

  - 소비자들은 이제 "좋은 제품"뿐만 아니라 "환경을 생각한 제품"을 찾고 있어 녹색제품과 같은 환경친화 인증과 더불어 그린마케팅을 강화하면 소비자 신뢰와 선택을 빠르게 얻을 수 있을 것으로 보여짐

  - 또한 지역 자원을 순환시키고 환경을 보호하면서 제품을 생산·판매하면,경제 성장과 환경 보존을 동시에 달성하는 지속가능한 지역 모델이 만들어지고 이를 통한 그린마케팅의 추진력이 강화될 것으로 판단됨

24) 그린마케팅(Green Marketing): 자연보호 및 환경오염 방지를 강조하는 마케팅으로 기업의 제품 개발 유통 소비 과정에서 자사의 환경에 대한 사회적 책임과 환경보전 노력을 소비자들에게 호소함으로써 환경친화적인 소비자들과 공감대를 형성하려는 새로운 마케팅 전략

<그림 7-22> 제주삼다수의 환경친화 그린마케팅 사례

자료 : 제주삼다수 홈페이지 참조

2) 세부 추진전략

- 지역소재 활용 환경친화 인증제품 그린마케팅 강화
  - 제주지역 농산물 및 농산물가공제품의 그린마케팅 지원
  - 수출선도 글로벌 역량강화지원을 통한 해외 글로벌 마케팅 지원(수출선도기업 및 수출선장기업 선별 지원)
  - 영세한 제주기업의 수출마케팅 경험부족, 낮은 브랜드 인지도 등 개별 마케팅의 한계를 극복하고 협업을 통한 공동홍보, 마케팅 추진
  - 글로벌 무역 환경 변화에 대응할 수 있는 역량을 갖춘 무역전문인력 양성 및 청년 일자리 창출

3) 협력체계

협력체계	주요 역할	관련조직
제주특별자치도	그린마케팅 관련 정책지원 등	식품산업과, 통상물류과, 제주시(농정과) 등
도내 대학 등	RISE(관련 교육과정 개설 및 인력양성)	제주대, 한라대, 관광대 등
협력 기관	그린마케팅 선도사례 벤치마킹, 수출선도성장 맞춤형 해외마케팅 지원	제주개발공사, 제주경제통상진흥원
협력 단체	무역전문가 양성 및 수출 마케팅 지원	한국무역협회 등
협력 기업	그린마케팅 관련 협업사업 발굴 등	MOU 협업기업 등

4) 연차별 성과목표

성과 구분	단위	(5개년) 핵심성과 목표					비고
		2025년	2026년	2027년	2028년	2029년	
제주농산물 및 가공 마케팅 지원	개소	22	22	22	22	22	-
수출선도기업 마케팅지원	개소	5	5	5	5	5	-
수출 성장기업 마케팅 지원	개소	16	16	16	16	16	-
수출기업 협업 마케팅 지원	개소	5	5	5	5	5	-
지원기업 매출향상	억원	50	50	60	60	70	-
지역특화 청년 무역전문가 양성	명	40	40	40	40	40	-
지원기업 신규인력 창출	명	5	5	5	5	5	-

5) 연차별 투자계획

(단위: 백만 원)

세부 목표	(5개년) 투자계획					합계
	2025년	2026년	2027년	2028년	2029년	
제주농산물 및 가공 마케팅 지원	300	300	300	300	300	1,500
수출선도기업 마케팅지원	100	100	100	100	100	500
수출 성장기업 마케팅 지원	160	160	160	160	160	800
수출기업 협업 마케팅 지원	110	110	110	110	110	550
무역전문가 인력양성	50	50	50	50	50	250
합계	**720**	**720**	**720**	**720**	**720**	**3,600**

6) 기대효과

- 제품 차별화 및 시상확대
  - 지역소재를 활용한 친환경 그린마케팅 제품은 기존 시장보다 높은 가격에도 판매가능하며, 동시에 친환경 소비자층(특히 MZ세대, 글로벌 소비자)까지 타깃할 수 있음
- 수출경쟁력 및 글로벌 인증 확보
  - 환경 관련 규제가 강한 해외 시장(유럽, 북미 등)에서도 친환경 인증을 받은 지역소재 제품은 수출 허들이 낮아지고, 글로벌 시장 진입이 쉬워짐
- 지속가능한 지역경제 활성화
  - 지역소재를 고부가가치 친환경 제품으로 전환하면 농어업, 제조업, 관광업 등 다양한 산업군에서 지속가능한 수익모델이 만들어질 수 있음

전략-3 맞춤형 외식 푸드서비스 고도화 및 푸드테크 창업기반 구축

1) 추진배경

- 제주의 관광 및 외식산업은 지역 핵심산업으로서 연간 1300만명이 방문하고, 2천여개의 관광업체, 2만여개의 외식업소 보유
- 하지만, 외식 및 관광을 연계하는 통합 플랫폼이 부족하고, 일부 업체의 바가지 요금 행태로 제주이미지 훼손하고 있고, 다국어 기반도 부족

2) 필요성

- 제주관광협회(탐나오), 제주관광공사(Visit제주)의 관광지, 숙박, 항공, 렌터카 정보와 외식 배달플랫폼 간 통합운영을 통해 위치기반 정보의 제공과 결재시스템 도입으로 수수료 체계 혁신 필요
- 외식관광 활성화 및 신뢰성 제고를 위한 외식분야 맞춤 솔루션 제공
- 식자재 과잉 또는 부족 해소를 위한 데이터기반 로컬 식자재 통합플랫폼 도입

3) 세부 실행과제

No.	실행 사업명	과제번호	세부 과제명
09	고객맞춤 외식관광 플랫폼 개발 및 고도화	세부-25	AI 기반 제주 외식 관광 맞춤형 스케줄링 앱 개발
		세부-26	탐나오, Visit 제주 연동 외식 정보 통합 플랫폼 구축
		세부-27	고객맞춤 푸드테크 트럭존 조성 및 운영
10	외식테크 기반 자동화, 맞춤형 푸드솔루션 보급	세부-28	AI 기반 스마트 오더링 및 서빙 시스템 도입 지원
		세부-29	맞춤형 외식메뉴 추천 및 영양 정보 제공 시스템 개발
		세부-30	로봇 셰프 및 자동 조리 시스템 실증 및 확산
11	로컬자원 식자재통합 플랫폼 구축	세부-31	로컬 식자재 데이터 수집 및 관리 시스템 구축
		세부-32	산지-외식업체 매칭 및 물류 지원 시스템
12	푸드테크 연계 지역소상공인 육성 및 창업기반 구축	세부-33	푸드테크 기반 소상공인 창업 및 성장 지원
		세부-34	외식업 디지털 전환 및 푸드테크 연계 강화

4) 추진전략 세부 목표

구분	2025년~2029년(5년)	2030년~2034년(5년)	2035년~2039년(5년)
인력	RISE 및 MD과정 도입	외식테크 인력 양성 200명	외식테크 인력 양성 300명
기술	AI기반 맞춤형 스케쥴링앱 개발	탐나오, 비짓제주 연동 통합 플랫폼 운영	외식관광플랫폼 고도화
기업	푸드테크분야 창업기업 130개소	푸드테크분야 창업기업 200개소	푸드테크분야 창업기업 300개소
생태계	푸드테크 트력존 조성	디지털센터 간 로컬식자재 플랫폼 구축	로컬 식자재 통합플랫폼 고도화

전략 3	실행9. 고객맞춤 외식관광 플랫폼 고도화	
과제번호	세부 과제명	전략유형
세부-25	AI 기반 제주 외식 관광 맞춤형 스케줄링 앱 개발	R&D

1) 지역여건 및 필요성

● 제주의 지역여건

- 관광 서비스업이 강점이나, 외식과 관광을 연계하는 통합 플랫폼이 부족하고, 정보 부족 및 바가지 요금 등의 문제로 제주 이미지가 훼손됨

- 관광객에게 맞춤형 외식 정보 및 스케줄링 기능을 제공하여 만족도를 높이고, 지역 경제 활성화에 기여할 필요가 있음

● 외식관광 맞춤형 스케줄링 앱 개발의 필요성

- AI를 활용하면 사용자의 취향 데이터, 실시간 정보(날씨, 대기시간, 혼잡도 등), 이동 거리 등을 종합 분석하여 최적화된 외식 및 관광 일정을 자동 추천할 수 있으며, 이를 통해 여행객은 시간과 비용을 절약하고, 더 높은 만족도를 경험할 수 있음

- 최근 여행 트렌드는 '나만의 맞춤형 여행'으로 변화하고 있으며, 여행객들은 기존의 정형화된 코스나 맛집 리스트보다, 자신의 취향과 상황(예: 이동 경로, 시간, 음식 선호도 등)에 최적화된 개인 맞춤형 일정을 함

2) 세부 추진전략

● 관광객 맞춤형 스케쥴링, 푸드테크 트럭 플랫폼 구축 및 결제편의 개선

- 푸드트럭 플랫폼을 통한 영업신고 소재지, 행사정보 등 연계 GPS기반 푸드트럭 캘린더 구축. 맞춤형 협동로봇 적용 예상 조리 및 픽업시간알림 등 푸드로봇트럭 생태계 조성

- 청년 소자본 아이디어 창업 활성화, 원도심 야시장 및 지역내 축제현장을 누비는 푸드테크트럭 생태계 조성

- 제로페이, 알리페이 등 외식서비스 사용자 기반 NFC 등 결제편의 시스템 및 고객 맞춤형 결제 편의 개선

- 사전예약, QR 및 NFC결제(외화, 탐나는전, 알리페이 등 포함)

● AI 기반 제주 외식 관광 맞춤형 스케줄링 앱 개발 및 고도화

- 맞춤형스케쥴링 앱 개발 및 고도화
- 방문지와 기간 선택시 연령대별 고객 취향 맞춤형으로 관광지, 맛집, 숙박 등 추천 서비스 (다국어 기반 모델)

<그림7-23> 스케쥴링 앱 및 결제시스템

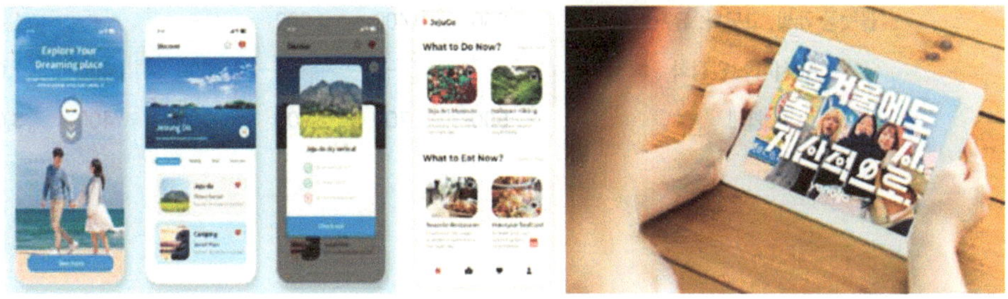

3) 협력체계

협력체계	주요 역할	관련조직
제주특별자치도	외식관광 활성화 정책 지원 등	식품산업과 및 관련 부서
도내 대학	RISE(고객정보 데이터 분석, 맞춤형 인재양성 등)	제주대, 한라대, 관광대
도내 기관/단체	제주 지역관광 빅데이터 맵 등 탐나오 연계 협력, 회원사 연계 탐나오 고도화 협력, 외식업 회원사 탐나오 연계 협력	제주관광공사, 제주관광협회, 한국농수산식품유통공사(aT), 한국외식업중앙회 등
협력 기업	맞춤형 로봇공정 개발 및 푸드테크트럭 개발, 푸드테크 관련 정보 및 지원, 맞춤형 외식관광앱 연계, 인프라 활용 홍보 협력, 상호 고객 관광데이터 정보 제공 등 상생 도모	두산로보틱스, 야놀자F&B솔루션, MOU 협업기업 등 등

4) 연차별 성과목표

성과 구분	단위	(5개년) 핵심성과 목표					비고
		2025년	2026년	2027년	2028년	2029년	
시범운영 및 사용자 확보	회	-	5,000	15,000	30,000	50,000	-
시범운영 참여 관광객 수	명	-	1,000	3,000	7,000	10,000	-
사용자 만족도평가(5점 척도)	점	-	4.0	4.2	4,3	4.4	-
세휴외식업체 증가율	%	-	20	30	25	20	-
앱 활성 사용자 수	명	-	2,000	10,000	25,000	40,000	-
앱을 통한 예약 결제건수 증가율	%	-	5	10	15	20	-
관광객 소비지출 증가 기여도	%	-	0.1	0.2	0.3	0.5	-

5) 연차별 투자계획

(단위: 백만 원)

세부 목표	(5개년) 투자계획					합계
	2025년	2026년	2027년	2028년	2029년	
AI 서비스 앱 개발	250	300	-	-	-	550
플랫폼 개발, 고도화, 유지보수	250	400	800	-	-	1,450
AI 서비스 안정화	-	-	-	600	400	1,000
합계	**500**	**700**	**800**	**600**	**400**	**3,000**

6) 기대효과

- 관광산업 연계 및 부가가치 창출
  - 제주도의 청정 이미지와 웰니스·의료 관광 인프라를 활용, 푸드 솔루션을 관광 상품과 연계하여 새로운 부가가치를 창출
- 소비자 만족도 향상
  - 관광객에게 맞춤형 외식 정보 및 스케줄링 기능을 제공하여 만족도를 높일 수 있음
- 지역 경제 활성화
  - 지역 경제에 새로운 활력을 불어넣고, 관련 분야의 일자리 창출에도 기여

전략 3	실행9. 고객맞춤 외식관광 플랫폼 고도화	
과제번호	세부 과제명	전략유형
세부-26	탐나오, Visit 제주 연동 외식 정보 통합 플랫폼 구축	R&D

1) 지역여건 및 필요성

- 제주의 지역여건

  - 관광 서비스업은 강점이나 외식과 관광을 연계하는 통합 플랫폼 부족
  - 정보 부족, 바가지 요금 등으로 제주 이미지 훼손
  - 2022년 12월 공공 배달앱 '먹깨비'출시를 출시하였으며, 2025년 3월 기준 누적 매출액 122억원을 돌파, 가맹점 3796곳과 회원 4만6685명을 확보 중

- 외식정보 통합 플랫폼 구축 필요성

  - 제주관광협회 (탐나오), 제주관광공사 (Visit 제주)의 관광 정보와 외식 배달 플랫폼 간 통합 운영 필요
  - 위치 기반 정보 제공 및 결제 시스템 도입으로 수수료 체계가 개선됨
  - 외식 관광 활성화 및 신뢰성 제고를 위한 외식 분야 맞춤 솔루션 제공 필요
  - 제주 지역의 많은 외식업체들은 제한된 홍보 수단으로 인해 인지도를 높이는 데 어려움을 겪고 있음에 따라 통합 플랫폼을 통해 외식업체가 손쉽게 정보를 등록·관리하고, 고객 맞춤형 홍보 및 예약 서비스를 제공받을 수 있도록 지원할 필요가 있음

2) 세부 추진전략

- 탐나오, Visit 제주 연동 통합 플랫폼 운영

  - 제주관광협회 (탐나오), 제주관광공사 (Visit 제주)의 관광 정보와 외식 배달 플랫폼 간 통합 운영을 통해, 관광객에게 필요한 외식 및 관광 정보를 한 곳에서 제공하는 플랫폼을 구축하고 운영
  - 맞춤형 정보 제공을 위해 AI 및 빅데이터 기술을 활용하여 관광객의 취향, 선호도, 여행 일정 등에 맞는 외식 및 관광 정보를 제공
  - 플랫폼을 통해 지역 농산물 및 식자재 정보를 제공하고, 로컬 식자재를 사용하는 음식점을 소개하여, 지역 경제 활성화에 기여

<그림 7-24> 탐나오, 비짓제주, 배달앱 먹깨비

3) 협력체계

협력체계	주요 역할	관련조직
제주특별자치도	외식관광 활성화 정책 지원 등	관련 부서
도내 기관/단체	관광 정보 제공, 플랫폼 연계 협력 외식업 회원사 탐나오 연계 협력	제주관광공사, 제주관광협회, 한국외식업중앙회 등
협력 기업	플랫폼 개발 및 운영, 외식 정보 제공, 서비스 연계 협력	MOU 및 협업기업 등

4) 연차별 성과목표

성과 구분	단위	(5개년) 핵심성과 목표					비고
		2025년	2026년	2027년	2028년	2029년	
플랫폼 기능 고도화	건	-	1	1	-	-	-
플랫폼 통합 사용자수	명	-	10,000	30,000	70,000	120,000	-
사용자 만족도(5점 척도)	점	-	4.0	4.2	4.3	4.4	-
플랫폼 외식 예약 및 결제	건	-	5,000	20,000	50,000	100,000	-

5) 연차별 투자계획

(단위: 백만 원)

세부 목표	(5개년) 투자계획					합계
	2025년	2026년	2027년	2028년	2029년	
플랫폼 연동 기능 개발	500	700	-	-	-	1,200
플랫폼 기능고도화, 유지보수	-	-	800	600	-	1,400
플랫폼 서비스 안정화	-	-	-	-	400	400
합계	**500**	**700**	**800**	**600**	**400**	**3,000**

6) 기대효과

● 관광객 편의증진

- 제주 관광 정보와 외식 정보를 통합 제공하여 관광객의 정보 탐색 시간 및 노력을 절감하고, 여행 계획 수립의 편의성을 높임

● 외식 관광 활성화

- 다양하고 신뢰성 있는 외식 정보를 제공하여 관광객의 외식 선택 폭을 넓히고, 새로운 외식 경험을 제공함으로써 제주 외식 관광을 활성화함

● 플랫폼 경제 기반 조성

- 제주 관광 및 외식 관련 다양한 사업자를 연결하는 플랫폼을 구축하여 새로운 비즈니스 모델 창출 및 푸드테크 산업 생태계 조성에 기여

전략 3	실행9. 고객맞춤 외식관광 플랫폼 고도화	
과제번호	세부 과제명	전략유형
세부-27	고객맞춤 푸드테크 트럭존 조성 및 운영	기반조성

1) 지역여건 및 필요성

● 제주의 지역여건

- 관광지 주변의 획일화된 음식점, 높은 가격 등으로 관광객 불만 초래
- 2023년 12월말 기준 전국에 영업중인 푸드트럭은 2,608로 경기도가 608개 23.3%이며 제주는 2.2%(57개)임.
- 다문화 가정의 일자리 창출, 청년창업, 지역 소상공인이 함께하는 야시장인 제주시 푸드트럭 프로젝트는 다목적 테마파크인 수목원 테마파크에 총 18대가 운영되었음

● 푸드테크 트럭존 조성 및 운영의 필요성

- 제주 특산물을 활용한 푸드테크 트럭존 조성으로 관광객에게 다양한 먹거리 제공 및 만족도 향상 필요
- 푸드트럭은 새로운 관광 트렌드로 부상하고 있으며, 지역 특산물 활용 및 청년 창업 공간으로 활용 가능
- 푸드트럭 운영자에게 창업 기회 제공 및 지역 경제 활성화에 기여가능

<그림7-25> 제주수목원 테마파크(좌) 한강달빛야시장(중), 칠성야시장(우) 푸드트럭

2) 세부 추진전략

● 푸드테크 트럭존 조성 계획 수립

- 입지(관광객 밀집 지역, 축제 및 행사 개최 장소, 공원, 해변 등) 선정, 트럭존 디자인(현무암, 감귤, 해녀 등) 및 배치, 운영 규정(운영자 선정 기준, 절차, 임대료, 관리비 등 부과 기준) 마련

● 푸드테크 트럭존 운영

- 전기, 수도 등 기반시설과 폐수 처리, 소방, 화장실 등 안전 및 위생시설, 조경, 휴식공간, 포토존 등 조성 및 지원
- 푸드트럭 제작 또는 개조 비용(디자인 개선, 푸드테크 장비 도입) 지원, 제주 특산물 활용 메뉴 개발 및 푸드테크 기술 접목 컨설팅 제공
- 운영일시에 대한 방식과 관광정보 플랫폼과 연계한 마케팅 및 홍보, 예약과 결제시스템 구축

3) 협력체계

협력체계	주요 역할	관련조직
제주특별자치도	푸드테크 트럭존 조성 및 운영 관련 정책 지원, 부지 제공, 인허가 지원.	식품산업과 및 관련 부서
도내 대학	푸드트럭 운영자 교육, 메뉴 개발 지원, 위생 관리 교육.	제주대, 한라대, 관광대 RISE사업단
도내 기관/단체	푸드테크 트럭존 홍보 및 관광 상품 연계.	제주관광공사, 제주관광협회 등
협력 기업	푸드트럭 제작 및 개조, 플랫폼 개발 및 운영 지원, 결제 시스템 제공.	MOU 및 협업기업 등

4) 연차별 성과목표

성과 구분	단위	(5개년) 핵심성과 목표					비고
		2025년	2026년	2027년	2028년	2029년	
푸드트럭 조성계획 수립	건	1	-	-	-	-	-
푸드트럭 모집	대	-	20	30	40	50	-
푸드트럭 방문객수	명	-	50,000	100,000	150,000	200,000	-
트럭존 자체 수익률	%	-	5	10	15	20	-
푸드트럭 운영만족도(5점 척도)	점	-	4.0	4.2	4.3	4.4	-

5) 연차별 투자계획

(단위: 백만 원)

세부 목표	(5개년) 투자계획					합계
	2025년	2026년	2027년	2028년	2029년	
푸드테크 트럭존 조성계획 수립	500	-	-	-	-	500
푸드테크 트럭존 조성 및 운영	-	700	800	600	-	2,100
트럭존 서비스 안정화	-	-	-	-	400	400
합계	**500**	**700**	**800**	**600**	**400**	**3,000**

6) 기대효과

- 청년 창업 지원
  - 푸드테크 기반의 창업을 지원하고, 청년들에게 새로운 일자리를 제공하여 지역경제 활성화에 기여
- 관광객 만족도 향상
  - 푸드테크 트럭존은 제주 특산물을 활용한 다양하고 독창적인 먹거리를 제공하여 관광객에게 새로운 미식 경험을 제공

전략 3	실행10. 외식테크 기반 자동화, 맞춤형 푸드솔루션 보급	
과제번호	세부 과제명	전략유형
세부-28	AI 기반 스마트 오더링 및 서빙 시스템 도입 지원	기반조성

1) 지역여건 및 필요성

- 제주의 지역여건
  - 제주의 외식산업은 관광이라는 지역 핵심 산업과 밀접하게 연관됨
  - 인력 부족 문제 심화 및 인건비 상승으로 인해 운영 어려움 가중 비대면 소비 트렌드 확산 및 디지털 기술 발전에 따라 외식업계의 디지털 전환 필요성 증대.
- AI 기반 스마트 오더링 및 서빙시스템 도입 필요성
  - AI 기반 스마트 오더링 및 서빙 시스템 도입을 통해 인력 부족 문제 해결 및 운영 효율성 증대 필요
  - 관광객에게 편리한 주문 및 결제 환경을 제공하고, 다국어 지원 등을 통해 만족도를 향상시킬 필요

<그림 7-26> 로봇, 서빙 로봇, 키오스크

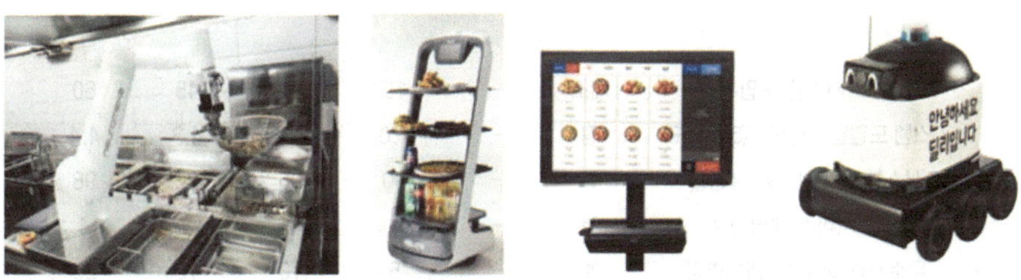

2) 세부 추진전략

- 외식창업 활성화 및 지원플랫폼 구축
  - 푸드테크 기반의 외식 창업을 활성화하기 위한 지원책을 마련하고, 창업을 희망하는 이들에게 필요한 교육, 컨설팅, 자금 지원 등을 제공
  - 외식업체와 소비자를 연결하는 통합 플랫폼을 구축하여, 온라인 예약, 주문, 결제, 배달 등 다양한 서비스를 제공

- 외식업체에게는 효율적인 경영 관리 도구를 제공하며, 소비자에게는 편리한 외식 경험을 제공

● 로봇 푸드테크 지원

- 로봇 기술(서빙 로봇, 조리 로봇, 키오스크 등)을 도입하여 생산성을 높이고, 인건비를 절감하며, 새로운 형태의 외식 서비스를 제공

3) 협력체계

협력체계	주요 역할	관련조직
제주특별자치도	외식테크, 솔루션 기반 정책 지원 등	관련 부서
도내 대학	외식관광상품 개발 및 창업인력 양성 등	제주대, 한라대, 관광대 RISE사업단
도내 기관/단체	푸드스타트업 육성 및 지원 교육이수 등 회원사 참여 협력	제주창조경제혁신센터, 한국외식업중앙회 등
협력 기업	맞춤형 로봇공정 개발 및 푸드트럭 협동로봇 개발 등 고객정보 기반 맞춤형 푸드 솔루션 제공	두산로보틱스 야놀자F&B솔루션 등

4) 연차별 성과목표

성과 구분	단위	(5개년) 핵심성과 목표					비고
		2025년	2026년	2027년	2028년	2029년	
스마트 시스템 도입확산	개소	-	15	30	45	60	-
시스템 도입업체 만족도(5점 척도)	점	-	4.0	4.2	4.3	4.4	-
시스템 운영안정화 달성률	%	-	90	95	97	98	-
신규 서비스 개발건수	건	-	1	2	3	4	-
우수사례 홍보 및 벤치마킹	%	-	5	10	15	20	-

5) 연차별 투자계획

(단위: 백만 원)

세부 목표	(5개년) 투자계획					합계
	2025년	2026년	2027년	2028년	2029년	
스마트 시스템 도입지원	-	500	600	-	-	1,100
플랫폼 연동 및 데이터 활용	-	-	-	600	-	600
플랫폼 서비스 안정화	-	-	-	-	300	300
합계	**0**	**500**	**600**	**600**	**300**	**2,000**

6) 기대효과

- 청년 창업 지원

  - 푸드테크 기반의 창업을 지원하고, 청년들에게 새로운 일자리를 제공하여 지역경제 활성화에 기여

- 관광객 만족도 향상

  - 푸드테크 트럭존은 제주 특산물을 활용한 다양하고 독창적인 먹거리를 제공하여 관광객에게 새로운 미식 경험을 제

전략 3	실행10. 외식테크 기반 자동화, 맞춤형 푸드솔루션 보급	
과제번호	세부 과제명	전략유형
세부-29	맞춤형 외식메뉴 추천 및 영양 정보 제공 시스템 개발	R&D

1) 지역여건 및 필요성

- 제주의 지역여건
  - 제주 특산 자원은 외식관광, 건강 기능성 식품 및 특수 목적 식품 개발의 중요한 기반
  - 청정 이미지를 가지고 있으며, 웰니스·의료 관광 인프라를 활용하여 개인 맞춤형 푸드 솔루션을 관광 상품과 연계하여 새로운 부가가치를 창출할 수 있는 잠재력을 보유하고 있음
- 맞춤형 외식메뉴 추천 서비스 개발 필요성
  - 건강과 웰빙에 대한 관심 증가, 고령화 사회 진입 등으로 개인의 건강 상태, 유전적 특성, 라이프스타일에 따른 맞춤형 식단 및 건강 관리 솔루션에 대한 수요가 증가
  - 3차산업과 연계한 외식관광 분야에서 개인의 건강 데이터를 분석하여 맞춤형 서비스를 제공하고, 소비자들이 스스로 건강을 관리하도록 돕는 중요한 인프라가 필요

<그림 7-27> 노인을 위한 MyPlate[25] 개정판(좌), 알고리즘 추천 모델[26]

25) 미국 농무부(USDA)에서 제공하는 근거 기반 도구인 MyPlate, 그림은 터프츠 대학교 인간영양연구센터(Human Nutrition Research Center on Aging), AARP 재단, 그리고 미국 국민을 위한 식단 지침(Dietary Guidelines for Americans)의 협력을 통해 2011년 노인을 위한 MyPlate 개정판으로 노령층의 영양에서 흔히 나타나는 영양소 요구량의 증가와 영양소 흡수의 감소를 수용하고, 준비가 쉬운 식사(냉동 농산물 대 신선 농산물)와 낭비를 최소화하는 식사를 개략적으로 설명(https://extension.missouri.edu/)

26) 알고리즘이 추천한 여자 19-29세 (2000Kcal/d, 〈3000mg/d 나트륨) 식단을 검토한 결과, 균형식단 (6대 식품군 추천횟수 및 5대 부족 영양소)의 조건(빅데이터 기반 건강 식단 추천 시스템 연구보고서(농축산물수확후융복합실용화기술개발/농촌진흥청), 주관기관- 성신여자대학교(2020~2022)

2) 세부 추진전략

- 외식푸드 맞춤형 개인 건강 데이터 연동 시스템 구축
  - 외식푸드 맞춤형 메뉴 추천 알고리즘 개발 및 영양정보 데이터베이스 구축
  - 웹 크롤링 기술을 활용한 외식업 상품판매 통합 데이터베이스 구축
  - 외식업 상품판매에 특화된 LLM 모델 구축
- AI 기반 식단 및 메뉴 추천 플랫폼 기능 고도화 및 서비스개발
  - 외식서비스 연계 및 결제 시스템 구축 및 사용자 인터페이스(UI) 및 사용자 경험(UX) 개선
- 플랫폼 안정화 및 유지 보수
  - 맞춤형 외식푸드 시범 서비스 운영 및 사용자 피드백 반영, 다양한 서비스 모델 개발 및 적용, 수익모델 개발(자립화 기반)

3) 협력체계

협력체계	주요 역할	관련조직
제주특별자치도	정책수립 지원 등	식품산업과 및 관련 부서
도내 대학	연구개발 및 전문인력 양성 등	제주대, 한라대, 관광대 RISE사업단
도내 기관/단체	건강데이터 제공 및 자문 맞춤형 제품 개발 및 생산 협력	의료기관 및 건강 관련기관 지역농가, 농협, 수협 등
협력 기업	외식업 상품판매 시스템 개발 및 운영, 맞춤형 식단 및 영양 정보 제공 서비스 개발	㈜이누씨, 제우스, ㈜야놀자클라우드, 푸드테크 기업 등

4) 연차별 성과목표

성과 구분	단위	(5개년) 핵심성과 목표					비고
		2025년	2026년	2027년	2028년	2029년	
외식업 상품판매 통합 데이터베이스 구축	건	-	1	-	1	1	-
외식업 상품판매 특화 LLM구축	건	-	1	-	-	1	
외식맞춤형 시스템 도입확산	개소		15	30	45	60	
시스템 도입업체 만족도(5점 척도)	점	-	4.0	4.2	4.3	4.4	-
시스템 운영안정화 달성률	%	-	90	95	97	98	-
신규 서비스 개발건수	건	-	1	2	3	4	-
우수사례 홍보 및 벤치마킹	%	-	5	10	15	20	-

5) 연차별 투자계획

(단위: 백만 원)

세부 목표	(5개년) 투자계획					합계
	2025년	2026년	2027년	2028년	2029년	
외식업 상품판매 DB 및 LLM 구축	250	750	750	750	800	3,300
개인 건강데이터 연동 시스템 개발	-	600	-	-	-	600
AI 기반 개인화 추천 기능 개발	-	-	700	-	-	700
추천 서비스 안정화	-	-	-	500	400	900
합계	**250**	**1,350**	**1,450**	**1,250**	**1,200**	**5,500**

6) 기대효과

- 기술경쟁력 강화
  - 데이터 분석, 스마트 제조 기술 등 푸드테크 융합을 통해 효율적인 식품 개발, 생산, 유통 및 관련 산업 발전 촉진
- 전문인력 양성
  - 푸드테크 연구 지원 및 전문 인력 양성을 통해 산업 경쟁력 강화

전략 3	실행10. 외식테크 기반 자동화, 맞춤형 푸드솔루션 보급	
과제번호	세부 과제명	전략유형
세부-30	로봇 셰프 및 자동 조리 시스템 실증 및 확산	사업확대

1) 지역여건 및 필요성

- 제주의 지역여건
  - 제주도의 외식산업은 관광이라는 지역 핵심 산업과 밀접하게 연관되어 높은 비중을 차지하고 있으나, 인력 부족 문제 심화 및 인건비 상승으로 인해 운영의 어려움이 가중되고 있음
  - 최근 비대면 소비 트렌드 확산 및 디지털 기술 발전에 따라 외식업계의 디지털 전환 필요성이 증대되고 있음
- 로봇셰프 및 자동조리 시스템 확산 필요성
  - 로봇 셰프 및 자동 조리 시스템 도입을 통해 인력 부족 문제 해결 및 생산성 향상, 균일한 음식 품질 유지 필요
  - 새로운 외식 서비스 모델 개발 및 소비자 만족도 향상을 통해 제주 관광 경쟁력 강화에 기여할 필요가 있음
  - 제주도는 고령화가 진행 중이며, 외식업계에서도 인력 확보에 어려움을 겪고 있어 로봇셰프와 자동조리 시스템 도입의 확대는 이러한 인력 문제를 해결하는 데 기여할 수 있을 것임

<그림7-28> 국내 주요 기업 조리 로봇 현황

LG전자 'CLOi 셰프봇'	삼성전자 '삼성봇셰프'	두산로보틱스 'E시리즈'	로보아르테 '치킨로봇'	고피자·뉴로메카 '피자로봇'

2) 세부 추진전략

- 로봇 셰프 시스템, 자동 조리 시스템 실증
  - 로봇 셰프 시스템 및 자동조리시스템 시범도입(2025년)
  - 로봇 셰프 시스템과 자동조리시스템 도입 외식업체 선정 및 지원
  - 관련 데이터 수집 및 분석, 성능 평가
  - 스마트그릴링 시스템 도입을 통한 자동온도 알림 시스템 확산 등
- 외식 서비스모델 실증 결과분석 및 확산 전략 수립
  - 시스템 도입 효과 분석 및 경제성 평가, 확산 모델 개발 및 지원 방안 마련
- 인력양성 프로젝트 진행에 따른 전문인력 양성
  - 다양한 분야의 전문가 협력 및 사용자 참여를 통한 관련분야 전문인력 양성

3) 협력체계

협력체계	주요 역할	관련조직
제주특별자치도	정책수립 지원 등	관련 부서
도내 대학	기술개발 및 전문인력 양성 등	제주대, 한라대, 관광대 RISE사업단
도내 기관/단체	시스템 도입 및 운영 맞춤형 제품 개발 및 생산 협력	한국외식업중앙회 지역농가, 농협, 수협 등
협력 기업	로봇 셰프 및 자동 조리 시스템 개발 및 공급	푸드테크 기업 등

4) 연차별 성과목표

성과 구분	단위	(5개년) 핵심성과 목표					비고
		2025년	2026년	2027년	2028년	2029년	
시스템 도입 외식업체 수	개소	2	5	10	15	25	2025년 시범
시스템 도입업체 만족도(5점 척도)	점	-	4.2	4.3	4.4	4.5	-
시스템 개발/공급 기업 기술 경쟁력(100점 만점)	점수	70	75	80	85	90	-
새로운 외식 서비스 모델 개발	개	-	1	2	3	5	-
외식테크 분야 전문인력양성	명	-	30	30	40	50	-

5) 연차별 투자계획

(단위: 백만 원)

세부 목표	(5개년) 투자계획					합계
	2025년	2026년	2027년	2028년	2029년	
로봇 셰프 시스템 및 자동조리 도입	200	500	1,000	1,500	2,500	5,700
로봇 셰프 시스템 및 자동조리 실증	-	500	600	-	-	1,100
실증결과 분석 및 확산전략 수립	-	-	-	400	-	400
시스템 확산 자립화 기반 마련	-	-	-	-	300	300
합계	**200**	**1,000**	**1,600**	**1,900**	**2,800**	**7,500**

6) 기대효과

- 농식품 산업 혁신 및 성장
  - 푸드테크 기술을 통해 제주 농식품 산업의 경쟁력을 강화하고, 새로운 성장 동력을 창출
- 식품 생산, 유통 효율화
  - 데이터 분석 및 스마트 제조 기술 등을 통해 식품 생산 및 유통 과정을 효율화하고, 비용 절감 및 품질 향상을 도모
- 푸드테크 관련 스타트업 및 중소기업 육성
  - 푸드테크 분야의 창업 및 기술 개발을 지원하여 지역 경제 활성화 및 일자리 창출에 기여

전략 3	실행11. 로컬자원 식자재 통합 플랫폼 구축	
과제번호	세부 과제명	전략유형
세부-31	로컬 식자재 데이터 수집 및 관리 시스템 구축	기반조성

1) 지역여건 및 필요성

- 제주의 지역여건
  - 제주는 감귤, 브로콜리, 당근, 마늘, 해산물 등 다양한 농수산물을 생산하는 지역으로, 로컬 식자재의 품질과 다양성이 뛰어남에 따라 이러한 특산물은 지역 외식업체와 관광객에게 큰 매력을 제공하며, 체계적인 데이터 수집 및 관리 시스템을 통해 생산자와 소비자 간의 효율적인 연결이 가능함
  - 제주도는 공공 데이터 포털을 통해 다양한 데이터를 제공하고 있으며, 이를 활용하여 로컬 식자재의 생산, 유통, 소비에 관한 정보를 체계적으로 관리할 수 있는 기반이 마련되어 있음
- 로컬 식자재 데이터 수집 및 관리시스템 구축 필요성
  - 제주 특산물의 유효 성분을 연구하고, 차별화된 맞춤형 건강 기능성 소재로 개발하며, 표준화된 품질 관리 시스템을 구축할 필요가 있음
  - 제주 특산물을 활용한 고부가가치 식품 개발을 위해서는 제주 특산물의 유효 성분을 연구하고, 차별화된 맞춤형 건강 기능성 소재로 개발하며, 표준화된 품질 관리 시스템을 구축할 필요가 있음
  - 이 시스템은 또한, 농산물 가공 처리 및 유통의 효율성을 높이고, 식품 산업의 부가가치 창출을 촉진하는 데 기여할 수 있음

<그림 7-29> CJ프레시웨이-마켓보로 사업협력 모델 로드맵

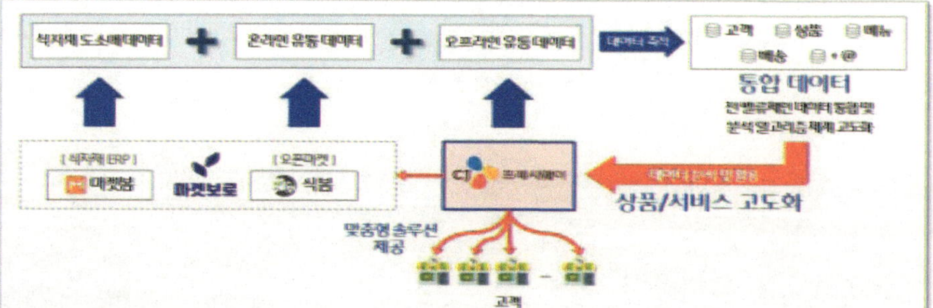

자료 : CJ프레시웨이

<그림 7-30> 국내 식자재 유통 주요 플레이어

■ 식자재 유통시장 주요 플레이어

식자재 유통(B2B)	식자재 플랫폼	식자재·신선식품 유통물류	지역 식자재 유통센터
CJ 프레시웨이	마켓봄	BGF로지스	수 식자재유통센터
SPC GFS	배달의 민족	GS네트웍스	농협동탄유통센터 식자재매장
교동식품	대상 베스트온	GS샵	전국식자재유통협동조합
대상	식봄	SSG닷컴	전북탑식자재유통센터
동원홈푸드	식자재왕	그린로지스틱스	대하식자재유통
모노링크	식팀장	농협몰	상화식자재유통
보라티알	오더플러스	다코넷	삼진식자재유통
본푸드서비스	오더히어로	동원로엑스	농협고양유통센터
삼성웰스토리	온일장	롯데마트	대왕식자재유통
삼양사	정육각	마켓컬리	경남식자재유통
신세계푸드	쿠팡이츠딜	메쉬코리아	한사랑식자재유통
신송식자재유통	팀프레시	삼진글로벌넷	다원식자재유통
아모제푸드		삼진지에스	우리유통 식자재전문센터
아워홈		엑소프레쉬물류	한마음식자재유통
장보고 식자재마트		제때	행복한 식자재유통
푸드머스		쿠팡	와이식자재마트이안유통
풀무원		팀프레시	
현대그린푸드		프레시솔루션	
		한익스프레스	

2) 세부 추진전략

- 로컬 식자재 데이터 수집 및 정제
  - 데이터 표준 및 관리 체계 수립을 위한 데이터베이스 구축 및 관리 시스템 개발, 플랫폼 기능 개발 (데이터 입력, 검색, 분석 등)
- 외부 시스템 연동 (유통, 물류 등)
  - 플랫폼 기능 확장 및 연동을 위한 데이터 시각화 및 분석 기능 강화, 사용자 인터페이스(UI) 및 경험(UX) 개선
- AI 기반 데이터 분석 기능 도입
  - 플랫폼 고도화 및 확장을 위한 블록체인 기반 데이터 추적 시스템 구축, 플랫폼 확장 및 신규 서비스 개발

3) 협력체계

협력체계	주요 역할	관련조직
제주특별자치도	플랫폼 확장 및 신규 서비스 개발	관련 부서
도내 대학	데이터 수집 및 분석, 시스템 개발 지원	제주대, 한라대, 관광대 RISE사업단
도내 기관/단체	식자재 데이터 제공 및 플랫폼 활용 연구개발 및 기술지원	제주테크노파크, 한국식품연구원 등
협력 기업	플랫폼 개발 및 운영, 기술 지원.	푸드테크 기업 등

4) 연차별 성과목표

성과 구분	단위	(5개년) 핵심성과 목표					비고
		2025년	2026년	2027년	2028년	2029년	
데이터 수집 품목수	개	100	300	500	700	900	-
데이터 정확도	%	80	85	90	92	95	-
플랫폼 활용 농가 수	개	20	50	100	150	200	-
식자재 거래액	억원	5	20	50	100	200	-
사용자 만족도(5점 척도)	점	3.5	4.0	4.2	4.3	4.5	-

5) 연차별 투자계획

(단위: 백만 원)

세부 목표	(5개년) 투자계획					합계
	2025년	2026년	2027년	2028년	2029년	
로컬 식자재 데이터 수집 및 플랫폼 개발	300	600	-	-	-	900
(외부시스템)플랫폼 확장 및 연동	-	-	500	-	-	500
플랫폼 운영안정화	-	-	-	400	-	400
플랫폼 고도화 및 확장	-	-	-	-	400	400
합계	**300**	**600**	**500**	**400**	**400**	**2,200**

6) 기대효과

- 지역 경제 활성화
  - 지역 농가의 판로 확대 및 소득 증대에 기여하고 지역 식자재를 활용한 새로운 식품 개발 및 외식 메뉴 개발을 촉진함
- 소비자 혜택 증진
  - 소비자에게 신선하고 안전한 지역 식자재 정보를 제공하여 선택권을 확대하고 건강한 식생활을 지원함
- 제주 농식품 브랜드 가치 향상
  - 제주 식자재의 우수성을 홍보하고 브랜드 이미지를 높여 농가 경쟁력을 강화함

전략 3	실행11. 로컬자원 식자재 통합 플랫폼 구축	
과제번호	세부 과제명	전략유형
세부-32	산지-외식업체 매칭 및 물류 지원 시스템	기반조성

1) 지역여건 및 필요성

- 제주의 지역여건
  - 제주는 지리적 특성으로 인해 식품 제조업 기반이 약하고, 농산물 가공 처리 및 유통의 효율성이 낮은 편임
  - 제주 농산물의 출하 조절 인프라 부족 및 월동 집중 출하로 인해 매년 수급 관리 문제가 발생하고 이로 인해 생산자와 외식업체 간의 정보 비대칭성이 심화되고, 유통 과정에서 시간과 비용이 낭비됨
- 산지-외식업체 매칭 및 물류 지원 시스템 필요성
  - 산지-외식업체 매칭 및 물류 지원 시스템은 지역여건의 문제점을 해결하고, 지역 농가와 외식업체의 상생을 도모하는 데 필수적임
  - 실시간으로 식자재 정보를 공유하고, 효율적인 물류 시스템을 지원하여 유통 과정을 최적화하고 비용을 절감할 수 있음
  - 통합 물류 지원 시스템을 구축하면 중복 운송을 줄이고, 효율적인 동선 설계가 가능해져 물류비용을 절감할 수 있으며 또한, 탄소배출을 줄이는 친환경 물류 모델도 실현할 수 있음

<그림 7-31> 산지 생산자와 소비자를 연결하는 '산지직송 서비스'

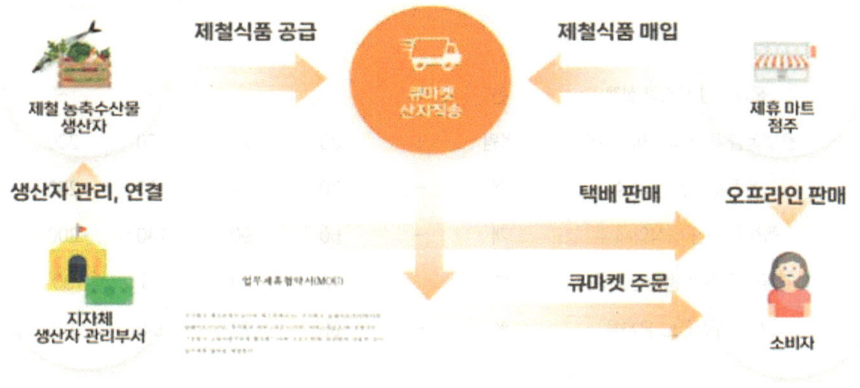

자료 : 직큐 큐마켓플랫폼 참고

2) 세부 추진전략

- 산지-외식업체 매칭 물류자원 연동 시스템 개발
  - 산지-외식업체 물류 지원 시스템 연동프로그램 개발 : 재고 관리, 배송 추적, 최적 경로 설정 등
- 외부 시스템 연동을 통한 운영
  - 농가 관리 시스템, 외식업체 POS 시스템, 결제 시스템, 물류 업체 시스템 간의 연동 프로그램 적용
- AI 기반 매칭, 블록체인 기반 거래 추적, 빅데이터 분석 활용
  - 시스템 고도화를 위한 신규 서비스 추가, 모바일 앱 개발, 다국어 지원 등

3) 협력체계

협력체계	주요 역할	관련조직
제주특별자치도	플랫폼 개발 및 운영, 물류 시스템 연계 지원	관련 부서
도내 대학	시스템 개발 및 운영 지원	제주대, 한라대, 관광대 RISE사업단
도내 기관/단체	식자재 데이터 제공 및 플랫폼 활용, 기술지원 및 협력, 농산물 안정적 조달 및 공급 지원 등	제주TP, 한국식품연구원, aT 농산물 스마트가공센터 등
협력 기업	플랫폼 개발 및 운영, 물류 시스템 연계 지원	푸드테크 기업 등

4) 연차별 성과목표

성과 구분	단위	(5개년) 핵심성과 목표					비고
		2025년	2026년	2027년	2028년	2029년	
물류지원 시스템 설계	건	1	-	-	-	-	-
플랫폼을 통한 식자재 거래액	억원	-	20	70	120	200	-
플랫폼 활용 농가 수	개	-	70	120	180	250	-
플랫폼 활용 외식업체 수	개	-	50	90	140	200	-
물류효율성(배송시간 단축)	%	-	15	20	25	30	-
식자재 신선도 유지율	%	-	90	92	94	96	-

5) 연차별 투자계획

(단위: 백만 원)

세부 목표	(5개년) 투자계획					합계
	2025년	2026년	2027년	2028년	2029년	
물류지원 시스템 설계	100	-	-	-	-	100
시스템 개발 플랫폼 구축	-	500	-	-	-	500
(외부시스템)시스템 통합 및 고도화	-	-	600	-	-	600
시스템 운영안정화	-	-	-	400	-	400
시스템 확장 및 고도화	-	-	-	-	400	400
합계	**100**	**500**	**600**	**400**	**400**	**2,000**

6) 기대효과

- 지역 경제 활성화
  - 지역 식자재를 활용한 새로운 식품 개발 및 외식 메뉴 개발 촉진
- 소비자 혜택 확대
  - 소비자에게 신선하고 안전한 지역 식자재 정보를 제공하여 선택권을 확대하고 건강한 식생활을 지원
- 제주 농식품 브랜드 가치 향상
  - 제주 식자재의 우수성을 홍보하고 브랜드 이미지를 높여 농가 경쟁력을 강화

전략 3	실행12. 푸드테크 연계 지역소상공인 육성 및 창업기반 구축	
과제번호	세부 과제명	전략유형
세부-33	푸드테크 기반 소상공인 창업 및 성장 지원	기반조성

1) 지역여건 및 필요성

- 제주의 지역여건

  - 제주도의 외식산업은 관광 산업과 밀접하게 연관되어 지역 경제에서 중요한 비중을 차지하고 있으나, 인력 부족 심화 및 인건비 상승으로 인해 운영에 어려움을 겪고 있음
  - 통계청에 따르면 2025년 1분기 제주에서 도외로 유출된 인구는 2165명으로 이중 20대가 1021명으로 절반 가까이 차지하는 등 청년인구의 일자리 부재 등으로 인한 청년유출 현상이 구조화되고 있음
  - 또한 제주의 광업 및 제조업 비율은 2022년 지역내 총생산(GRDP)기준 3.8% 수준에 머무르고 있으며, 2024년 12월에 발표한 제주특별자치도 지속가능발전 기본전략에서는 2035년도까지 GRDP기준 제조업 10%를 목표로 제시한바 있음

<그림 7-32> 지역내 총생산 대비 제조업비율(%) 목표치

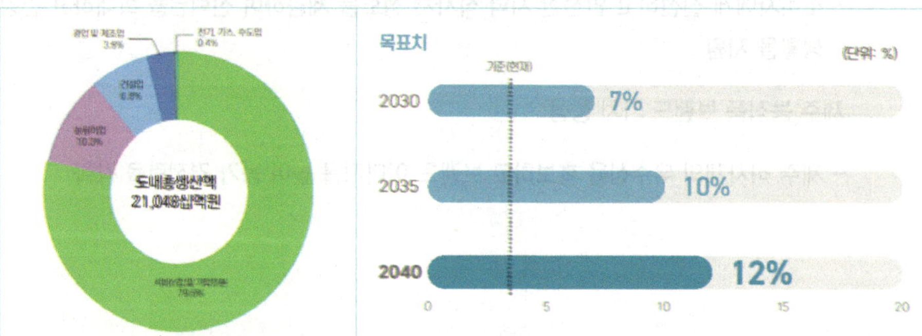

2022년 기준 지역내 총생산(GRDP) 및 산업별 비율(광업 및 제조업 3.8%)	2040 제주특별자치도 지속가능발전 기본전략 내 (목표9) 산업화와 혁신: 제조업 비율 목표치

  - 제주 지역의 창업 여건은 풍부한 관광 자원과 지역 특산물을 바탕으로 다양한 창업 기회가 존재하지만, 지리적 제약과 물류 비용 등으로 인해 지속적인 지원과 개선이 필요한 상황임
  - 제주창조경제혁신센터는 예비창업자 및 초기 창업자를 위한 교육, 멘토링, 사업화 자금 지원 등 다양한 프로그램을 운영하고 있으나 푸드테크 기반 맞춤형 창업 및 성장지원은 부족한 실정임

<그림 7-33> 강한소상공인 성장지원사업 중 푸드테크분야 소상공인 선정팀

- 푸드테크 기반 소상공인 및 청년창업 등 성장지원 필요성
  - 비대면 소비 트렌드 확산 및 디지털 기술 발전에 따라 외식업계 및 제조업의 디지털 전환 필요성이 증대되고, 푸드테크 기술을 활용한 서비스 혁신에 대한 요구가 이어지고 있음
  - 또한 제주에서 목표로 제시한 제조업 10%를 달성하기 위해서는 푸드테크기반의 제조업 창업 및 성장을 지원하는 다양한 프로그램 및 투자유치지원 등의 제조업 육성전략이 필요함
  - 그리고 청년창업 대상자를 바탕으로 푸드테크 시설·장비 등을 활용하여 시제품 제작지원, 창업 전문교육 등 기술기반 창업활동 지원이 필요함
  - 특히 소상공인(상시근로자수 5~10인미만)의 창업을 지원하여 지역 내 일자리를 창출하고, 경제 활력을 높일 수 있으며, 청년층과 중장년층을 대상으로 한 창업 지원은 지역 내 청년들의 유출을 방지하고 인구 유입과 정착을 유도하는 데 효과적일 것임

2) 세부 추진전략

- 제주 로컬 식자재를 활용한 푸드테크 사업 모델 개발 및 창업 지원
  - 제주 특산 식자재 (예: 감귤, 해산물, 흑돼지, 월동채소)의 특성과 푸드테크 기술 융합 가능성을 분석하여 차별화된 사업 모델을 발굴
  - 예비, 창업자를 대상으로 푸드테크 사업 아이디어 공모전을 개최, 우수 아이디어에 대한 시제품 제작, 마케팅, 판로 개척 등을 지원
  - 농가와 푸드테크 창업 기업 간의 협력 네트워크를 구축, 안정적인 식자재 공급을 위한 계약 재배, 공동 물류 시스템 등을 지원

- 온라인 플랫폼, 팝업 스토어, 로컬 푸드 페스티벌 개최를 통한 지속 가능한 성장을 지원

● 푸드테크 스타트업 발굴 및 육성, 청년창업 공간 제공, 멘토링 프로그램 운영, 투자 유치 지원

- 푸드테크 해커톤, 데모데이, 스타트업 경진대회를 통해 우수 스타트업에게는 시상금, 사업화 자금, 투자 연계 지원
- 푸드테크 창업 공간, 회의실, 시제품 제작 시설 등을 제공, 입주 기업에게는 경영, 기술, 마케팅 등 분야별 멘토링을 지원
- 푸드테크 전문 액셀러레이터 및 벤처캐피털과 협력하여 스타트업의 투자 유치를 지원하고, 투자 설명회 개최, 투자 상담, 투자 계약 검토 등을 제공
- 푸드테크 스타트업의 글로벌 진출을 지원하기 위해 해외 액셀러레이터 프로그램 참여, 해외 전시회 참가, 해외 투자자 네트워킹 등을 지원

● 로컬 식자재 공급망 구축 지원

- 제주 로컬 식자재 생산 현황, 유통 구조, 가격 정보 등을 데이터베이스화, 관련정보제공을 위한 온라인 플랫폼을 구축
- 지역 농협, 생산자 단체 등과 연계한 식자재 공급 시스템을 구축하고, 계약 재배, 공동 출하, 물류 효율화 등을 지원
- 푸드테크 기업 수요에 맞춰 로컬 식자재의 규격화, 표준화, 전처리 등을 지원, 품질 관리 시스템 구축, 콜드체인 물류 시스템 도입을 통한 신선도 유지
- 기업과 로컬 식자재 생산 농가 간의 직거래를 활성화하고, 온라인 직거래 플랫폼 구축, 로컬 푸드 매장 운영 등을 지원

● 푸드테크 분야 혁신 아이디어 사업화 지원

- 혁신 기술 및 아이디어를 발굴하고, 사업화 가능성을 평가하여 시제품 제작, 기술 개발, 마케팅, 투자 유치 등을 지원하는 액셀러레이팅 프로그램을 운영
- 4차 산업혁명 기술 (AI, IoT, 빅데이터 등)을 푸드 분야 융합 아이디어를 발굴하고, 기술 컨설팅, 기술 매칭, 기술 사업화 등을 지원
- 식품 부산물을 활용한 업사이클링, 친환경 식품 포장재 개발 등 지속 가능한 푸드테크 아이디어를 발굴하고, 기술 개발, 시제품 제작, 인증 획득 등을 지원
- 소셜 임팩트를 창출하는 푸드테크 아이디어 발굴, 크라우드 펀딩, 임팩트 투자 연계, 사회적 기업 인증 등을 지원하여 사회적 가치와 경제적 가치를 동시에 추구하는 사업 모델을 확산

- 푸드테크 분야 규제 개선 및 정책 제안을 통해 혁신 아이디어가 사업화될 수 있는 환경을 조성, 규제 샌드박스 프로그램 참여, 정책 연구, 포럼 개최 등을 지원

3) 협력체계

협력체계	주요 역할	관련조직
제주특별자치도	소상공인 창업 및 성장 연계 지원	식품산업과, 소상공인과 등
도내 대학	RISE(관련 교육과정 개설 및 인력양성)	제주대, 한라대, 관광대
도내 기관/단체	소상공인 창업 지원 및 협력 창업관련 교육 및 인프라지원	제주창조경제혁신센터, 제주산학융합원, 제주테크노파크
협력 기업	소상공인 창업 및 연계 지원	푸드테크 기업 등

4) 연차별 성과목표

성과 구분	단위	(5개년) 핵심성과 목표					비고
		2025년	2026년	2027년	2028년	2029년	
푸드테크 분야 창업 기업 수	개사	5	15	25	35	50	-
창업 지원 프로그램 운영 횟수	회	10	15	20	25	30	-
푸드테크 스타트업 투자 유치 금액	억원	5	15	30	50	80	-
지역 식자재 활용 제품 개발 수	개	15	30	50	70	100	-
신규일자리 창출수(취창업연계)	명	10	30	40	50	70	2035년 500명

5) 연차별 투자계획

(단위: 백만 원)

세부 목표	(5개년) 투자계획					합계
	2025년	2026년	2027년	2028년	2029년	
제주 로컬 식자재 기반 창업 지원	100	200	200	200	200	900
푸드테크 스타트업 발굴 및 육성	200	200	300	300	300	1,300
로컬 식자재 공급망 구축 지원	100	200	200	200	200	900
푸드테크 분야 혁신 아이디어 사업화	100	150	150	150	150	700
합계	**500**	**750**	**850**	**850**	**850**	**3,800**

6) 기대효과

- 지역 경제 활성화 및 제조업 확대

  - 푸드테크 기반의 소상공인 창업을 촉진하여 새로운 사업 모델과 서비스 창출에 기여

  - 푸드테크관련 제조업 창업 및 기업유치 확대를 통한 2030 제조업확대10% 목표 달성에 기여

- 푸드테크 산업 경쟁력 강화

  - 혁신적인 아이디어를 가진 스타트업을 발굴하고 성장하도록 지원하여 푸드테크 분야의 기술 혁신을 선도

- 소상공인 역량 강화 및 경쟁력 제고

  - 푸드테크 기술 도입 및 활용 교육, 컨설팅 등을 통해 지역 소상공인의 디지털 전환 및 스마트화를 지원하여 경영 효율성을 높이고 경쟁력을 강화

전략 3	실행12. 푸드테크 연계 지역소상공인 육성 및 창업기반 구축	
과제번호	세부 과제명	전략유형
세부-34	외식업 디지털 전환 및 푸드테크 연계 강화	기반조성

1) 지역여건 및 필요성

- 제주의 지역여건

  - 제주도는 인공지능(AI)과 디지털 기술을 활용하여 도민의 삶을 풍요롭게 하는 디지털 생태계 구축을 추진하고 있으며, AI 의료서비스, 스마트 1차 산업, 편리한 교통 및 결제 시스템, 맞춤형 교육과 복지 등 다양한 분야에서 디지털 전환을 통해 도민 모두가 체감할 수 있는 혁신적 변화를 목표로 하고 있음

  - 소상공인 맞춤형 디지털 전환 패키지 지원사업을 통해 도내에서 창업한 지 3년 이상 된 요식업, 이미용업, 제조업 등 디지털 서비스 활용 수요가 높은 소상공인 업체를 대상으로 디지털 전환을 지원하고 있음

- 외식업 디지털 전환 및 푸드테크 연계 강화 필요성

  - 도내에는 많은 소규모 외식업체가 운영 효율성, 인력 부족, 재고 관리, 고객 맞춤형 서비스 제공 등에 어려움을 겪고 있으며, 디지털 전환 및 푸드테크 도입은 이러한 문제를 자동화와 데이터 기반 의사결정으로 극복할 수 있게 해줄 것으로 기대됨

  - 관광객이나 단체 고객이 많은 제주의 외식 환경에서는 빠르고 정확한 주문처리가 매우 중요하며, 디지털 전환을 통해 스마트오더를 도입하면 주문 오류를 줄이고, 고객이 메뉴를 더 쉽게 탐색하고 선택할 수 있어 고객 만족도와 테이블 회전율을 모두 높일 수 있을 것임

<그림 7-34> 스마트 오더 시스템 예시

스마트 QR결제 | 스마트 테이블 오더

2) 세부 추진전략

- 외식업체의 스마트 오더 시스템, 테이블 관리 시스템 등 도입지원

  - 외식업체의 스마트 오더 시스템, 테이블 관리 시스템, 배달 서비스 연동 시스템 도입 지원
  - 스마트 오더 (키오스크, 테이블 오더, QR결제 등), 테이블 관리 (예약, 웨이팅 관리), 배달 서비스 연동 (자체 플랫폼 연동, 배달 대행사 API 연동) 시스템 도입 비용 일부를 지원하고, 시스템 활용 교육을 제공
  - 기존 시스템과의 연동 및 데이터 통합을 지원하여 효율적인 데이터 기반 운영 환경을 구축하고, 시스템 도입 효과 분석 및 개선 방안 컨설팅을 제공

- 디지털 마케팅 교육 및 컨설팅 제공

  - 지역 외식업체의 디지털 마케팅 역량 강화를 위한 수준별 맞춤형 교육 프로그램을 개발 및 운영(SNS 마케팅, 온라인 광고, 콘텐츠 제작, 데이터 분석 활용 등)
  - 디지털 마케팅 전문 컨설턴트를 매칭하여 개별 외식업체의 특성과 목표에 맞는 마케팅 전략 수립 및 실행을 지원
  - 온라인 플랫폼 (지역 기반 배달 앱, 맛집 정보 사이트 등) 활용 교육 및 입점 지원을 통해 온라인 판로를 확대하고 신규 고객 유입을 촉진
  - 고객 데이터 분석 기반 마케팅 전략 수립 컨설팅을 제공하여 고객 맞춤형 서비스 제공 및 재방문율 향상을 지원

- 외식업체의 푸드테크 기술 도입을 통한 서비스 혁신 지원

  - 지역 외식업체의 서비스 혁신을 위한 다양한 푸드테크 기술 도입을 지원 (로봇 활용 서빙/조리 보조, AI 기반 메뉴 추천, 스마트 위생 관리 시스템 등).
  - 푸드테크 기술 시연회 및 도입 설명회를 개최하여 지역 외식업체의 이해도를 높이고 도입을 촉진
  - 외식업체의 특성에 맞는 푸드테크 기술 도입 컨설팅 및 맞춤형 솔루션 연계를 지원
  - 푸드테크 기술 도입 비용 일부를 지원하고, 기술 활용 교육을 제공하여 초기 도입 부담을 완화하고 활용도를 높임

- 외식업과 푸드테크 기업 간 협력 모델 개발 및 지원

  - 지역 외식업체와 푸드테크 기업 간의 기술 협력 및 서비스 연계를 위한 매칭 프로그램을 운영

- 양방향 소통 및 협력을 위한 정기적인 네트워킹 행사 및 워크숍을 개최하여 새로운 비즈니스 모델 발굴을 지원
- 공동 기술 개발 및 서비스 개발을 위한 PoC (Proof of Concept) 지원 사업을 운영
- 협력 과정에서의 법률, 계약, 지식재산권 관련 컨설팅을 제공하여 안정적인 협력 관계 구축을 지원

3) 협력체계

협력체계	주요 역할	관련조직
제주특별자치도	정책 지원 및 사업 추진 총괄	관련 부서
도내 대학	디지털 전환 교육 프로그램 개발 및 운영, 푸드테크 기술 컨설팅 지원	제주대, 한라대, 관광대 RISE사업단
도내 기관/단체	디지털 마케팅 교육 및 컨설팅 제공 사업 홍보 및 참여 독려, 회원사 의견 수렴	제주TP, 제주산학융합원, 외식관련 협회, 단체 등
협력 기업	스마트 오더, 테이블 관리, 배달 시스템 등 기술 및 솔루션 제공	푸드테크 기업 등

4) 연차별 성과목표

성과 구분	단위	(5개년) 핵심성과 목표					비고
		2025년	2026년	2027년	2028년	2029년	
디지털 전환 지원 외식업체 수	개소	20	50	80	120	150	-
푸드테크 솔루션 도입 외식업체 수	개소	10	30	50	80	120	-
외식업체 생산성 향상	%	5	10	15	20	25	-
디지털 마케팅 역량 강화 외식업체 비율	%	15	30	45	60	75	-
외식업체 고객 만족도 향상	점	3.2	3.5	3.8	4.1	4.3	-

5) 연차별 투자계획

(단위: 백만 원)

세부 목표	(5개년) 투자계획					합계
	2025년	2026년	2027년	2028년	2029년	
스마트오더 시스템 도입 지원	100	200	200	200	200	900
디지털 마케팅 교육 및 컨설팅	100	100	100	100	100	500
푸드테크 기술 도입 지원	100	200	200	200	200	900
협력 모델 개발 및 지원	100	100	100	100	100	500
합계	**400**	**600**	**600**	**600**	**600**	**2,800**

6) 기대효과

- 외식업 경쟁력 강화
  - 스마트 오더, 테이블 관리 시스템 도입을 통해 인력 운영 효율성을 높이고 고객 편의성을 증대시켜 외식업체 경쟁력이 강화
- 서비스 혁신 및 고객 만족도 향상
  - 로봇 서빙/조리 보조, AI 기반 메뉴 추천 등 푸드테크 기술 도입을 통해 새롭고 편리한 고객 경험을 제공하여 만족도 향상 기대
- 운영 효율성 증대 및 비용 절감
  - 외식업체의 푸드테크 기술 도입 수요를 창출하고, 푸드테크 기업과의 협력을 촉진하여 관련 산업의 성장 및 혁신적인 생태계 조성에 기여

전략 4 푸드테크 전후방 산업 생태계 조성

1) 추진배경

- 제주국제자유도시개발센터(JDC) 제2첨단과학기술단지 조성계획이 확정되어 2028년 준공까지 IT, BT, ET 등 연관기관 집적화가 예상되고 있음
- 다양한 생물종을 보유하고 있음에도 불구하고 식품의약품안전처 기능성원료(고시형 원료, 개별인증 원료) 활용도 낮음

2) 필요성

- (그린바이오 푸드테크 벤처캠퍼스 조성) 첨단기술 업체 및 연구소, 제조업체의 클러스터화를 통해 푸드테크 전후방 산업간의 생태계 조성 필요
- (애그테크) 제주국제자유도시 종합계획의 실행을 위한 JDC시행계획 상 스마트팜, 정밀농업 연구단지 등 미래농업센터 모델 제시한바 본격 추진 예상되고 있음

3) 세부 실행과제

No.	실행 사업명	과제번호	세부 과제명
13	디지털전환(DX)을 통한 스마트팜 생태계 구축	세부-35	제주형 스마트팜 기술 개발, 데이터 플랫폼 구축 및 활용 지원
		세부-36	스마트팜 전문인력 양성 및 기술 컨설팅 지원
		세부-37	스마트팜 연계 유통 및 판매 플랫폼 구축
14	그린바이오 × 푸드테크 벤처캠퍼스 조성	세부-38	그린바이오 벤처캠퍼스 조성 및 스타트업 육성
		세부-39	제주형 푸드테크연구지원센터 구축 및 기업지원
		세부-40	그린바이오-푸드테크 산업 생태계 협력 강화
15	애그테크 인프라 소재생산 및 복합문화공간 조성	세부-41	애그테크 복합문화공간 및 제주 푸드아일랜드 조성
		세부-42	애그테크 기반 소재 및 제품 연계 상용화 지원 플랫폼 구축
16	글로벌플랫폼 협력 제주 푸드테크 홍보관 운영	세부-43	제주 푸드테크 통합 홍보 채널 구축 및 상품관운영
		세부-44	글로벌 온라인 플랫폼 협력 제주 푸드테크 홍보관 운영
		세부-45	제주 푸드테크 기업 역량 강화 및 글로벌 수출 지원

4) 추진전략 세부 목표

구분	2025년~2029년(5년)	2030년~2034년(5년)	2035년~2039년(5년)
인력	애그테크 기반 인력 양성과정 도입	애그테크 기반 인력 양성300명	애그테크 기반 인력 양성500명
기술	제주형 푸드테크 연구지원센터 예산확보 및 준공	제주형 푸드테크 연구지원센터 운영	제주형 푸드테크 연구지원센터 고도화
기업	입주기업 수요조사	푸드테크기업 30개소	푸드테크기업 50개소
생태계	글로벌 수출 홍보관 개설	수출 50백만불 달성	수출 100백만불 달성

전략 4	실행13. 디지털전환(DX)을 통한 스마트팜 생태계 구축	
과제번호	세부 과제명	전략유형
세부-35	제주형 스마트팜 기술 개발, 데이터 플랫폼 구축 및 활용 지원	R&D

1) 지역여건 및 필요성

- 제주의 지역여건
  - 제주는 아열대 기후와 화산 토양 등 독특한 농업 환경을 가지고 있어, 특정 작물 (감귤, 월동채소 등) 재배에 강점을 가지지만, 기후 변화 및 고령화로 인한 노동력 부족 등의 어려움에 직면함
  - 농림축산식품부는 2025년 1월 제1차 스마트농업 육성 기본계획을 바탕으로 향후 5년간 전국온실(55,000ha)의 35%를 스마트팜으로 전환하기로 하였으며, 2024년 7월부터 시행한 스마트농업육성 및 지원에 관한 법률에 따라 처음으로 수립된 것임
- 제주형 스마트팜 기술개발 및 플랫폼 구축 필요성
  - 기존 스마트팜 기술은 외지 기술에 의존하는 경향이 있어, 제주 지역의 특수한 환경과 작물에 최적화되지 않은 경우가 많아 도입 효과가 제한적
  - 농업 데이터의 체계적인 수집, 분석, 활용은 과학적인 영농 의사 결정을 지원하고 생산성 향상, 병충해 예측, 품질 관리 등에 필수적이지만, 제주 지역 농가의 데이터 활용 역량은 아직 낮은 수준임
  - 제주 지역 맞춤형 스마트팜 기술 개발과 데이터 기반 농업 시스템 구축을 통해 생산성을 높이고 지속 가능한 농업 환경을 조성하는 것이 시급함

<그림 7-35> 제주형 스마트팜 데이터 플랫폼 구성도

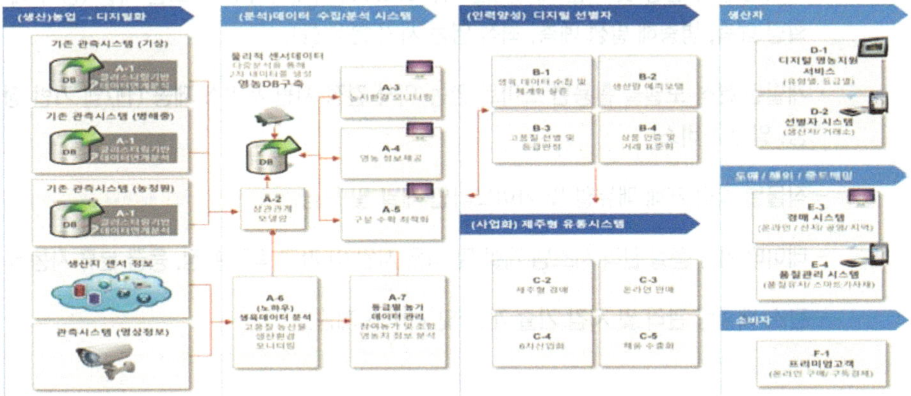

2) 세부 추진전략

● 제주 특화 작물 맞춤형 스마트팜 기술 개발

- 제주 주요 재배 작물(감귤, 월동무, 양배추, 브로콜리, 아열대 과채류 등)의 생육 단계별 환경 요구 조건 정밀 분석 (온도, 습도, 광량, 토양 수분, pH 등) 및 작물별 최적조건 확립
- 분석 결과를 기반으로 제주 환경에 최적화된 스마트 센서 개발 및 성능 개선 (내후성, 내염성 강화 등).
- 작물별 생육 모델 기반의 정밀 환경 제어 시스템 개발 및 고도화 (자동 개폐, 냉난방, 관수, 양액 공급 제어 등).
- 노동력 절감을 위한 자동화 장비 개발 및 도입 지원 (자동 이송 로봇, 방제 로봇, 수확 로봇 등).
- 에너지 효율을 높이는 스마트팜 시스템 개발 및 적용 (신재생 에너지 활용, 에너지 관리 시스템).

● 제주 스마트팜 데이터 수집 표준화 및 통합 관리 플랫폼 구축

- 다양한 스마트팜 장비 및 센서에서 수집되는 데이터의 표준화된 형식 및 통신 규약 마련.
- 데이터 품질 관리 및 보안 체계 구축.
- 클라우드 기반의 통합 데이터 관리 플랫폼 구축 (데이터 저장, 시각화, 분석 기능 포함).
- 농가, 연구기관, 행정기관 등 사용자별 맞춤형 데이터 접근 권한 및 인터페이스 제공.
- 기존 농업 정보 시스템과의 연동 방안 마련.

● 스마트 농업 서비스 개발

- 축적된 생육 환경 및 작물 데이터를 기반으로 AI/빅데이터 분석 모델 개발 (생육 예측, 수확량 예측, 병충해 발생 예측, 최적 영농 시기 분석 등).
- 개발된 분석 모델을 활용한 스마트 영농 의사 결정 지원 서비스 제공 (웹/앱 기반 정보 제공, 알림 서비스).
- 작물별 최적 재배 매뉴얼 및 가이드라인 개발 및 보급.
- 데이터 기반 품질 관리 시스템 개발 및 적용 지원 (비파괴 품질 측정, 등급 분류 자동화 등).
- 탄소 배출량 관리 및 저감 기술 개발 및 서비스 제공.

- 농가 스마트팜 기술 및 데이터 활용 교육, 컨설팅 지원
  - 스마트팜 기초 이론, 장비 운용, 데이터 활용 교육 프로그램 개발 및 운영 (온라인/오프라인 교육 병행).
  - 농가 수준별 맞춤형 현장 컨설팅 제공 (스마트팜 도입 설계, 시스템 구축, 운영 관리, 데이터 활용 등).
  - 선진 스마트팜 농가 벤치마킹 및 견학 프로그램 운영.
  - 스마트팜 유지보수 및 A/S 지원 체계 구축.
  - 농업인 학습 조직 운영 및 정보 교류 활성화 지원
- 개발된 기술 및 플랫폼의 실증 농장 운영 및 성과 확산
  - 제주 지역 내 다양한 작물 및 환경 조건을 고려한 실증 스마트팜 조성 및 운영.
  - 개발된 기술 및 플랫폼의 성능 검증 및 효과 분석
  - 실증 운영 결과 및 성공 사례 홍보 (설명회, 워크숍, 언론 홍보 등).
  - 스마트팜 도입 지원 정책 연계 및 확산 방안 마련.
  - 스마트팜 관련 창업 지원 및 기술 이전 촉진

3) 협력체계

협력체계	주요 역할	관련조직
제주특별자치도	세수 특화 작물 연구 및 스마트팜 기술 개발 협력, 실증 농장 운영 지원	식품산업과, 제주특별자치도 농업기술원
도내 대학	스마트팜 기술 개발 공동 연구, 데이터 분석 및 활용 연구	제주대, 한라대, 관광대 RISE사업단
도내 기관/단체	농가 수요 파악 및 기술 보급 협력, 데이터 플랫폼 활용 교육 지원, 기술 개발 및 사업화 지원 등	지역 농협 및 농업인 단체, 제주테크노파크 등
협력 기업	맞춤형 스마트팜 솔루션 개발 및 기술 지원	스마트팜 기술기업 등

4) 연차별 성과목표

성과 구분	단위	(5개년) 핵심성과 목표					비고
		2025년	2026년	2027년	2028년	2029년	
제주형 스마트팜 기술 개발 건수	건	2	3	4	5	6	-
스마트 농업 서비스 개발 건수	건	1	3	5	7	9	-
기술 교육 및 컨설팅 참여 농가 수	호	50	100	130	160	200	-
실증 농장 생산성 향상률	%	5	10	15	20	25	-
실증 농장 품질 개선율	%	3	6	9	12	15	-

5) 연차별 투자계획

(단위: 백만 원)

세부 목표	(5개년) 투자계획					합계
	2025년	2026년	2027년	2028년	2029년	
제주형 스마트팜 기술 개발	200	300	400	500	600	2,000
스마트 농업 서비스 개발	100	300	500	700	900	2,500
스마트팜 기술교육 및 컨설팅지원	100	200	300	300	400	1,300
실증농장 지원 및 성과확산	100	150	200	250	300	1,000
합계	**500**	**950**	**1,400**	**1,750**	**2,200**	**6,800**

6) 기대효과

- 농업 생산성 향상 및 품질 균일화

  - 스마트팜 기술을 통해 생육 환경을 자동 제어하고, 생장 데이터를 실시간 분석함으로써 작물의 수확량을 증가시키고 품질을 균일하게 유지할 수 있으며, 특히 기후 변화에 민감한 제주 농업에 안정적인 생산 기반을 마련할 수 있음

- 고령화 및 인력 부족 대응

  - 노동집약적 농업 환경에서 센서, 자동화 장비, 원격 제어 기술을 활용하면 고령 농업인의 노동 부담을 줄이고, 인력 부족 문제를 완화할 수 있으며, 청년 농업인의 진입 장벽도 낮출 수 있음

- 데이터 기반 농정 수립 및 정책 지원 가능

  - 수집된 농업 데이터를 기반으로 한 정책 수립이 가능해져, 농정의 과학화 및 맞춤형 지원이 가능하며, 작황 예측, 병해충 경고, 농가 맞춤 보조금 지급 등이 데이터에 기반해 정밀하게 이뤄질 수 있음

전략 4	실행13. 디지털전환(DX)을 통한 스마트팜 생태계 구축	
과제번호	세부 과제명	전략유형
세부-36	스마트팜 전문인력 양성 및 기술 컨설팅 지원	인력양성

1) 지역여건 및 필요성

- 제주의 지역여건

  - 제주 농업기술원은 경쟁력 있는 스마트농업 육성을 위해 제주지역 스마트팜에 접목할 수 있는 쌈채소 작목 발굴과 재배 기술을 정리하는 연구를 수행하고 있으며, 최근 2025년 지역특화 임대형 스마트팜 조성 공모사업에 선정되 쌈채소, 딸기 등 다양한 작물을 재배할 수 있는 복합온실 형태의 스마트팜이 조성될 계획임

  - 한국농어촌공사 제주지역본부는 비축농지 임대형 스마트팜 사업을 추진중에 있으며 초기 투자비용이 높은 스마트팜 시설을 공공기관이 조성하고, 이를 청년농업인에게 장기 임대(최대 20년)해 영농 창업을 지원하는 사업임(사업비 약 10억원, 1.1ha, 스마트팜 2개소 조성)

  - 한국농업기술진흥원은 「스마트농업 육성 및 지원에 관한 법률」제8조에 근거하여, 스마트농업의 촉진과 농업인의 소득증대, 농업·농촌의성장·발전에 이바지하기 위하여, 「스마트농업 전문인력 교육기관」지정·운영을 추진하고 있음

- 스마트팜 전문인력 양성 및 기술 컨설팅 지원 필요성

  - 최근 제주 농업의 디지털 전환과 스마트팜 도입이 확대됨에 따라, 스마트팜 운영 및 관리에 대한 전문 인력 수요가 증가하고 있음

  - 제주 지역 내 스마트팜 관련 전문 교육 기관 및 프로그램이 부족하여, 농업인들이 필요한 전문 지식과 기술을 습득이 어려움

  - 스마트팜 기술은 빠르게 발전하고 있으므로, 농업인들의 지속적인 역량 강화 및 새로운 기술 습득을 위한 체계적인 교육 시스템 구축이 필요

  - 또한 스마트팜 도입 초기 단계의 농가들은 기술적인 어려움에 직면할 수 있으므로, 맞춤형 기술 컨실팅 지원을 통해 성공적인 스마트팜 운영을 돕는 것이 중요함

[표 7-10] 스마트농업 전문인력 교육기관 자격요건

구분	지정요건
시설 및 장비	가. 교육시설을 교육환경 및 보건 위생상 적합한 장소에 설치할 것 나. 다음의 기준에 적합한 스마트농업 전문인력 교육과정 운영을 위한 상시 활용이가능한 강의실 및 실습장을 각각 1개 이상 갖출 것 1) 강의실: 연면적이 50제곱미터 이상이고, 수용가능 인원이 20명 이상일 것 2) 실습장: 연면적이 100제곱미터 이상일 것 다. 컴퓨터, 빔 프로젝터 등 교육보조재 및 실습을 위한 기자재를 갖출 것 라. 「소방시설 설치 및 관리에 관한 법률」 제2조제1항제2호에 따른 소방시설등을같은 법 제12조제1항에 따른 화재안전기준에 적합하게 설치할 것 마. 그 밖에 회의실, 자료실, 상담실 등 학습자 편의를 위해 필요한 시설을 갖출것
인력	가. 다음의 자격기준을 충족하는 스마트농업 전문인력 교육과정의 교육을 담당하는책임교수요원 및 교수요원을 각각 1명 이상 확보할 것. 1) 책임교수요원: 다음의 어느 하나에 해당하는 사람일 것 가) 농업, 축산 분야 박사 학위를 취득한 사람 나) 「국가기술자격법」에 따른 농업, 축산 분야의 기술사 자격을 취득한 사람다) 스마트농업관리사 자격을 취득한 사람 2) 교수요원: 다음의 어느 하나에 해당하는 사람일 것 가) 농업, 축산 분야 석사 이상의 학위를 취득한 사람 나) 「국가기술자격법」에 따른 농업, 축산 분야의 기사 이상 자격을 취득한 사람다) 스마트농업관리사 자격을 취득한 사람 나. 스마트농업 전문인력 교육과정을 운영·관리하는 전담운영인력을 1명 이상 확보할것

자료: 한국농업기술진흥원

2) 세부 추진전략

- 스마트팜 전문 교육 과정 개발 및 운영
  - 스마트팜 기초 이론, 작물별 생육 관리, 환경 제어, 데이터 활용, 시스템 유지보수 등 필수 교육 과정 개발 (온라인 및 오프라인 병행)
  - 청년 농업인 대상 스마트팜 창업 및 경영 심화 과정 운영
  - 기존 농업인 대상 스마트팜 기술 전환 교육 및 역량 강화 프로그램 운영
- 현장 중심 실습 및 벤치마킹 기회 제공
  - 선도 스마트팜 농가 연계 현장 실습 프로그램 운영
  - 스마트팜 관련 기업 및 연구소 견학 프로그램 지원
  - 국내외 스마트팜 우수 사례 벤치마킹 프로그램 운영(선별 지원)

● 맞춤형 기술 컨설팅 지원

- 스마트팜 도입 희망 농가 대상 사전 컨설팅 (설계, 시스템 선택 등)
- 스마트팜 운영 초기 애로사항 해결을 위한 현장 기술 컨설팅 제공
- 데이터 활용 및 분석 기반 영농 컨설팅 지원

● 스마트팜 관련 창업 지원:

- 스마트팜 기술 기반 창업 아이디어 발굴 및 사업화 교육
- 스마트팜 창업 자금 지원 연계 (보조금, 융자 등 정보 제공)
- 스마트팜 창업 컨설팅 및 멘토링 지원

3) 협력체계

협력체계	주요 역할	관련조직
제주특별자치도	스마트팜 교육 과정 공동 개발 및 운영, 기술 컨설팅 인력 지원, 실증 농장 활용 협력	식품산업과, 제주특별자치도 농업기술원
도내 대학	스마트팜 관련 학과 연계 교육 프로그램 운영, 전문 인력 Pool 제공, 연구 인력 지원	제주대, 한라대, 관광대 RISE사업단
도내 기관/단체	현장 실습 교육 및 노하우 공유, 스마트 농업 분야 인력 수요 예측 및 맞춤형 교육 프로그램 기획 협력, 기술 개발 및 사업화 지원	지역농협 및 선도 스마트팜 농가 제주지역인적자원개발위원회 제주테크노파크 등
협력 기업	스마트팜 시스템 교육 및 기술 지원, 현장 실습 기회 제공	스마트팜 기술기업 등

4) 연차별 성과목표

성과 구분	단위	(5개년) 핵심성과 목표					비고
		2025년	2026년	2027년	2028년	2029년	
스마트팜 교육 프로그램 운영 횟수	회	10	20	30	40	50	-
스마트팜 교육 이수 농가 수	호	100	200	200	200	200	-
현장실습 참여농가	호	10	20	30	40	50	-
기술 컨설팅 지원 건수	건	50	100	100	100	100	-
스마트팜 관련 창업 지원 건수	건	5	10	10	10	10	-

5) 연차별 투자계획

(단위: 백만 원)

세부 목표	(5개년) 투자계획					합계
	2025년	2026년	2027년	2028년	2029년	
스마트팜 전문 교육 과정 개발 및 운영	50	100	100	100	100	450
현장 중심 실습 및 벤치마킹 기회 제공	100	100	100	100	100	500
맞춤형 기술 컨설팅 지원	100	100	100	100	100	500
스마트팜 관련 창업 지원	100	100	100	100	100	500
합계	**350**	**400**	**400**	**400**	**400**	**1,950**

6) 기대효과

- 스마트팜 운영 전문성 강화
  - 체계적인 교육 프로그램을 통해 스마트팜 운영 및 관리에 필요한 전문 지식과 기술을 갖춘 인력을 양성하여 스마트팜의 효율적인 운영 및 생산성 향상에 기여
- 청년 농업인 육성 및 스마트 농업 확산
  - 스마트팜 기술 교육과 창업 지원을 통해 청년층의 농업 분야 진입을 촉진하고, 혁신적인 스마트 농업 기술의 확산을 이끌어냄
- 맞춤형 기술 지원
  - 스마트팜 도입 희망 농가에 대한 사전 컨설팅 및 운영 초기 기술 지원을 통해 시행착오를 줄이고 성공적인 스마트팜 운영을 지원

전략 4	실행13. 디지털전환(DX)을 통한 스마트팜 생태계 구축	
과제번호	세부 과제명	전략유형
세부-37	스마트팜 연계 유통 및 판매 플랫폼 구축	사업확대

1) 지역여건 및 필요성

● 제주의 지역여건

- 현재 제주 농산물 유통 구조는 다단계 방식, 높은 물류비용, 가격 변동성 등의 문제점을 안고 있으며, 특히 소규모 스마트팜 농가의 경우 자체적인 판로 개척에 어려움을 겪고 있음

● 스마트팜 연계 유통 및 판매 플랫폼 구축 필요성

- 제주 스마트팜에서 생산되는 고품질 농산물의 안정적인 판로 확보 및 유통 효율화는 스마트 농업 생태계 구축의 중요한 요소임
- 소비자들은 스마트팜 농산물의 신뢰성, 안전성, 품질에 대한 관심이 높아지고 있으며, 생산자와의 직거래를 통해 신선하고 합리적인 가격의 농산물을 구매하고자 하는 수요가 증가함
- 푸드테크 기반의 온라인 플랫폼은 생산자와 소비자 간의 직거래를 활성화하고, 유통 단계를 축소하며, 스마트팜 농산물의 브랜드 인지도를 높이는 데 효과적인 수단이 될 수 있음

<그림 7-36> 바른팜 스마트팜과 유통 인프라 기반 온·오프라인 통합 커머스 플랫폼

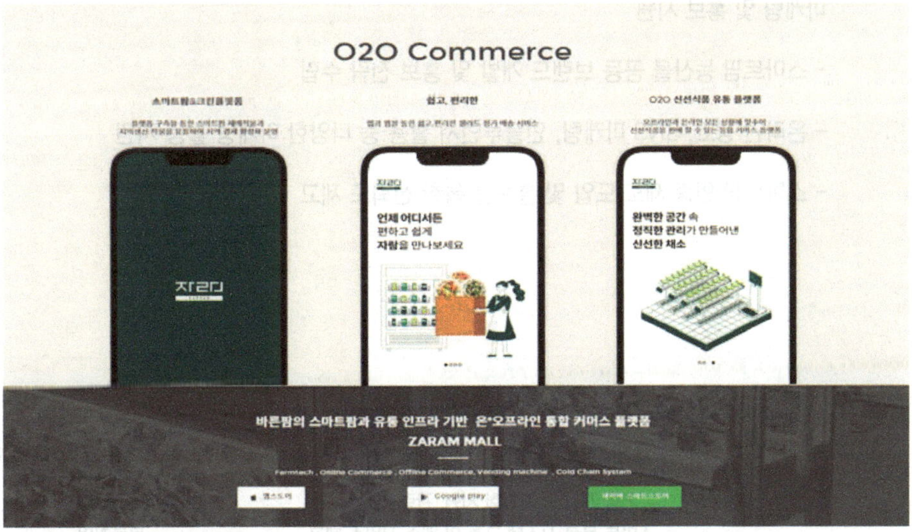

자료 : 농업회사법인 바른팜 홈페이지 참고

2) 세부 추진전략

- 온라인 직거래 플랫폼 구축
  - 스마트팜 농가와 소비자를 직접 연결하는 온라인 플랫폼 개발 (웹사이트 및 모바일 앱)
  - 농가별 상품 정보 (재배 방식, 품질 인증, 생산 이력 등) 투명하게 제공
  - 실시간 주문, 결제, 배송 시스템 구축 및 운영 지원
  - 소비자 리뷰 및 평점 시스템 도입을 통한 신뢰도 확보
- 스마트 유통 시스템 연계
  - 플랫폼과 연동되는 스마트 물류 시스템 구축 지원 (예측 기반 재고 관리, 최적 배송 경로 안내 등)
  - 콜드체인 시스템 연계를 통한 신선도 유지 및 배송 효율성 향상
  - 블록체인 기술 기반의 농산물 이력 추적 시스템 도입 검토
- 오프라인 연계 강화
  - 지역 로컬 푸드 직매장 및 농협 매장 내 스마트팜 농산물 전용 판매 공간 마련 지원
  - 팝업 스토어, 농산물 축제 등 오프라인 판매 채널 연계 지원
  - 스마트팜 체험 프로그램과 연계한 농산물 판매 촉진
- 마케팅 및 홍보 지원
  - 스마트팜 농산물 공동 브랜드 개발 및 홍보 전략 수립
  - 온라인 광고, SNS 마케팅, 인플루언서 활용 등 다양한 마케팅 활동 지원
  - 스마트팜 인증 제도 도입 및 홍보를 통한 신뢰도 제고

3) 협력체계

협력체계	주요 역할	관련조직
제주특별자치도	플랫폼 구축 및 운영 지원 정책 수립 및 예산 지원	식품산업과 및 관련부서
도내 기관/단체	플랫폼 참여 및 운영 협력, 농산물 품질 관리, 오프라인 판매 공간 제공 및 협력 운영, 기술 개발 및 사업화 지원, 관련 기업 유치	지역 스마트팜 농가 연합회/단체 농협 및 로컬 푸드 직매장 제주테크노파크 등
협력 기업	스마트 물류 시스템 구축 및 배송 서비스 제공 플랫폼 구축 및 기술 지원, 마케팅 협력	물류기업, 온라인 플랫폼 개발/운영 기업 등

4) 연차별 성과목표

성과 구분	단위	(5개년) 핵심성과 목표					비고
		2025년	2026년	2027년	2028년	2029년	
온라인 플랫폼 설계	건	1	-	-	-	-	-
온라인 플랫폼 가입 스마트팜 농가 수	개소	-	80	150	250	400	-
온라인 플랫폼 거래액	억원	-	1	5	10	20	-
플랫폼 연동 스마트 유통 시스템 도입 건수	건	-	10	15	20	30	-
오프라인 연계 판매 채널 확보 수	개소	-	7	12	18	25	-

5) 연차별 투자계획

(단위: 백만 원)

세부 목표	(5개년) 투자계획					합계
	2025년	2026년	2027년	2028년	2029년	
온라인 직거래 플랫폼 설계	100	-	-	-	-	100
온라인 직거래 플랫폼 구축	-	200	200	200	100	700
스마트 유통 시스템 연계	-	100	100	100	100	400
오프라인 연계 강화	-	50	50	50	50	200
마케팅 및 홍보 지원	-	100	100	100	100	400
합계	**100**	**450**	**450**	**450**	**350**	**1,800**

6) 기대효과

- 스마트팜 농가의 판로 확대 및 소득 증대
  - 온라인 및 오프라인 플랫폼 구축을 통해 기존 유통 방식의 한계를 극복하고, 더 많은 소비자에게 직접 판매할 기회를 제공하여 농가 소득 증대에 기여
- 유통 단계 축소 및 비용 절감
  - 생산자와 소비자 간 직거래 활성화를 통해 불필요한 유통 단계를 줄이고, 물류 효율화를 통해 유통 비용을 절감하여 농가 수익성을 개선
- 데이터 기반의 스마트한 유통 관리
  - 플랫폼 운영을 통해 수집되는 판매 데이터, 소비자 반응 등을 분석하여 농가의 생산 계획 및 마케팅 전략 수립에 활용하고, 스마트 물류 시스템 연계를 통해 효율적인 유통 관리를 지원

전략 4	실행14. 지속가능 제주형 푸드테크혁신 클러스터 조성	
과제번호	세부 과제명	전략유형
세부-38	그린바이오 벤처캠퍼스 조성 및 스타트업 육성	기반조성

1) 지역여건 및 필요성

● 제주의 지역여건

- 제주는 풍부한 생물 자원 (해양 생물, 농산물, 자생 식물 등)과 그린바이오 산업 발전 잠재력을 보유하고 있으며, 푸드테크 분야에서도 혁신적인 시도를 준비 중임

- 정부에서는 농림축산식품부를 중심으로 그린바이오 산업육성전략(2023.2)을 마련하여 그린바이오산업의 지원체계를 구축하고 6대분야를 중심으로 경쟁력 강화를 추진중임(종자, 미생물, 동물용의약품, 곤충, 천연물, 식품소재)

- 그린바이오 산업의 창업지원 핵심사업으로 창업공간, 연구장비, 보육프로그램 제공을 통한 벤처기업 육성을 목표로, 2021년부터 2024년까지 전국 5개지역에 창업보육거점인 그린바이오 벤처캠퍼스를 조성하고 있음(전북, 강원, 경북, 경남, 충남)

<그림 7-37> 전국에 조성중인 그린바이오벤처캠퍼스 조감도

전북(익산)	강원(평창)	경북(포항)	경남(진주)	충남(예산)

● 그린바이오 벤처캠퍼스 조성 필요성

- 그린바이오와 푸드테크 융합은 고부가가치 식품 개발, 지속 가능한 식품 생산 시스템 구축, 새로운 기능성 소재 개발 등 혁신적인 성장 동력을 창출할 수 있는 분야임

- 그러나, 초기 단계의 스타트업들은 창업 공간 확보, 연구 개발 시설 부족, 자금 조달 어려움, 전문 멘토링 부족 등 다양한 어려움에 직면하고 있으며, 특히 그린바이오-푸드테크 융합 분야는 전문적인 지원 인프라가 미흡한 실정

- 제주는 제주지역 천연소재를 활용한 다양한 그린바이오 분야 벤처 및 스타트업의 창업과 체계적인 육성, 협업 등을 지원할 집적화된 거점이 필요한 상황임

- 따라서, 그린바이오와 푸드테크 융합 분야 스타트업을 위한 전문적인 창업 지원 플랫폼(벤처캠퍼스) 조성을 통해 혁신적인 아이디어를 사업화하고, 지역 경제 활성화 및 미래 성장 동력을 확보하는 것이 필요

2) 세부 추진전략

● 그린바이오 벤처캠퍼스 조성

- 그린바이오 및 푸드테크 스타트업 맞춤형 창업 공간 확보 (오피스, 연구 시설, 시제품 제작 공간, 공유 시설 등)
- 캠퍼스 내 공동 연구 장비 및 시설 구축 (분석 장비, 식품 가공 장비 등)
- 쾌적하고 협업적인 업무 환경 조성 및 창업 커뮤니티 공간 마련

● 스타트업 발굴 및 선발

- 그린바이오-푸드테크 융합 분야 혁신적인 아이디어 및 기술을 보유한 초기 스타트업 발굴 (아이디어 공모전, 기술 설명회 등)
- 전문가 심사를 통해 성장 가능성이 높은 스타트업 선발 및 입주 지원

● 맞춤형 육성 프로그램 운영

- 창업 기초 교육, 비즈니스 모델 개발, 시장 분석, 지식재산권 확보 등 단계별 교육 프로그램 제공
- 그린바이오, 푸드테크 분야 전문 멘토링 지원 (기술, 경영, 투자 등)
- 시제품 제작 및 테스트 지원 (시설, 장비, 자금 등)
- 투자 유치 IR (Investor Relations) 기회 제공 및 투자 네트워크 연계
- 법률, 회계, 마케팅 등 전문 컨설팅 지원

● 네트워킹 및 협력 촉진

- 입주 기업 간 교류 및 협력을 위한 네트워킹 행사 정기 개최
- 관련 분야 전문가, 투자자, 기업과의 연계 프로그램 운영
- 국내외 유관 기관과의 협력 네트워크 구축 및 정보 교류 지원

3) 협력체계

협력체계	주요 역할	관련조직
제주특별자치도	벤처캠퍼스 조성 부지 제공 및 시설 구축 지원, 운영 예산 지원, 정책적 지원	식품산업과 및 관련부서
도내 대학	그린바이오 및 푸드테크 관련 연구 인력 및 기술 지원, 교육 프로그램 공동 운영, 학생 창업 연계	제주대, 한라대, 관광대 RISE사업단
도내 기관/단체	벤처캠퍼스 운영 및 관리, 스타트업 발굴 및 육성 프로그램 운영, 기술 지원, 스타트업 투자 유치 지원 및 IR 협력	제주테크노파크, 제주산학융합원 등 제주창조경제혁신센터,, 벤처캐피탈 및 투자기관 등
협력 기업	멘토링, 기술 협력, 투자 연계	지역 그린바이오 및 푸드테크 관련 기업 등
	스타트업 성장 전략 컨설팅 및 멘토링 지원	액셀러레이터

4) 연차별 성과목표

성과 구분	단위	(5개년) 핵심성과 목표					비고
		2025년	2026년	2027년	2028년	2029년	
그린바이오 벤처캠퍼스 조성 완료율	%	-	30	60	100	100	-
입주 스타트업 수	개	-	10	15	20	25	-
입주 스타트업의 투자 유치 금액	억원	-	2	5	10	15	-
입주 스타트업의 신규 고용 창출	명	-	10	15	20	25	-

5) 연차별 투자계획

(단위: 백만 원)

세부 목표	(5개년) 투자계획					합계
	2025년	2026년	2027년	2028년	2029년	
그린바이오벤처캠퍼스 설계 및 조성	1,000	6,100	8,000	8,000	-	23,100
스타트업 발굴 및 선발	-	100	100	100	100	400
맞춤형 육성프로그램 운영	-	200	200	200	200	800
네트워킹 및 협력촉진	100	100	100	200	200	700
합계	**1,100**	**6,500**	**8,400**	**8,500**	**500**	**25,000**

6) 기대효과

- 혁신적인 융합 스타트업 육성

  - 그린바이오 기술과 푸드테크를 융합하는 새로운 분야의 혁신적인 스타트업을 발굴하고 성장시켜, 식품 산업의 미래를 선도하는 기업배출이 가능함

- 고부가가치 식품 산업 창출

  - 제주도의 풍부한 생물 자원을 활용하고 푸드테크를 접목하여, 고부가가치를 지닌 기능성 식품, 대체 식품, 친환경 식품 등 미래 식품 산업을 창출하고 지역 경제 성장에 기여할 것으로 기대됨

- 지역 특화 산업 발전

  - 제주도의 생물 자원과 푸드테크를 융합한 특화 산업을 육성하여 지역 경제의 다변화를 꾀하고, 제주도만의 차별화된 성장 동력을 확보할 수 있음

전략 4	실행14. 지속가능 제주형 푸드테크혁신 클러스터 조성	
과제번호	세부 과제명	전략유형
세부-39	제주형 푸드테크연구지원센터 구축 및 기업지원	기반조성

1) 지역여건 및 필요성

● 제주의 지역여건

- 제주도는 청정바이오 소재, 농업, 관광 등 차별화되는 전략자원과 유네스코 3관왕 등 세계 자연유산을 보유하고 있지만, 1차 및 3차산업 위주의 산업간 불균형, 제조업 연관 산업 부재, 대외 의존도 높은 고비용에 따른 비효율, 저부가가치 구조로 2차 산업인 식품 제조업의 성장에 한계를 보이고 있음
- 정부는 푸드테크산업 발전방안(2022.12)을 마련하고 관련 법을 제정(2024.12)하였으며, 제주도는 2025년 1월에 향후 10년 글로컬 푸드테크 산업을 리드할 그린+푸드테크 생태계 조성전략을 K-커스텀푸드라는 슬로건으로 발표한바 있음
- 농림수산식품부는 지역 푸드테크 기업 유치기반을 조성하고, 산·관·학 협력을 통해 중소기업·외식업체 대상 푸드테크 신기술 적용을 확대하기 위해 2024년도부터 푸드테크연구지원센터 구축 예산을 지원하고 있으며, 현재까지 총 5개 지역이 선정되어 센터구축을 지역별로 진행하고 있음

<그림 7-38> 전국에 조성 중인 푸드테크연구지원센터 조감도 및 예정지

전북(익산)	경북(포항)	전남(나주)	경북(의성)	강원도(춘천) +경기도(과천)

● 푸드테크연구지원센터 구축 및 산업육성 필요성

- 제주는 독특하고 풍부한 생물 자원 (해양 생물, 특산 농산물, 자생 식물 등)을 보유하고 있어 푸드테크 산업의 잠재력이 높음
- 푸드테크 분야에서도 스마트 농업, 맞춤형 식품 가공 기술 혁신 등 다양한 시도가 이루어지고 있으며, 이 두 분야의 융합은 새로운 고부가가치 식품 및 솔루션 개발의 핵심 동력으로 작용할 것임
- 현재 지역 대학, 연구기관, 기업들은 개별적으로 푸드테크 관련 연구를 수행하고 있으나, 융합 연구를 위한 협력 체계 및 지원 인프라가 부족한 실정임

- 이에 따라 제주형 푸드테크연구지원센터를 중심으로 그린바이오와 푸드테크 기술 융합 연구 개발을 지원하여 지역특화 자원을 활용한 혁신적인 식품 및 솔루션을 창출하고, 관련 산업의 경쟁력을 강화하는 것이 필요함

<그림 7-39> 제주 푸드테크연구지원센터 연계 기관별 역할

2) 세부 추진전략

- 푸드테크연구지원센터 구축 및 산업 생태계 조성
  - 푸드테크 클러스터 단지내 푸드테크연구지원센터 구축 및 생태계조성
  - 제주특화 자원을 활용한 수요창출형 맞춤형 식품개발 지원
  - 푸드테크 기술을 활용한 관광객 맞춤형 간편식(HMR) 시제품제작 지원
  - 간편식 소재 및 제품분석 평가장비 지원
  - 제주 스마트가공센터 가공농산물 활용 상품화 전략 수립 지원
  - 맞춤형 기능성표시식품 및 건강기능식품 사업화 전략 수립 지원
- 공동 연구개발 프로젝트 및 입주공간 지원
  - 구성된 컨소시엄의 공동 연구 개발 프로젝트에 대한 연구 자금 지원 방안 마련 및 운영(정부 지원 사업 연계, 자체 연구비 지원 등)
  - 푸드테크연구지원센터 내 공동 연구 시설 및 장비 제공, 입주공간 지원 등 인프라 지원
  - 참여 기관 간 원활한 협력 및 정보 공유를 위한 정기적인 회의, 워크숍, 기술 교류회 등 운영 지원
- 푸드테크 기술 상용화 지원(맞춤형 가정간편식 및 커스텀푸드 분야)
  - 공동 연구개발 성과의 사업화 가능성 평가 및 시장 분석 지원

- 기술 이전 및 사업화 컨설팅 제공 (지식재산권 확보, 기술 마케팅, 투자 유치 등)
- 푸드테크 스타트업 연계 및 창업 지원
- 개발된 기술의 시제품 제작 및 실증 지원 (HMR 및 커스텀푸드 등)
- 시장 진출 및 판로 개척 지원 (관련 박람회 참가 지원, 유통 채널 연계 등)

● 현장 맞춤형 전문 인력 양성

- 공동 연구 개발 프로젝트 참여 연구 인력 대상 전문 교육 프로그램 운영 (푸드테크-그린 바이오 융합 기술, 연구 방법론, 사업화 전략 등)
- 푸드테크연구지원센터의 전문 인력을 활용한 기술 지도 및 멘토링 제공
- 관련 분야 전문가 초청 강연, 세미나 개최를 통한 지식 공유 및 네트워크 형성 지원
- 대학과의 연계를 통해 차세대 융합형 연구 인력 양성 지원

3) 협력체계

협력체계	주요 역할	관련조직
제주특별자치도	푸드테크연구지원센터 구축 정책지원	식품산업과 및 관련부서
도내 대학	RISE(푸드테크 관련 연구 인력 및 전문 지식 제공, 공동 연구 참여, 기술 자문 등)	제주대, 한라대, 관광대
도내 기관/단체	보유 기술 및 연구 인프라 공유, 공동 연구 참여	제주산학융합원, 제주테크노파크 등
협력 기업	멘토링, 기술 협력, 투자 연계	지역 푸드테크 및 그린바이오 관련 기업
	스타트업 성장 전략 컨설팅 및 멘토링 지원	액셀러레이터

4) 연차별 성과목표

성과 구분	단위	(5개년) 핵심성과 목표					비고
		2025년	2026년	2027년	2028년	2029년	
푸드테크 연구지원센터 구축 완료율	%	-	30	60	100	-	-
공동 연구 개발 프로젝트 지원 건수	건	-	4	6	8	10	-
기술 융합 연구 논문/특허 출원 건수	건	-	3	5	8	12	-
기술 상용화 성공 건수	건	-	-	-	6	8	-
공동 연구 참여 기업 수	개소	-	4	6	8	10	-
전문 인력 양성 프로그램 참여 인원	명	25	30	40	50	50	-

5) 연차별 투자계획

(단위: 백만 원)

세부 목표	(5개년) 투자계획					합계
	2025년	2026년	2027년	2028년	2029년	
푸드테크연구지원센터 구축	-	4,960	6,780	4,700	-	16,440
융합 R&D 과제 발굴 및 기획	50	100	100	200	200	650
공동 R&D 프로젝트 지원 및 관리	-	100	100	300	300	800
기술 상용화 지원	-	-	-	300	400	700
전문 인력 양성	50	60	80	100	100	390
합계	**100**	**5,220**	**7,060**	**5,600**	**1,000**	**18,980**

6) 기대효과

- 기술 혁신 및 경쟁력 강화
  - 대학, 연구기관, 기업 간의 협력을 촉진하여 푸드테크 기술의 융합 연구 개발을 활성화하고, 혁신적인 식품 및 솔루션 개발을 가속화 할 수 있음
  - 제주도의 풍부한 생물 자원을 활용한 고부가가치 식품 개발 및 산업화를 촉진하여 지역 경제의 경쟁력이 강화됨
  - 개발된 기술의 사업화 가능성 평가, 시제품 제작 지원, 시장 테스트 등을 통해 기술 상용화 성공률을 높일 수 있음
- 푸드테크 산업 생태계 조성 및 성장
  - 푸드테크 스타트업에게 창업 공간, 연구 시설, 멘토링, 투자 유치 등 맞춤형 지원을 제공하여 혁신적인 푸드테크 기업 성장을 견인함
  - 푸드테크 분야 전문 인력을 양성하여 지역 내 관련 기업의 인력난 해소에 기여하고, 산업 전반의 역량을 강화함
  - 유망 푸드테크 기업 육성 및 기술 개발 성과를 통해 외부 투자를 유치하고, 지속 가능한 성장 기반을 마련할 수 있음
- 경제 활성화 및 사회적 가치 창출
  - 혁신적인 기업 성장 및 산업 생태계 확대를 통해 양질의 새로운 일자리 창출이 가능함
  - 지역 농가와의 연계를 통해 안정적인 원료 공급망을 구축하고, 지역 경제 활성화에 기여 가능함
  - 관광객 맞춤형 식품, 건강 기능성 식품 및 친환경 식품 등 다양한 고품질 식품 개발 및 공급을 통해 소비자 만족도를 높일 것으로 기대됨

전략 4	실행14. 지속가능 제주형 푸드테크혁신 클러스터 조성	
과제번호	세부 과제명	전략유형
세부-40	제주형 푸드테크 혁신클러스터 조성 및 협력 생태계 구축	기반조성

1) 지역여건 및 필요성

● 제주의 지역여건

- 제주특별자치도는 2025년 3월 푸드테크산업 육성 및 지원에 관한 조례를 제정한바 있으며, 푸드테크산업의 육성 및 활성화를 위하여 푸드테크산업 혁신클러스터 조성 및 운영 지원에 대한 내용이 반영되었음
- 제주는 2025년 2월 청정자원 기반 '그린바이오산업'글로벌 도약을 선언한바 있으며, 바이오산업육성 종합계획(2025~2029)에서 3대바이오분야(그린바이오, 레드바이오, 해양바이오)에 대한 4대 추진전략, 20대 핵심사업, 59개의 중점과제를 도출한바 있음
- 또한 제주는 농산물 스마트가공센터를 구축하기 위한 타당성 분석 및 기본계획 수립용역을 추진한바 있으며, 개별급속냉동(IQF)을 통한 농산물 반가공 식재료시장에 연중 공급가능한 기반을 마련할 계획을 수립하였음
- 이중 그린바이오벤처캠퍼스와 스마트가공센터의 구축은 푸드테크 산업육성과 밀접한 관계를 갖고 있으며, 각 분야의 핵심사업을 수행하기 위한 클러스터의 조성과 이와 연계한 산업생태계 협력강화 방안의 도출은 필수적임
- 추가적으로 푸드테크 산업분야의 체계적인 육성을 위해 데이터 수집에 대한 거버넌스 체계 구축 필요성이 제시된바 있으며, 이를 통한 도내의 푸드테크 관련 기업이 활용할 수 있는 데이터 허브 구축의 필요성도 함께 제시된바 있음

● 지속가능 제주형 푸드테크 혁신클러스터 조성 및 생태계 확장 필요성

- 제주는 그린바이오 및 푸드테크 분야에서 성장 잠재력을 가지고 있지만, 관련 기업, 연구기관, 투자자 간의 연계 및 협력이 초기 단계임
- 관련 산업의 정보 공유 부족, 공동 프로젝트 발굴의 어려움, 투자 유치 기회 제한 등은 산업 생태계 성장의 주요 제약요인으로 작용
- 특히, 1차산업(농수축산물)과 연계한 그린바이오와 푸드테크 융합이라는 새로운 분야에서는 다양한 주체 간의 이해 증진 및 협력 모델 구축이 더욱 중요함

- 이에따라 제주형 푸드테크 혁신클러스터가 도내에 구축될 경우 최근 국가식품클러스터(전북 익산) 내에 구축된 청년식품창업센터와 같은 역할을 수행할 수 있을 뿐만 아니라 푸드테크 기술을 기반으로 한 청년 및 소상공인들의 창업육성 생태계가 함께 조성될 수 있음

- 또한 정부 및 지자체 정책이 탄소중립 산업전환으로 경제와 환경의 조화로운 발전을 도모하는 방향으로 나아가고 있고, 제주 푸드테크산업 육성의 비전 및 목표에 글로컬 푸드테크 산업과 K-RE100 기업을 육성하는 내용이 포함되어 있음에 따라 그린에너지를 활용한 지속가능 제주형 푸드테크 혁신클러스터 기반조성 전략마련이 필요함

- 뿐만아니라, 제주형 푸드테크 혁신클러스터가 도내의 산업 전반에서 발생되는 푸드테크 연관 데이터를 수집 및 통합하고 분석하여 가치화할 수 있는 허브의 역할을 함으로써 데이터 기반 의사결정을 지원하는 거버넌스의 중심축이 될 수 있다면, 도내의 기업들이 실질적으로 체감할 수 있는 실효성 있는 기업 중심의 전략수립이 가능함

- 따라서, 제주 농산물스마트가공센터, 그린바이오벤처캠퍼스 및 푸드테크연구지원센터를 중심으로 관련 주체 간의 네트워킹을 활성화하고, 공동 협력 체계를 구축하여 시너지 효과를 창출함으로써 푸드테크 산업 생태계를 강화하는 것이 필수적임

<그림 7-40> 지속가능 제주형 푸드테크 혁신클러스터 연계 추진전략

<그림 7-41> 지속가능 제주형 푸드테크 혁신생태계 확장 전략

2) 세부 추진전략

- 푸드테크 혁신 클러스터 네트워킹 플랫폼 구축 및 운영
  - 온라인 네트워킹 플랫폼 구축 (정보 공유, 커뮤니티 기능, 파트너 검색 등)
  - 정기적인 오프라인 교류 행사 개최 (기술 워크숍, 비즈니스 매칭, 투자 상담회, 전문가 포럼 등)
  - 스마트가공센터-그린바이오-푸드테크 분야별 소규모 그룹 네트워킹 지원
  - 청년 및 소상공인들의 푸드테크분야 창업지원을 위한 네트워킹 지원
  - 창업지원기관간 네트워크 구축
- 탄소중립형 지속가능 푸드테크 혁신 클러스터 조성 및 운영
  - 대학, 연구기관, 기업이 공동으로 참여하는 협력 클러스터 조성 (기술 개발, 인력 양성, 시장 개척 등 특정 목표 중심)
  - 클러스터 운영 활성화를 위한 지원 프로그램 제공 (공동 연구 공간, 프로젝트 자금 지원, 전문가 멘토링 등)
  - 지속가능 푸드테크 혁신클러스터 조성을 위한 재생에너지 사용기반 구축(녹색프리미엄,

직접PPA, 자가발전소비 등)

- 투자 유치 지원 네트워크 강화 및 창업기업 수출 지원
  - 투자 유치 설명회 (IR) 개최 및 투자 기관과의 연계 강화
  - 데모데이 개최를 통한 스타트업-투자자 간 만남 기회 제공
  - 투자 관련 교육 및 컨설팅 지원
  - 수출 유망 창업기업 해외시장 개척 지원 등
- 푸드테크 연관 데이터수집 및 통합기반 구축
  - 푸드테크 혁신클러스터 관련 기술 동향, 시장 정보, 청년창업, 정책 지원사업 등 정보 공유 플랫폼 운영
  - 분산된 기관 데이터를 표준화된 형태로 통합
  - 수집된 데이터를 분석하여 실질적 인사이트 도출
  - 정책 및 클러스터 운영에 있어 데이터 기반 의사결정 강화
  - 안정적이고 신뢰성 있는 데이터 허브 운영(클라우드 기반)

3) 협력체계

협력체계	주요 역할	관련조직
제주특별자치도	정책적 지원 및 예산 지원, 관련 행사 홍보 지원	식품산업과 및 관련부서
도내 대학	연구 인력 및 기술 공유, 공동 클러스터 참여, 네트워킹 행사 공동 개최 자문	제주대, 한라대, 관광대 RISE사업단
도내 기관/단체	네트워킹 플랫폼 구축 및 운영 주도, 교류 행사 기획 및 개최, 협력 클러스터 조성 지원, 투자 유치 지원, 데이터허브 역할, 보유 기술 및 연구 성과 공유, 공동 클러스터 참여	제주 농산물스마트가공센터 그린바이오벤처캠퍼스(예정) 푸드테크연구지원센터(예정) 제주테크노파크, 제주연구원, 제주산학융합원 등
협력 기업	네트워킹 플랫폼 적극 참여, 공동 클러스터 구성 및 활동, 투자 유치 활동 협력	지역 푸드테크 및 그린바이오 관련 기업
	스타트업 네트워킹 및 투자 유치 지원, 멘토링 제공	액셀러레이터

4) 연차별 성과목표

성과 구분	단위	(5개년) 핵심성과 목표					비고
		2025년	2026년	2027년	2028년	2029년	
네트워킹 플랫폼 가입기관/기업 수	개	30	70	120	150	180	-
오프라인 교류 행사 개최 횟수	회	4	6	8	10	12	-
푸드테크 클러스터 협력 생태계 조성	개	1	2	3	4	5	-
투자 유치 설명회 개최 횟수	회	1	2	3	4	5	-
공동 프로젝트 발굴 및 추진 건수	건	2	5	8	12	15	-

5) 연차별 투자계획

(단위: 백만 원)

세부 목표	(5개년) 투자계획					합계
	2025년	2026년	2027년	2028년	2029년	
네트워킹 플랫폼 구축 및 운영	80	100	100	100	100	480
푸드테크 클러스터 협력 생태계 조성 지원	50	100	100	100	100	450
투자 유치 지원 네트워크 강화	50	100	100	100	100	450
푸드테크 연관 데이터 수집 및 통합	50	100	100	100	100	450
합계	**230**	**400**	**400**	**400**	**400**	**1,830**

6) 기대효과

- 데이터기반 의사결정 활성화 및 지식 확산
  - 수집된 통합데이터를 바탕으로 지능형 의사결정을 활성화 하고 푸드테크 관련 기술 동향, 시장 정보, 정책 지원 사업 등에 대한 접근성을 높여 지식 공유 및 확산을 촉진함
- 푸드테크 혁신클러스터를 기반 기술 혁신 및 융합 촉진
  - 이종 분야 간의 교류와 협력을 통해 아이디어 융합을 촉진하고, 새로운 기술 및 서비스 개발의 가능성을 높여 농산물가공-그린바이오-푸드테크 융합 분야의 혁신 성장을 견인
- 푸드테크 산업육성을 위한 투자 유치 활성화
  - 투자 유치 설명회 개최 및 투자 기관과의 연계를 강화하여 유망 스타트업 및 기술에 대한 투자 유치를 촉진하고, 건전한 투자 생태계를 조성

전략 4	실행15. 애그테크 인프라 연계 소재양산 및 복합문화공간 조성	
과제번호	세부 과제명	전략유형
세부-41	애그테크 복합문화공간 및 제주 푸드아일랜드 조성	기반조성

1) 지역여건 및 필요성

● 제주의 지역여건

- 제주도는 스마트 농업 기술을 도입하여 농업 생산성을 향상시키고 있고, 자율주행 농기계, 스마트팜 시스템, 드론을 활용한 농업 기술 등이 적용되고 있으며, 이러한 기술들은 향후 지역 내 체험 프로그램의 콘텐츠로 활용될 수 있음
- 제주는 제3차 제주국제자유도시종합계획(2022~2031)에 신규 핵심사업으로 지역특화산업 혁신을 통한 미래성장동력확보를 위해 제주 푸드 아일랜드(Jeju Food Island) 조성의 목표를 수립한바 있으며, 스마트농업 기술확산을 위해 미래농업센터 설치 등과 같은 푸드테크산업을 육성하고 발전시켜나가는 전략을 수립하였음
- 제주 푸드아일랜드(JFI)는 농림어업, 식품제조업, 외식서비스업이 연계되어 지역 경제성장을 도모하기 위한 제주형 식품클러스터의 컨셉임

● 애그테크 복합문화공간 및 푸드아일랜드 조성 등의 필요성

- 제주는 스마트팜 기술 도입이 확산되고 있으며, 농업과 기술의 융합에 대한 관심이 증가함에 따라 체험형 푸드아일랜드 단지 조성 필요
- 반면, 일반 대중 및 관광객들은 스마트 농업 기술과 그 성과에 대한 직접적인 경험 기회가 부족하여 이해도가 낮음
- 제주 농업의 혁신적인 측면을 알리고, 미래 농업에 대한 긍정적인 인식을 확산시킬 수 있는 문화적 공간이 미흡한 실정
- 따라서, 애그테크 복합문화공간을 조성하여 스마트 농업 기술을 전시하고 체험 프로그램을 운영함으로써, 지역 주민과 관광객에게 미래 농업에 대한 교육 및 즐거움을 제공하고, 애그테크 산업에 대한 관심을 증대시킬 필요가 있음

<그림 7-42> JDC가 추진하는 미래농업센터[27] 조감도

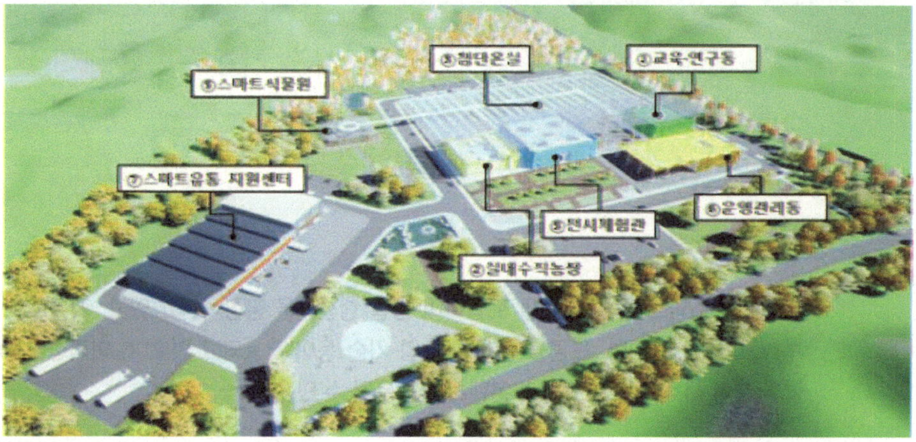

2) 세부 추진전략

- 애그테크 복합문화공간 조성
  - 스마트팜 기술 전시관 구축 (수직 농장, 자동화 시스템, 환경 제어 기술 등)
  - 스마트 농산물 및 가공품 전시 및 판매 공간 마련
  - 농업 부산물 소재 활용 제품 전시 및 체험 공간 구성 (예: 공예, 식품)
  - 휴식 공간, 교육 공간, 커뮤니티 공간 등 조성
  - 디자인 콘셉트 개발 및 공간 조성 전문 업체 선정
- 스마트 농업 체험 프로그램 개발 및 운영
  - 스마트팜 운영 과정 체험 (일부 자동화 시스템 작동, 데이터 모니터링 등)
  - 스마트 농산물 수확 체험 및 시식 프로그램 운영
  - 농업 부산물 활용 공예, 요리 등 체험 워크숍 개발 및 운영
  - 어린이, 청소년, 성인 대상 맞춤형 교육 프로그램 개발
  - 계절별, 테마별 특색 있는 체험 프로그램 운영

27) 미래농업센터 : 약 10만㎡ 부지에 사업비 약 477억 원을 투입해 연면적 4만8000㎡ 규모시설을 조성하는 사업으로 교육연구시설, 실증시설, 체험관광시설, 스마트유통시설 등 4가지 분야로 구성 될 예정임

- 제주 푸드아일랜드 조성을 위한 체험형 푸드테크단지 조성
  - 제주 체험형 푸드테크 단지조성 기본계획 수립을 위한 TF 팀 및 협의체 구성(행정-대학-JDC-산업체 등)
  - 제주 푸드아일랜드(JFI) 체험형 푸드테크단지 조성 기본계획 수립
  - 제주형 푸드테크 연구 및 상품개발
  - 제주푸드테크 체험형복합단지 조성 및 미래농업센터와의 연계사업 추진
  - 체험형 단지조성을 통한 융복합형 푸드테크 관광상품 활성화
- 운영 및 홍보
  - 전문 운영 인력 채용 및 교육
  - 온-오프라인 홍보 채널 구축 및 운영 (웹사이트, SNS, 지역 홍보 매체 등)
  - 지역 관광 상품 연계 및 협력
  - 정기적인 이벤트 및 축제 개최
- 지속 가능한 운영 모델 구축
  - 입장료, 체험 프로그램 참가비, 제품 판매 수익 등 다각적인 수익 모델 개발
  - 지역 사회 연계 및 자원 봉사 활용 방안 모색

3) 협력체계

협력체계	주요 역할	관련조직
제주특별자치도	스마트팜 기술 정보 제공 및 시연 지원, 체험 프로그램 개발 협력, 농업 전문 인력 지원	식품산업과, 농업기술원 등
도내 학교	교육 프로그램 공동 개발 및 운영 협력, 학생 대상 프로그램 홍보	제주대 및 도내 교육 기관
도내 기관/단체	관광 상품 연계 및 홍보 협력, 관광객 유치 지원 스마트팜 견학 및 체험 프로그램 협력, 스마트 농산물 공급 협력 체험 프로그램 개발 협력, 문화 행사 공동 개최 자원 봉사 인력 지원, 지역 주민 참여 프로그램 운영 협력	제주국제자유도시개발센터 관광 관련 기관 (제주관광공사 등), 지역 스마트팜 운영 농가, 문화 예술 단체, 지역 사회 단체 등
협력 기업	홍보 및 체험 프로그램 운영 협력 등	도내 MOU 및 협업기업 등

4) 연차별 성과목표

성과 구분	단위	(5개년) 핵심성과 목표					비고
		2025년	2026년	2027년	2028년	2029년	
복합문화공간 조성 완료도	%	30	70	100	100	100	-
푸드아일랜드 조성계획수립	건	1	1	-	-	-	-
협의체 참여인원	명	10	12	15	15	15	-
연간 방문객 수	명	10,000	30,000	50,000	70,000	100,000	-
체험 프로그램 운영 횟수	회	50	100	150	300	400	-
만족도 조사 결과 (평균)	점	4.0	4.2	4.3	4.4	4.5	-
지역 사회 연계 프로그램 운영 횟수	회	10	30	50	70	90	-

5) 연차별 투자계획

(단위: 백만 원)

세부 목표	(5개년) 투자계획					합계
	2025년	2026년	2027년	2028년	2029년	
복합문화공간 조성	500	800	400	100	50	1,850
푸드아일랜드 조성	200	200	1,000	1,000	1,000	3,400
스마트 농업 체험 프로그램 개발 및 운영	80	150	200	200	100	730
운영 및 홍보	100	200	200	200	100	800
지속 가능한 운영 모델 구축	50	50	50	50	50	250
합계	**930**	**1,400**	**1,850**	**1,550**	**1,300**	**7,030**

6) 기대효과

- 미래 농업에 대한 이해 증진 및 인식 개선
  - 스마트팜 기술 및 애그테크를 일반 대중과 관광객에게 직접적으로 소개하고 체험 기회를 제공함으로써 미래 농업에 대한 이해도를 높이고 긍정적인 인식을 확산
- 교육 및 학습 효과
  - 스마트 농업 기술의 작동 원리, 농산물 생산 과정, 농업 부산물의 가치 등을 체험을 통해 학습함으로써 참가자들에게 교육적인 효과를 제공
- 지역 경제 활성화 및 관광 자원화
  - 독창적인 체험 콘텐츠와 볼거리를 제공하여 새로운 관광 명소로 육성하고, 지역 경제 활성화 및 관광 수입 증대에 기여할 수 있음

전략 4	실행15. 애그테크 인프라 연계 소재양산 및 복합문화공간 조성	
과제번호	세부 과제명	전략유형
세부-42	애그테크 기반 소재 및 제품 연계 상용화 지원 플랫폼 구축	기반조성

1) 지역여건 및 필요성

- 제주의 지역여건
  - 제주 지역의 스마트팜 기술 발전과 함께 다양한 농업 부산물 및 특산 자원을 활용한 고부가가치 소재 개발 잠재력이 증대되고 있음
  - 소재 생산 기업과 제품 개발 기업 간의 정보 교류 및 협력 부족은 상용화의 주요 걸림돌로 작용
  - 애그테크 기반 소재의 혁신적인 응용 분야 발굴 및 기술 고도화를 위한 지속적인 연구 개발 지원 체계가 미흡한 실정
- 애그테크 기반 상용화 지원 플랫폼 구축 필요성
  - 개발된 소재가 실제 제품으로 이어져 시장에 성공적으로 진입하기까지는 기술 매칭, 공동 연구 개발, 시제품 제작, 시장 검증 등 다양한 단계가 필요함
  - 소재 생산 기업과 제품 개발 기업을 연결하고, 상용화 전 과정을 지원하는 플랫폼 구축과 함께, 애그테크 분야의 기술 혁신을 위한 연구 개발 및 인력 양성을 촉진

<그림 7-43> 2024 농식품 기술투자 로드쇼[28]

28) 농림식품기술기획평가원, 농업정책보험금융원, 한국농업기술진흥원, 한국식품산업클러스터진흥원 4개 기관이 협력하여 추진하는 행사로, 각 기관이 추천하는 그린바이오, 애그테크, 푸드테크 분야의 총 50개 기업과 벤처 투자자 및 기업 구매·유통 담당자 100여 명이 참여하며 투자설명회 및 제품전시회와 상담을 진행함

2) 세부 추진전략

- 애그테크 기반 상용화지원 온라인 플랫폼 구축 및 운영
  - 소재 생산 기업 정보 (소재 종류, 특성, 생산량 등) 및 제품 개발 기업 정보 (제품 아이디어, 기술 요구 사항 등) 매칭 시스템 구축
  - 기술 상담, 공동 연구 개발 제안, 투자 유치 정보 등을 공유할 수 있는 커뮤니티 기능 제공
  - 애그테크 관련 기술 동향, 시장 정보, 정책 지원 사업 등 정보 제공
- 오프라인 연계 지원 프로그램 운영
  - 기술 매칭 상담회 및 비즈니스 네트워킹 행사 정기 개최
  - 공동 연구 개발 프로젝트 발굴 및 컨소시엄 구성 지원
  - 시제품 제작 지원 (시설, 장비, 기술 컨설팅 등)
  - 디자인 개발, 마케팅, 지식재산권 확보 등 사업화 컨설팅 제공
  - 투자 유치 IR (Investor Relations) 기회 제공 및 투자 네트워크 연계
- 연구 개발 촉진
  - 애그테크 기반 소재의 신규 응용 분야 발굴 및 기술 고도화를 위한 R&D 지원 프로그램 운영 (연구 자금, 전문가 매칭 등)
  - 대학, 연구기관, 기업 간 공동 연구 개발 프로젝트 지원
  - 연구 성과 공유 및 확산을 위한 포럼, 학술대회 개최 지원
- 전문 인력 양성
  - 애그테크 기반 소재-제품 연계 및 상용화 관련 전문 교육 프로그램 개발 및 운영 (기술, 마케팅, 투자 등)
  - 현장 실무 중심의 인턴십 및 멘토링 프로그램 운영

3) 협력체계

협력체계	주요 역할	관련조직
제주특별자치도	소재 생산 관련 기술 정보 제공 및 연계, 스마트팜 운영 농가 참여 지원.	식품산업과, 농업기술원 등
도내 대학	소재 및 제품 개발 관련 연구 인력 및 기술 지원, 공동 연구 개발 참여, 전문 인력 양성 협력.	제주대학교, 한라대, 관광대
도내 기관/단체	보유 기술 및 연구 성과 공유, 공동 연구 개발 참여 스타트업 사업화 컨설팅 및 멘토링 지원, 플랫폼 참여 및 정보 제공, 공동 연구 개발 협력.	제주테크노파크, 창조경제혁신센터, 액셀러레이터 지역 스마트팜 운영 농가 및 소재 생산 기관 등
협력기업	플랫폼 참여 및 정보 활용, 공동 연구 개발 협력	지역 식품, 화장품, 의약품 등 제품 개발 기업
	플랫폼 연계 투자 유치 지원, 투자 정보 제공	벤처캐피탈 및 투자 기관

4) 연차별 성과목표

성과 구분	단위	(5개년) 핵심성과 목표					비고
		2025년	2026년	2027년	2028년	2029년	
온라인 플랫폼 가입 기업/기관수	개	20	30	40	50	60	-
기술 매칭 및 협력 지원 건수	건	10	20	30	40	50	-
공동 연구 개발 프로젝트 지원 건수	건	2	3	4	5	6	-
시제품 제작지원 건수	건	3	5	10	15	20	-
플랫폼 통한 투자 유치 성공 건수	건	-	1	3	5	7	-
전문 인력 양성 프로그램 참여 인원	명	20	30	40	50	60	-

5) 연차별 투자계획

(단위: 백만 원)

세부 목표	(5개년) 투자계획					합계
	2025년	2026년	2027년	2028년	2029년	
온라인 플랫폼 구축 및 운영	100	200	200	200	50	750
오프라인 연계 지원 프로그램 운영	100	150	200	250	300	1,000
연구 개발 촉진	100	150	200	250	300	1,000
전문인력양성	50	100	100	200	200	650
합계	**350**	**600**	**700**	**900**	**850**	**3,400**

6) 기대효과

- 상용화 성공률 제고 및 시장 진출 가속화

  - 소재 생산 기업과 제품 개발 기업 간의 효율적인 연결 및 맞춤형 지원을 통해 애그테크 기반 혁신 소재의 제품화 성공률을 높이고 시장 진출 속도를 단축

- 기술 혁신 및 경쟁력 강화

  - 플랫폼을 통한 정보 교류, 공동 연구 개발 지원, R&D 촉진 활동은 애그테크 분야의 기술 혁신을 가속화하고 참여 기업의 기술 경쟁력을 강화하는 데 기여

- 새로운 가치 창출 및 산업 성장

  - 애그테크 자원을 활용한 고부가가치 소재 개발과 이를 활용한 다양한 제품 개발을 촉진하여 새로운 시장과 산업을 창출하고 관련 산업 생태계 활성화 가능

전략 4	실행16. 글로벌 플랫폼 협력 제주푸드테크 홍보관 운영	
과제번호	세부 과제명	전략유형
세부-43	제주 푸드테크 통합 홍보 채널 구축 및 상품관 운영	사업확대

1) 지역여건 및 필요성

- 제주의 지역여건

  - 제주는 그동안 제주경제통상진흥원 및 제주테크노파크 등 도내 지원기관을 통해 지역상품의 국내·외 홍보를 지원하고 있었으나 푸드테크산업을 대내외적으로 알리는 홍보 채널은 부재한 상황이며, 향후 관련산업 육성을 위해서는 통합 홍보채널 구축이 필요한 상황임

<그림 7-44> 2024년글로벌 온라인 제주상품관 입점 기업 모집공고

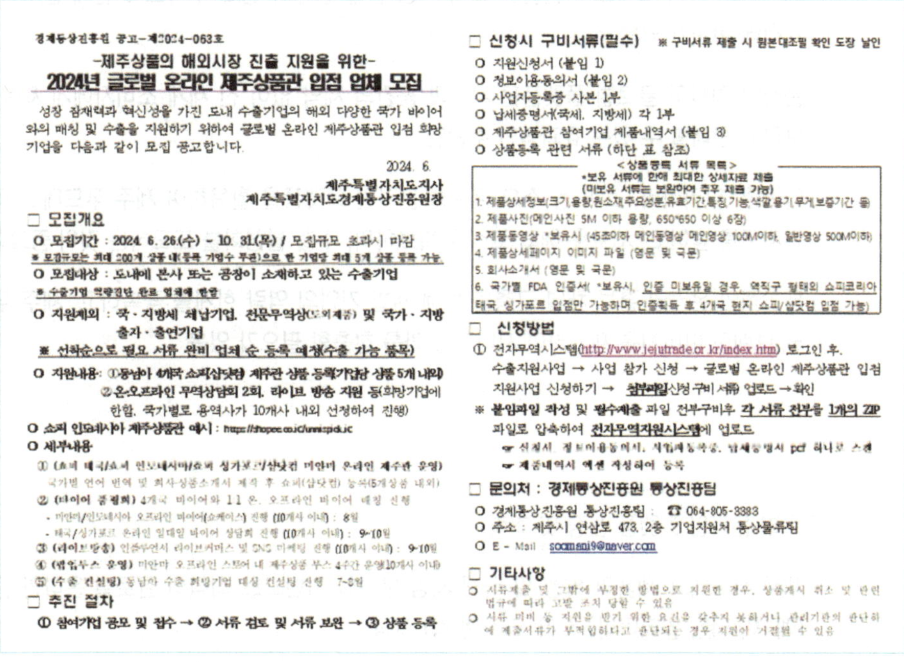

경제통상진흥원 공고-제2024-063호

-제주상품의 해외시장 진출 지원을 위한-

2024년 글로벌 온라인 제주상품관 입점 업체 모집

성장 잠재력과 혁신성을 가진 도내 수출기업의 해외 다양한 국가 바이어와의 매칭 및 수출을 지원하기 위하여 글로벌 온라인 제주상품관 입점 희망 기업을 다음과 같이 모집 공고합니다.

2024. 6.

제주특별자치도지사
제주특별자치도경제통상진흥원장

□ 모집개요

O 모집기간 : 2024. 6. 26.(수) ~ 10. 31.(목) / 모집규모 초과시 마감

O 모집대상 : 도내에 본사 또는 공장이 소재하고 있는 수출기업

O 지원제외 : 국·지방세 체납기업, 전문무역상사 및 국가·지방 출자·출연기업

※ 선착순으로 필요 서류 완비 업체 순 등록 예정(수출 가능 품목)

O 지원내용: ①동남아 4개국 쇼피(샵닷컴) 제주관 상품 등록(기업당 상품 5개 내외)
②온·오프라인 무역상담회 2회, 라이브 방송 지원 등(희망기업에 한함, 국가별로 용역사가 10개사 내외 선정하여 진행)

O 쇼피 인도네시아 제주상품관 예시 : https://shopee.co.id/...

O 세부내용

③ (라이브방송) ... (10개사 이내) : 9~10월

⑤ (수출 컨설팅) 동남아 수출 희망기업 대상 컨설팅 진행 7~8월

□ 추진 절차

① 참여기업 공모 및 접수 → ② 서류 검토 및 서류 보완 → ③ 상품 등록

□ 신청시 구비서류(필수) ※ 구비서류 제출 시 원본대조필 확인 도장 날인

O 지원신청서 (붙임 1)
O 정보이용동의서 (붙임 2)
O 사업자등록증 사본 1부
O 납세증명서(국세, 지방세) 각 1부
O 제주상품관 참여기업 제품내역서 (붙임 3)
O 상품등록 관련 서류 (하단 표 참조)

<상품등록 서류 목록>
*보유 서류에 한해 최대한 상세자료 제출
(미보유 서류는 보완하여 추후 제출 가능)

1. 제품상세정보(크기,용량,원소재,주요성분,유효기간,특징,기능,색깔,용기,무게,보증기간 등)
2. 제품사진(메인사진 5M 이하 용량, 650*650 이상 6장)
3. 제품동영상 *보유시 (45초이하 메인동영상 메인영상 100M이하, 일반영상 500M이하)
4. 제품상세페이지 이미지 파일 (영문 및 국문)
5. 회사소개서 (영문 및 국문)
6. 국가별 FDA 인증서(*보유시, 인증 미보유일 경우, 역직구 형태의 쇼피코리아 태국, 싱가포르 입점만 가능하며 인증획득 후 4개국 현지 쇼피/샵닷컴 입점 가능)

□ 신청방법

① 전자무역시스템(http://www.jejutrade.or.kr/index.htm) 로그인 후, 수출지원사업 → 사업 참가 신청 → 글로벌 온라인 제주상품관 입점 지원사업 신청하기 → 첨부파일(신청 구비서류) 업로드 → 확인

※ 붙임파일 작성 및 필수제출 파일 전부구비후 각 서류 전부를 1개의 ZIP 파일로 압축하여 전자무역지원시스템에 업로드

□ 문의처 : 경제통상진흥원 통상진흥팀

O 경제통상진흥원 통상진흥팀 : ☎ 064-805-3383
O 주소 : 제주시 연삼로 473, 2층 기업지원처 통상물류팀
O E-Mail : soamani9@naver.com

□ 기타사항

자료: 제주경제통상진흥원 홈페이지 참고

  - 또한 제주특별자치도는 2025년 3월부터 제주의 자원과 문화 특성을 활용한 콘텐츠 발굴로 크리에이터 경제모델 구축 및 로드맵 수립을 위한 협의체를 구성하여 운영하고 있으며, 지역마을과 상권이 주도하는 크리에이터 육성, 지원, 투자 및 공간조성까지 이어지는 단계별 실행전략을 수립해 나가고 있음

<그림 7-45> 제주 크리에이터 경제모델 구축(안)

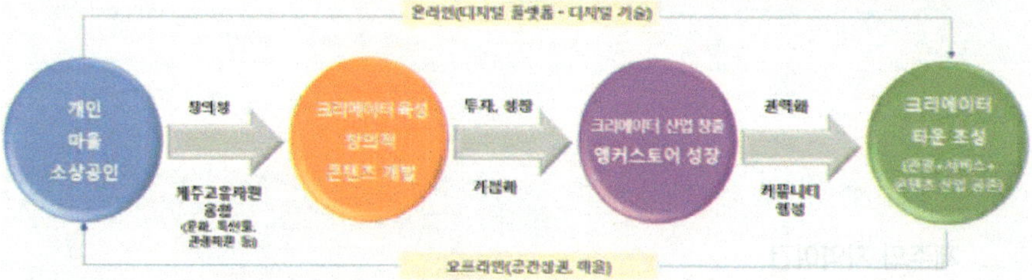

- 제주 푸드테크 통합 홍보 채널 구축 필요성
  - 제주 지역의 푸드테크 기업들은 해외 시장 진출 경험과 정보 부족으로 인해 글로벌 판로 개척에 한계가 있음
  - 온라인 기반의 글로벌 플랫폼은 시간과 공간의 제약 없이 전 세계 소비자에게 제품을 홍보하고 판매할 수 있는 효과적인 수단임
  - 아마존, 알리바바, 쇼피 등 주요 글로벌 온라인 플랫폼을 활용하여 제주 푸드테크 제품의 인지도를 높이고, 새로운 해외 고객을 확보하며, 수출 활성화를 도모하는 것이 중요함
  - 통합적인 온라인 홍보 채널 구축을 통해 개별 기업의 역량 한계를 극복하고, 제주 푸드테크 브랜드 이미지를 제고하여 시너지 효과를 창출할 필요가 있음

2) 세부 추진전략

- 글로벌 온라인 플랫폼 선정 및 협력
  - 제주 푸드테크 제품의 특성 및 타겟 시장 분석을 기반으로 최적의 글로벌 온라인 플랫폼(예: 아마존, 알리바바, 쇼피, 라쿠텐 등) 선정
  - 플랫폼 운영 주체와 협력하여 제주 푸드테크 전용 홍보관 구축 및 운영 조건 협의
- 통합 홍보 채널 구축
  - 선정된 플랫폼 내 제주 푸드테크 통합 브랜드 페이지 또는 개별 기업 홍보관 구축 지원
  - 다국어 (영어, 중국어, 일본어 등) 지원 시스템 구축 및 운영
  - 해외 결제 시스템 연동 및 국제 배송 지원 체계 구축 지원

- 제주 크리에이터 경제모델 구축 및 운영 지원
  - 창의적 콘텐츠를 지역 특성과 융합하여 경제적 가치로 전환하고 지속가능한 경제순환 구조 구축
  - 크리에이터 커뮤니티 및 네트워크를 활성화하여 로컬콘텐츠 타운 조성
  - 제품 상세 페이지, 고화질 이미지, 홍보 영상, 스토리텔링 콘텐츠 등 다국어 온라인 홍보 콘텐츠 제작 지원
  - 검색 엔진 최적화 (SEO) 및 플랫폼 내 광고 운영 지원
  - 소셜 미디어 연계 마케팅 및 인플루언서 활용 전략 수립 및 지원.
- 온라인 판매 및 고객 관리 지원
  - 온라인 주문 처리 및 배송 시스템 구축 컨설팅
  - 다국어 고객 문의 응대 및 불만 처리 지원 체계 구축
  - 온라인 판매 데이터 분석 및 마케팅 전략 개선 지원

3) 협력체계

협력체계	주요 역할	관련조직
제주특별자치도	사업 예산 지원 및 정책적 지원	식품산업과 및 관련부서 등
도내 기관/단체	사업 운영 및 관리, 플랫폼 협력 주체 발굴 및 협상 지원, 온라인 홍보 콘텐츠 제작 지원, 교육 및 컨설팅 제공	제주테크노파크, 경제통상진흥원, 제주창조경제혁신센터, 제주관광공사, 제주콘텐츠진흥원 등
협력기업	국제 배송 시스템 구축 및 운영 협력	물류/배송 관련 기업
	다국어 콘텐츠 제작 및 현지화 지원	번역/현지화 전문 기업
	자사 제품 정보 제공, 온라인 홍보 콘텐츠 제작 협력, 플랫폼 운영 및 고객 응대	제주 푸드테크 기업 및 콘텐츠 제작기업 등
	제주 푸드테크 전용 홍보관 개설 및 운영 협력, 플랫폼 기능 및 정책 교육 제공, 마케팅 협력	아마존, 알리바바, 쇼피 등 글로벌온라인 플랫폼

4) 연차별 성과목표

성과 구분	단위	(5개년) 핵심성과 목표					비고
		2025년	2026년	2027년	2028년	2029년	
통합 홍보 채널 구축 플랫폼 수	개	1	1	2	2	2	-
통합 홍보 채널 입점 기업 수	개	10	30	50	70	100	-
온라인 홍보 콘텐츠 제작 지원 건수	건	10	20	30	40	50	-
통합 홍보 채널 통한 해외 판매액	억원	0.5	2	5	10	15	-

5) 연차별 투자계획

(단위: 백만 원)

세부 목표	(5개년) 투자계획					합계
	2025년	2026년	2027년	2028년	2029년	
글로벌 온라인 플랫폼 선정 및 협력	50	50	100	100	100	400
통합 홍보 채널 구축	100	200	200	200	100	800
온라인 홍보 콘텐츠 제작 및 운영 지원	100	200	200	200	200	900
온라인 판매 및 고객 관리 지원	50	100	100	100	100	450
합계	**300**	**550**	**600**	**600**	**500**	**2,550**

6) 기대효과

- (글로벌 시장 진출 용이성) 아마존, 알리바바, 쇼피 등 주요 글로벌 온라인 플랫폼에 제주 푸드테크 제품을 통합적으로 홍보하고 판매할 수 있는 채널을 마련함으로써, 개별 기업의 노력만으로는 어려웠던 해외 시장 진출 장벽을 낮추고 시간과 비용을 절감
- (해외 인지도 및 브랜드 이미지 제고) 제주 푸드테크 공동 홍보관 운영을 통해 제주 지역의 우수한 푸드테크 제품을 전 세계 소비자에게 효과적으로 알리고, 제주 푸드테크 브랜드의 인지도를 높여 긍정적인 이미지를 구축
- (수출 경쟁력 강화) 온라인 채널 운영 노하우 습득, 해외 시장 맞춤형 콘텐츠 제작 지원, 온라인 판매 및 고객 관리 역량 강화 등을 통해 제주 푸드테크 기업의 수출 경쟁력을 강화함

전략 4	실행16. 글로벌 플랫폼 협력 제주푸드테크 홍보관 운영	
과제번호	세부 과제명	전략유형
세부-44	글로벌 온라인 플랫폼 협력 제주 푸드테크 홍보관 운영	사업확대

1) 지역여건 및 필요성

● 제주의 지역여건

- 제주특별자치도 경제통상진흥원은 2025년 3월 푸듣크 글로벌 플랫폼 협력 제주농식품 홍보과 입점 참여기업을 모집한바 있으며, AI기반 글로벌 무역거래 플랫폼의 빅데이터를 활용한 도내 기업의 전략적 수출기반 마련, 제주상품 경쟁력 제고 및 수출 시너지 효과 창출을 위해 지원하고 있음

<그림 7-46> 2025년 푸드테크 글로벌플랫폼 협력 참여기업 모집공고

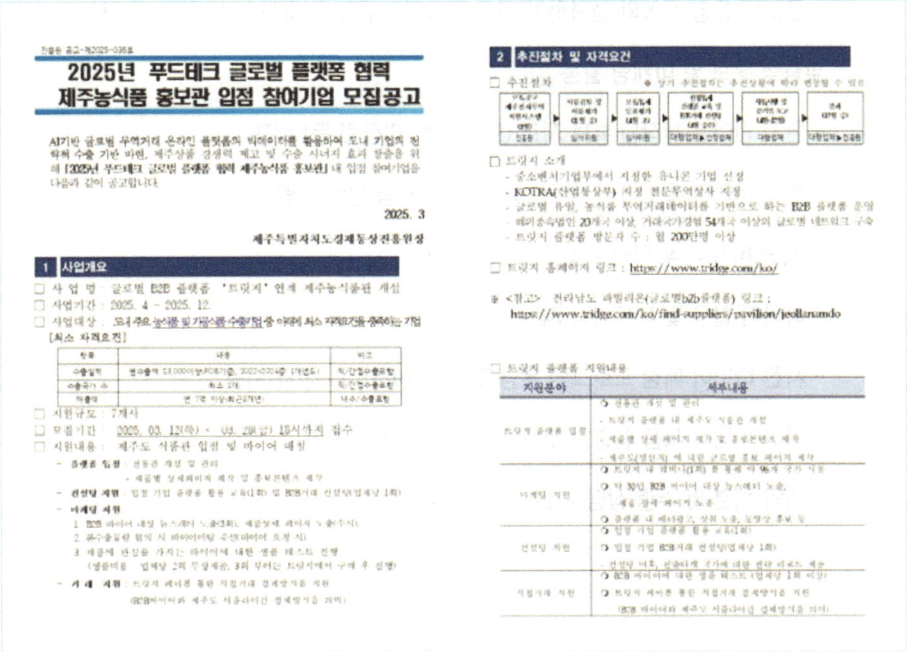

2025년 푸드테크 글로벌 플랫폼 협력 제주농식품 홍보관 입점 참여기업 모집공고

2025. 3

1 사업개요

□ 사업기간 : 2025. 4 - 2025. 12.

□ 지원규모 : 7개사

2 추진절차 및 자격요건

□ 트릿지 홈페이지 링크 : https://www.tridge.com/ko/

※ <참고> 전라남도 파빌리온(글로벌b2b플랫폼) 링크 : https://www.tridge.com/ko/find-suppliers/pavilion/jeollanamdo

자료: 제주경제통상진흥원 홈페이지 참고

● 글로벌 온라인 플랫폼 협력 제주푸드테크 홍보관 운영 필요성

- 제주는 글로벌 무역거래 온라인 플랫폼의 빅데이터를 활용하여 도내기업의 전략적 수출기반을 마련하고 제주상품 경쟁력 제고 및 수출 시너지 효과 창출을 위해 제주 농식품 홍보관 운영이 필요함

- 현대 소비자는 비대면, 온라인 중심으로 소비 행태가 이동 중이며, 특히 MZ세대 및 해외 소비자들은 온라인 플랫폼을 통해 제품을 접하고 구매하는 비율이 높아지고 있음에 따라 홍보-체험-구매를 연결하는 디지털 기반 푸드테크 마케팅 채널이 필수임
- 중소 식품기업 및 농어촌 소상공인은 자체 홍보·수출 마케팅 역량이 낮고, 글로벌 진출 경험이 부족함에 따라 공공주도 또는 공동브랜드 형식의 제주푸드테크 홍보관을 글로벌 플랫폼에 구축해 공동 마케팅을 지원하면 비용 부담을 낮추고 경쟁력을 집단적으로 강화할 수 있음

2) 세부 추진전략

- 글로벌 온라인 플랫폼 선정 및 협력
  - 제주 푸드테크 제품의 특성 및 타겟 시장 분석을 기반으로 최적의 해외 온라인 플랫폼 선정
  - 플랫폼 운영 주체와 협력하여 제주 푸드테크 홍보관 운영 방식 및 조건 협의
- 맞춤형 홍보 및 마케팅 활동
  - 현지 언어로 제작된 홍보 자료 (브로슈어, 리플릿 등) 배포
  - 현지 미디어 홍보 및 인플루언서 활용 마케팅 전략 수립 및 실행
- 현지 소비자 대상 이벤트 및 프로모션 진행
  - 바이어 발굴 및 네트워킹 지원
  - 사전 바이어 매칭 프로그램 운영 및 현장 비즈니스 상담 지원
  - 바이어 대상 제품 설명회 및 프레젠테이션 개최 지원
  - 계약 체결 및 수출 상담 지원

3) 협력체계

협력체계	주요 역할	관련조직
제주특별자치도	사업 예산 지원 및 정책적 지원 등	식품산업과 및 관련부서
도내 기관/단체	사업 운영 및 관리, 플랫폼 협력 주체 발굴 및 협상 지원, 운영 인력 교육 지원	경제통상진흥원, 제주테크노파크 등
협력기업	자사 제품 제공, 홍보 활동 협력, 현장 운영 인력 지원	제주 푸드테크 기업
	현지 언어 지원 및 홍보 자료 번역 지원	통역/번역 전문 기업
	해외 운송 및 통관 관련 컨설팅 지원력	물류/배송 관련 기업

4) 연차별 성과목표

성과 구분	단위	(5개년) 핵심성과 목표					비고
		2025년	2026년	2027년	2028년	2029년	
해외 온라인 플랫폼 참가 횟수	회	2	3	4	5	6	-
바이어 상담 건수	건	50	150	300	500	700	-
계약 추진 건수	건	3	10	15	20	30	-
해외 시장 인지도 조사 결과 (평균)	점	3.0	3.5	4.0	4.2	4.5	-

5) 연차별 투자계획

(단위: 백만 원)

세부 목표	(5개년) 투자계획					합계
	2025년	2026년	2027년	2028년	2029년	
해외 온라인 플랫폼 선정 및 협력	50	50	100	100	100	400
온라인 홍보관 구축 및 운영	200	300	400	500	600	2,000
맞춤형 홍보 및 마케팅 활동	100	150	200	250	300	1,000
바이어 발굴 및 네트워킹 지원	100	100	100	100	100	500
합계	**450**	**600**	**800**	**950**	**1,100**	**3,900**

6) 기대효과

- 제주 로컬 식품의 글로벌 인지도 제고

  - 제주는 청정 자연과 고유의 식재료로 세계적 관심을 받을 수 있는 경쟁력을 보유하고 있으며, 전통 발효식품, 건강 기능성 식품, 지속가능 먹거리 등 K-푸드와 연계 가능한 콘텐츠를 글로벌 플랫폼에 집중 노출함으로써 브랜드 인지도와 선호도를 높일 수 있음

- 잠재 파트너십 발굴

  - 해외 유통업체, 식품 관련 기업 등 잠재적인 비즈니스 파트너와의 온라인 네트워킹 기회를 제공하여 장기적인 협력 관계 구축 및 새로운 시장 확장의 발판을 마련할 수 있음음

전략 4	실행16. 글로벌 플랫폼 협력 제주푸드테크 홍보관 운영	
과제번호	세부 과제명	전략유형
세부-45	제주 푸드테크 기업 역량 강화 및 글로벌 수출 지원	사업확대

1) 지역여건 및 필요성

- 제주의 지역여건

  - 제주는 2023년 1차산물(농산물, 수산물 및 축산물) 기준 6,416만 달러를 수출 하였으며, 전체수출액의 1억9,473만 달러의 약 33%를 차지함

  - 제주특별자치도와 한국농수산식품유통공사(aT) 제주지역본부는 2024년 1차산업 식품의 해외 진출을 위해 농수축산식품 수출기업 통합조직 수출활성화 지원사업을 추진한바 있으며, 27개 기업이 3개의협의체를 자율적으로 구성해 참여한바 있음

- 제주 푸드테크기업 역량강화 및 글로벌 수출지원 필요성

  - 제주푸드테크 기업은 제품 및 기술에 비해 글로벌 시장 진출을 위한 전문적인 지식, 경험, 네트워크가 부족한 상황임

  - 또한 글로벌 온라인 및 오프라인 플랫폼 활용 전략, 해외 시장 분석, 국제 인증 획득, 수출 절차 등에 대한 이해 부족은 실질적인 해외 시장 진출에 장애요소로 작용하고 있음

  - 이에 따라 글로벌 플랫폼을 효과적으로 활용하고 해외 시장에서 경쟁력을 확보할 수 있도록 맞춤형 역량 강화 프로그램과 실질적인 수출 지원 체계를 구축하는 것이 필수적임

<그림 7-47> 2024 제주 수출인의날 및 무역의날 기념식 사진

자료 : 일간제주 발행기사 참고

2) 세부 추진전략

- 글로벌 플랫폼 활용 교육 및 컨설팅
  - 글로벌 온라인 플랫폼 (아마존, 알리바바, 쇼피 등) 입점 및 운영 전략 교육 (상품 등록, 마케팅, 고객 관리 등).
  - 해외 시장 (타겟 국가별 소비자 특성, 규제, 경쟁 환경 등) 분석 교육 및 컨설팅.
  - 해외 마케팅 전략 수립 및 실행 컨설팅 (디지털 마케팅, 소셜 미디어 활용 등).
  - 해외 바이어 발굴 및 매칭 전략 교육 및 컨설팅.
  - 국제 무역 및 수출 관련 교육 (통관 절차, 계약, 결제 등).
- 수출 경쟁력 강화 지원
  - 국제 인증 (FDA, ISO 등) 획득 지원 (교육, 컨설팅, 인증 비용 일부 지원).
  - 해외 시장 맞춤형 제품 개선 지원 (품질, 디자인, 포장 등).
  - 해외 시장 진출을 위한 법률 및 규제 컨설팅 지원.
  - 해외 물류 및 배송 시스템 구축 컨설팅 및 지원.
- 글로벌 플랫폼 연계 수출 지원
  - 글로벌 온라인 플랫폼 내 홍보 채널 활용 지원 및 연계 교육.
  - 해외 오프라인 플랫폼 (홍보관, 박람회 등) 참가 지원 및 사전 준비 교육.
  - 해외 바이어 상담 및 계약 체결 지원.
  - 수출 금융 및 보험 관련 정보 제공 및 연계
- 성공 사례 공유 및 네트워킹
  - 해외 시장 진출 성공 기업 사례 공유 세미나 및 워크숍 개최.
  - 해외 진출 경험 기업 간 네트워킹 기회 제공

3) 협력체계

협력체계	주요 역할	관련조직
제주특별자치도	사업 예산 지원 및 정책적 지원, 참여 기업 모집 및 홍보 지원 등	식품산업과 및 관련부서
도내 기관/단체	사업사업 예산 지원 및 정책적 지원, 참여 기업 모집 및 홍보 지원, 해외 시장 정보 제공, 수출 상담 및 컨설팅 지원, 해외 바이어 연결 지원, 무역 실무 교육 및 컨설팅 지원 등	제주테크노파크, 경제통상진흥원, 코트라 (KOTRA) 제주지원단 한국무역협회 (KITA) 제주지부 등
협력기업	플랫폼 활용 교육 프로그램 공동 운영, 성공 사례 공유, 마케팅 협력	글로벌 온라인 플랫폼 (아마존, 알리바바, 쇼피 등)
	인증 획득 교육 및 컨설팅 제공	국제 인증 기관
	수출 물류 및 금융 관련 교육 및 상담 지원	물류/금융 관련 기관
	멘토링 및 노하우 공유	해외 시장 진출 성공 기업

4) 연차별 성과목표

성과 구분	단위	(5개년) 핵심성과 목표					비고
		2025년	2026년	2027년	2028년	2029년	
역량 강화 프로그램 참여 기업 수	개	20	30	40	50	60	-
수출 관련 교육 이수 기업 수	개	10	15	20	25	30	-
국제 인증 획득 지원 건수	건	3	7	12	18	25	-
글로벌 플랫폼 통한 수출액 증가율	%	5	10	15	20	25	-
해외 시장 진출 국가 수 증가	개국	1	3	5	6	7	-
푸드테크 기업제품 수출 달성액	만불	700	1,000	1,500	2,000	2,500	2035년 5천만불

5) 연차별 투자계획

(단위: 백만 원)

세부 목표	(5개년) 투자계획					합계
	2025년	2026년	2027년	2028년	2029년	
글로벌 플랫폼 활용 교육 및 컨설팅	100	150	150	150	150	700
수출 경쟁력 강화 지원	100	200	200	200	200	900
글로벌 플랫폼 연계 수출 지원	200	200	200	200	200	1,000
성공 사례 공유 및 네트워킹	-	100	100	100	100	400
합계	**400**	**650**	**650**	**650**	**650**	**3,000**

6) 기대효과

- 글로벌 시장 경쟁력 강화

  - 제주 푸드테크 기업들이 글로벌 플랫폼 활용 전략, 해외 시장 분석, 마케팅, 무역 실무 등에 대한 전문 지식을 습득하고 실질적인 역량을 강화함으로써 국제 시장에서의 경쟁력을 높일 수 있음

- 수출 증대 및 해외 판로 확대

  - 글로벌 온라인 및 오프라인 플랫폼을 효과적으로 활용하여 더 많은 해외 바이어 및 소비자에게 제주 푸드테크 제품을 알리고 판매 채널을 확대함으로써 실질적인 수출 증대 효과를 거둘 수 있음

- 해외 네트워크 확장 및 협력 기회 증대

  - 해외 바이어, 플랫폼 운영 기업, 관련 서비스 제공 기업 등과의 네트워크를 확장하고 협력 기회를 창출하여 장기적인 성장 동력을 확보

03 기본계획 세부과제별 투자계획 및 예산

3-1. 기본계획 세부과제별 투자계획 및 예산

- 아래표에는 5개년 기본계획의 4대전략과 16개 핵심실행사업별 투자계획 및 예산을 정리하였음

[표 7-11] 기본계획 4대전략 및 16개 핵심실행사업별 투자계획

4대 전략	사업 번호	핵심 실행사업명	투자계획(백만원)					합계
			2025	2026	2027	2028	2029	
1. 특화자원 활용 수요 창출형 신식품 개발			**4,762**	**7,721**	**12,929**	**15,729**	**14,229**	**55,370**
	(01)	지역맞춤 특화자원 융합 글로컬 전략푸드	880	1,530	1,530	980	980	5,900
	(02)	세대맞춤 가심비 충족 맞춤형 전략식품 개발	1,084	2,249	6,599	8,149	6,799	24,880
	(03)	개인맞춤 건강정보 기반 식이설계 플랫폼 개발	1,268	2,132	2,850	3,250	3,200	12,700
	(04)	환경맞춤 지속가능 탄소중립 소재 개발	1,530	1,810	1,950	3,350	3,250	11,890
2. 환경친화 스마트제조 표준화 보급			**22,425**	**33,185**	**42,070**	**32,720**	**16,900**	**147,300**
	(05)	로봇 및 AI기술기반 현대화시설 구축	6,500	8,150	10,250	6,000	5,200	36,100
	(06)	스마트 기술기반 수요맞춤 제조공정 표준화	11,910	12,410	19,160	16,960	4,860	65,300
	(07)	K-RE100 저탄소 식품제조 및 업사이클링 기반조성	2,435	10,835	10,840	7,840	4,850	36,800
	(08)	국내·외 환경친화 인증활용 그린마케팅 선도	1,580	1,790	1,820	1,920	1,990	9,100
3. 맞춤형 외식 푸드서비스 고도화 및 푸드테크 창업기반 구축			**3,250**	**7,400**	**8,600**	**7,800**	**7,750**	**34,800**
	(09)	고객맞춤 외식관광 플랫폼 개발 및 고도화	1,500	2,100	2,400	1,800	1,200	9,000
	(10)	외식테크 기반 자동화, 맞춤형 푸드솔루션 보급	450	2,850	3,650	3,750	4,300	15,000
	(11)	로컬자원 식자재통합 플랫폼 구축	400	1,100	1,100	800	800	4,200
	(12)	푸드테크 연계 지역소상공인 육성 및 창업기반 구축	900	1,350	1,450	1,450	1,450	6,600

4대 전략	사업 번호	핵심 실행사업명	투자계획(백만원)					합계
			2025	2026	2027	2028	2029	
4. 푸드테크 전후방 산업 생태계 조성			4,810	17,720	22,710	21,750	9,250	76,240
	(13)	디지털전환(DX)을 통한 스마트팜 생태계 구축	950	1,800	2,250	2,600	2,950	10,550
	(14)	지속가능 제주형 푸드테크 혁신클러스터 조성	1,430	12,120	15,860	14,500	1,900	45,810
	(15)	애그테크 인프라 소재생산 및 복합문화공간 조성	1,280	2,000	2,550	2,450	2,150	10,430
	(16)	글로벌플랫폼 협력 제주 푸드테크 홍보관 운영	1,150	1,800	2,050	2,200	2,250	9,450
합 계			35,247	66,026	86,309	77,999	48,129	313,710

- 아래표에는 5개년 기본계획의 45개의 세부과제, 세부목표별 투자계획 및 예산을 정리하였음

[표 7-12] 기본계획 세부과제별 투자계획

4대 전략	실행 사업	과제 번호	세부과제명	투자계획(백만원)					합계
				2025	2026	2027	2028	2029	
1. 특화자원 활용 수요 창출형 신식품 개발				4,762	7,721	12,929	15,729	14,229	55,370
	(01) 지역맞춤 특화자원 융합 글로컬 전략푸드			880	1,530	1,530	980	980	5,900
		세부-01	스마트 발효식품 산업육성 및 제품표준화	50	450	450	450	450	1,850
		목표	- 발효식품 스마트 현대화시설 개선	-	100	100	100	100	400
		목표	- 지역특화자원 활용 발효식품 개발	50	150	150	150	150	650
		목표	- 생산공정 표준화 발효종균 발굴	-	100	100	100	100	400
		목표	- 발효식품 기능성규명	-	100	100	100	100	400
		세부-02	지역산업 연계 항공·우주푸드 개발 및 상품화	350	600	600	250	250	2,050
		목표	- 영양성분 분석 및 데이터기반 최적화	100	100	100	-	-	300
		목표	- 항공·우주식품 개발 및 안전성 평가	100	100	100	-	-	300
		목표	- 대체단백질 생산기술 개발	-	150	150	150	150	600
		목표	- 항공·우주환경 적합제형 개발	-	100	100	100	100	400
		목표	- 맞춤형 우주 간편식 개발	150	150	150	-	-	450
		세부-03	지역특화 자원 기반 맞춤형 가정간편식 개발	480	480	480	280	280	2,000
		목표	- 제주형 가정간편식 레시피 및 제품개발	200	200	200	200	200	1,000
		목표	- 제품 디자인 및 포장기술 개발	80	80	80	80	80	400
		목표	- 가정간편식 생산업체 시장진출 지원	200	200	200	-	-	600
	(02) 세대맞춤 가심비 충족 맞춤형 전략식품 개발			1,084	2,249	6,599	8,149	6,799	24,880
		세부-04	슬로푸드 소재활용 세대맞춤 향토음식 특화제품 개발	434	449	449	449	449	2,230
		목표	- 지역맞춤 산학 공동연구	150	150	150	150	150	750

4대 전략	실행 사업	과제 번호	세부과제명	투자계획(백만원) 2025	2026	2027	2028	2029	합계
		목표	- 슬로푸드 소재활용 향토음식 개발	50	50	50	50	50	250
		목표	- 제주향토음식 콘텐츠제작 홍보	70	85	85	85	85	410
		목표	- 슬로푸드 맛의 방주 발굴	14	14	14	14	14	70
		목표	- 향토음식 전수자 양성교육 추진	60	60	60	60	60	300
		목표	- 도 지정 향토음식점 발굴	90	90	90	90	90	450
		세부-05	**생애 전주기 맞춤 케어푸드 제품개발**	**200**	**200**	**4,550**	**6,000**	**4,550**	**15,500**
		목표	- 제주형 케어푸드 소재발굴 및 효능평가	100	100	100	100	100	500
		목표	- 맞춤형 케어푸드 제품개발	100	100	100	100	100	500
		목표	- 케어푸드 임상센터 인프라 구축	-	-	4,350	5,800	4,350	14,500
		세부-06	**세대별 건강 니즈를 반영한 맞춤형 식품개발**	**450**	**1,600**	**1,600**	**1,700**	**1,800**	**7,150**
		목표	- 가치소비 건강맞춤 제품개발	150	300	300	300	300	1,350
		목표	- 제주산 고시형 원료 생산	200	200	200	200	200	1,000
		목표	- 기능성 표시식품 개발 및 품목등록	-	200	200	300	400	1,100
		목표	- 영양맞춤 고령친화식 개발	100	300	300	300	300	1,300
		목표	- 맞춤형 건강기능식품 개발	-	600	600	600	600	2,400
	(03) 개인맞춤 건강정보 기반 식이설계 플랫폼 개발			**1,268**	**2,132**	**2,850**	**3,250**	**3,200**	**12,700**
		세부-07	**건강정보 기반 개인맞춤형 식품추천 플랫폼 개발**	**400**	**800**	**1,100**	**1,000**	**1,000**	**4,300**
		목표	- 빅데이터분석 및 예측모델 개발	100	100	100	-	-	300
		목표	- 디지털 플랫폼 시스템 설계 및 개선	100	300	400	400	400	1,600
		목표	- 식품추천 어플리케이션 개발 및 운영	200	400	600	600	600	2,400
		세부-08	**스마트 관광연계 AI 푸드테크 맞춤형 기술개발**	**150**	**650**	**1,000**	**1,200**	**1,400**	**4,400**
		목표	- LLM기반 데이터분석 및 가공	100	200	300	300	300	1,200
		목표	- 관광객 맞춤 서비스 개발	50	100	150	150	150	600
		목표	- 건강상태 맞춤 제품개발	-	150	150	150	150	600
		목표	- AI 데이터활용 기업지원	-	200	400	600	800	2,000
		세부-09	**유전체 분석을 통한 개인맞춤형 메디푸드 개발**	**718**	**682**	**750**	**1,050**	**800**	**4,000**
		목표	- 메디푸드 소재 효능확인 및 기전규명	150	150	150	100	50	600
		목표	- 우수소재 대량재배 및 원료표준화	200	100	100	100	100	600
		목표	- 안전성 확인 및 인체적용시험	100	100	100	400	200	900
		목표	- 질환예방 메디푸드 개발	168	232	300	300	300	1,300
		목표	- 메디푸드 관련 인력양성	100	100	100	150	150	600
	(04) 환경맞춤 지속가능 탄소중립 소재 개발			**1,530**	**1,810**	**1,950**	**3,350**	**3,250**	**11,890**
		세부-10	**지역 비상품 농산물을 활용한 업사이클링 소재개발**	**450**	**450**	**500**	**1,800**	**1,600**	**4,800**
		목표	- 기능성 소재 추출공정확립	100	100	100	100	100	500
		목표	- 기능성 소재의 효능평가	100	100	100	100	100	500

4대 전략	실행 사업	과제 번호	세부과제명	투자계획(백만원)					합계
				2025	2026	2027	2028	2029	
		목표	- 개인맞춤형 미래식품 개발	100	100	100	100	100	500
		목표	- 기능성 인체적용시험 수행	100	100	100	400	200	900
		목표	- 자원수급 및 공급관리 플랫폼 구축	-	-	-	1,000	1,000	2,000
		목표	- 업사이클링 소재개발 인재양성	50	50	100	100	100	400
		세부-11	**가공부산물 활용 지속가능 고부가가치 제품개발**	**700**	**900**	**900**	**1,000**	**1,100**	**4,600**
		목표	- 기능성 소재개발 및 원료표준화	200	200	200	100	100	800
		목표	- 고염폐수 미세조류배양 기술개발	300	300	300	300	300	1,500
		목표	- 기능성소재의 효능규명	200	200	200	200	200	1,000
		목표	- 시제품 제형기술 확립	-	200	200	200	200	800
		목표	- 안전성 및 인체적용시험 검증	-	-	-	200	200	400
		세부-12	**지속가능 식품포장을 위한 탄소중립형 용기소재 개발**	**380**	**460**	**550**	**550**	**550**	**2,490**
		목표	- 생분해 플라스틱 용기 개발	100	100	100	100	100	500
		목표	- 생분해 플라스틱 비닐 개발	100	100	100	100	100	500
		목표	- 생분해 플라스틱 빨대 개발	100	100	100	100	100	500
		목표	- 탈플라스틱 프로그램 운영	50	100	150	150	150	600
		목표	- 플라스틱제로 제주원정대 운영	30	60	100	100	100	390
2. 환경친화 스마트제조 표준화 보급				**22,425**	**33,185**	**42,070**	**32,720**	**16,900**	**147,300**
	(05) 로봇 및 AI기술기반 현대화시설 구축			**6,500**	**8,150**	**10,250**	**6,000**	**5,200**	**36,100**
		세부-13	**협동로봇 활용 식품제조 및 농업지원 인프라 구축**	**4,550**	**5,200**	**4,650**	**2,300**	**2,300**	**19,000**
		목표	- 농업인 웨어러블 로봇 보급	1,000	1,000	1,000	1,000	1,000	5,000
		목표	- 다관절 협동로봇 플랫폼 구축	1,000	1,200	1,200	1,200	1,200	5,800
		목표	- 근력증강 웨어러블 로봇 보급	2,150	1,950	850	-	-	4,950
		목표	- 산단 통합 첨단 로봇 관리체계 구축	400	1,000	1,500	-	-	2,900
		목표	- 로봇운영 맞춤형 인력양성	-	50	100	100	100	350
		세부-14	**AI기술 활용 지능형 푸드테크 제조시설 구축**	**1,950**	**1,950**	**2,400**	**2,400**	**2,400**	**11,100**
		목표	- 푸드테크 연계 생산설비 구축 지원	700	700	700	700	700	3,500
		목표	- 식품제조장비 AI 스마트화 지원	450	450	900	900	900	3,600
		목표	- AI기반 재활용품 선별로봇 구축	600	600	600	600	600	3,000
		목표	- AI관련 ICT 인력양성	200	200	200	200	200	1,000
		세부-15	**데이터 기반 미래형 스마트 유통플랫폼 구축**	**0**	**1,000**	**3,200**	**1,300**	**500**	**6,000**
		목표	- 스마트물류플랫폼 설계 및 구축	-	500	1,000	-	-	1,500
		목표	- 공동물류센터 조성 및 장비도입	-	500	2,000	1,000	-	3,500
		목표	- 공동물류센터 기업지원	-	-	200	300	500	1,000
	(06) 스마트 기술기반 수요맞춤 제조공정 표준화			**11,910**	**12,410**	**19,160**	**16,960**	**4,860**	**65,300**
		세부-16	**스마트 HACCP적용 기업확대 및 품질관리 고도화**	**1,610**	**1,610**	**1,660**	**1,660**	**1,660**	**8,200**

4대 전략	실행 사업	과제 번호	세부과제명	투자계획(백만원)					합계
				2025	2026	2027	2028	2029	
		목표	- 농산물가공 HACCP 인증지원	360	360	360	360	360	1,800
		목표	- 축산물 HACCP시설 지원	150	150	150	150	150	750
		목표	- 수산가공 HACCP 시설 지원	400	400	400	400	400	2,000
		목표	- 품질향상 공정고도화 연구	600	600	600	600	600	3,000
		목표	- HACCP 인재양성	100	100	150	150	150	650
		세부-17	**제주형 스마트제조가공센터 구축 및 제조공정 표준화**	**4,800**	**7,600**	**14,300**	**12,100**	**0**	**38,800**
		목표	- 스마트가공센터 부지확보	4,800	-	-	-	-	4,800
		목표	- 제주 농산물 스마트 가공센터 구축	-	7,600	14,300	12,100	-	34,000
		세부-18	**기술수요 맞춤 푸드테크 전문인력양성**	**5,500**	**3,200**	**3,200**	**3,200**	**3,200**	**18,300**
		목표	- 교육연구 프로그램 개발 운영비	3,200	3,200	3,200	3,200	3,200	16,000
		목표	- 온라인 런케이션 플랫폼 구축	900	-	-	-	-	900
		목표	- 오픈에듀 런케이션 모델 정립	1,400	-	-	-	-	1,400
	(07) K-RE100 저탄소 식품제조 및 업사이클링 기반조성			**2,435**	**10,835**	**10,840**	**7,840**	**4,850**	**36,800**
		세부-19	**신재생 에너지 보급을 통한 K-RE100 기반조성**	**350**	**7,250**	**7,250**	**4,250**	**1,250**	**20,350**
		목표	- 신재생에너지 시설 구축	150	750	750	750	750	3,150
		목표	- 에너지저장장치(ESS) 지원	100	500	500	500	500	2,100
		목표	- RE-100 인증플랫폼 구축 및 운영	100	-	-	-	-	100
		목표	- 에너지자급자족 인프라 구축	-	6,000	6,000	3,000	-	15,000
		세부-20	**탄소저감 푸드 업사이클링 산업확대를 위한 기반조성**	**485**	**1,985**	**1,990**	**1,990**	**2,000**	**8,450**
		목표	- 비상품 풋귤 유통 기반구축	90	90	90	90	90	450
		목표	- 감귤가공시설 현대화 지원	105	105	110	110	120	550
		목표	- 돈육부산물 원료화 공정개발 및 표준화 등	90	90	90	90	90	450
		목표	- 업사이클센터 구축 및 실시설계	200	1,700	1,700	1,700	1,700	7,000
		세부-21	**잉여전력 및 플라즈마 기술을 활용한 탄소저감기술 개발**	**1,600**	**1,600**	**1,600**	**1,600**	**1,600**	**8,000**
		목표	- 소형청정수소 생산기술개발	1,000	1,000	1,000	1,000	1,000	5,000
		목표	- 플라즈마기술 활용 공정효율 향상 기술개발	500	500	500	500	500	2,500
		목표	플라즈마 융합 저장기술 고도화	100	100	100	100	100	100
	(08) 국내·외 환경친화 인증활용 그린마케팅 선도			**1,580**	**1,790**	**1,820**	**1,920**	**1,990**	**9,100**
		세부-22	**탄소배출 저감화를 통한 ESG 인증기업 확대**	**360**	**570**	**600**	**700**	**770**	**3,000**
		목표	- ESG 경영인증 컨설팅 지원	100	200	200	250	250	1,000
		목표	- ESG 경영 인증기업 지원	200	200	200	250	250	1,100
		목표	- ESG 관광 친환경 행사개최	70	80	100	100	150	500
		목표	- ESG JEJU 포럼개최	90	90	100	100	120	500
		세부-23	**저탄소 제조 및 순환자원 활용을 통한 녹색산업 확대**	**500**	**500**	**500**	**500**	**500**	**2,500**
		목표	- 녹색제품 인증지원 및 사업추진	200	200	200	200	200	1,000

4대 전략	실행 사업	과제 번호	세부과제명	투자계획(백만원)					합계
				2025	2026	2027	2028	2029	
		목표	- 그린 로하스엑스포 개최 및 운영	100	100	100	100	100	500
		목표	- 친환경 생분해성 농자재 지원	200	200	200	200	200	1,000
		세부-24	**지역소재 활용 환경친화 그린마케팅 강화**	**720**	**720**	**720**	**720**	**720**	**3,600**
		목표	- 제주농산물 및 가공 마케팅 지원	300	300	300	300	300	1,500
		목표	- 수출선도기업 마케팅지원	100	100	100	100	100	500
		목표	- 수출 성장기업 마케팅 지원	160	160	160	160	160	800
		목표	- 수출기업 협업 마케팅 지원	110	110	110	110	110	550
		목표	- 무역전문가 인력양성	50	50	50	50	50	250
3. 맞춤형 외식 푸드서비스 고도화 및 푸드테크 창업기반 구축				**3,250**	**7,400**	**8,600**	**7,800**	**7,750**	**34,800**
	(09) 고객맞춤 외식관광 플랫폼 개발 및 고도화			**1,500**	**2,100**	**2,400**	**1,800**	**1,200**	**9,000**
		세부-25	**AI 기반 제주 외식 관광 맞춤형 스케줄링 앱 개발**	**500**	**700**	**800**	**600**	**400**	**3,000**
		목표	- AI 서비스 앱 개발	250	300	-	-	-	550
		목표	- 플랫폼 개발, 고도화, 유지보수	250	400	800	-	-	1,450
		목표	- AI 서비스 안정화	-	-	-	600	400	1,000
		세부-26	**탐나오, Visit 제주 연동 외식 정보 통합 플랫폼 구축**	**500**	**700**	**800**	**600**	**400**	**3,000**
		목표	- 플랫폼 연동 기능 개발	500	700	-	-	-	1,200
		목표	- 플랫폼 기능고도화, 유지보수	-	-	800	600	-	1,400
		목표	- 플랫폼 서비스 안정화	-	-	-	-	400	400
		세부-27	**고객맞춤 푸드테크 트럭존 조성 및 운영**	**500**	**700**	**800**	**600**	**400**	**3,000**
		목표	- 푸드테크 트럭존 조성계획 수립	500	-	-	-	-	500
		목표	- 푸드테크 트럭존 조성 및 운영	-	700	800	600	-	2,100
		목표	- 트럭존 서비스 안정화	-	-	-	-	400	400
	(10) 외식테크 기반 자동화, 맞춤형 푸드솔루션 보급			**450**	**2,850**	**3,650**	**3,750**	**4,300**	**15,000**
		세부-28	**AI 기반 스마트 오더링 및 서빙 시스템 도입 지원**	**0**	**500**	**600**	**600**	**300**	**2,000**
		목표	- 스마트 시스템 도입지원	-	500	600	-	-	1,100
		목표	- 플랫폼 연동 및 데이터 활용	-	-	-	600	-	600
		목표	- 플랫폼 서비스 안정화	-	-	-	-	300	300
		세부-29	**맞춤형 외식메뉴 추천 및 영양 정보 제공 시스템 개발**	**250**	**1,350**	**1,450**	**1,250**	**1,200**	**5,500**
		목표	- 외식업 상품판매 DB 및 LLM 구축	250	750	750	750	800	3,300
		목표	개인 건강데이터 연동 시스템 개발	-	600	-	-	-	600
		목표	- AI 기반 개인화 추천 기능 개발	-	-	700	-	-	700
		목표	- 추천 서비스 안정화	-	-	-	500	400	900
		세부-30	**로봇 셰프 및 자동 조리 시스템 실증 및 확산**	**200**	**1,000**	**1,600**	**1,900**	**2,800**	**7,500**
		목표	- 로봇 셰프 시스템 및 자동조리 도입	200	500	1,000	1,500	2,500	5,700
		목표	- 로봇 셰프 시스템 및 자동조리 실증	-	500	600	-	-	1,100

4대 전략	실행 사업	과제 번호	세부과제명	투자계획(백만원)					합계
				2025	2026	2027	2028	2029	
		목표	- 실증결과 분석 및 확산전략 수립	-	-	-	400	-	400
		목표	- 시스템 확산 자립화 기반 마련	-	-	-	-	300	300
	(11) 로컬자원 식자재통합 플랫폼 구축			**400**	**1,100**	**1,100**	**800**	**800**	**4,200**
		세부-31	**로컬 식자재 데이터 수집 및 관리 시스템 구축**	**300**	**600**	**500**	**400**	**400**	**2,200**
		목표	- 로컬 식자재 데이터 수집 및 플랫폼 개발	300	600	-	-	-	900
		목표	- (외부시스템)플랫폼 확장 및 연동	-	-	500	-	-	500
		목표	- 플랫폼 운영안정화	-	-	-	400	-	400
		목표	- 플랫폼 고도화 및 확장	-	-	-	-	400	400
		세부-32	**산지-외식업체 매칭 및 물류 지원 시스템**	**100**	**500**	**600**	**400**	**400**	**2,000**
		목표	- 물류지원 시스템 설계	100	-	-	-	-	100
		목표	- 시스템 개발 플랫폼 구축	-	500	-	-	-	500
		목표	- (외부시스템)시스템 통합 및 고도화	-	-	600	-	-	600
		목표	- 시스템 운영안정화	-	-	-	400	-	400
		목표	- 시스템 확장 및 고도화	-	-	-	-	400	400
	(12) 푸드테크 연계 지역소상공인 육성 및 창업기반 구축			**900**	**1,350**	**1,450**	**1,450**	**1,450**	**6,600**
		세부-33	**푸드테크 기반 소상공인 창업 및 성장 지원**	**500**	**750**	**850**	**850**	**850**	**3,800**
		목표	- 제주 로컬 식자재 기반 창업 지원	100	200	200	200	200	900
		목표	- 푸드테크 스타트업 발굴 및 육성	200	200	300	300	300	1,300
		목표	- 로컬 식자재 공급망 구축 지원	100	200	200	200	200	900
		목표	- 푸드테크 분야 혁신 아이디어 사업화	100	150	150	150	150	700
		세부-34	**외식업 디지털 전환 및 푸드테크 연계 강화**	**400**	**600**	**600**	**600**	**600**	**2,800**
		목표	- 스마트오더 시스템 도입 지원	100	200	200	200	200	900
		목표	- 디지털 마케팅 교육 및 컨설팅	100	100	100	100	100	500
		목표	- 푸드테크 기술 도입 지원	100	200	200	200	200	900
		목표	- 협력 모델 개발 및 지원	100	100	100	100	100	500
4. 푸드테크 전후방 산업 생태계 조성				**4,810**	**17,720**	**22,710**	**21,750**	**9,250**	**76,240**
	(13) 디지털전환(DX)을 통한 스마트팜 생태계 구축			**950**	**1,800**	**2,250**	**2,600**	**2,950**	**10,550**
		세부-35	**제주형 스마트팜 기술 개발, 데이터 플랫폼 구축 및 활용 지원**	**500**	**950**	**1,400**	**1,750**	**2,200**	**6,800**
		목표	- 제주형 스마트팜 기술 개발	200	300	400	500	600	2,000
		목표	- 스마트 농업 서비스 개발	100	300	500	700	900	2,500
		목표	- 스마트팜 기술교육 및 컨설팅지원	100	200	300	300	400	1,300
		목표	- 실증농장 지원 및 성과확산	100	150	200	250	300	1,000
		세부-36	**스마트팜 전문인력 양성 및 기술 컨설팅 지원**	**350**	**400**	**400**	**400**	**400**	**1,950**
		목표	- 스마트팜 전문 교육 과정 개발 및 운영	50	100	100	100	100	450

4대 전략	실행 사업	과제 번호	세부과제명	투자계획(백만원)					합계
				2025	2026	2027	2028	2029	
		목표	- 현장 중심 실습 및 벤치마킹 기회 제공	100	100	100	100	100	500
		목표	- 맞춤형 기술 컨설팅 지원	100	100	100	100	100	500
		목표	- 스마트팜 관련 창업 지원	100	100	100	100	100	500
		세부-37	**스마트팜 연계 유통 및 판매 플랫폼 구축**	**100**	**450**	**450**	**450**	**350**	**1,800**
		목표	- 온라인 직거래 플랫폼 설계	100	-	-	-	-	100
		목표	- 온라인 직거래 플랫폼 구축	-	200	200	200	100	700
		목표	- 스마트 유통 시스템 연계	-	100	100	100	100	400
		목표	- 오프라인 연계 강화	-	50	50	50	50	200
		목표	- 마케팅 및 홍보 지원	-	100	100	100	100	400
	(14) 지속가능 제주형 푸드테크 혁신클러스터 조성			**1,430**	**12,120**	**15,860**	**14,500**	**1,900**	**45,810**
		세부-38	**그린바이오 벤처캠퍼스 조성 및 스타트업 육성**	**1,100**	**6,500**	**8,400**	**8,500**	**500**	**25,000**
		목표	- 그린바이오벤처캠퍼스 설계 및 조성	1,000	6,100	8,000	8,000	-	23,100
		목표	- 스타트업 발굴 및 선발	-	100	100	100	100	400
		목표	- 맞춤형 육성프로그램 운영	-	200	200	200	200	800
		목표	- 네트워킹 및 협력촉진	100	100	100	200	200	700
		세부-39	**제주형 푸드테크연구지원센터 구축 및 기업지원**	**100**	**5,220**	**7,060**	**5,600**	**1,000**	**18,980**
		목표	- 푸드테크연구지원센터 구축	-	4,960	6,780	4,700	-	16,440
		목표	- 융합 R&D 과제 발굴 및 기획	50	100	100	200	200	650
		목표	- 공동 R&D 프로젝트 지원 및 관리	-	100	100	300	300	800
		목표	- 기술 상용화 지원	-	-	-	300	400	700
		목표	- 전문 인력 양성	50	60	80	100	100	390
		세부-40	**제주형 푸드테크 혁신클러스터 조성 및 협력 생태계 구축**	**230**	**400**	**400**	**400**	**400**	**1,830**
		목표	- 네트워킹 플랫폼 구축 및 운영	80	100	100	100	100	480
		목표	- 협력 클러스터 조성	50	100	100	100	100	450
		목표	- 투자 유치 지원 네트워크 강화	50	100	100	100	100	450
		목표	- 정보 공유 및 홍보 강화	50	100	100	100	100	450
	(15) 애그테크 인프라 소재생산 및 복합문화공간 조성			**1,280**	**2,000**	**2,550**	**2,450**	**2,150**	**10,430**
		세부-41	**애그테크 복합문화공간 및 제주푸드아일랜드 조성**	**930**	**1,400**	**1,850**	**1,550**	**1,300**	**7,030**
		목표	- 복합문화공간 조성	500	800	400	100	50	1,850
		목표	- 푸드테크 클러스터 협력 생태계 조성	80	150	200	200	100	730
		목표	- 운영 및 홍보	100	200	200	200	100	800
		목표	- 푸드테크 연관 데이터 수집 및 통합	50	50	50	50	50	250
		세부-42	**애그테크 기반 소재 및 제품 연계 상용화 지원 플랫폼 구축**	**350**	**600**	**700**	**900**	**850**	**3,400**
		목표	- 온라인 플랫폼 구축 및 운영	100	200	200	200	50	750

4대 전략	실행 사업	과제 번호	세부과제명	투자계획(백만원) 2025	2026	2027	2028	2029	합계
		목표	- 오프라인 연계 지원 프로그램 운영	100	150	200	250	300	1,000
		목표	- 연구 개발 촉진	100	150	200	250	300	1,000
		목표	- 전문인력양성	50	100	100	200	200	650
	(16) 글로벌플랫폼 협력 제주 푸드테크 홍보관 운영			**1,150**	**1,800**	**2,050**	**2,200**	**2,250**	**9,450**
		세부-43	**제주 푸드테크 통합 홍보 채널 구축 및 상품관운영**	**300**	**550**	**600**	**600**	**500**	**2,550**
		목표	- 글로벌 온라인 플랫폼 선정 및 협력	50	50	100	100	100	400
		목표	- 통합 홍보 채널 구축	100	200	200	200	100	800
		목표	- 온라인 홍보 콘텐츠 제작 및 운영 지원	100	200	200	200	200	900
		목표	- 온라인 판매 및 고객 관리 지원	50	100	100	100	100	450
		세부-44	**글로벌 온라인 플랫폼 협력 제주 푸드테크 홍보관 운영**	**450**	**600**	**800**	**950**	**1,100**	**3,900**
		목표	- 해외 온라인 플랫폼 선정 및 협력	50	50	100	100	100	400
		목표	- 온라인 홍보관 구축 및 운영	200	300	400	500	600	2,000
		목표	- 맞춤형 홍보 및 마케팅 활동	100	150	200	250	300	1,000
		목표	- 바이어 발굴 및 네트워킹 지원	100	100	100	100	100	500
		세부-45	**제주 푸드테크 기업 역량 강화 및 글로벌 수출 지원**	**400**	**650**	**650**	**650**	**650**	**3,000**
		목표	- 글로벌 플랫폼 활용 교육 및 컨설팅	100	150	150	150	150	700
		목표	- 수출 경쟁력 강화 지원	100	200	200	200	200	900
		목표	- 글로벌 플랫폼 연계 수출 지원	200	200	200	200	200	1,000
		목표	- 성공 사례 공유 및 네트워킹	-	100	100	100	100	400

3-2. 기본계획 예산투입에 따른 지역경제 파급효과

- 제주의 푸드테크산업 경제규모를 파악하기 위해, 가장 최근의 KOSIS(국가통계포털) 통계데이터 및 aT FIS(식품산업통계정보) 등을 활용하였으며, 2023년 기준 농업, 임업 및 어업 매출액(8,316억원, KOSIS), 식품산업 매출액(4,274억원, KOSIS), 외식업 매출액(3조7,410억원, AT FIS)을 포함한 총 식품 연관 매출액(약 5조)을 바탕으로 약 10% 수준의 환산비율(GS&J 환산비율 참고)을 반영한 결과 약 5,000억원의 푸드테크산업 경제규모를 갖고 있을 것으로 추정하였음

[단위 : 억원]

매출액 구분		2022년	2023년	참고
식품 연관 매출액	농업, 임업 및 어업	8,506	8,316	국가통계포털
	식품산업	4,018	4,274	국가통계포털
	외식업	36,467	37,410	식품산업통계정보
소계		48,991	50,000	-
푸드테크산업 경제규모(예상)		4,899	5,000	10% 환산비율 적용

- 이에 따라 본 기본계획 제시하고 있는 2025~2029년까지 5년간의 투자계획 예산(약 3,137억)을 바탕으로 지역경제 파급효과를 분석하였음
  - (가정 1) 제주의 푸드테크산업 경제규모를 약 5,000억으로 추정하였음
  - (가정 2) 향후 5년간(2025~2029년)의 투자계획을 약 3,137억으로 추정하였음
- 먼저 제주의 푸드테크산업에 미치는 파급효과를 정량적으로 분석하기 위해 산업 매출증대효과, 생산유발효과 및 부가가치 유발효과를 조사하였으며, 매출 증대효과는 2023년 기준 식품산업통계정보(FIS)의 대한민국의 식품산업 관련 5개년 연평균 매출 성장률(식품제조업, 외식업, 식품유통업)의 평균값(8.39%)을 바탕으로 산출하였음

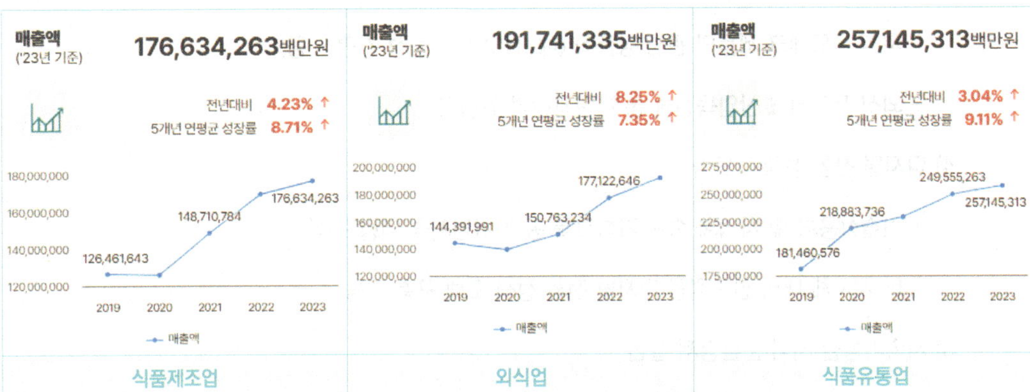

- 또한 5개년 투자예산에 대한 파급효과 분석방법은 한국은행의 산업연관표 기준 유발계수 추정치를 바탕으로 산출하였으며, 결론적으로 푸드테크산업의 2029년 기준 매출은 7,480억, 생산유발 효과는 6035억, 부가가치 유발효과는 2,462억으로 분석되었음
  - 매출증대 효과(식품산업 연평균 성장율 8.39% 적용 시)

    : 5,000억 × (1 + 0.0839)5 = 7,480억(2029년 예상)
  - 생산 유발효과(2022년 한국은행 산업연관표 농림수산품 기준)

    : 3,137억 × 1.924(생산 유발계수) = 6,035억
  - 부가가치 유발효과((2022년 한국은행 산업연관표 농림수산품 기준)

    : 3,137억 × 0.785(부가가치 유발계수) = 2,462억
- 그리고 5개년 기본계획 수립을 통한 제주의 푸드테크산업에 미치는 파급효과를 정성적으로 분석한 결과 크게 다섯가지의 효과로 나타내었으며 그 결과는 아래에 서술하였음

1) 산업구조 고도화 및 기술 자립

- 1차산업 중심에서 가공·유통·R&D 중심의 고부가가치 산업구조 전환
- 로컬 특산물의 기능성 연구 및 제품화를 통한 기술기반 창업 증가

2) 청년 인구 정착과 지역 일자리 창출

- 푸드테크 혁신클러스터 등을 통한 청년 창업, 지역대학 연계
- 도외로 유출되던 청년 인재의 유입 기반 마련

3) 관광+푸드테크 연계 시너지

- 지역 푸드테크 제품의 관광 상품화 (예: HMR, 기능성 간편식 등)
- 외식 푸드테크 산업육성을 통한 관광산업 활성화

4) 디지털 전환 정책 고도화

- 기술상용화 및 사업화 속도 가속화를 통한 기업지원 역량 강화
- 타 지자체 대비 선도적인 디지털 전환 정책 모델 구축 가능

5) 지속가능한 지역 순환경제 실현

- 제주산 농산물의 부가가치 상승을 통한 생산자 수익 안정화
- 에너지·자원 순환을 통한 친환경 이미지 강화

04 정부 정책사업 및 정부 산하기관 등 투자연계방안

4-1. 농식품부 푸드테크 육성 정책사업 투자연계방안

- 농식품부는 2027년까지 1천억원 규모의 푸드테크 전용 펀드 조성을 검토하여 사업단계별로 필요한 자금지원을 계획하고 있음
- 또한 벤처캐피탈 활용지원 및 창업자금 지원을 하고 있으며, 창업초기자금은 엔젤투자, 크라우드펀딩 등 연결을 강화하기 위한 노력을 기울이고 있음

[표 7-13] 농식품부 푸드테크 분야 재정·금융 지원 계획

구 분	내 용
펀드조성	ㅇ '27년까지 1천억원 규모의 푸드테크 전용 펀드 조성을 검토하여 사업단계별로 필요한 자금 지원(농금원) * 조성목표(억원) : ('23) 100 → ('24) 200 → ('25) 200 → ('26) 250 → ('27) 250 ** 최근 5년간 건당 평균 투자금액은 10억원(1,000억원 조성으로 100건 투자 가능) ㅇ 원료매입 및 시설자금('23: 1,446억원)도 푸드테크 기업에 우선 지원, 기술평가를 통한 혁신기업 선별 및 신용 보증 지원
벤처캐피탈 활용지원	ㅇ 시장 확대에 필요한 자금은 벤처캐피탈 등 활용 지원 ㅇ 국내·외 IR 확대(연 2회 → 4회), 기업설명·제품시연·투자자매칭 등을 위한 푸드테크 투자로드쇼(연 1회) 개최(농금원)
창업자금 지원	ㅇ 창업 초기자금은 엔젤투자, 크라우드펀딩 등 연결 강화 ㅇ '푸드테크 투자정보 플랫폼'을 구축('23.6.)하여 기업 정보를 투자자에게 제공, 사업계획서 작성 등 컨설팅, 크라우드펀딩 중개 수수료 지원(농금원) ㅇ 푸드테크 창업기업에 벤처창업자금(최대 280백만원) 우선 지원

자료 : 제주특별자치도 푸드테크산업발전협의체 제1차 전체회의 회의자료 참고(2024.06.04.)

- 특히 2023년 6월에는 농식품부에서 농식품투자정보 플랫폼(ASSIST)을 구축하여 기업정보를 투자자에게 제공하고 사업계획서 작성 등 컨설팅, 크라우드펀징 중개수수료 지원 등을 하고 있음

<그림 7-48> 농식품 투자정보 플랫폼 체계도

- 농식품 관련 정책 및 투자관련 정보는 농업정책보험금융원(www.asfs.kr)에서 확인이 가능하며, 농식품투자정보 플랫폼을 관리하고 있 등 농림수산정책자금(대출, 보험, 펀드)의 효율적 운용을 위한 제도연구, 사업관리·점검 등 정책금융 관리업무를 수행하고 있음

<그림 7-49> 농업정책보험금융원 홈페이지 화면

4-2. 정부산하기관 등 투자연계방안

- 정부산하기관별 푸드테크관련 주요업무는 아래의 표에 나타내었으며, 한국농수산식품유통공사(aT), 한국농업정책보험금융원, 한국농업기술진흥원 등에서 관련 지원 및 투자연계 업무 등을 수행하나가고 있음

- 이외에도 푸드테크 분야 R&D지원은 농림식품기술기획평가원에서 하고 있으며, 시설·장비·교육 지원은 한국식품산업클러스터진흥원에서 수행하고 있음

[표 7-14] 기관별 푸드테크관련 주요업무 수행현황

구 분	푸드테크 관련 주요업무 수행 현황
한국농수산식품유통공사(aT)	【푸드테크 분야 수출지원】 ㅇ 해외 푸드테크 식품 규제, 인증, 시장동향 조사 ㅇ 해외인증 취득 지원, 현지 통관·검역·라벨링 등 컨설팅 지원 ㅇ 해외 유명 식품 박람회 참가 및 K-Food 페어 홍보관 운영 【푸드테크 분야 실태조사】 ㅇ 푸드테크 분야별 기업 현황에 대한 조사
한국농업정책보험금융원	【푸드테크 분야 투자 자금 지원】 ㅇ 푸드테크 전용 펀드 조성 ㅇ 푸드테크 등 농식품 투자정보 플랫폼 구축 ㅇ 국내·외 IR(투자설명회), 투자로드쇼 개최
농림식품기술기획평가원	【푸드테크 분야 R&D 지원】 ㅇ 푸드테크 10대 핵심 분야에 대한 연구개발 과제 기획 ㅇ (가칭) K-푸드테크 이니셔티브 연구개발 사업 추진
한국식품산업클러스터진흥원	【푸드테크 분야 시설·장비·교육】 ㅇ 식품 공정 관련 장비 활용 교육, 기업 기술 애로 지원 ㅇ 청년식품창업센터 등 활용한 실습 위주 현장 교육 지원
한국농업기술진흥원	【푸드테크 분야 창업지원】 ㅇ 푸드테크 전문 엑셀러레이터社 선정하여 창업기업 멘토링 ㅇ 푸드테크 창업기업 대상 벤처창업자금 우선 지원

자료 : 제주특별자치도 푸드테크산업발전협의체 제1차 전체회의 회의자료 참고(2024.06.04.)

- 중소벤처기업부는 2025년 신산업 분야 혁신기업 육성 및 디지털 전환으로 스케일업을 정책목표로 삼아 신산업을 선도하는 스타트업 1,000개 육성하고, K-푸드의 전략적 글로벌화 정책을 추진하고 있음

- 또한 시스템반도체, AI 등 초격차 분야에서 글로벌 경쟁력을 갖춘 딥테크 스타트업을 발굴부터 사업화, 상장까지 레벨업 할 수 있도록 전략적으로 지원하고 있으며, 고용·매출·투자 분야의 상위 10% 스타트업을 발굴하고, 분야별 앵커기관과 개방형 혁신을 통한 사업화 지원, IPO 대비 기술 자문 등 체계적 지원을 통해 스케일업을 도모하고 있음

- K-푸드·컨텐츠 등 한류 전략 품목의 수출을 촉진하기 위해 '글로벌 펀드'를 조성하고, 1.6억불 규모의 韓-시우디 공동펀드를 활용해 한류 기반 컨텐츠의 신시장 개척을 확대하고 있음

- 이밖에, 산업통상자원부는 푸드테크 로봇 규제개선 R&D협업, 과학기술부는 R&D협업, 교육부는 인력양성 지원, 식약처 신식품 표시 안전기준 등 마련 등이 있음

05 요약 및 결론

- 제주푸드테크 산업 육성전략은 제주특별자치도 푸드테크산업 5개년(2025 ~2029년) 계획의 비전과 목표를 달성하기 위한 목적으로 수립되었음
- 이를 위해 첫째, 감귤, 월동작물, 용암해수, 향토음식 등 특화자원을 활용한 매력 높은 맞춤형 신식품 개발을 추진하는 전략을 수립하였음
- 둘째, 상당수준의 생산력을 갖추고, 식품의 신뢰도를 확보할 수 있도록 스마트제조 및 표준화 공정, 환경친화적 생산체제를 구축하는 전략을 제시하였음
- 셋째, 관광산업과 연계한 식품산업의 부가가치를 높이는 맞춤형 외식 푸드 서비스를 고도화하기 위한 전략을 제시하였음
- 그리고 넷째, 제주지역 내 식품산업의 고도화를 위해 푸드테크 전후방 산업 생태계를 확장시키는 전략을 제시함
- 앞으로 제주의 푸드테크산업을 육성하기 위한 기본전략 자료집으로 본 보고서가 활용되기를 기대하며, 5개년 성장단계별 로드맵을 아래에 제시함

<그림 7-50> 제주푸드테크산업육성 기본계획수립 성장단계별 로드맵

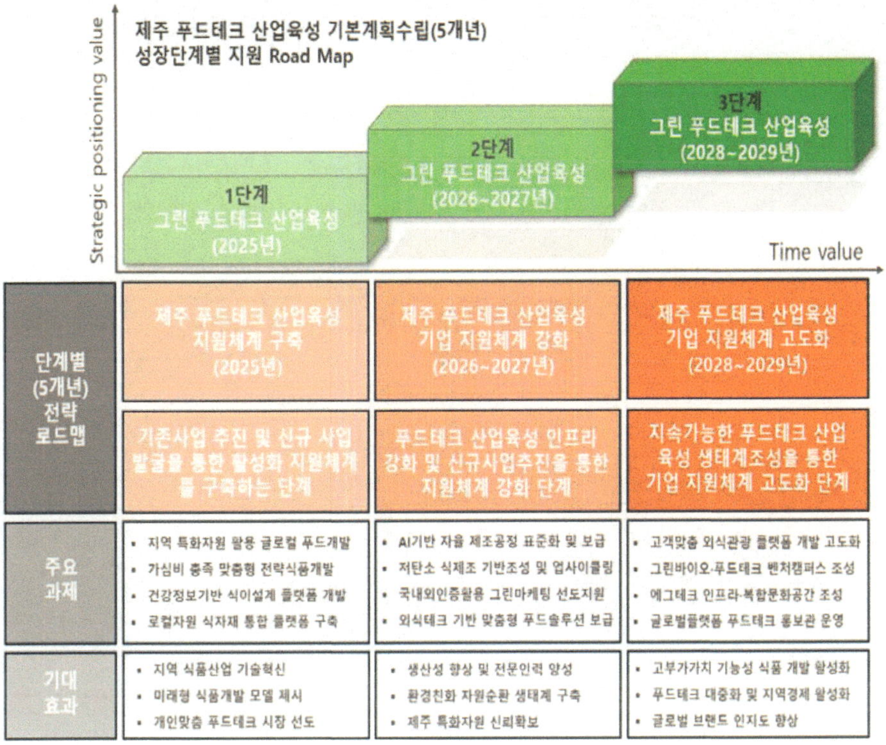

부록

- □ 참고문헌
- □ 부록-1
- □ 부록-2
- □ 부록-3
- □ 부록-4

□ 참고문헌

1. 제3차 제주국제자유도시 종합계획 본보고서(2022~2031), 제주특별자치도
2. 로봇산업 동향 및 성장전략 이슈보고서(2022.09), 한국수출입은행
3. 푸드테크의 시대가 온다-1부(2022.11), 삼일 pwc
4. 농식품산업의 혁신성장을 위한 푸드테크 산업 발전방안(2022.12), 농림축산식품부
5. 푸드테크산업의 혁신 트렌드와 미래전망(2023.03), 한국농촌경제연구원
6. 제4차 식품산업진흥 기본계획(2023.06), 농림축산식품부
7. 푸드테크의 시대가 온다-2부(2023.07), 삼일 pwc
8. 지역 특화산업 디지털전환(DX) 확산전략 수립(2023.11), 제주테크노파크
9. 제주특별자치도 정책기획관 사업체 조사자료(2023.12.), 제주특별자치도
10. 한국표준산업분류 제 11차 개정 해설서(2024.01), 통계청
11. 제1차 제주특별자치도 탄소중립·녹색성장 기본계획(2024.05), 제주특별자치도
12. 2024 제주 경제지표(2024.06), 제주상공회의소
13. 제주 푸드테크산업발전협의회 회의자료(2024.06), 제주특별자치도
14. 2024년 글로벌 스마트팜 및 식물공장 기술동향과 사업전략(2024.07), 데이코인텔리전스
15. 건강기능식품에 관한 법률(2024.07), 식품의약품안전처
16. 국내외 개인 맞춤형 식품 시장동향(2024.10), 한국농수산식품유통공사
17. 2025 Global food and Drink Trends(2024.10), 민텔
18. Euromonitor-2025 ConsumerTrends(2024.11), 유로모니터
19. 농산물 스마트가공센터 타당성 분석 및 기본계획 수립용역(2024.11), 팜넷
20. 푸드테크산업 육성에 관한 법률(2024.12), 농림축산식품부
21. 2040 제주특별자치도 지속가능발전 기본전략(2024.12), 제주특별자치도
22. 제주특별자치도 바이오산업 육성 종합계획(2025.01), 제주특별자치도
23. CES 2025로 살펴본 글로벌 기술트렌드(2025.01), 한국무역협회
24. 2025년 제주특별자치도 창업지원 시행계획(2025.02). 제주특별자치도
25. 2025년 제주 민간우주산업 육성 추진현황(2025.02), 제주특별자치도
26. 제주특별자치도 푸드테크산업 육성 및 지원에 관한 조례(2025.03), 제주특별자치도

부록-1 푸드테크산업 육성에 관한 법률 전문

푸드테크산업 육성에 관한 법률

[시행 2025. 12. 21.] [법률 제20582호, 2024. 12. 20., 제정]

농림축산식품부 (규제개혁법무담당관) 044-201-1368

제1장 총칙

제1조(목적) 이 법은 푸드테크산업 육성에 필요한 사항을 정함으로써 식품산업과 첨단・혁신기술의 융복합 기반을 마련하고 국민의 삶의 질 향상과 일자리 창출 및 국가경제 발전에 이바지하는 것을 목적으로 한다.

제2조(정의) 이 법에서 사용하는 용어의 뜻은 다음과 같다.

1. "푸드테크"란 「식품안전기본법」 제2조제1호에 따른 식품과 관련된 제조・유통, 외식 서비스 등에 이용되는 첨단・혁신기술로서 대통령령으로 정하는 것을 말한다.
2. "푸드테크산업"이란 푸드테크를 활용하거나 푸드테크와 관련된 소재・부품・장비・소프트웨어 등을 개발・생산 또는 유통하는 산업을 말한다.
3. "푸드테크 혁신클러스터"란 지역 단위 푸드테크산업 생태계 조성을 위하여 푸드테크 기업, 대학・연구기관, 중소식품업체 등이 상호연계와 협력을 하는 협업체를 말한다.

제3조(국가 및 지방자치단체의 책무) 국가와 지방자치단체는 푸드테크산업을 체계적으로 육성하는 데에 필요한 시책을 수립・시행하여야 한다.

제4조(다른 법률과의 관계) 푸드테크산업 육성에 관하여 다른 법률에 특별한 규정이 있는 경우를 제외하고는 이 법에서 정하는 바에 따른다.

제2장 푸드테크산업 육성 기본계획의 수립 등

제5조(기본계획 등의 수립 및 시행) ① 농림축산식품부장관은 푸드테크산업 육성을 위하여 5년마다 푸드테크산업 육성 기본계획(이하 "기본계획"이라 한다)을 수립・시행하여야 한다.

② 기본계획에는 다음 각 호의 사항이 포함되어야 한다.

1. 푸드테크산업의 육성 목표와 정책의 기본방향
2. 푸드테크산업의 국내외 동향과 발전 전망
3. 푸드테크 관련 통계의 작성・관리
4. 푸드테크산업 발전을 위한 연구개발 지원
5. 푸드테크산업에 필요한 전문인력의 양성
6. 푸드테크산업 발전을 위한 창업 지원
7. 푸드테크산업 관련 국제협력 및 해외시장 진출 지원
8. 푸드테크 혁신클러스터의 육성・지원
9. 그 밖에 푸드테크산업 육성을 위하여 필요한 사항

③ 농림축산식품부장관은 매년 기본계획에 따른 시행계획(이하 "시행계획"이라 한다)을 수립・시행하여야 한다.

④ 농림축산식품부장관은 기본계획 및 시행계획을 수립할 때에는 미리 관계 중앙행정기관의 장과 협의하여야 한다.

⑤ 농림축산식품부장관은 기본계획 및 시행계획을 수립하기 위하여 필요한 경우에는 관계 중앙행정기관의 장 또는 특별시장・광역시장・특별자치시장・도지사・특별자치도지사(이하 "시・도지사"라 한다)에게 관련 자료의 제출을 요청할 수 있다. 이 경우 자료의 제출을 요청받은 관계 중앙행정기관의 장 또는 시・도지사는 특별한 사유가 없으면 이에 따라야 한다.

⑥ 농림축산식품부장관은 기본계획 및 시행계획을 수립한 때에는 이를 관계 중앙행정기관의 장에게 통보하고 농림축산식품부령으로 정하는 바에 따라 공표하여야 한다.

⑦ 그 밖에 기본계획과 시행계획의 수립 및 시행 등에 필요한 사항은 대통령령으로 정한다.

제6조(실태조사 및 통계의 작성) ① 정부는 푸드테크 관련 정책의 수립과 효율적 추진을 위하여 푸드테크 분야에 대한 실태조사를 실시하고 통계를 작성·관리할 수 있다.

② 중앙행정기관의 장은 제1항에 따른 실태조사 및 통계작성을 위하여 관계 중앙행정기관의 장, 지방자치단체의 장 및 「공공기관의 운영에 관한 법률」에 따른 공공기관(이하 "공공기관"이라 한다)의 장에게 필요한 자료의 제공을 요청할 수 있다.

③ 제2항의 요청을 받은 관계 중앙행정기관의 장, 지방자치단체의 장 및 공공기관의 장은 특별한 사유가 없으면 그 요청에 따라야 한다.

④ 제1항에 따른 실태조사 및 통계작성·관리의 범위와 방법, 그 밖에 필요한 사항은 대통령령으로 정한다.

제3장 푸드테크산업 육성을 위한 지원 등

제7조(푸드테크사업자의 신고 등) ① 푸드테크산업을 영위하는 자 중 이 법에 따른 지원을 받으려는 자는 푸드테크산업의 세부 업종, 푸드테크산업 관련 매출액, 전문인력 보유 현황 등 대통령령으로 정하는 사항을 포함하여 농림축산식품부장관에게 푸드테크사업자로 신고하여야 한다.

② 제1항에 따라 신고한 푸드테크사업자는 신고한 사항 중 세부 업종 변경 등 대통령령으로 정하는 중요한 사항이 변경된 경우 농림축산식품부장관에게 변경신고를 하여야 한다.

③ 농림축산식품부장관은 제1항에 따른 신고 또는 제2항에 따른 변경신고를 받은 경우 그 내용을 검토하여 이 법에 적합하면 그 접수일부터 30일 이내에 신고수리 여부를 신고인에게 통지하여야 한다.

④ 농림축산식품부장관이 제3항에서 정한 기간 내에 신고수리 여부 또는 민원 처리 관련 법령에 따른 처리기간의 연장을 신고인에게 통지하지 아니하면 그 기간(민원 처리 관련 법령에 따라 처리기간이 연장 또는 재연장된 경우에는 해당 처리기간을 말한다)이 끝난 날의 다음 날에 신고를 수리한 것으로 본다.

⑤ 제1항에 따른 신고의 유효기간은 신고가 수리된 날부터 3년으로 하며, 계속하여 이 법에 따른 지원 등을 받으려는 경우에는 신고를 갱신하여야 한다.

⑥ 제1항부터 제5항까지에 따른 신고 및 변경신고의 방법, 신고수리의 처리와 신고 갱신 절차 등에 필요한 사항은 대통령령으로 정한다.

제8조(전문인력의 양성) ① 정부는 푸드테크산업의 육성을 위하여 관련 전문인력의 양성에 필요한 교육훈련 등 대책을 수립·추진하여야 한다.

② 정부는 제1항에 따른 전문인력의 양성을 위하여 대학, 그 밖의 기관을 푸드테크산업 전문인력 양성기관으로 지정할 수 있다.

③ 정부는 제2항에 따라 지정된 푸드테크산업 전문인력 양성기관에 대하여 필요한 경비의 전부 또는 일부를 지원할 수 있다.

④ 제2항에 따른 푸드테크산업 전문인력 양성기관의 지정 기준·절차 등에 필요한 사항은 대통령령으로 정한다.

제9조(창업 및 금융 지원) ① 정부는 푸드테크산업에 관한 창업을 촉진하고 창업자의 성장·발전을 위하여 필요한 지원을 할 수 있다.

② 정부는 푸드테크 분야의 기술혁신과 푸드테크산업 기반을 조성하기 위하여 제7조에 따라 신고한 푸드테크사업자(이하 "푸드테크사업자"라 한다)에게 금융 및 재정 등 필요한 지원을 할 수 있다.

제10조(기술개발의 촉진) 정부는 푸드테크 개발을 촉진하기 위하여 다음 각 호의 사항을 추진할 수 있다.

1. 푸드테크 동향 및 수요조사
2. 푸드테크 연구개발
3. 기술협력·기술이전 등 개발된 기술의 실용화

4. 기술정보의 원활한 유통
5. 그 밖에 푸드테크 개발 촉진에 필요한 사항

제11조(연구시설 및 장비의 지원 등) 정부는 푸드테크산업의 발전을 위하여 연구시설 및 장비의 확보·관리·공동사용 등을 지원하거나 필요한 시책을 수립·추진할 수 있다.

제12조(국제협력 및 해외시장 진출) ① 정부는 푸드테크산업의 해외시장 진출을 촉진하기 위하여 관련 기술 및 인력의 국제교류, 시장개척·홍보, 공동 연구개발 등 필요한 시책을 수립·시행할 수 있다.

② 정부는 제1항에 따른 시책에 참여하는 기관·단체 또는 푸드테크사업자 등에게 국제규범에 저촉되지 아니하는 범위에서 필요한 경비를 지원할 수 있다.

제13조(전담기관의 지정 등) ① 농림축산식품부장관은 푸드테크산업 육성을 위한 정책의 추진을 위하여 필요한 때에는 전담기관(이하 "전담기관"이라 한다)을 지정하여 푸드테크 관련 업무를 수행하게 할 수 있다.

② 농림축산식품부장관은 예산의 범위에서 전담기관이 제1항의 업무를 수행하는 데 필요한 경비의 전부 또는 일부를 지원할 수 있다.

③ 농림축산식품부장관은 전담기관이 다음 각 호의 어느 하나에 해당하는 경우에는 그 지정을 취소하거나 6개월 이내의 기간을 정하여 업무의 전부 또는 일부의 정지를 명할 수 있다. 다만, 제1호에 해당하면 그 지정을 취소하여야 한다.

1. 거짓이나 그 밖의 부정한 방법으로 지정을 받은 경우
2. 제6항에 따른 지정기준에 적합하지 아니하게 된 경우
3. 제17조제1항에 따른 보고·자료제출을 거부하거나 거짓으로 한 경우 또는 조사를 거부·기피하거나 방해한 경우
4. 그 밖에 중대한 공익상의 사유 등으로 전담기관의 업무를 계속 수행하기 어렵게 된 경우

④ 전담기관 지정의 유효기간은 지정을 받은 날부터 3년으로 하고, 유효기간이 만료된 후 계속하여 전담기관의 업무를 수행하려면 유효기간이 만료되기 전에 다시 지정을 받아야 한다.

⑤ 농림축산식품부장관은 제3항에 따라 전담기관의 지정을 취소하거나 업무의 정지를 명하려는 경우에는 청문을 하여야 한다.

⑥ 제1항에 따른 지정, 제3항에 따른 지정취소·업무정지 및 제4항에 따른 재지정의 기준·절차 등에 필요한 사항은 대통령령으로 정한다.

제14조(푸드테크 혁신클러스터의 육성·지원) ① 농림축산식품부장관은 푸드테크 혁신클러스터를 육성하기 위하여 다음 각 호의 사업을 할 수 있다.

1. 푸드테크 혁신클러스터 지원시설의 설립 및 운영
2. 공동 연구개발, 기술 실증을 위한 지원
3. 푸드테크 혁신클러스터 참여기업 및 기관의 역량 강화
4. 푸드테크 혁신클러스터 참여기업 및 기관의 상호 연계활동의 지원
5. 그 밖에 푸드테크 혁신클러스터 육성을 위하여 필요한 사업으로서 대통령령으로 정하는 사업

② 농림축산식품부장관은 제1항에 따른 사업에 참여하는 대학, 연구기관, 공공기관, 기업 등에 대하여 그 비용의 전부 또는 일부를 지원할 수 있다.

제15조(규제개선의 신청 등) ① 푸드테크사업자, 푸드테크 관련 연구를 수행하는 대학·연구기관은 푸드테크산업의 발전을 위하여 필요한 경우 농림축산식품부장관에게 규제개선을 신청할 수 있다.

② 농림축산식품부장관은 제1항에 따른 신청이 있는 경우 그 신청 내용을 관계 행정기관의 장에게 통보하여야 하며, 관계 행정기관의 장은 해당 신청 내용을 검토하여 그 결과를 30일 이내에 농림축산식품부장관에게 문서로 회신하여야 한다. 이 경우 관계 행정기관의 장은 법령정비가 필요하지 아니한 신청 내용에 대해서는 적극적으로 처리하여야 한다.

③ 관계 행정기관의 장이 규제개선 여부를 검토하기 위하여 제1항에 따라 규제개선을 신청한 자에게 자료보완을 요구한 경우에는 관련 자료의 보완에 걸린 기간은 제2항에 따른 회신기간에 산입하지 아니한다. 다만, 이 경우에도 45일 이내에는 검토 결과를 회신하여야 하며, 회신이 불가능한 경우에는 30일 이내의 범위에서 한 차례만 회신기간 연장을 요청할 수 있다.

④ 농림축산식품부장관은 관계 행정기관의 장의 검토 결과와 달리 규제개선이 필요하다고 인정하는 경우에는 「행정규제기본법」 제17조ㆍ제17조의2에 따라 같은 법 제23조에 따른 규제개혁위원회(이하 "규제개혁위원회"라 한다)에 규제의 폐지 또는 개선을 요청하거나 의견을 제출할 수 있으며, 규제개혁위원회는 같은 법 제18조에 따라 심사할 수 있다.

⑤ 농림축산식품부장관은 제2항에 따라 관계 행정기관의 장이 회신한 답변 또는 제4항에 따른 조치사항을 정보통신망 또는 우편 등을 이용하여 제1항에 따라 규제개선을 신청한 자에게 통지하여야 한다.

⑥ 제1항부터 제5항까지의 규제개선의 신청 및 처리에 필요한 세부사항과 절차 및 방법은 대통령령으로 정한다.

제16조(규제개선 관리 및 감독 등) ① 관계 행정기관의 장은 제15조에 따른 규제개선을 부여받아 시행하는 사업 등을 관리ㆍ감독한다.

② 관계 행정기관의 장은 규제개선을 부여받은 자가 다음 각 호의 어느 하나에 해당하는 경우에는 규제개선의 적용을 취소하거나 시정을 명할 수 있다. 다만, 제1호에 해당하는 경우에는 그 적용을 취소하여야 한다.

1. 거짓이나 그 밖의 부정한 방법으로 적용받은 경우
2. 규제개선의 목적을 달성하는 것이 명백히 불가능하다고 판단되는 경우
3. 고의나 과실로 사고가 발생하여 사람의 건강이나 재산ㆍ환경에 위해가 발생한 경우

③ 제1항 및 제2항과 관련한 세부사항 및 규제개선의 적용 취소 등의 절차에 관한 사항은 대통령령으로 정한다.

제4장 보칙

제17조(보고 및 조사) ① 농림축산식품부장관은 푸드테크사업자의 신고 사항 위반 여부를 확인하거나 전담기관을 감독하는 등 이 법을 시행하기 위하여 필요하다고 인정하는 경우 푸드테크사업자 및 전담기관에 대하여 대통령령으로 정하는 바에 따라 정부의 지원과 관련한 사항을 보고ㆍ자료제출하게 하거나, 소속 공무원으로 하여금 관련 장부나 서류를 조사하게 할 수 있다.

② 제1항에 따라 조사를 실시하는 경우에는 조사 개시일 7일 전까지 조사의 일시ㆍ이유 및 내용 등을 포함한 조사계획을 조사대상자에게 통지하여야 한다. 다만, 긴급한 경우나 미리 알리면 그 목적을 달성할 수 없다고 인정되는 경우에는 알리지 아니할 수 있다.

③ 제1항에 따른 조사를 하는 공무원은 그 권한을 표시하는 증표를 지니고 이를 관계인에게 내보여야 한다.

제18조(권한 등의 위임ㆍ위탁) ① 이 법에 따른 중앙행정기관의 장의 권한은 그 일부를 대통령령으로 정하는 바에 따라 소속 기관의 장이나 지방자치단체의 장에게 위임할 수 있다.

② 중앙행정기관의 장은 이 법에 따른 업무의 일부를 대통령령으로 정하는 바에 따라 전담기관이나 관계 기관 또는 단체에 위탁할 수 있다.

제19조(벌칙 적용에서 공무원 의제) 다음 각 호의 어느 하나에 해당하는 사람은 「형법」 제127조 및 제129조부터 제132조까지를 적용할 때에는 공무원으로 본다.

1. 제13조제1항에 따라 업무를 수행하는 전담기관의 임직원
2. 제18조제2항에 따라 위탁한 업무에 종사하는 기관 또는 단체의 임직원

제20조(과태료) ① 다음 각 호의 어느 하나에 해당하는 자에게는 500만원 이하의 과태료를 부과한다.

1. 거짓이나 그 밖의 부정한 방법으로 제7조제1항에 따른 신고 또는 같은 조 제2항에 따른 변경신고를 한 자
2. 제7조제2항을 위반하여 변경신고를 하지 아니한 자

3. 제17조제1항에 따른 보고ㆍ자료제출을 거부하거나 거짓으로 한 자
4. 제17조제1항에 따른 조사를 정당한 사유 없이 거부ㆍ기피하거나 방해한 자

② 제1항에 따른 과태료는 대통령령으로 정하는 바에 따라 농림축산식품부장관이 부과ㆍ징수한다.

부칙 <제20582호,2024. 12. 20.>

이 법은 공포 후 1년이 경과한 날부터 시행한다.

부록-2 푸드테크산업육성 기본계획수립 기업수요조사 결과

1. 수요조사 개요

수요조사명	「제주 푸드테크산업 육성 기본계획 수립」을 위한 기업 수요조사
조사기간	1차: 2025. 2. 7. ~ 2. 26. (20일), 2차: 2025. 4. 14 ~ 4. 28. (15일)
조사방법	온라인 설문조사 및 서면조사 병행
조사내용	일반현황, 푸드테크 핵심전략, 푸드테크연구지원센터 관련, 지원사업 분야, 장비활용지원, 사업발굴 등
조사대상	도내 푸드테크산업 관련 기업 200개사
응답률	105개사(53%)

● 수요조사 참여기업목록

No.	기업명	대표자	주력상품
1	주식회사 피코플래닛	강철웅	스피루리나
2	㈜수창	김낙현	진피/식품 및 뷰티원료
3	벨아벨팜㈜	문현아	반려동물 헬스케어푸드
4	(농)인㈜큰행복	박장은	떡류/과채가공
5	주식회사 핑크패커	정 진	육류 신선도, 부위 트레이딩 서비스
6	제주리퍼블릭	류기현	화장품, 식품
7	로칼로우	박미수	고추장
8	만덕푸드	김은경	양배추즙
9	㈜유앤아이제주	김미진	마유프레시세트, 제주한스푼
10	영어조합법인 올레바동	김성후	냉수산물 및 제주딱새우라면
11	주식회사 제주마미	김정옥	좌자류 및 곡류 가공품
12	주식회사 가교	라정임	친환경
13	㈜오존에이드	홍명기	비가열 살균시스템
14	탄산오름	이광희	탄산소(음료)
15	건풍바이오	오천금	키토올리고당
16	주식회사 장인의집	이인철	수제만두 및 전골
17	㈜우무	박지훈	푸딩
18	컬처히어로제주	윤종석	제주식재료 가공제품
19	주식회사 핏블	서성용	다이어트식품
20	제주바솔트	박혜진	빵류, 커피류, 쿠키류
21	영농조합법인 탐라인	고덕훈	돼지고기
22	㈜솔트바이펩	김영재	한우 및 한우숙성육
23	제라진컴퍼니	최혜경	김페스토

No.	기업명	대표자	주력상품
24	시트러스	김공률	감귤주
25	팜팩토리	진노아	농산물, 원예시설, 가공식품 외
26	고팡㈜	현홍준	온라인 지도 및 홍보영상물
27	제주파나텍	조윤재	건강식품
28	잇더컴퍼니	김봉근	끼니키트,컵쿡에브리데이 외
29	㈜디스커버제주	김형우	커피
30	스코비아일랜드	강상경	반려견 간식
31	㈜스마트제주 친환경농업법인	좌정훈	HMR식품(건조)
32	임앤리	임성호	법률
33	주식회사애그리컬쳐	송태헌	절임 전처리식자재
34	주은바이오㈜ 농업회사법인	서민영	사료
35	해피이츠클럽	오수영	땅콩버터
36	과일아삭협동조합	최종대	과채류 과채주스
37	주식회사 잇츠허니 농업회사법인	박정후	벌꿀
38	㈜골든플래닛	김동성	TousFlux(투플럭스), GenAlon, GMP, GCP 등
39	㈜다름인터내셔널	강인희	화장품
40	동안주식회사	강성희	화장품
41	㈜레비레스코	박성주	화장품
42	유씨엘㈜	이지원	화장품
43	메티스정보㈜	김봉수	에너지거래 플랫폼
44	더로터스㈜	오유진	화장품
45	대봉엘에스㈜	박진오, 박종호	화장품 원료
46	주식회사 라피끄	이범주	화장품
47	대성히트에너시스㈜	유지석	히트펌프
48	인바이츠지노믹스㈜	신용규	유전체 검사 서비스
49	홀푸드코리아(주)	김대원	과채음료
50	제주설심당	고미란	디저트
51	메밀밭에가시리	윤영수	메밀국수
52	주식회사 위드라이크	김남영	가공식품 (냉동간편조리식품, 착즙음료 등)
53	주식회사 헬스셋	김형석	감귤착즙
54	(농)㈜코삿	최동우	따봉주스
55	공유어장㈜	유병만	수산물 D2C 플랫폼,파도상자
56	제주웰빙영농조합법인	김봉현	계란, 계란가공품, 닭 가공품
57	와이제이컴퍼니	김봉진	프리미엄 어묵
58	주식회사 리플로그	백영택	스마트팜 통합운영관리 및 교육 서비스
59	(농)삼달파머스 육가공 주식회사	강길승	육류
60	제주아이스크림 주식회사	강종호	아이스크림
61	이맘주식회사	고충봉	떡류
62	(농)주식회사 제주앤제주	오민정	음료 및 탁주
63	주식회사 말고기연구소	황대진	말고기가공품
64	㈜네오프로틴	전성원	건강기능식품
65	㈜오래오랩	임지희	펫 푸드

No.	기업명	대표자	주력상품
66	㈜메이크어베러	부성훈	카페
67	제이바스켓	정수영	차류
68	농업회사법인 ㈜제주우유	김경은	유제품
69	만제영어조합법인	김수정	톳장,뿔소라장.전복장
70	㈜한라산	현재웅	소주
71	주식회사 귤메달 농업회사법인	양제현	10종 착즙주스
72	제우스	김한상	감귤 및 그래놀리언
73	제주순대연구소	김남이	순대
74	아쿠아그린텍㈜	장지태	에끌로바 화장품
75	㈜제주오름젓갈	신유선	젓갈류
76	㈜휴럼	김진석	제주감귤파이
77	농업회사법인 ㈜제주양조장	박종명	감귤와인
78	귀일농산	고희권	오뚜기 옛날당면
79	농업회사법인 ㈜제주향	문애순,김승철	착즙액,감귤주스
80	농업회사법인 ㈜자담	변영일	감귤음료
81	농업회사법인 ㈜제주원푸드	고경진	감귤칩
82	농업회사법인 ㈜오크라팜	한옥정	열처리 돈까스
83	㈜더나은축산유통	오용진	양념돼지껍데기, 된장찌개 양념 등
84	㈜메이드인제주	신석종	감귤비타C
85	㈜삼다올레	심영희	항아리 오미자, 초가굼벵이환 등
86	제주탐나씨푸드 영어조합법인	임지택	어묵,냉동수산물, 수산물가공품
87	주식회사 제주사랑농수산	양경월	한라봉차
88	하효살롱협동조합	김미형	하효맘감귤과즐, 제주보리과즐 등
89	김정문알로에	최연매	화장품,건강기능식품
90	농업회사법인 주식회사바이오제주	윤석권	NFC착즙주스
91	㈜아이택트	박근현	IOT 모니터링 시스템
92	제주농장 영농조합법인	김영선	양배추 즙, 레몬즙 등
93	진생영농조합법인	이명훈	보리쌀
94	신천지식품㈜	이종현	생면,숙면,소스류
95	한국무수출 주식회사	강금란	무
96	㈜두래(제주바이오센터)	이성현	화장품 원료
97	주식회사 젯트	김대희	다관절 로봇
98	제주자연영농조합법인	이성진	감귤착즙액
99	주식회사 탐나는초콜릿	송지아	초콜릿
100	주식회사 에버그린제이	송지아	초콜릿
101	㈜일해	김영훈	감귤농축액, 과채가공품
102	지에스엘바이오	이천호	미생물 드링크
103	주식회사 푸른들	손성균	건강기능식품
104	주식회사 애쓰지마	임동현	인공지능 피싱 내비게이터
105	㈜넥스트이지	강주경	디지털관광플랫폼

2. 수요조사 분석결과

- 설문조사 결과를 토대로 기업유형 및 일반현황, 푸드테크 기술보유 여부 및 현황, 제주형 그린+푸드테크 생태계조성사업 관심도, 4대 핵심전략 관심도, 전략별 실행과제 관심도, 푸드테크연구지원센터 지원사업 관심도, 지원분야 우선순위, 지원장비 우선순위 등을 분석하였음
- 설문지의 각 조사항목에 대해 빈도, 비율(%) 분석 및 평균을 분석하였으며, 해당설문에 대한 시사점을 제시하였음

2-1. 기업 일반현황 분석

1) 기업유형

- 기업유형에서 전체응답 기업 중 창업 후 5년~10년 이내 기업이 26.7%로 가장 높았으며, 상시근로자는 4~9인 이내인 기업이 36.2%, 매출은 5~20억원 이내가 40.9%로 높은 비율을 차지하였음

<기업연혁>

구 분	빈도	비율(%)
창업 후 3년 이내	11	12.4
창업 후 3~5년 이내	19	20.0
창업 후 5~10년 이내	18	26.7
창업 후 10~15년 이내	13	19.0
창업 후 15년 이상	6	21.9
합 계	105	100

<기업 내 종사자수>

구 분	빈도	비율(%)
상시근로자 1~3인 이내	26	29.5
상시근로자 4~9인 이내	27	36.2
상시근로자 10~49인 이내	9	25.7
상시근로자 50~299 이내	5	8.6
상시근로자 300인 이상	0	0
합 계	105	100

<기업매출>

구 분	빈 도	비 율(%)
5억원 이내	29	27.6
5~20억원 이내	43	40.9
20~100억원 이내	20	19.1
100~300억원 이내	8	7.0
300억원 이상	5	4.8
합 계	105	100

- 기업유형에 따른 사업화단계에는 성장보육단계인 기업 비중이 38.1%로 가장 높았으며, 초기성장단계 27.6%, 창업단계 17.1%, 급속선장단계 14.3%, 성숙단계 2.9%, 순이었음.

〈기업의 사업화단계〉

구 분	빈 도	비 율(%)
창 업 단 계	18	17.1
성장보육단계	40	38.1
초기성장단계	29	27.6
급속성장단계	15	14.3
성 숙 단 계	3	2.9
합 계	105	100

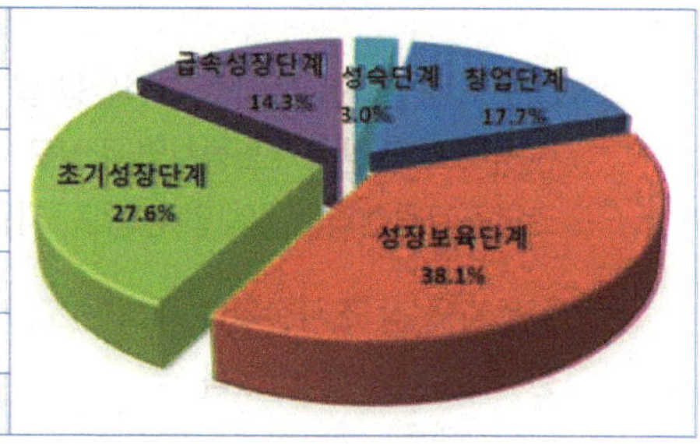

2) 기업인증 현황

- 기업 인증현황에서 벤처기업인증을 보유하고 있는 기업이 28.4%로 가장 높게 나타났으며, HACCP 26.6%, 기업부설연구소 20.7%, 이노비즈 12.4%, 유망중소기업 7.7%, 기타 4.2%, 순이었음
- 기타 인증에는 여성기업, 관광벤처기업, 제이스타트업, ISO22000, 메인비즈, EFfCI, 녹색기술기업, 지식재산경영 인증 등이 있었음

<기업인증 현황(중복응답)>

구분	빈 도	비 율(%)
이노비즈기업	21	12.4
벤처기업	48	28.4
기업부설연구소인증	35	20.7
유망중소기업	13	7.7
HACCP인증	45	26.6
기타	7	4.2
합계	169	100

3) 전체 매출현황

- 조사기업의 전체 연평균 매출액은 2022년 5,502백만원, 2023년 4,963백만원, 2024년(추정) 6,103백만원으로 2022년 대비 2023년 주춤하였다가 2024년 다시 매출액이 다소 증가할 것으로 나타났음

〈연평균 매출액〉

구분	2022년	2023년	2024년(추정)
매출액 (단위:백만원)	5,502	4,963	6,103

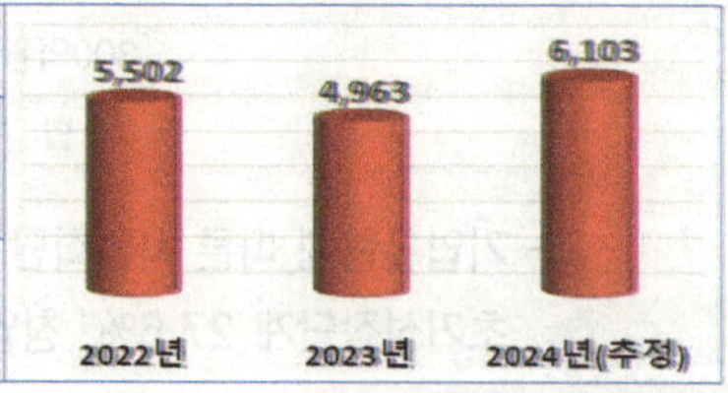

4) 고용현황

- 기업별 연평균 고용인원은 2022년 18.0명, 2023년 17.6명, 2024년 18.1명으로 2022년 대비 2023년 감소하였다가 2024년 다시 증가하는 추세를 보임

〈연평균 고용인원〉

구분	2022년	2023년	2024년
고용인원 (단위:명)	18.0	17.6	18.1

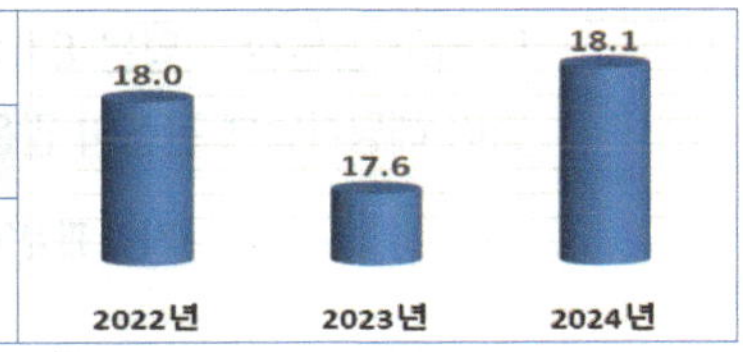

2-2. 10대 푸드테크 기술보유 현황

1) 기술보유 여부

- 조사기업 중 푸드테크 기술을 보유하고'있다'인 경우가 33.3%,'없다'인 경우가 66.7%로 푸드테크 기술을 보유하고 있지 않은 기업이 많은 것으로 나타났음

〈기술보유 여부〉

구분	빈 도	비 율(%)
있다	35	33.0
없다	70	67.0
합계	102	100

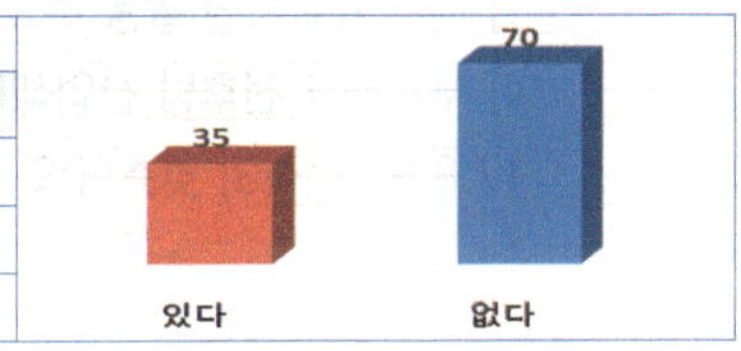

2) 기술보유 현황(중복응답)

- 기술을 보유하고 있다(n=35)에 응답한 기업이 보유하고 있는 푸드테크 기술은 식품업사이클링 기술이 23.6%로 가장 높았으며, 식물기반식품 세조기술 16.9%, 식품 스마드 제조기술 13.6%, 간편식 제조기술 11.9%로, 식품 커스터마이징 기술 및 외식 푸드테크 기술이 각각 10.2%, 친환경 포장기술 8.5%, 식품 스마트 유통기술 5.1%, 세포배양식품 생산기술과 식품 프린팅 기술은 보유하지 않은 것으로 나타났음

<푸드테크 기술보유 현황(중복응답)>

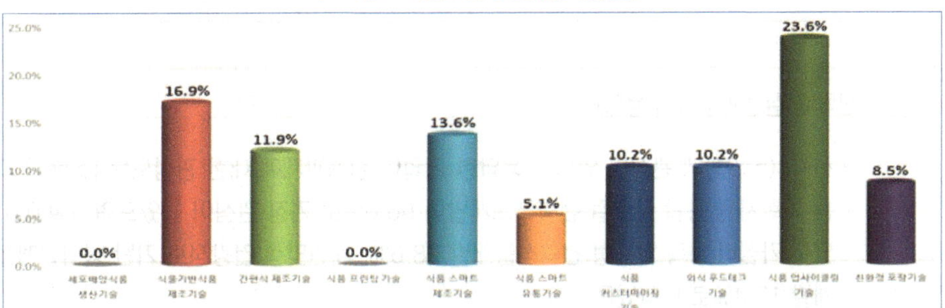

2-3. 제주형 그린+푸드테크 생태계조성사업 관련 설문조사

1) 사업 관심도

- 제주특별자치도에서 추진하고 있는 제주형 그린⁺푸드테크 생태계조성사업에 관심이'있다'라고 응답한 기업은 81.0%, 관심이'없다'라고 응답한 기업은 19.0%로 대부분의 기업이 해당사업에 관심이 많은 것으로 나타났음

〈사업 관심여부〉

구분	빈 도	비 율(%)
있다	85	81.0
없다	20	19.0
합계	105	100

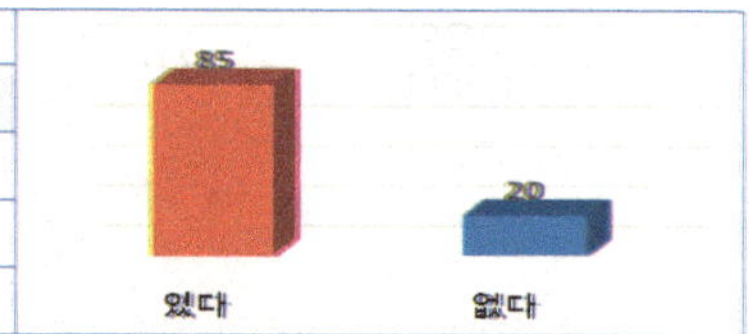

2) 4대 핵심전략(복수응답)

- 해당사업에 관심이 있다(n=85)고 응답한 기업이 4대 핵심전략에 대한 관심도는 [전략1] 제주 특화자원 활용 수요창출형 신식품 개발이 48.8%로 가장 관심이 높았으며, [전략4] 푸드테크 전후방 산업생태계 조성 20.2%, [전략2] 환경친화 스마트제조 표준화 보급 17.8%, [전략3] 맞춤형 외식 푸드서비스 고도화 13.2% 순으로 나타났음

<4대 핵심전략(복수응답)>

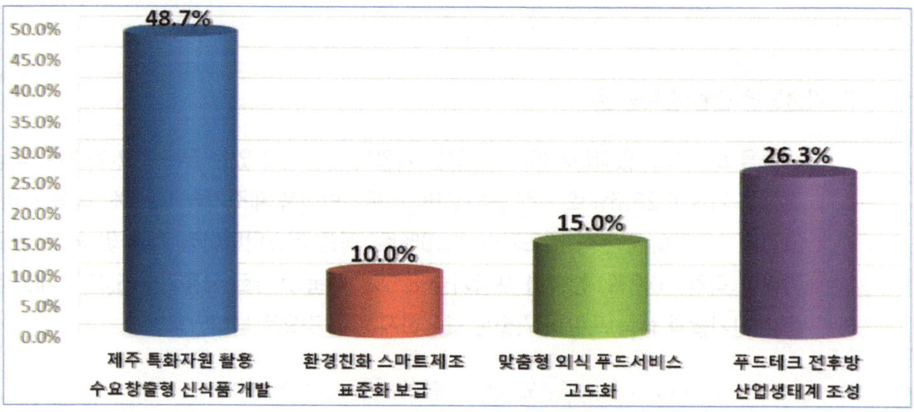

3) 전략별 실행과제(복수응답)

- 전략1(n=91)에 관심이 있다고 응답한 기업이 실행과제에 대한 관심도는 [실행1] 지역맞춤 특화자원 융합 글로컬 전략푸드개발이 56.0%로 가장 관심이 높았으며, [실행2] 세대맞춤 가심비 충족 맞춤형 전략식품개발 28.6%, 개인맞춤 건강정보 기반 식이설계플랫폼 개발 15.4%로 나타났음

- 전략2(n=48)에 관심이 있다고 응답한 기업이 실행과제에 대한 관심도는 [실행1] AI 기반 수요맞춤 자율 제조공정표준화 및 보급 43.8%로 가장 관심이 높았으며, [실행2] K-RE100 저탄소 식제조 기반조성 및 업사이클링 33.3% 이었으며 [실행3] 국내·외 인증활용 그린마케팅 선도가 22.9%로 나타났음

〈전략1 실행과제(2개선택)〉

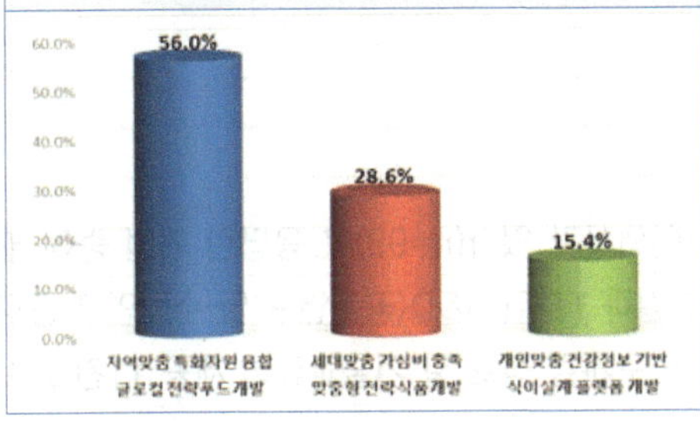

〈전략2 실행과제(2개선택)〉

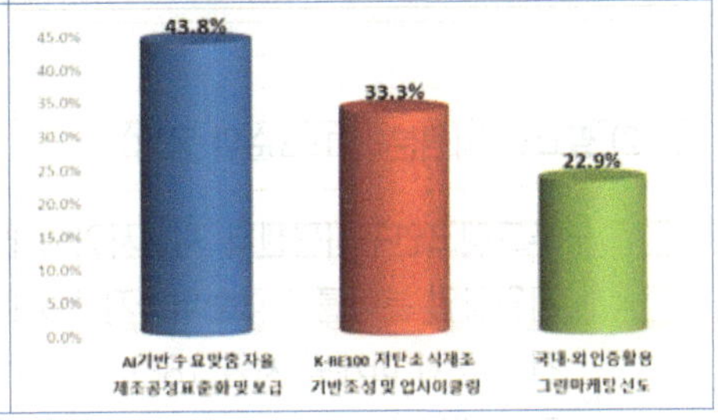

- 전략3(n=49)에 관심이 있다고 응답한 기업이 실행과제에 대한 관심도는 [실행1] 고객맞춤 외식관광 플랫폼 개발 및 고도화가 38.8%로 가장 관심이 높았으며 [실행3] 로컬자원 식자재 통합 플랫폼 구축 36.7%, [실행2] 외식테크 기반 자동화, 맞춤형 푸드 솔루션 보급 24.5%로 나타났음

- 전략4(n=65)에 관심이 있다고 응답한 기업이 실행과제에 대한 관심도는 [실행1] 그린바이오 푸드테크벤처캠퍼스 조성이 49.2%로 가장 관심이 높았으며 [실행3] 글로벌플랫폼 협력 제주 푸드테크 홍보관 운영 26.2%, [실행2] 에그테크 인프라 소재양산 및 복합문화공간 조성 24.6%로 나타났음

〈전략3 실행과제(2개선택)〉

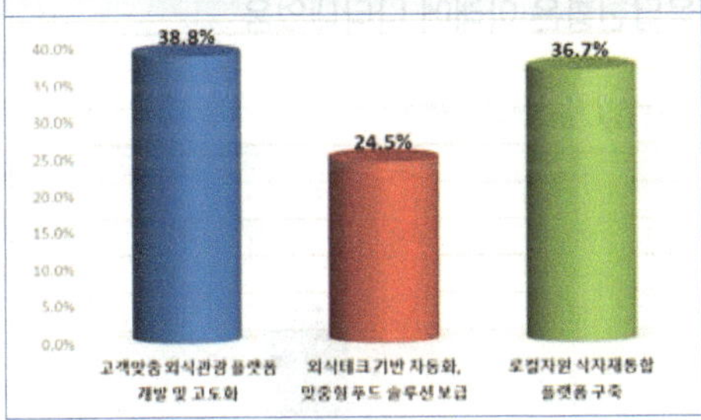

〈전략4 실행과제(2개선택)〉

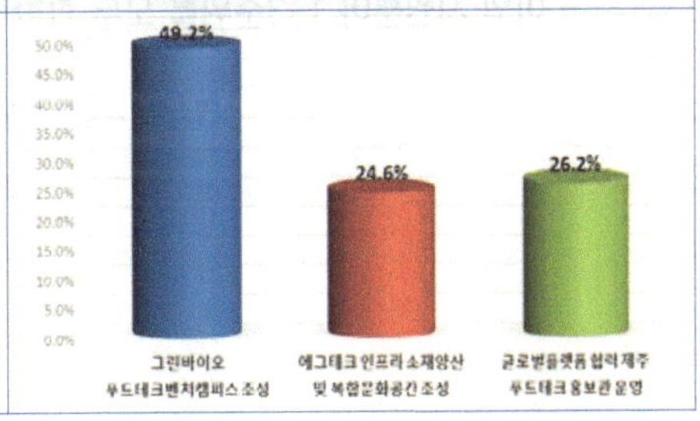

2-4. 푸드테크연구지원센터 지원사업 관련 설문조사

1) 지원사업 참여 의사

- 도내에 푸드테크 산업육성을 지원하는 푸드테크연구지원센터 구축이 된다면 지원사업에 참여할 의사가'있다'라고 응답한 기업은 93.3%, 참여할 의사가'없다'라고 응답한 기업은 6.7%로 참여 의사가 있는 기업이 많은 것으로 나타났음

<사업 관심여부>

구분	빈 도	비 율(%)
참여의사 있다	98	93.3
참의의사 없다	7	6.7
합계	105	100

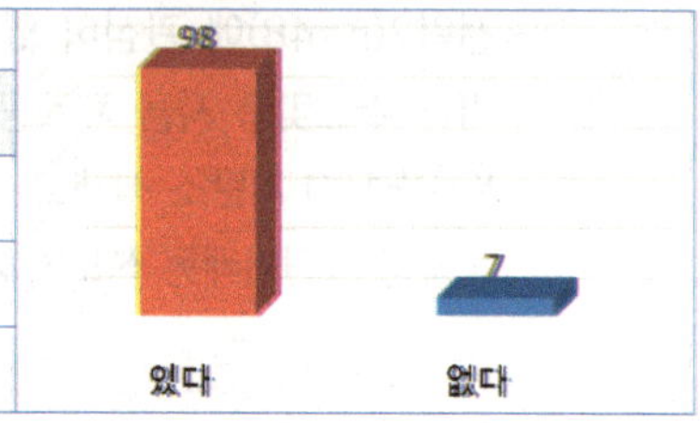

2) 필요한 지원분야(1~3순위 응답)

- 푸드테크연구지원센터 지원사업에 참여의사가 있다(n=98)고 응답한 기업 중에 필요한 지원사업 분야를 1~3순위까지 선정한 결과 1순위 R&D(공동연구 및 수탁연구 등)가 45건, 2순위 마케팅 지원 18건, 3순위 연구개발 정보 및 기술교류회 제공 11건으로 순으로 나타났음

<지원분야 1~3순위>

구분	빈 도
1순위	45
2순위	18
3순위	11
합계	74

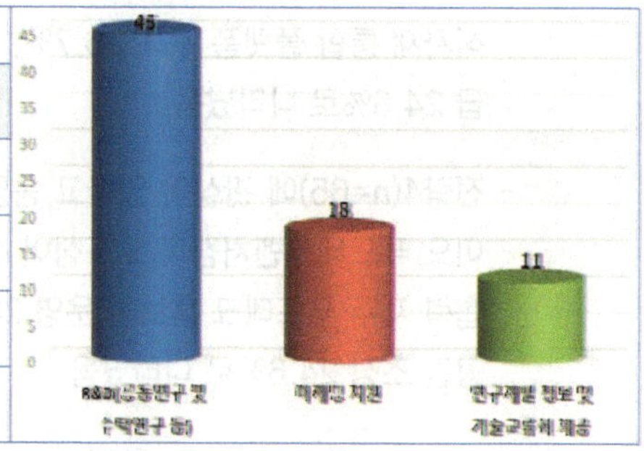

- 이외 지원분야 1~3순위를 모두 합한 응답현황은 아래에 나타내었음

<지원분야 순위합계 응답현황>

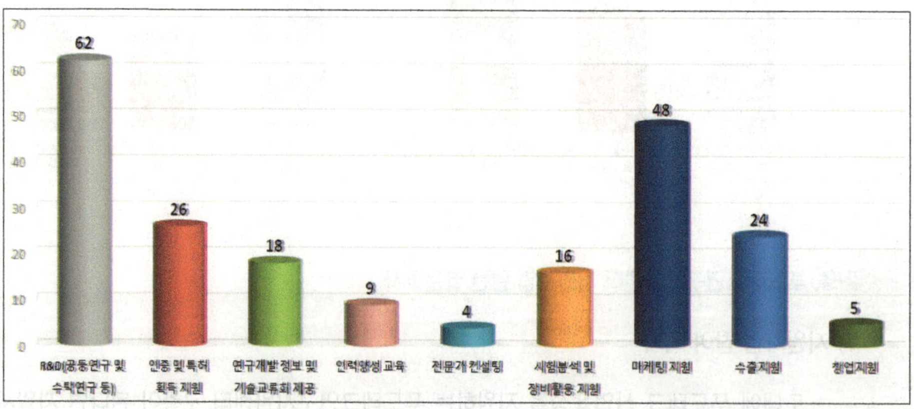

2-5. 푸드테크연구지원센터 지원장비 관련 설문조사

1) 필요한 장비(1~3순위 응답)

- 푸드테크연구지원센터가 구축되어 장비활용지원을 받는다면 필요한 지원장비를 1~3순위까지 선정한 결과 1순위 연료농축 및 건조 32건, 2순위 원료농축 및 건조 26건, 3순위 공동순위 원료추출 및 여과/미생물발효 지원시설 16건 순으로 나타났음

〈지원분야 1~3순위〉	
구분	빈 도
1순위	32
2순위	26
3순위	16
합계	74

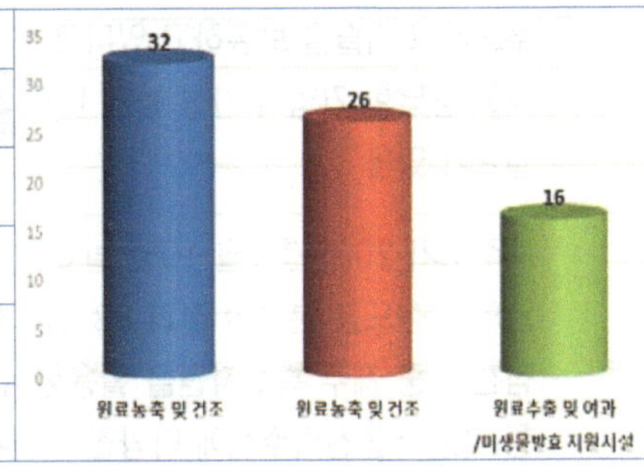

- 기타 필요한 장비지원으로는 친환경 식자재 용기 실증장비 구축, 중금속 수치 측정 장비, GPU서버, 생산설비 및 진공장치, HACCP 위생장비가 있었음.

- 이외 지원분야 1~3순위를 모두 합한 응답현황은 아래에 나타내었음

<지원장비 순위합계 응답현황>

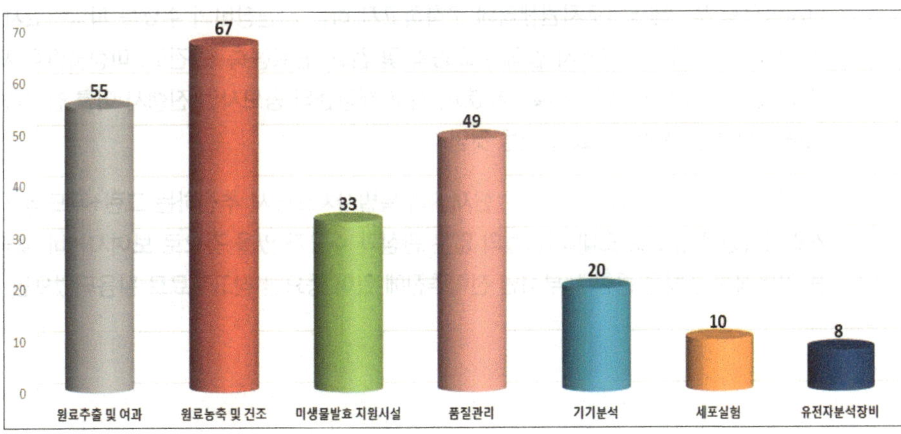

3. 시사점

- 기업유형에서 기업별 연혁, 종사자수, 매출에 따른 사업화단계 분석결과 창업 후 10년 이내의 기업과 9인 이내의 기업비중이 높게 나타나 기업 운영에서 창업후 초기단계에 요구되는 지원사업이 필요할 것으로 사료됨

- 정부 10대 푸드테크 기술보유 현황을 조사한 결과 조사한 기업중 33%가 정부에서 제시한 푸드테크 기술을 보유하고 있다고 응답하였으며, 그중 식품 업사이클링 기술을 보유하고 있다고 응답한 기업이 가장 높게 나타나 제주의 푸드테크사업 육성전략에 필수적으로 포함할 필요가 있음

- 제주도가 2025년 1월 10일 발표한 제주형 그린+푸드테크 생태계조성사업에 대한 도내기업의 관심도를 분석한 결과 83.6%의 비율로 사업에 관심이 많은 것으로 나타났고, 4대 핵심전략 중 제주 특화자원을 활용한 수요창출형 신식품 개발이 가장 높은 관심을 받아 맞춤형 식품개발 전략수립에 다양한 지원사업이 필요할 것으로 판단됨

- 또한 푸드테크연구지원센터 구축을 통한 지원사업 참여의사를 확인하는 설문의 경우 93.3%가 참여의사가 있는 것으로 나타났고, R&D와 마케팅지원, 연구개발정보 및 기술교류회 지원등에 가장 많은 관심을 보여 기술개발과 제품판매를 위한 마케팅 전략수립에 참고가 될 것으로 판단됨

- 마지막으로 푸드테크연구지원센터에 구축하고자 하는 지원장비의 수요를 파악하고자 진행한 필요지원장비의 수요조사 결과 원료농축 및 건조, 원료농축 및 건조, 미생물발효 지원시설 등에 높은 수요가 있음을 확인하였고, 향후 해당센터 공모사업 진행시 이를 참고하여 장비구축 목록을 구성할 필요가 있을 것임

- 이에따라 본 수요조사를 바탕으로 현재 제주특별자치도에서 추진하는 그린+푸드테크 생태계조성사업은 앞으로 도내 기업들의 많은 관심과 수요가 있을 것으로 보여지는바 해당자료는 기본계획 수립을 통한 세부적인 전략추진에 있어 중요한 참고자료로 활용되었으면 함

부록-3 제주특별자치도 푸드테크산업육성 기본계획수립 연계사업 검토목록

번호	전략유형	사업명	사업출처	수요연계기관 (관련부서)	세부과제 연계번호
1	R&D	제주 거주민 유전체 분석 및 맞춤형 식단 개발	2024년 기관수요조사	제주대학교	세부-07
2	R&D	민간 우주산업 연계 우주푸드 개발 및 관광 상품화	2024년 기관수요조사	제주대학교	세부-02
3	R&D	업사이클 기술 개발을 통한 부산물 및 폐기물의 고부가가치화	2024년 기관수요조사	제주대학교	세부-11
4	R&D	지역 식용자원을 활용한 업사이클링 소재개발 및 제품화	2024년 기관수요조사	제주TP	세부-10
5	R&D	제주산 농산물 부산물 유래 고부가가치 소재 발굴 및 사업화	2024년 기관수요조사	제주TP	세부-10
6	R&D	친환경 생분해 플라스틱 식음분야 용기 개발	2024년 기관수요조사	제주TP	세부-12
7	R&D	제주식품산업을 위한 스마트 제조 연구	2024년 기관수요조사	제주대학교	세부-16
8	R&D	외식업 상품판매 인공지능 학습용 데이터 구축 모델 개발	2024년 기관수요조사	제주대학교	세부-29
9	R&D	제주 미식자원을 활용한 제로웨이스트 제품개발 및 로봇셰프 개발	2024년 기관수요조사	제주한라대	세부-30
10	R&D	가공부산물을 활용한 업사이클링 제품개발 및 소재화	2024년 기관수요조사	제주대학교	세부-11
11	R&D	제주산 고시형 원료를 이용한 기능성 표시식품 개발 및 새로운 기능성 개발 연구	2024년 기관수요조사	제주대학교	세부-06
12	R&D	제주 향토 재래귤을 활용한 맞춤형 메디푸드 개발 및 사업화	2024년 기관수요조사	농촌진흥청 감귤연구소	세부-09
13	R&D	식품커스터마이징 기술연계 제주미래 간편식 등 개발지원	2025년 지자체 사업	제주도 (식품산업과)	세부-02
14	기업지원	제미담은 가정간편식 시장진출 지원	2025년 지자체 사업	제주도 (식품산업과)	세부-03
15	기업지원	제주향토음식 육성 및 관광 콘텐츠화 지원	2025년 지자체 사업	제주도 (식품산업과)	세부-04
16	기업지원	슬로푸드 맛의 방주 발굴 및 홍보지원	2025년 지자체 사업	제주도 (식품산업과)	세부-04
17	R&D	제주 메밀의 다이어트 효과 연구	2025년 지자체 사업	제주도 (농업기술원)	세부-06

번호	전략유형	사업명	사업출처	수요연계기관 (관련부서)	세부과제 연계번호
18	R&D	디지털 대전환 시범사업	2025년 지자체 사업	제주도 (미래성장과)	세부-07
19	R&D	제주 특화자원 활용 바이오헬스산업 육성사업	2025년 지자체 사업	제주도 (미래성장과)	세부-09
20	R&D	탄소저감 농산물 업사이클링 활성화 시범	2025년 지자체 사업	제주도 (농업기술원)	세부-10
21	기반구축	농업인을 위한 첨단 ICT 웨어러블 로봇 보급사업	2025년 지자체 사업	제주도 (정보정책과)	세부-13
22	기반구축	푸드테크 연계 식품산업화사업	2025년 지자체 사업	제주도 (식품산업과)	세부-14
23	기반구축	ICT 이노베이션스퀘어 확산사업	2025년 지자체 사업	제주도 (미래성장과)	세부-14
24	기반구축	식품가공시설 장비 현대화지원사업	2025년 지자체 사업	제주도 (식품산업과)	세부-16
25	기반구축	축산물 HACCP시설 지원사업	2025년 지자체 사업	제주도 (동물방역과)	세부-16
26	기반구축	수산물 산지가공시설사업	2025년 지자체 사업	제주도 (수산정책과)	세부-16
27	기반구축	농업분야 청정에너지 전환을 위한 RE-100 시범사업	2025년 지자체 사업	제주도 (에너지산업과)	세부-19
28	기반구축	감귤가공 시설장비 현대화 지원	2025년 지자체 사업	제주도 (감귤유통과)	세부-20
29	사업확대	지속가능한 ESG 여행 확산	2025년 지자체 사업	제주도 (관광정책과)	세부-22
30	사업확대	제주시권 관광콘텐츠 개발 및 홍보	2025년 지자체 사업	제주도 (관광정책과)	세부-22
31	사업확대	친환경 녹색산업 육성 그린 로하스 엑스포	2025년 지자체 사업	제주도 (환경정책과)	세부-23
32	사업확대	녹색구매지원센터 운영	2025년 지자체 사업	제주도 (자원순환과)	세부-23
33	사업확대	수출 선도 성장 맞춤형 해외마케팅 지원	2025년 지자체 사업	제주도 (통상물류과)	세부-24
34	사업확대	제주수출기업 협업마케팅 활성화 지원	2025년 지자체 사업	제주도 (통상물류과)	세부-24
35	사업확대	지역특화 청년 무역전문가 양성사업	2025년 지자체 사업	제주도 (통상물류과)	세부-24
36	사업확대	채소작물 생분해성 농자재 지원사업	2025년 지자체 사업	제주시 (농정과)	세부-23

번호	전략유형	사업명	사업출처	수요연계기관 (관련부서)	세부과제 연계번호
37	사업확대	지역브랜드 마케팅 지원사업	2025년 지자체 사업	제주시 (농정과)	세부-24
38	기반구축	AI기반 재활용품 선별로봇 설치사업	2025년 지자체 사업	서귀포시 (생활환경과)	세부-14
39	기반구축	업사이클센터 기본 및 실시설계	2025년 지자체 사업	서귀포시 (생활환경과)	세부-20
40	기반구축	소공인 스마트제조지원	2025년 정부부처 사업	중소벤처 기업부	세부-1
41	R&D	푸드테크 다관절 협동로봇 플랫폼 구축	2025 정부부처 사업	산업통상 자원부	세부-13
42	R&D	제주 육해상 특화자원의 발효추출물 등을 활용한 고령 맞춤형 기능성원료 개발 및 인력양성	2025년 RISE수요조사	제주도 (식품산업과)	세부-6
43	R&D	제주 고령자 대상 유전체 분석을 통한 맞춤형 메디푸드	2025년 RISE수요조사	제주도 (식품산업과)	세부-9
44	기반구축	다관절 로봇 활용 제주형 푸드테크 스마트 식품제조 인프라구축	2025년 RISE수요조사	제주도 (식품산업과)	세부-13
45	기반구축	제주 식품산업 스마트 제조연구	2025년 RISE수요조사	제주도 (식품산업과)	세부-17
46	R&D	동물성 부산물을 활용한 지속 가능한 식품 업사이클 공정	2025년 RISE수요조사	제주도 (식품산업과)	세부-20
47	R&D	제주잉여전력 활용을 위한 플라즈마 기술 기반 식품폐기물 유래 소형 청정수소 생산기술 개발	2025년 RISE수요조사	제주도 (식품산업과)	세부-21
48	R&D	플라즈마 기술을 이용한 식제조업 음식료 조리가공 공정효율 향상 기술개발	2025년 RISE수요조사	제주도 (식품산업과)	세부-21
49	R&D	데이터기반 제주 월동채소 산업 고도화 기술개발 및 사업화	2025년 RISE수요조사	제주도 (식품산업과)	세부-21
50	기반구축	제주 푸드아일랜드 조성을 위한 체험형 푸드테크단지 조성	2025년 RISE수요조사	제주도 (식품산업과)	세부-41
51	R&D	지역클러스터 기반 전략산업 혁신 생태계 육성	2025년 RISE 사업계획	제주대	세부-07
52	인력양성	지역 전략산업 수요 기반 교육 프로그램 개발·운영	2025년 RISE 사업계획	제주대	세부-18
53	인력양성	글로벌 K-교육·연구 런케이션 온·오프라인 플랫폼	2025년 RISE 사업계획	제주대	세부-18
54	R&D	제주 맛의방주 및 잉여농산물 활용 제로웨이스트 식품개발	2025년 RISE 사업계획	한라대	세부-04
55	인력양성	AI교육플랫폼 구축 및 고도화	2025년 RISE 사업계획	한라대	세부-08

번호	전략유형	사업명	사업출처	수요연계기관 (관련부서)	세부과제 연계번호
56	기반구축	첨단 디지털 인프라 구축	2025년 RISE 사업계획	한라대	세부-08
57	R&D	제주 스마트 관광 연계 AI 푸드테크 기술개발	2025년 노후산단 계획	제주대학교	세부-08
58	R&D	업사이클링 자원활용 고부가가치 식품개발사업	2025년 노후산단 계획	제주한의약 연구원	세부-11
59	기반구축	농공단지 디지털 대전환 지원사업	2025년 노후산단 계획	제주 테크노파크	세부-13
60	기반구축	스마트 물류플랫폼 구축 및 운영	2025년 노후산단 계획	경제통상 진흥원	세부-15
61	기반구축	제주 농산물 스마트가공센터 구축	2025년 노후산단 계획	제주특별 자치도	세부-17
62	기반구축	에너지 자급자족형 인프라 구축	2025년 노후산단 계획	제주국제자유 도시개발센터	세부-19
63	R&D	제주형 발효식품 및 전통 향토음식 제품개발	2025년 바이오산업육성	제주TP	세부-01
64	R&D	제주 특화 가정 간편식(HMR) 제품개발	2025년 바이오산업육성	제주TP	세부-03
65	R&D	생애 전 주기 케어푸드 소재 및 제품개발	2025 바이오산업육성	제주TP	세부-05
66	R&D	스마트 발효식품 생산 표준화 발효종균 발굴 및 기능성 규명	-	푸드테크 전문가 수요	세부-01
67	R&D	케어푸드 산업 다각화를 위한 푸드테크 임상지원센터 구축	2025 스마트특성화	제주 산학융합원	세부-05
68	R&D	제주산 미세조류 스피루리나 기반 블루그린바이오 헬스푸드 개발	2025 기업수요 조사	지역기업	세부-06
69	R&D	버려지는 제주 순환자원을 이용한 전략 푸드 개발	2025 기업수요 조사	지역기업	세부-10
70	R&D	다양한 K-food에 청정 제주 특산소재 적용 제품개발	2025 기업수요 조사	지역기업	세부-01/03
71	R&D	한국전통 발효액젓을 이용한 글로벌 소스개발 및 상품화	2025 기업수요 조사	지역기업	세부-01
72	기반구축	K-RE100 기반 저탄소 푸드테크 스마트제조 및 식품 업사이클링 생태계 구축	2025 기업수요 조사	지역기업	세부-12/19
73	R&D	제주 자생식물을 활용한 대사 증후군 예방제품 개발	2025 기업수요 조사	지역기업	세부-06
74	R&D	제주흑돼지 생산 부산물의 단백질 원료화를 통한 펫푸드 개발	2025 기업수요 조사	지역기업	세부-11

번호	전략유형	사업명	사업출처	수요연계기관 (관련부서)	세부과제 연계번호
75	기반구축	제주농산물 전처리를 통한 상품화	2025 기업수요조사	지역기업	세부-17
76	R&D	나노분쇄한 벌화분, 벌꿀, 용암해수를 배합한 음료개발	2025 기업수요조사	지역기업	세부-03
77	R&D	제주특산물 융합 프리미엄 어묵 개발사업	2025 기업수요조사	지역기업	세부-03
78	R&D	제주해녀가 채취한 해산물 추출물을 이용한 소스개발	2025 기업수요조사	지역기업	세부-03
79	R&D	조릿대 추출액을 함유한 먹거리 개발	2025 기업수요조사	지역기업	세부-05
80	R&D	신선 제주원료 활용 웰빙식품 개발	2025 기업수요조사	지역기업	세부-06
81	R&D	부산물 단백질 추출 후 업사이클링	2025 기업수요조사	지역기업	세부-11
82	기반구축	스마트그릴링 시스템-최적의 온도로 맛을 완성하다	2025 기업수요조사	지역기업	세부-30
83	R&D	개인맞춤 건강정보 기반 식이설계 플랫폼 개발	2025 기업수요조사	지역기업	세부-07/08
84	R&D	제주자원 부산물 업사이클을 활용한 식이섬유 추출 제품개발	2025 기업수요조사	지역기업	세부-11
85	기반구축	푸드테크 다관절 협동로봇	2025 기업수요조사	지역기업	세부-13
86	기반구축	인공지능 기반 고객맞춤 푸드테크 솔루션	2025 기업수요조사	지역기업	세부-29

부록-4 제주특별자치도 푸드테크산업육성 예비기업 검토목록

- 해당자료는 푸드테크산업육성을 위한 예비기업을 검토하기 위한 목적으로 조사되었으며, 2025년 2월 10일 기준 식품행정통합시스템에 등록된 도내 2,634개업소 중 식품제조가공업, 식품제조가공업(주류), 식품첨가물제조업을 1차적으로 스크리닝하였고, 이중 최근 매출액이 10억 이상인 식품관련 제조업을 중소기업현황정보시스템을 통해 조사하여 2차 분류한 결과 아래의 112개 업체가 목록으로 정리되었음
- 또한 아래 자료는 매출액이 높은 순서대로 나열한 자료이며, 기업별 종업원수는 네이버검색 및 국내 생성형AI인 CLOVAX를 바탕으로 조사하였고, 현재의 상시 근로자수와는 다소 오차가 있을 수 있음

번호	업종	기업명	대표자	주요품목	종업원수 (명)	매출액 (해당년도)	비고
1	식품제조가공업	대봉엘에스(주) 제주지점	박진오	식품원료	129명 내외 (본사기준)	720억 (2023)	제주 지사
2	식품제조가공업	㈜휴럼	김진석	건강 기능식품	136명 내외 (본사기준)	716억 (2024)	연구소/공장
3	식품제조가공업	김정문알로에	최연매	건강 기능식품	100명 내외 (본사기준)	406억 (2023)	공장/ 농장
4	식품 제조가공업	(주)오설록농장	이진호	녹차	90명 내외	370억 (2023)	공장/ 농장
5	식품제조가공업	(주)삼다	유행수	돈육 및 수산물 가공	63명 내외	250억 (2023)	본사
6	식품제조가공업 (주류)	㈜한라산	현승탁	소주	58명 내외	221억 (2023)	본사/ HACCP
7	식품제조가공업	제주맥주주식회사 (현 한울앤제주)	신성현	맥주	71명 내외	217억 (2024)	본사/ HACCP
8	식품제조가공업	㈜두래 제주바이오센터	이성현	천연 추출물및 화장품원료	15명 내외	205억 (2023)	공장
9	식품제조가공업	주식회사 오리온제주용암수	현종훈	제주용암수	38명 내외	157억 (2023)	본사/ HACCP
10	식품제조가공업	(주)비케이바이오	최혁준	식품원료 및 제약원료	43명 내외	151억 (2023)	본사/ HACCP
11	식품제조가공업	생드르영농조합법인	이성호	과채주스 등	22명 내외	151억 (2023)	본사/ HACCP
12	식품제조가공업 (주류)	주식회사 제주막걸리	고동윤	막걸리	11명 내외	149억 (2023)	본사/ HACCP
13	식품제조가공업	주식회사 일해	김영훈	감귤 및 당근 농축액	61명 내외	140억 (2023)	본사/ HACCP
14	식품제조가공업	제주에스에프(영)	이병철	수산물 가공품	5명 내외	105억 (2023)	본사/ HACCP

번호	업종	기업명	대표자	주요품목	종업원수(명)	매출액(해당년도)	비고
15	식품제조가공업	영어조합법인 해담	유충현	수산물 가공품	30명 내외	89억 (2023)	본사/ HACCP
16	식품제조가공업	주식회사 탐나는초콜릿	송지아	초콜릿	25명 내외	82억 (2023)	본사/ HACCP
17	식품제조가공업	주식회사제우스	김한상	감귤유통, 건조과일칩	18명 내외	77억 (2023)	본사/ HACCP
18	식품제조가공업	주식회사제키스	정기범	초콜릿	42명 내외	75억 (2023)	본사/ HACCP
19	식품제조가공업	(주)제이비프레시	최종복	도시락	38명 내외	73억 (2023)	본사/ HACCP
20	식품제조가공업	농업회사법인 한백푸드 유한회사	김기대	김치류	22명 내외	69억 (2023)	본사 HACCP
21	식품제조가공업	(주)대동	김홍석	스티로폼 어상자, 건조농산물	18명 내외	68억 (2023)	본사
22	식품제조가공업	서룡산업식품	서일숙	전분 (고구마, 옥수수)	-	66억 (2023)	본사
23	식품제조가공업	귀일농산	고희권 외 1명	당면 등	23명 내외	63억 (2023)	본사
24	식품제조가공업	마켓프레쉬에프엔비	주재훈	슈퍼마켓, 기타육류	-	62.4억 (2023)	본사
25	식품제조가공업	농업회사법인 서문식품 주식회사	김성훈	두부 등	20명 내외	61.7억 (2023)	본사
26	식품제조가공업	농업회사법인 (주)제주향	문애순 외 1명	농산물 가공 및 주스	8명 내외	52억 (2023)	본사/ HACCP
27	식품제조가공업	농업회사법인 (주)바이오제주	윤석권	감귤주스 등	11명 내외	52억(2023)	본사/ HACCP
28	식품제조가공업	이제주섬 영어조합법인	강동오	수산물가공	14명 내외	50억	본사
29	식품제조가공업	만제영어조합법인	김수정	수산가공품 및 젓갈	10명 내외	46억 (2022)	본사/ HACCP
30	식품제조가공업 (주류)	농업회사법인 ㈜제주양조장	박종명	감귤와인 및 전통주	3명 내외	45억 (2023)	본사
31	식품제조가공업	에코푸드케터링 주식회사	김규리	편의점 간편식	20명 내외	43억 (2023)	본사/ HACCP
32	식품제조가공업	농업회사법인 (주)오크라팜	한옥정	작물재배 등	20명 내외	42억 (2022)	본사
33	식품제조가공업 (주류)	농업회사법인 ㈜시트러스	김공률	감귤전통주	5명 내외	40억 (2023)	본사
34	식품제조가공업	(주)비지에프푸드제주	송영민	도시락	7명 내외	39억 (2023)	자회사/ HACCP
35	식품제조가공업	농업회사법인 (주)아침미소	양혜숙	요쿠르트, 치즈, 아이스트림등	20명 내외	39억 (2023)	본사

번호	업종	기업명	대표자	주요품목	종업원수(명)	매출액(해당년도)	비고
36	식품제조가공업	주식회사 에버그린제이	송지아	초콜릿 원료	30명 내외	39억 (2023)	본사/ HACCP
37	식품제조가공업	(주)메이드인제주	신석종	비타민C 타블렛 및 분말혼합	5명 내외	38.9억 (2023)	본사
38	식품제조가공업	영어조합법인 제주마을	문창훈	수산물	10명 내외	38억 (2009)	본사
39	식품제조가공업	그린웰주식회사	김옥순	도시락	10명 내외	36억 (2023)	본사/ HACCP
40	식품제조가공업	제주농장 영농조합법인 제주지점	김영선	양배추즙 및 비트즙	22명 내외	36억 (2023)	본사/ HACCP
41	식품제조가공업	어업회사법인 주식회사제이투	배재범	수산물	5명 내외	35.3억 (2023)	본사
42	식품제조가공업	농업회사법인(주)자담	변영일	감귤주스 등	30명 내외	34억 (2023)	본사/ HACCP
43	식품첨가물제조업	(주)대승	장동훈	목초수액 및 비료 등	5명 내외	33.7억 (2023)	본사
44	식품제조가공업	(주)한도그린에프앤비	변상걸	혼합음료	14명 내외	33.5억 (2023)	본사
45	식품제조가공업	제주영주수산 영어조합법인	김강호	수산물 가공절임	9명 내외	33억 (2023)	본사/ HACCP
46	식품제조가공업	주식회사 제라헌	이담	떡류	12명 내외	33억 (2023)	본사/ HACCP
47	식품제조가공업	엠케이씨푸드	김복희	수산물가공	-	32.5억 (2021)	본사
48	식품제조가공업	신천지식품 주식회사	이종현	국수면 및 소스류	16명 내외	30억 (2023)	본사/ HACCP
49	식품제조가공업	제주인제주 영농조합법인	좌명균	김치류 등	-	30억 (2023)	본사
50	식품제조가공업	(주)삼다올레	심영희	말 과립 및 동충하초등	8명 내외	28억 (2023)	본사
51	식품제조가공업	(주)바이웰 제주지점	박하림	커피 및 차류	3명 내외	27.6억 (2021)	제주 지점
52	식품제조가공업	태림상사(주) 농업회사법인	나문	찐톳	-	27억 (2023)	본사
53	식품제조가공업	와일드오차드 영농조합법인	이광열	육우, 채소, 밭작물	21명 내외	26.4억 (2023)	본사
54	식품제조가공업	(주)제주사랑농수산	양경월	액상차	10명 내외	26억 (2023)	본사/ HACCP
55	식품제조가공업	남현식품(신제주점)	고성수	김치	-	26억 (2022)	본사/ HACCP
56	식품제조가공업	주식회사신신	신동윤	참치,연어 등	20명 내외	26억 (2023)	본사/ HACCP

번호	업종	기업명	대표자	주요품목	종업원수(명)	매출액(해당년도)	비고
57	식품제조가공업	(주)제주아침	김정훈 외 1명	두부류	21명 내외	25.8억 (2023)	본사
58	식품제조가공업	제주자연 영농조합법인	이성진	한라봉, 감귤즙, 주스	8명 내외	25억 (2023)	본사
59	식품제조가공업	주식회사 제주오름젓갈	신유선	젓갈류	5인 이내	25억 (2023)	본사
60	식품제조가공업	(주)섬프르트	윤재희	과자류 및 코코아제품	-	24억 (2023)	본사
61	식품제조가공업	주식회사 제주바생푸즈	정차현	돈가스, 포장육	13명 내외	24억 (2023)	본사
62	식품제조가공업	(주)제주바이오월드	추창수	새싹보리 과립 등	5인 이내	23.9억 (2023)	본사
63	식품제조가공업	농업회사법인 주식회사 이루다	조광일	과실류 도매	-	23.6억 (2023)	본사
64	식품제조가공업	동남수산	김옥화	얼음, 수산물	5인 이내	23.6억 (2021)	본사
65	식품제조가공업	(주)에코제이푸드	정석환	빵류	12명 내외	23억 (2023)	본사
66	식품제조가공업	순수한둠비주식회사	김수열	음식점 및 두부	-	23억 (2023)	본사
67	식품제조가공업	제다푸드시스템	김성호	떡류	15명 내외	22억 (2023)	본사/ HACCP
68	식품제조가공업	제주냉동제빙	오명규 외 1명	얼음	-	22억 (2023)	본사/ HACCP
69	식품제조가공업	제주씨앤푸드	박양순	수산물 가공	-	22억 (2023)	본사
70	식품제조가공업	탐미수산	김재현	수산물	5인 이내	21.7억 (2023)	본사
71	식품 제조가공업	주식회사행운식품	장효석	돈가스	5인 이내	21.5억 (2023)	본사
72	식품제조가공업	농업회사법인 제주아이스크림(주)	강종호	아이스크림	-	21.3억 (2024)	본사
73	식품제조가공업	와이제이컴퍼니 주식회사	김봉진	어묵, 조미해산물	8명 내외	20억	본사
74	식품제조가공업	제주전분(주)	김진희	곡물	-	20억 (2023)	본사
75	식품제조가공업	진생영농조합법인	이명훈	곡물 가공품	10명 내외	19.8억 (2023)	본사/ HACCP
76	식품제조가공업	주식회사새벽애 제주농업회사법인	임성빈	고추가루 등	5인 이내	19억 (2023)	본사/ HACCP
77	식품제조가공업	영어조합법인 올래씨푸드	이호성	수산물 가공품	5인 이내	18.7억 (2023)	본사

번호	업종	기업명	대표자	주요품목	종업원수 (명)	매출액 (해당년도)	비고
78	식품제조가공업	(주)지에스엘바이오	이천호	복합미생물	8명 내외	18.3억 (2023)	본사
79	식품제조가공업	더나은축산유통	오용진	축산물 포장육	5인 이내	18억 (2023)	본사/ HACCP
80	식품제조가공업	오에스케이터링(주)	조서연	도시락	5명 내외	18억 (2023)	본사/ HACCP
81	식품제조가공업	제주자연식품(주)	신상진	액상차 등	18명 내외	18억 (2023)	본사/ HACCP
82	식품제조가공업	주식회사우무	신동선	우무 푸딩	5명 내외	18억 (2023)	본사/ HACCP
83	식품제조가공업	제주탐나씨푸드 영어조합법인	임지택	수산물 가공품	13명 내외	16.9억 (2023)	본사/ HACCP
84	식품제조가공업	농업회사법인 유한회사 제주테라	이순학	황칠효소액, 발효식초외	-	16.6억 (2023)	본사
85	식품제조가공업	어머니영농조합법인 어머니김치	현복희	김치	8명 내외	16.6억 (2023)	본사/ HACCP
86	식품제조가공업	(주)내도푸드세상	주혜정	초콜릿 및 건강보조식품	20명 내외	16.5억 (2023)	본사
87	식품제조가공업	재영수산	김영선	수산물	-	16.5억 (2022)	본사/ HACCP
88	식품제조가공업	궁중오메기(주)	강은미	오메기떡	5명 내외	16억 (2023)	본사/ HACCP
89	식품제조가공업	제주농산주식회사	이종수	농산물 임가공	5인 이내	16억	본사
90	식품제조가공업	(주)청해푸드	이우람	수산물	5인 이내	15.9억 (2023)	본사
91	식품제조가공업	농업회사법인 주식회사 제주클린산업	양홍석	식품첨가물 등	6명 내외	15억 (2023)	본사/ HACCP
92	식품제조가공업	유한회사 제주동남국수	강성력	면류제조	-	15억 (2023)	본사/ HACCP
93	식품제조가공업	하효살롱협동조합	김미형	감귤과즐	16명 내외	14.8억 (2023)	본사/ HACCP
94	식품제조가공업	(주)건풍바이오	오천금	키토올리고당	12명 내외	14.5억 (2024)	본사
95	식품제조가공	농업회사법인 주식회사 제주팜이십일	임태영	건조사과, 감귤칩	13명 내외	14.4억 (2023)	본사/ HACCP
96	식품제조가공업	제주마미	김정옥	과자 및 농산물 가공	11명 내외	14억 (2023)	본사/ HACCP
97	식품제조가공업	삼다오메기	이상현	오메기떡 등	-	13.8억 (2020)	본사
98	식품제조가공업	잇섬	최종승	과실 · 채소 가공 및 저장처리업	-	13.5억 (2023)	본사

번호	업종	기업명	대표자	주요품목	종업원수(명)	매출액(해당년도)	비고
99	식품제조가공업	주식회사헬스셋	김형석	감귤주스	5인 이내	13.4억	본사
100	식품제조가공업	농업회사법인 주식회사 제주특산	김행근	과실가공 외	5인 이내	13.3억 (2024)	본사
101	식품제조가공업	제주메밀 영농조합법인	임희선	메밀차, 메밀분말 등	5명 내외	13억 (2024)	본사/ HACCP
102	식품제조가공업	삼보식품	서삼윤	고추가루 및 기름	-	12.6억 (2023)	본사
103	식품첨가물제조업	주식회사 제이디케이바이오	고경민	규조준말,규소수	6명 내외	12.5억 (2024)	본사
104	식품제조가공업	제주하나로식품	김연화	즉석섭취식품	-	12억 (2022)	본사/ HACCP
105	식품제조가공업	주식회사 올레마켓	양동국	수산물가공품, 문딱라면, 농축산물	5명 이내	12억 (2023)	본사/ HACCP
106	식품제조가공업	코지마르 주식회사	김윤숙	차류	5명 이내	12억 (2023)	본사
107	식품제조가공업	(주)제주로얄식품	전성보	오미자차 등	5명 이내	11.8억 (2023)	본사
108	식품제조가공업	(주)푸른들	손성균	알로에센스정	6명 내외	11억 (2023)	본사/ HACCP
109	식품제조가공업	농업회사법인 (주)제주원푸드	고경진	감귤칩 등	-	11억 (2023)	본사
110	식품제조가공업 (주류)	고부루비어컴퍼니	고선욱	자가맥주	-	10.3억 (2023)	본사
111	식품제조가공업	아쿠아그린텍(주)	장지태	건강기능식품 및 화장품	5인 이내	10.1억 (2023)	본사
112	식품제조가공업	우도바당땅콩 영농조합법인	강세북	우도땅콩	-	10억 (2023)	본사/ HACCP

● 용 역 책 임 자 **김경민**(제주산학융합원)
● 내 부 연 구 원 **장희동**(제주산학융합원)
김메달(제주산학융합원)
● 외부연구위원 **천지연** 교수(제주대학교 식품생명공학과)
이해원 교수(제주대학교 식품생명공학과)
한승철 석좌연구위원(제주연구원)

제주특별자치도 푸드테크산업 육성 기본계획 수립

초판 인쇄 2026년 01월 19일
초판 발행 2026년 01월 23일

저 자 제주특별자치도, 제주산학융합원
발행인 김갑용

발행처 진한엠앤비
주소 서울시 서대문구 독립문로 14길 66 205호(냉천동 260)
전화 02) 364 - 8491(대) / 팩스 02) 319 - 3537
홈페이지주소 http://www.jinhanbook.co.kr
등록번호 제25100-2016-000019호 (등록일자 : 1993년 05월 25일)

ISBN 979-11-290-6291-8 (93570) [정가 37,000원]